Feuchtinger/Lesigang • Praxisleitfaden Insolvenzrecht

Praxisleitfaden Insolvenzrecht

Unter Berücksichtigung der

- Insolvenzrechtsnovelle 2002
- EU-Insolvenzverordnung
- Gewerbeordnungsnovelle 2002

von

MMag. Dr. Günther Feuchtinger

Mag. Dr. Michael Lesigang

LINDE VERLAG

Bibliografische Information der Deutschen Bibliothek

Die Deutsche Bibliothek verzeichnet diese Publikation in der Deutschen Nationalbibliografie; detaillierte bibliografische Daten sind im Internet über http://dnb.ddb.de abrufbar.

ISBN 3-7073-0310-1

1210 Wien, Scheydgasse 24, Tel.: 01 / 278 05 26
www.lindeverlag.at

Druck:
Hans Jentzsch & Co. Ges. m. b. H., 1210 Wien, Scheydgasse 31

Vorwort

Das Insolvenzrecht gewinnt im heutigen Wirtschaftsleben – leider – immer mehr an Bedeutung. Im vorliegenden Werk haben sich die Autoren das ehrgeizige Ziel gesteckt, eine komplexe Rechtsmaterie auch für einen Nicht-Juristen lesbar und praxisnah zu gestalten. Gleichzeitig soll aber auch dem juristisch versierten Leser durch Hinweise auf die einschlägige Judikatur und Lehre ein wertvoller Beitrag für die Rechtsanwendung gegeben werden.

Als Zielgruppen sollen sowohl der sich in finanziellen Schwierigkeiten befindliche Schuldner als auch dessen Gläubiger und Berater angesprochen werden. Die Darstellung erfolgt dementsprechend „mehrdimensional", indem die verschiedenen in der Praxis möglicherweise auftretenden Probleme sowohl aus Schuldner- als auch aus Gläubigersicht aufgezeigt werden.

Das Werk berücksichtigt bereits die neuesten Änderungen im Insolvenz- und Gewerberecht (Insolvenzrechtsnovelle 2002, Gewerbeordnungsnovelle 2002 und die EU-Insolvenzverordnung). Auch auf die sich zur Zeit der Drucklegung noch im Entwurfstadium befindlichen Gesetzesvorhaben einer EO-Novelle 2003 und eines Eigenkapitalersatz-Gesetzes wird bereits Bezug genommen. Es wird ein breites Spektrum einer typischen „Querschnittsmaterie" abgedeckt: Behandelt werden die eigentlichen „Kernmaterien" des Konkurs- und Ausgleichsrechtes inklusive der Sonderregelungen für natürliche Personen („Privatkonkurs"), der außergerichtliche Ausgleich, steuerrechtliche Fragen, das Unternehmensreorganisationsgesetz, lohnpfändungs- und exekutionsrechtliche Aspekte, die Entlohnung und Aufgabenstellung des Masse- und Ausgleichsverwalters, das zivil- und abgabenrechtliche Haftungsrisiko von Gesellschaftern und Vertretern, das Risiko einer strafrechtlichen Verurteilung, Fragen im Zusammenhang mit der Löschung einer GesmbH und last but not least auch die insolvenzrechtlich relevanten Änderungen der neuen Gewerbeordnung. Neben der Breite der abgedeckten Materien soll sich das Werk durch eine gute Lesbarkeit und Verständlichkeit hervortun, was insbesondere auch durch die Hereinnahme einer Vielzahl von kleinen Fallbeispielen, Praxistipps, Musterformularen und Musterformulierungen erreicht werden soll. Die Autoren haben beide langjährige praktische Erfahrung im Insolvenzrecht als Masseverwalter (RA Dr. Michael Lesigang) bzw als Rechtsberater von gewerblichen Unternehmen (Dr. Günther Feuchtinger). Anregungen, Ergänzungs- und Änderungsvorschläge werden von den Autoren für eine allfällige Neuauflage gerne entgegengenommen.

Unseren besonderen Dank wollen wir nachfolgenden Personen, welche wertvolle Unterstützung bei der Erstellung dieses Buches geleistet haben, aussprechen:

Frau *Mag. Barbara Baumgartner* (Finanzpolitische Abteilung der Wirtschaftskammer Wien) für die Mithilfe bei den steuerrechtlichen Aspekten,

Herrn *Mag. Ferdinand Wallner* (Rechts- und gewerbepolitische Abteilung der Wirtschaftskammer Wien) für die Mithilfe beim gewerberechtlichen Teil,

Frau *Mag. Eva Woharcik-Binder* (Sozialpolitische Abteilung der Wirtschaftskammer Wien) für die Mithilfe beim sozialversicherungsrechtlichen Part.

Wien, im Jänner 2003

Günther FEUCHTINGER Michael LESIGANG

Zu den Autoren

MMag. Dr. Günther FEUCHTINGER, Geburtsjahr 1964, ist ausgebildeter Jurist und Betriebswirt. Nach der einjährigen Gerichtspraxis und Abschluss der Dissertation zu einer umweltrechtlichen Thematik bei Univ.-Prof. Dr. Raschauer an der Universität Wien begann er seine Tätigkeit bei der Wirtschaftskammer Wien. Seit etwa 10 Jahren ist er dort in der Rechtsabteilung vorwiegend im Beratungs- und Gesetzesbegutachtungsbereich tätig. Am WIFI Wien ist er seit Jahren als Lektor zu Themen des Wirtschaftsrechts tätig und auch als Autor zahlreicher juristischer Publikationen bekannt. Neben dem Insolvenzrecht betreut er das Zivil-, Handels- und Gesellschaftsrecht, Gewerbe-, Miet-, Lohnpfändungs-, Wettbewerbs- und Kartellrecht. Besonders große Erfahrung hat er außerdem bei Rechtsfragen im Zusammenhang mit Betriebsübergaben. Zu seinen Spezialgebieten zählen auch das Vergabe- und Datenschutzrecht. Er ist Datenschutzbeauftragter der Wirtschaftskammer Wien und Ersatzmitglied des Vergabekontrollsenates für Wien.

Mag. Dr. Michael LESIGANG, Geburtsjahr 1966, absolvierte das Jusstudium an der Universität Wien. Nach anschließendem Gerichtsjahr und Dissertation bei Univ.-Prof. Dr. hc. Dr. Walter Rechberger (Institut für Zivilprozessrecht) begann seine Tätigkeit als Konzipient in Wiener Anwaltskanzleien. Seit seiner Eintragung in die Liste der Rechtsanwälte im Jahre 1995 wird er laufend als Masse- und Ausgleichsverwalter in Insolvenzverfahren durch das Handelsgericht Wien bestellt. Er ist aber auch als Schuldnerberater und Vertreter von Gläubigern in Insolvenzen tätig. Neben dem Insolvenzrecht zählen Arbeitsrecht, Exekutionsrecht und Inkassowesen, daneben auch allgemeines Handelsrecht zu seinen Spezialgebieten.

Inhaltsverzeichnis

Abkürzungsverzeichnis und Legende

☞	Hinweis auf ein anderes Kapitel
🖂	Musterbrief bzw Musterformulierung oder Musterformular
aA	anderer Ansicht
AB	Ausschussbericht
ABGB	Allgemeines bürgerliches Gesetzbuch
Abs	Absatz
aF	Alte Fassung
AG	Aktiengesellschaft
AktG	Aktiengesetz
Anm	Anmerkungen
AnwBl	Österreichisches Anwaltsblatt
aaO	am angeführten Ort
AO	Ausgleichsordnung
ArbVG	Arbeitsverfassungsgesetz
argum	Argument
Art	Artikel
ASGG	Arbeits-und Sozialgerichtsgesetz
ASVG	Allgemeines Sozialversicherungsgesetz
AVRAG	Arbeitsvertragsrechtsanpassungsesetz
BAO	Bundesabgabenordnung
BGBl	Bundesgesetzblatt
BGH	Bundesgerichtshof
BlgNR	Beilage(-n) zu den Stenographischen Protokollen des Nationalrates
BM	Bundesminister, Bundesministerium
BMF	Bundesministerium für Finanzen
BMJ	Bundesministerium für Justiz
B-VG	Bundes-Verfassungsgesetz
BWG	Bankwesengesetz
bzw	beziehungweise
ca	circa
DNHG	Dienstnehmerhaftpflichtgesetz
E	Entscheidung(-en)
ecolex	ecolex, Fachzeitschrift für Wirtschaftsrecht
EDV	Elektronische Datenverarbeitung
EKEG	Eigenkapitalersatz-Gesetz
Entw	Entwurf
EO	Exekutionsordnung
Erk	Erkenntnis(-se)
Erl	Erläuterungen, Erlass
EStG	Einkommensteuergesetz
etc	et cetera
EvBl	Evidenzblatt der Rechtsmittelentscheidungen, in: Österreichische Juristenzeitung

f	nachfolgend
ff	und die folgenden
FJ	Finanzjournal
Fn	Fußnote
FS	Festschrift
GenG	Genossenschaftsgesetz
GesRÄG	Gesellschaftsrechtsänderungsgesetz
GesRZ	Der Gesellschafter
GesmbH	Gesellschaft mit beschränkter Haftung
GmbHG	Gesetz über Gesellschaften mit beschränkter Haftung
GP	Gesetzgebungsperiode
GuV	Gewinn- und Verlustrechnung
GZ	Geschäftszahl
HGB	Handelsgesetzbuch
hL	herrschende Lehre
Hrsg	Herausgeber
HS	Handelsrechtliche Entscheidungen
idF	in der Fassung
insb	insbesondere
IIRG	Internationales Insolvenzrechtsgesetz (Entwurf)
IRÄG	Insolvenzrechtsänderungsgesetz
iVm	in Verbindung mit
JA	Justizausschuss
JBl	Juristische Blätter
Kap	Kapitel
KFZ	Kraftfahrzeug
KO	Konkursordnung
KSchG	Konsumentenschutzgesetz
KSV	Kreditschutzverband von 1870
LGBl	Landesgesetzblatt
Lit	Literatur
MietSlg	Mietrechtliche Entscheidungen
NR	Nationalrat
Nr	Nummer
OEG	Offene Erwerbsgesellschaft
OGH	Oberster Gerichtshof
OHG	Offene Handelsgesellschaft
ÖBA	Österreichisches Bankarchiv
ÖstZ	Österreichische Steuer-Zeitung
RA	Rechtsanwalt
RGBl	Reichsgesetzblatt
Rsp	Rechtsprechung
RV	Regierungsvorlage
Rn	Randnummer

RZ	Richterzeitung
StGB	Strafgesetzbuch
stRsp	ständige Rechtsprechung
SWK	Österreichische Steuer- und Wirtschaftskartei
SZ	Entscheidungen des österreichischen Obersten Gerichtshofes in Zivil- (und Justizverwaltungs-)sachen, veröffentlicht von seinen Mitgliedern
ua	und andere, unter anderem
TP	Tarifpost
uE	unseres Erachtens
URG	Unternehmensreorganisationsgesetz
UrhG	Urheberrechtsgesetz
UStG	Umsatzsteuergesetz
usw	und so weiter
uU	unter Umständen
va	vor allem
VAG	Versicherungsaufsichtsgesetz
VerG	Vereinsgesetz
VfGH	Verfassungsgerichtshof
VfSlg	Erkenntnisse und Beschlüsse des Verfassungsgerichtshofes
vgl	vergleiche
VO	Verordnung
VwGH	Verwaltungsgerichtshof
Wbl	Wirtschaftsrechtliche Blätter
WK	Wirtschaftskammer
Z	Ziffer
zB	zum Beispiel
ZfV	Zeitschrift für Verwaltung
ZfVB	Die administrativrechtlichen Entscheidungen des VwGH und die verwaltungsrechtlich relevanten Entscheidungen des VfGH in lückenloser Folge, Beilage zur ZfV
ZIK	Zeitschrift für Insolvenzecht und Kreditschutz
ZPO	Zivilprozessordnung
ZRS	Zivilrechtssachen
ZVR	Zeitschrift für Verkehrsrecht

Literaturverzeichnis

Angst, Kommentar zur EO, 2000

Arnold, Aktuelles zur Vertreterhaftung nach § 67 Abs. 10 ASVG, ASoK 2001, 202

Beirer, Checkliste Gewerbeordnung – Konkurs in 3 Teilen, in ZIK 2000, 53 (Teil I), ZIK 2000, 100 (Teil II) und ZIK 2000, 139 (Teil III)

Bertl/Mandl/Mandl/Ruppe, Insolvenz, Sanierung, Liquidation, 1998

Bock/Muhri, Das neue Insolvenzrecht, 2002

Bollenberger, in ÖBA 1999, 409

Breiter, Die grob fahrlässige Beeinträchtigung von Gläubigerinteressen, AnwBl 2000, 11

Burgstaller in Jabornegg, HGB, Ergänzungsheft 1999, § 40 FBG, Rn 1

Deixler-Hübner, Privatkonkurs, 1995

Dellinger, Vorstands- und Geschäftsführerhaftung nach dem URG, ZIK 1997, 207

Dellinger, Zur geplanten Haftung der Organmitglieder gemäß § 24 Unternehmensreorganisationsgesetz, ZIK 1997, 14

Dellinger/Oberhammer, Insolvenzrecht, 2002

Erber, ABC des Insolvenzrechtes, 4. Auflage, 1998

Feil, Konkursordnung, 4. Auflage, 2002

Feuchtinger/Kleinbauer, Höhere Sensibilität für wirtschaftliche Probleme durch die Haftungstatbestände des URG, SWK 1998, W 55

Feuchtinger, Lohnpfändung – Geltendes Recht und geplante Änderungen, SWK 2001, W 93

Feuchtinger, Neuerungen im Insolvenzrecht, SWK 2002, W 61

Feuchtinger, Neues in der Lohnpfändung, ecolex 2002, 108

Feuchtinger, Neues Kridastrafrecht und zivilrechtliche Haftung, SWK 2000, W 131

Feuchtinger, Weitere Liberalisierung des Mietrechts, SWK 2002, W 5

Fink, Der neue Privatkonkurs, 1994

Foregger/Fabrizy, Kommentar zum StGB, 7. Auflage, 1999

Fritz, Grundsatzfragen der Geschäftsführerhaftung, SWK 1998, W 43

Fuchs/Keppert, Grundfragen des Kridastrafrechts, 2001

Gellis, Kommentar zum GmbH-Gesetz, 2000 / bearbeitet von *Erich Feil*

Hajek, Ausgleichsordnung, 2000

Hochegger, Unternehmensreorganisationsgesetz, JBl 1997, 361 ff

Hochmayr, Betrügerische Krida durch Verschiebung von Schulden zwischen Privat- und Geschäftskonten, ÖJZ 2000, 674

Holzhammmer, Österreichisches Insolvenzrecht, 1994

Karollus, Die Fortbestehensprognose im Rahmen der Überschuldungsprüfung, 1997

Kinscher/Sedlak, Die Gewerbeordnung, 1996

Klauser, Europäische Insolvenzverordnung in Kraft, AnwBl 2002, 304

Kodek, Handbuch Privatkonkurs, 2002
Kofler/Kristen, Insolvenzrecht und Steuern, 1994
Konecny/Riel, Entlohnung im Insolvenzverfahren, 1999
Konecny/Schubert, Kommentar zu den Insolvenzgesetzen, 1998
König, Die Anfechtung nach der KO, 1993
Kosch, Kollision zwischen § 114 ASVG und § 158 StGB?, ZIK 1995, 33
Koziol/Welser, Grundriss des bürgerlichen Rechts, 12. Auflage, 2001
Langheinrich/Ryda, Die Haftung der Vertreter für Abgabenschuldigkeiten, FJ 2000, 79
Krejci, Grundriss des Handelsrechts, 1995
Laudacher, Abstandnahme von der Festsetzung der Ertragsteuer auf den Sanierungsgewinn, SWK 2001, S 790
Luschin, Zur Geschäftsführerhaftung bei Ressortverteilung, RdW 2000/2
Mayer, Das österreichische Bundes-Verfassungsrecht, 2002
Mohr Franz, Der Ministerialentwurf der Insolvenzrechts-Novelle 2002, ZIK 2001, 186
Mohr Franz, Die im Ministerialentwurf der Insolvenzrechts-Novelle 2002 enthaltenen Änderungen des Privatkonkursrechtes, ZIK 2001, 243
Mohr Franz, Die Konkurs-, Ausgleichs- und Anfechtungsordnung, 2000
Mohr Franz, Die neue Lohnpfändung, ecolex spezial, 1991
Mohr Franz, Die Pfändbarkeit der Abfertigung ab 2002, ecolex 2001, 925
Mohr Franz, Eigenkapitalersatz – der Ministerialentwurf, ZIK 2002, 50
Mohr Franz, Insolvenzrecht 2002, 2002
Mohr Franz, Wann ist die Einsicht in die Insolvenzdatei geboten?, ZIK 2000, 7
Mohr Martina, Der Arbeitnehmer als Verbraucher, ecolex 1994, 415
Petsch/Reckenzaun/Bertl/Isola, Praxishandbuch Konkursabwicklung, 1998
Rathauscher, Bestandrechte im Konkurs, 1999
Rebernig, Konkursanfechtung des Kontokorrentkredits, 1998
Reckenzaun/Handl, Erste (positive) Erfahrungen mit dem Unternehmensreorganisationsverfahren, ZIK 2001, 130
Reich-Rohrwig, GmbH-Recht I, 1997
Reich-Rohrwig, Das URG, Vorständen und Geschäftsführern drohen neue Haftungen, SWK 1997, W 103 und W 125
Reich-Rohrwig/Zehetner, Das neue Insolvenzrecht, 1997
Resch, Lohnpfändung und Karenzierung des Arbeitsvertrages, ecolex 2000, 185
Retschitzegger Claudia, Das neue Amtslöschungsgesetz, GesRZ 2000, 151
Ritz, Kommentar zur BAO, 1999
Rosbaud/Manquet, Die „fahrlässige Krida“ geht – was bleibt?, wbl 2001, 97
Schreiber/Stocker, Leitfaden für Zwangsverwalter, 1993
Straube, Kommentar zum HGB, 1995

Vogt, Manager haften nicht für den Erfolg, im Rechtspanorama der „Presse" vom 29.4.2002

Wagner, Geschäftsführerhaftung und URG, 1999

Wallner, Die Gewerbeordnungsnovelle 2002, SWK 2002, W 71

Walzel, Verfassungsrechtliche Bedenken gegen die Haftung des Kommanditisten für die Kommunalsteuer nach § 6 KommStG, SWK 2000, S 468

Widhalm, Kontokorrentkredit und Anfechtung, ZIK 1999, 39

Wukoschitz, Entlastung für Geschäftsführer – VwGH schränkt Haftung für SV-Beiträge ein, RdW 2001, 460

1. Der außergerichtliche Ausgleich

Der außergerichtliche Ausgleich wird auch oft als *„stiller Ausgleich“* oder *„außergerichtliche Einigung“* bezeichnet. Die Begriffe haben alle die selbe Bedeutung. Im Sinne einer einheitlichen Terminologie verwenden wir immer den Begriff „außergerichtlicher Ausgleich“. Beim außergerichtlichen Ausgleich **verzichten die Gläubiger freiwillig** auf einen Teil ihrer Forderungen. Es handelt sich um eine rein privatrechtliche Einigung ohne Mitwirkung des Gerichts. Die Gläubiger werden im Regelfall nur dann zustimmen, wenn sie besser gestellt sind, als im Konkurs oder gerichtlichen Ausgleich des Schuldners. Die Fortführung des Unternehmens sollte also im Regelfall noch Sinn machen. Gläubiger, die ohnehin hinreichend mit Hypotheken oder durch zahlungskräftige Bürgen abgesichert sind, werden zu einer Zustimmung im Regelfall schwerer zu bewegen sein.

Der außergerichtliche Ausgleich hat **folgende Vorteile** gegenüber einem gerichtlichen Insolvenzverfahren: Zum einen fallen **keine Gerichts- und Verwalterkosten** an, zum anderen erfolgt **keine Veröffentlichung**. Auch führt diese private Einigung zu keinem Entzug des Gewerbescheines, was dann erfolgen würde, wenn der Konkurs mangels kostendeckendem Vermögen mittels Gerichtsbeschluss abgewiesen würde. ☞ Siehe Kap 2.3.4. Auch für einen mithaftenden **Bürgen** ist ein außergerichtlicher Ausgleich **vorteilhaft,** da seine Bürgschaftsverpflichtung ebenfalls im Ausmaß des Schuldennachlasses reduziert wird – bei gerichtlichen Schuldennachlässen im Zuge eines Insolvenzverfahrens wäre das nicht der Fall.

Achtung: Bei einem außergerichtlichen Ausgleich muss beachtet werden, dass der gewährte Schuldennachlass als „Sanierungsgewinn“ prinzipiell voll besteuert wird. Dagegen sind die Finanzämter nach einem Erlass des Finanzministeriums bei gerichtlichen Schuldennachlässen angewiesen, von der Festsetzung der aus dem Sanierungsgewinn entstehenden Einkommensteuer oder Körperschaftsteuer unter bestimmten Voraussetzungen und in einem bestimmten Ausmaß Abstand zu nehmen. ☞ Siehe Kap 12.3.3. Bei einem außergerichtlichen Ausgleich liegt dies im Ermessen der Finanzlandesdirektionen. In diesem Fall ist insbesondere darauf Bedacht zu nehmen, inwieweit die Sanierungsbedürftigkeit auf unangemessene Entnahmen zurückzuführen ist.[1]

Voraussetzung für ein gültiges Zustandekommen ist allerdings, dass **alle Gläubiger zustimmen**. Verweigert auch nur ein Gläubiger die Zustimmung, scheitert der außergerichtliche Ausgleich.

Die Gläubiger können jedoch *verschiedene Quoten angeboten bekommen.* Freilich muss vom Schuldner plausibel erklärt werden, warum ein Gläubiger

[1] FLD Wien, NÖ, Bgld vom 13.12.2000, Senat II, BE, RV/36x-15/09/2000 in FJ-LS 2001, 52.

weniger bekommt als der andere. Die Praxis zeigt zB, dass die Sozialversicherungsträger so gut wie nie auf Forderungen verzichten und höchstens eine Ratenvereinbarung – meist verbunden mit einer größeren Anzahlung – annehmen.

Praxistipp für die Vorgangsweise bei einem außergerichtlichen Ausgleich: Zunächst sollte eine Bestandsaufnahme gemacht werden, um festzustellen, welche Ratenzahlungen in welchem Zeitraum leistbar sind, damit das Unternehmen noch überlebensfähig bleibt. Danach sollte die Quote festgelegt werden, wobei begründet werden sollte, warum ein Gläubiger mehr erhält als der andere. Je *höher die angebotene Quote, umso besser ist die Chance für eine Zustimmung.* Als *Orientierung* für eine Mindestquote wird oft der im gerichtlichen Ausgleich mindestens erzielbare Anspruch von 40% genommen. Wichtig ist, dass alle Gläubiger zustimmen. Bei einer geringen Anzahl von Gläubigern kann und sollte das direkte Gespräch – insbesondere mit dem Hauptgläubiger – gesucht werden. Die Ergebnisse sollten schriftlich festgehalten werden. Insbesondere bei einer Vielzahl von Gläubigern kann ein „Schimmelbrief" ausgeschickt werden.

Hinweis Dienstnehmer: Befinden sich Dienstnehmer unter den Gläubigern, so ist zu beachten, dass diese bei einer außergerichtlichen Einigung keinen Anspruch auf Zahlung des ausständigen Betrages durch den Insolvenzausfallfonds haben. Denn dieser zahlt – unter bestimmten Voraussetzungen – grundsätzlich nur bei einer gerichtlichen Insolvenz. ☞ Siehe Kap 2.4.15. Dienstnehmer werden daher zu einer Forderungskürzung nur im Ausnahmefall zu bewegen sein – zB wenn der Dienstnehmer eine besonders starke Bindung an das Unternehmen hat und/oder ein besonderes Interesse an seinem Fortbestand hat, weil er woanders keine Arbeit finden würde. Da jedoch beim außergerichtlichen Ausgleich verschiedene Quoten ausverhandelt werden können, könnten die Dienstnehmer voll, andere Gläubiger nur teilweise befriedigt werden – vorausgesetzt, dass alle Gläubiger davon informiert werden und damit einverstanden sind. Auf jeden Fall muss der Dienstgeberbeitrag zur Sozialversicherung voll abgeführt werden, da sonst das Risiko einer strafrechtlichen Verurteilung besteht. ☞ Siehe Kap 10.3.

Die außergerichtlichen Verhandlungen stoppen jedoch *nicht* die Frist von 60 Tagen ab Zahlungsunfähigkeit bzw Überschuldung zur verpflichtenden Insolvenzeröffnung. Haben alle Gläubiger dem Vorschlag zugestimmt, so sind die vereinbarten Zahlungen einzuhalten. Bei ordnungsgemäßer Erfüllung erlischt die Restschuld.

Die wichtigste Rechtsfolge eines erfüllten außergerichtlichen Ausgleiches ist, dass die Forderungen der Gläubiger in Höhe der Differenz zur vereinbarten Zahlungsquote bei fristgerechter Erfüllung erlöschen. Auch die Bürgen werden – im Gegensatz zu den gerichtlich durchgeführten Insolvenzverfahren – in diesem Ausmaß von ihrer Verbindlichkeit befreit.

- ***Beispiel:***
  Es wurde ein Quote vom Schuldner S, welcher als Einzelunternehmer tätig ist, in der Höhe von 45%, zahlbar innerhalb von 2 Jahren zu 4 gleichen Raten angeboten und von allen Gläubigern mit Ausnahme der Sozialversicherung akzeptiert. Letztere war nur mit einer Ratenzahlung, jedoch ohne Schuldennachlass einverstanden. Von dieser Sonderbegünstigung wurden die anderen Gläubiger informiert und waren auch damit einverstanden. Für eine Kreditverbindlichkeit hat die Gattin G gegenüber der Bank eine Bürgschaftserklärung abgegeben.

Bei Bezahlung dieser 45% innerhalb der vereinbarten Fristen erlöschen die restlichen 55% der Verbindlichkeiten des S. Die Sozialversicherung muss jedoch nach der Vereinbarung voll befriedigt werden. Auch die aus der Bürgschaft resultierende Verbindlichkeit der Gattin G erlischt bei fristgerechter Zahlung der der Bank zustehenden Quote durch den Schuldner in vollem Umfang. Der auf Grund des Schuldennachlasses gegenüber den Gläubigern (mit Ausnahme der Sozialversicherung) resultierende „Sanierungsgewinn“ von 55% muss grundsätzlich voll besteuert werden. Die Finanzlandesdirektion kann aber von der Festsetzung der auf den Sanierungsgewinn entfallenden Steuer unter bestimmten Voraussetzungen und bis zu einem bestimmten Ausmaß absehen. Dies ist allerdings eine Ermessensentscheidung der Steuerbehörde, wobei hierbei auch insbesondere zu prüfen wäre, ob die Zahlungsschwierigkeiten nicht auf Grund unverhältnismäßig hoher Entnahmen des S resultierten.

☞ ⌧ Sie finden einen Musterbrief für einen außergerichtlichen Ausgleichsvorschlag als „Formular 5“ im Anhang (Kap 13.6).

2. Konkurs einschließlich des Zwangsausgleiches

2.1 Allgemeines

2.1.1 Historische Entwicklung

Bereits den ältesten Rechtsordnungen lag der Gedanke zu Grunde, dass nicht Rachegelüste oder Strafsanktionen gegen Schuldner, sondern vielmehr der Versuch, die bestmögliche Befriedigung zu erlangen, für die Gläubiger der zweckmäßigste Weg sein konnte. Das römische Privatrecht sah zwar schon die Beschlagnahme und Versteigerung des Schuldnervermögens zugunsten der Gläubiger vor, doch wurde der Schuldner noch gleichsam als Verbrecher angesehen.

Auch wurde erkannt, dass Regelungsbedarf für den Fall gegeben war, wenn sich der Schuldner mehreren Gläubigern ausgesetzt sah, wie dies im Falle des Scheiterns eines Unternehmens regelmäßig zu beobachten ist. Das Insolvenzrecht basiert nun auf dem Gedanken, dass die Gläubiger eine so genannte Gefahrengemeinschaft bilden. Aus sozialen Gesichtspunkten steht dabei einerseits die Gleichbehandlung der Gläubiger, andererseits die Wahrung von Schuldnerinteressen im Vordergrund.

Konkursbestimmungen waren bereits der **Josephinischen Gerichtsordnung 1781** zu entnehmen, später entwickelte sich, ausgehend vom Französischen Konkursrecht, die **Concursordnung von 1868** (RGBl 1869/1).

Die in ihrem Kern noch heute geltende Konkursordnung trat mit Wirkung vom 1.1.1915 in Kraft; parallel dazu wurden die Ausgleichordnung und die Anfechtungsordnung erlassen.

Abänderungen erfolgten durch eine Vielzahl von Novellen, die insbesondere eine Straffung der Gerichtsorganisation, die Schaffung des Vorverfahrens und (zuletzt) die Begünstigung der Unternehmensfortführung vorsahen. Die letzte Novelle erfolgte mit BGBl I 2002/156.

Eine Besonderheit stellt das Unternehmensreorganisationsgesetz (BGBl I 1997/114) dar, ☞ dazu im Kap 9.

2.1.2 Prinzipien

Das Exekutionsverfahren, geregelt in der Exekutionsordnung, geht davon aus, einem einzelnen Gläubiger gerichtliche Hilfe zur Durchsetzung einer vollstreckbaren Forderung zu gewähren.

Voraussetzung für die Einzelvollstreckung (Singularexekution) ist somit die Fälligkeit der betriebenen Forderung. Im Exekutionsverfahren besteht die Möglichkeit, auf einzelne Vermögenswerte zu greifen, nach dem Prioritätsprinzip wird derjenige Gläubiger bevorzugt, der früher zugegriffen hat. Das Exekutionsverfahren hilft bei zahlungsfähigen, aber zahlungsunwilligen Schuldnern.

Anders bei den Insolvenzverfahren, die die Zahlungsunfähigkeit des Schuldners voraussetzen. Die (veraltet und nicht ganz zutreffend gemeinte) Gesamtvollstreckung oder Generalexekution wird von den Grundsätzen beherrscht, dass das gesamte Vermögen des Schuldners (Universalitätsprinzip) zur gleichmäßigen und verhältnismäßigen Befriedigung sämtlicher Gläubiger (Paritätsprinzip) herangezogen wird. Natürlich bestehen vielfach Ausnahmen, so können unter bestimmten Voraussetzungen Vermögenswerte des Schuldners aus dem Konkurs ausgeschieden werden, andererseits werden bestimmte Gläubiger, je nach Art und Entstehen ihrer Forderung, bevorzugt. Dazu ☞ siehe Kap 2.4.2 und 2.14.10 f.

Besonderheiten gibt es im Bankwesengesetz (BGBl 1993/532), in der Verordnung über den Konkurs, die Geltendmachung der Haftung und das Ausgleichsverfahren bei Erwerbs- und Wirtschaftsgenossenschaften in der Fassung des IRÄG 1982, BGBl 370.

Die Person, über deren Vermögen der Konkurs eröffnet wird, wird in der Konkursordnung **Gemeinschuldner** genannt. Durch die Eröffnung des Konkurses wird das gesamte, der Exekution unterworfene Vermögen, das dem Gemeinschuldner zu dieser gehört oder das er während des Konkurses erlangt, dessen freier Verfügung entzogen. Diese Verfügungsbeschränkung bedeutet, dass Rechtshandlungen des Gemeinschuldners nach Konkurseröffnung den Konkursgläubigern gegenüber unwirksam sind. Als Rechtshandlung ist dabei jede Handlung anzusehen, die eine rechtliche Wirkung hervorbringt. Dazu zählen nicht nur Vertragsabschlüsse, sondern auch Erfüllungsgeschäfte wie Zahlungen, Aufrechnungserklärungen, Kündigungen, etc.

Der Gemeinschuldner bleibt jedoch durch die Konkurseröffnung vollkommen handlungsfähig, sofern es sich um Handlungen nicht vermögensrechtlicher Art handelt. Er kann heiraten, sich scheiden lassen, Kinder adoptieren, testamentarisch verfügen und Ähnliches. Seine Handlungsfähigkeit ist auch nicht eingeschränkt, sofern es sich um Vermögen handelt, das nicht zur Konkursmasse gehört. Dazu ☞ siehe Kap 2.4.2.

2.1.3 Ziele

Je nach Verfahrensart werden verschiedene Ziele verfolgt:

Das Interesse liegt entweder in der bestmöglichen Befriedigung der Gläubiger, ohne Rücksicht auf den zukünftigen Fortbestand des Schuldners, oder in der wirtschaftlichen Erhaltung des Schuldners unter Bedachtnahme auf die Interessen der Gläubiger.

In die erste Richtung zielt das Konkursverfahren. Ohne Rücksicht auf die wirtschaftliche Existenz des Schuldners wird das gesamte Vermögen der Verwertung unterzogen und der Erlös unter den Gläubigern verteilt. Dem Masseverwalter kommt dabei die Stellung eines Liquidators zu.

Im Gegensatz steht das Ausgleichsverfahren, das in die andere Richtung zielt. Die Gläubiger lassen dem Ausgleichsschuldner einen Teil seiner Forderung nach und ermöglichen so ein weiteres wirtschaftliches Bestehen und künftige Geschäftsverbindungen.

Welcher der beiden Wege – nämlich Ausgleich oder Konkurs – nun gegangen wird, hängt vom Willen des Schuldners und der Gläubiger gleichermaßen ab. So kann zwar nur der Schuldner (☞ siehe Kap 4) einen Ausgleichsantrag stellen, ob der Ausgleichsvorschlag angenommen wird, darüber entscheiden letztendlich die Gläubiger.

Zur Konkursantragstellung sind Schuldner und Gläubiger gleichermaßen berechtigt.

Ist einer der beiden Wege gewählt worden, so heißt das noch nicht, dass das Verfahren unabänderlich in eine Richtung läuft. So kann es im Konkurs zu einem Zwangsausgleich kommen, der dem Wesen nach einem Ausgleich, nämlich einer Sanierung, entspricht, andererseits kann nach Ausgleichseröffnung der Konkurs (so genannter Anschlusskonkurs) eröffnet werden, wenn zB der Ausgleichsvorschlag von den Gläubigern nicht angenommen wird. Eine Besonderheit stellt der Privatkonkurs (☞ siehe Kap 6) dar, der nach Vermögensverwertung eine Sanierung durch Restschuldbefreiung vorsieht.

2.2 Allgemeine Voraussetzungen zur Eröffnung eines Insolvenzverfahrens

2.2.1 Zahlungsunfähigkeit

Die Eröffnung des Konkurses setzt voraus, dass der Schuldner zahlungsunfähig ist. Zahlungsunfähigkeit ist gegeben, wenn der Schuldner fällige Schulden in angemessener Frist nicht erfüllen kann.[2] Beim Ausgleich kann auch schon drohende Zahlungsunfähigkeit zur Verfahrenseröffnung führen. Zahlungsunfähigkeit setzt nicht voraus, dass Gläubiger andrängen. Der Umstand, dass der Schuldner Forderungen einzelner Gläubiger ganz oder teilweise befriedigt hat oder noch nicht befriedigen kann, begründet für sich allein nicht die Annahme, dass er zahlungsunfähig ist (§ 66 KO). Für die Prüfung der Zahlungsunfähigkeit sind nur Geldschulden relevant. Maßgebend ist, ob der Schuldner mangels bereiter Zahlungsmittel nicht in der Lage ist, alle seine fälligen Schulden zu bezahlen und sich die erforderlichen Zahlungsmittel voraussichtlich nicht alsbald beschaffen kann.[3]

Von der Zahlungsunfähigkeit wird die **Zahlungsstockung** unterschieden. Die bloße Zahlungsstockung ist kein Konkurs- und auch kein Ausgleichsgrund. Man versteht darunter, dass kurzfristig vorhandene Geldmittel nicht vorhanden sind.

---

2 JBl 1973, 94; EvBl 1982/164.

3 SZ 63/124.

Das OLG Wien[4] nimmt eine Frist von sechzig Tagen bzw zwei Monaten als noch gerade zulässig an. Bei einer durch eine Naturkatastrophe herbeigeführten Zahlungsunfähigkeit verlängert sich die Frist auf 120 Tage (BGBl I 2002/75).

Wichtig ist, dass es sich um fällige Forderungen handeln muss. Trifft der Schuldner mit seinem Gläubiger Ratenvereinbarungen, so wird Fälligkeit erst zum gewählten Zahlungsziel eintreten.

Andererseits ist jedoch nicht erforderlich, dass die Gläubiger „andrängen", also bereits Klage eingebracht haben oder sogar schon Exekution führen.

Achtung: Der Zeitpunkt der Zahlungsunfähigkeit ist wichtig für die rechtzeitige Konkurs-/Ausgleichsantragstellung (☞ siehe Kap 2.3.1 und 4), aber auch wegen Haftungen der vertretungsbefugten Organe. Die Judikatur[5] ist streng und geht davon aus, dass der Schuldner seine Zahlungsfähigkeit leicht ermitteln kann, nämlich durch Prüfung, ob fällige Forderungen in vorhandenen liquiden Mitteln (dazu zählt auch ein noch ausnützbarer Kreditrahmen) Deckung findet.

2.2.2 Überschuldung

Anstelle der Zahlungsunfähigkeit genügt in bestimmten Fällen die Überschuldung des Schuldners als Voraussetzung für ein Insolvenzverfahren, nämlich bei Handelsgesellschaften, bei denen kein persönlich haftender Gesellschafter eine natürliche Person ist (sog GmbH & Co KG im engeren Sinn) und bei juristischen Personen (AG, GmbH, Vereine und Verlassenschaften).

Überschuldung liegt dann vor, wenn das Vermögen des Schuldners nicht ausreicht, um seine Verbindlichkeiten zu decken. Geprüft wird die Überschuldung durch einen Vergleich der Aktiva mit den Passiva (rechnerische Überschuldung) und eine Fortbestehensprognose.

Die Judikatur[6] geht demgemäß von einem zweistufigen Überschuldungsbegriff aus. Zum einen erfolgt eine statische Prüfung anhand der Vermögenswerte. Die Überschuldung setzt daher eine Bewertung des Vermögens voraus, die aber nicht nach abgabenrechtlichen Grundsätzen zu erfolgen hat, sondern zu Liquidationswerten.

Bei der **Fortbestehensprognose** wird geprüft, ob das Unternehmen in Zukunft zahlungs- und damit auch lebensfähig bleiben wird. Prognoseziel ist demgemäß die Erhaltung der zukünftigen Zahlungsfähigkeit und Beseitigung der rechnerischen Überschuldung. Die Fortbestehensprognose ist auf einen bestimmten Planungszeitraum auszurichten. Die Dauer des Planungszeitraums ist nicht vorgegeben. Die Höchstgrenze bildet aber jener Zeitraum, der überhaupt

[4] OLG Wien 15.4.1993, 6 R 103/93; *Mohr*, Kommentar zur Konkurs-, Ausgleichs- und Anfechtungsordnung (2000) E 21c zu § 66 KO.

[5] *Dellinger* in Konecny/Schubert, Kommentar zu den Insolvenzgesetzen Rn 63 zu § 66 KO.

[6] OGH 3.12.1986, ÖBA 1987, 332.

noch vernünftig planbar bzw überschaubar ist. Vielfach wird von einem Zeitraum von maximal zwei Jahren ausgegangen.[7]

TIPP: Die Frage der Überschuldung kann maßgeblich für eine strafrechtliche (☞ siehe Kap 10), aber auch zivilrechtliche (☞ siehe Kap 8) Verantwortung sein. Es empfiehlt sich daher im Falle begründeter Zweifel, eine Überschuldungsbilanz durch einen Wirtschaftsprüfer oder Steuerberater erstellen zu lassen.

2.3 Der Konkurs im Detail

2.3.1 Vorverfahren

Zur Konkursantragstellung sind Schuldner und Gläubiger gleichermaßen legitimiert. In bestimmten Fällen erfolgt die Konkurseröffnung von Amts wegen (☞ siehe Kap 2.3.2).

Auf Antrag des Schuldners wird der Konkurs sofort eröffnet. Der **Antrag des Schuldners bedarf keiner besonderen Form, es genügt auch eine vom Schuldner an das Gericht erstattete Anzeige von der Zahlungseinstellung. Achtung: Aus Haftungsgründen sollte der Konkursantrag spätestens binnen 60 Tagen ab Eintritt der Zahlungsunfähigkeit bzw Überschuldung gestellt werden. ☞ Siehe Kap 8.2.2.** Es besteht **keine Anwaltspflicht** und fallen auch **keine Gerichtsgebühren** an. Der Schuldner, der die Konkurseröffnung beantragt, braucht die Zahlungsunfähigkeit und die Überschuldung nicht glaubhaft zu machen, dh keine Bescheinigungsmittel wie Urkunden vorlegen oder Einvernahmen beantragen. Das Gericht führt in diesem Fall auch keine Erhebungen durch, ob die Konkursvoraussetzungen tatsächlich vorliegen, es sei denn, es ergeben sich begründete Zweifel an den Angaben des Schuldners.

Handelt es sich bei dem Schuldner um eine juristische Person, so trifft die Antragspflicht grundsätzlich die organschaftlichen Vertreter (also Geschäftsführer bei einer GmbH bzw Vorstand bei der AG). Diese Verpflichtung trifft jeden einzelnen Geschäftsführer, ohne Rücksicht auf bestehende Gesamtvertretungsverhältnisse.[8]

Geht der Antrag nicht von allen natürlichen Personen einer Gesellschaft aus, so sind die übrigen Personen über den Antrag zu vernehmen. Ist ein Einverständnis über den Antrag nicht zu erzielen oder die rechtzeitige Vernehmung nicht möglich, so ist der Konkurs nur dann zu eröffnen, wenn die Zahlungsunfähigkeit glaubhaft gemacht wird.

Die Konkurseröffnung ist jedoch davon abhängig, dass ein voraussichtliches **hinreichendes Vermögen** zur Deckung der Verfahrenskosten vorhanden ist. Diese Kostendeckung muss der Schuldner in seinem Antrag nachweisen. Dazu ☞ siehe Kap 2.3.3.

[7] *Karollus*, Die Fortbestehensprognose im Rahmen der Überschuldungsprüfung (1997) 35.
[8] wbl 1989, 250.

Beantragt ein Gläubiger die Konkurseröffnung, so hat er glaubhaft zu machen, dass er eine – wenngleich nicht fällige – Konkursforderung hat und dass der Schuldner zahlungsunfähig ist. Das Vorliegen einer Gläubigermehrheit ist nicht Voraussetzung.

Für die **Antragstellung durch den Gläubiger** besteht ebenfalls keine Anwaltspflicht, doch sind die **Gerichtsgebühren zu entrichten (derzeit € 33,–)**.

Der Gläubiger hat den Entstehungsgrund und die Zusammensetzung der Forderung anzugeben und die Forderung zu bescheinigen. Eine solche Bescheinigung ist etwa eine gerichtliche Entscheidung, ein schriftliches Anerkenntnis, eine unbedenkliche Lohnabrechnung samt Versicherungsdatenauszug, etc.

Schließlich muss der Gläubiger in seinem Antrag auch die Zahlungsunfähigkeit des Schuldners behaupten und bescheinigen. **Mögliche Bescheinigungsmittel** sind Berichte über ergebnislose Exekutionsvollzüge, das Vorhandensein erheblicher Rückstände an Sozialversicherungsbeiträgen, etc.

Zuständig für den Konkursantrag, ob nun vom Schuldner oder Gläubiger eingebracht, ist jenes Landesgericht, in dessen Sprengel der Schuldner sein Unternehmen betreibt oder mangels eines solchen seinen gewöhnlichen Aufenthalt hat. Betreibt der Schuldner im Inland kein Unternehmen und hat er im Inland keinen gewöhnlichen Aufenthalt, so ist jenes Landesgericht zuständig, in dessen Sprengel sich eine Niederlassung, mangels einer solchen Vermögen des Schuldners befindet.

Für den Privatkonkurs gelten andere Zuständigkeitsregeln, ☞ siehe dazu Kap 6.1.2.

Für Wien ist das Handelsgericht Wien Konkursgericht, für das übrige Bundesgebiet ist das jeweilige Landesgericht **zuständig**. Zuständigkeitsabfragen sind im Internet unter www.bmj.gv.at unter dem Stichwort „Gericht“ im Suchfeld möglich.

2.3.2 Prüfung der Konkursvoraussetzungen

Anders als beim Eigenantrag des Schuldners erfolgt beim Gläubigerantrag eine amtswegige Prüfung der Konkursvoraussetzungen. Sobald das Konkursgericht die vom Gläubiger behauptete Forderung sowie das Vorliegen der Zahlungsunfähigkeit für ausreichend bescheinigt erachtet, wird der Antrag dem Schuldner zu eigenen Handen zugestellt[9] (§ 70 Abs 2 KO). Eine Belehrung über die Abwendung des Konkurses durch einen Ausgleichsantrag und über dessen Wesen ist dabei anzuschließen. Das Konkursgericht hat sodann den Schuldner und sonstige Auskunftspersonen (dazu zählen etwa Organe der Belegschaft) zu vernehmen, wenn es rechtzeitig möglich ist.

[9] Bei sonstiger Nichtigkeit: OLG Wien vom 2.2.1995 in ZIK 1995, 155.

Achtung: Leistet der Schuldner der Ladung zur Konkurseröffnungstagsatzung keine Folge, so ist er von Einwendungen gegen den Konkursantrag seines Gläubigers ausgeschlossen.[10]

Der Schuldner kann sich grundsätzlich gegen die Konkursantragstellung durch einen Gläubiger und die Einleitung des Vorverfahrens durch das Konkursgericht nicht zur Wehr setzen. Er hat jedoch die Möglichkeit, in diesem Verfahren die Gegenbescheinigung aufzustellen, dass die Konkursvoraussetzungen nicht vorliegen (so etwa dass Zahlungsstockung und nicht Zahlungsunfähigkeit gegeben ist).

Vielfach benützen Gläubiger einen Konkursantrag, um Druck auf den Schuldner auszuüben und auf diesem Wege Zahlung zu erlangen. Bei der Entscheidung über den Konkurseröffnungsantrag ist aber durch das Konkursgericht nicht zu berücksichtigen, dass der Gläubiger den Konkursantrag bereits zurückgezogen hat oder dass die Forderung des Gläubigers nach dem Konkursantrag befriedigt worden ist. Wenn der Schuldner eine solche Befriedigung (etwa durch Zahlung) oder das Vorliegen einer Stundungsvereinbarung mit dem Gläubiger bescheinigt, so reicht dies allein nicht aus, um das Vorliegen der Zahlungsunfähigkeit zu entkräften.

Die Konkursgerichte führen in aller Regel von Amts wegen Erhebungen darüber durch, ob Forderungen anderer Gläubiger bestehen. Dies geschieht durch Anfragen bei den zuständigen Gebietskrankenkassen, Finanzämtern, aber auch im Exekutionsregister.

Es genügt daher nicht, mit dem antragstellenden Gläubiger eine Regelung zu finden, sondern dem Konkursgericht muss der Nachweis einer Regelung mit sämtlichen Gläubigern erbracht werden.

- ***Beispiel:***
  Der Gläubiger A hat aufgrund einer vollstreckbaren Forderung gegen den Schuldner X den Konkurseröffnungsantrag eingebracht. Der Schuldner X zahlt sodann seine Schulden und der Gläubiger A zieht den Konkursantrag zurück. In der Annahme, die Angelegenheit sei erledigt, bleibt der Schuldner der Ladung zur Einvernahme durch das Konkursgericht fern. Tatsächlich hat das Konkursgericht zwischenzeitig amtswegig erhoben, dass Verbindlichkeiten bei der Gebietskrankenkasse, beim Finanzamt und exekutive Betreibungen anderer Gläubiger bestehen. Das Konkursgericht wird daher den Konkurs eröffnen.

TIPP: Sobald ein Konkursantrag vorliegt, ist der Ladung des Konkursgerichtes unbedingt Folge zu leisten und zur Abwendung die Befriedigung oder Stundungsvereinbarung mit allen Gläubigern nachzuweisen.

[10] ZIK 1996, 101.

2.3.3 Kostendeckendes Vermögen

Ein Konkurs, unabhängig davon, ob durch Eigenantrag des Schuldners oder durch Gläubigerantrag eingeleitet, wird nur dann eröffnet, wenn das vorhandene Vermögen des Schuldners zumindest ausreicht, um die Anlaufkosten des Konkursverfahrens zu decken (§ 71 KO). Zur Prüfung, ob ein solches Vermögen vorhanden ist, hat der Schuldner bei seiner Einvernahme ein Vermögensverzeichnis vorzulegen und vor Gericht zu unterfertigen. Erscheint er nicht vor Gericht, ist der Schuldner allenfalls zu seiner Vernehmung zwangsweise vorzuführen.[11] Das Gericht kann aber auch Stellungnahmen der bevorrechteten Gläubigerschutzverbände einholen oder Vollstreckungsorgane mit Ermittlungen beauftragen. Als hinreichendes Vermögen wird derzeit vielfach ein Betrag von **€ 4.000,–** angesehen.

Im Falle des Eigenantrages durch einen Schuldner muss dieser gleichzeitig mit der Antragstellung den Nachweis des Vorhandenseins von kostendeckendem Vermögen erbringen. Dies kann etwa dadurch geschehen, dass ein Kostenvorschuss beim zuständigen Gericht einbezahlt wird.

Fehlt es an kostendeckendem Vermögen, so ist der Konkurs dennoch zu eröffnen, wenn der antragstellende Gläubiger auf Anordnung des Gerichtes einen Betrag zur Deckung der Kosten vorschussweise erlegt. Diese Anordnung geschieht mit Gerichtsbeschluss, der nicht anfechtbar ist, aber auch nicht vollstreckbar. Der Gläubiger kann daher nicht dazu gezwungen werden, den Kostenvorschuss zu erlegen. Erlegt er ihn jedoch nicht, so wird der Konkurs mangels kostendeckenden Vermögens abgewiesen.

Die Entscheidung, ob der Gläubiger einen Kostenvorschuss erlegen soll, ist gründlich zu prüfen. Der Kostenvorschuss dient im Wesentlichen zur Abdeckung der Verfahrenskosten, insbesondere der Kosten des Masseverwalters. Ist der Kostenvorschuss einmal aufgebracht und sonst kein Massevermögen vorhanden, so wird der Gläubiger den von ihm erlegten Kostenvorschuss nicht zurückerhalten, obwohl sein Rückforderungsanspruch bevorrechtet gegenüber Forderungen sonstiger Massegläubiger ist.

TIPP: Es empfiehlt sich daher, einen Kostenvorschuss nur in jenen Verfahren zu erlegen, in denen mit einer gänzlichen Rückerstattung gerechnet werden kann.

Eine Besonderheit besteht bei juristischen Personen. Fehlt es bei diesen an kostendeckendem Vermögen, so ist der Konkurs auch dann zu eröffnen, wenn

1. die organschaftlichen Vertreter dieser juristischen Person einen Betrag zur Kostendeckung vorschussweise erlegen oder
2. feststeht, dass die organschaftlichen Vertreter über Vermögen verfügen, das zur Deckung der Kosten ausreicht. Gemäß § 72a KO haften die organschaft-

[11] *Mohr*, Kommentar zur Konkurs-, Ausgleichs- und Anfechtungsordnung (2000) E 19 zu § 71 KO.

lichen Vertreter einer juristischen Person zur Leistung eines Kostenvorschusses bis zu einem Betrag von € 4.000,00. Zu den organschaftlichen Vertretern zählen der Geschäftsführer einer Gesellschaft mit beschränkter Haftung, der Vorstand der Aktiengesellschaft, der Vorstand einer Genossenschaft und der Obmann eines Vereins.

Das Gericht hat die organschaftlichen Vertreter aufzufordern, binnen 14 Tagen einen vom Gericht festzulegenden Betrag zu zahlen und ein Vermögensverzeichnis über ihre Vermögenslage vorzulegen. Diese Verpflichtung entfällt nur dann, wenn der Vorschuss tatsächlich geleistet wird.

Zur Leistung dieses Kostenvorschusses sind auch sämtliche Personen, die innerhalb der letzten drei Monate vor Einbringung des Konkursantrages organschaftliche Vertreter des Schuldners waren, solidarisch verpflichtet, nicht jedoch der Notgeschäftsführer (§ 72a KO).

Achtung: Die Haftung der organschaftlichen Vertreter für die Anlaufkosten des Konkurses besteht unabhängig davon, ob sie rechtswidrig oder schuldhaft gehandelt haben oder ein Konkursantrag zu spät gestellt wurde. Die Haftung ist mit € 4.000,00 beschränkt. Bei Vorliegen eines Verschuldens kann es auch zu einer weitaus höheren Haftung kommen (☞ siehe Kap 8).

2.3.4 Abweisung mangels kostendeckenden Vermögens

Wird der Konkurs mangels kostendeckenden Vermögens nicht eröffnet, so hat das Gericht einen Beschluss darüber zu fassen. Der Beschluss ist öffentlich in der Ediktsdatei bekannt zu machen und nach Eintritt seiner Rechtskraft ua den gesetzlichen Interessenvertretungen sowie den bevorrechteten Gläubigerschutzverbänden zuzustellen. Ein solcher Beschluss hat weit reichende Folgen. Er bedeutet in der Regel die Auflösung der juristischen Gesellschaft (so etwa § 203 Abs 1 Z 4 AktienG). Die Auflösung ist in das Firmenbuch einzutragen. Gemäß §§ 13 und 87 GewO ist der Schuldner von der weiteren Gewerbeausübung ausgeschlossen bzw die Gewerbeberechtigung kann entzogen werden (☞ siehe dazu Kap 11).

Beschlüsse des Gerichtes, womit der Antrag auf Konkurseröffnung abgewiesen wird, können von allen Personen, deren Rechte dadurch berührt werden, angefochten werden.

2.4 Der Ablauf des Konkursverfahrens

2.4.1 Beschluss über die Konkurseröffnung

Liegen die Konkursvoraussetzungen (zur Zahlungsunfähigkeit ☞ siehe Kap 2.2.1, zur Überschuldung ☞ siehe Kap 2.2.2, zum Kostenvorschuss ☞ siehe Kap 2.3.3) vor, so hat das Gericht einen Beschluss über die Konkurseröffnung zu fassen. Dieser Eröffnungsbeschluss ist dem Schuldner, ab Konkurseröffnung **Ge-**

meinschuldner genannt, und dem Masseverwalter zuzustellen. Gegen den Eröffnungsbeschluss besteht das Rechtsmittel des Rekurses an das zuständige Oberlandesgericht. Die Rekursfrist beträgt 14 Tage und beginnt für alle Beteiligten, also auch für den Gemeinschuldner mit dem Tag der öffentlichen Bekanntmachung.[12]

Die öffentliche Bekanntmachung erfolgt durch die Eintragung des Konkursediktes in die Insolvenzdatei.

Die Insolvenzdatei ist im Internet abrufbar unter der Adresse **www.edikte.justiz.gv.at**

Das Konkursedikt hat gemäß § 74 KO zu enthalten:

1. Bezeichnung des Konkursgerichtes;
2. Name (Firma) und Wohnort des Gemeinschuldners sowie Sitz des Unternehmens (der Niederlassungen), gegebenenfalls die Firmenbuchnummer und das Geburtsdatum;
3. Name, Anschrift, Telefonnummer, Telefaxnummer und E-Mail-Adresse des Masseverwalters;
4. ob dem Schuldner die Eigenverwaltung zusteht;
5. Ort, Zeit und Zweck der 1. Gläubigerversammlung mit der Aufforderung an die Gläubiger, die Belege für die Glaubhaftmachung ihrer Forderung mitzubringen;
6. die Aufforderung an die Konkursgläubiger, ihre Forderungen innerhalb einer bestimmten Frist anzumelden;
7. eine kurze Belehrung über die Folgen einer Versäumung der Anmeldungsfrist oder die Bestellung eines Zustellungsbevollmächtigten;
8. Ort und Zeit der Allgemeinen Prüfungstagsatzung.

Im Konkursedikt wird üblicherweise noch festgehalten, ob der Konkurs geringfügig ist. Ein Konkurs ist als geringfügig anzusehen, wenn das zur Konkursmasse gehörige Vermögen voraussichtlich nicht mehr als € 50.000,– beträgt. Die diesbezügliche Entscheidung des Konkursgerichtes ist etwa für die Frage der Bestellung eines Gläubigerausschusses von Bedeutung.

Ausfertigungen des Ediktes sind jedem Konkursgläubiger, dessen Anschrift bekannt ist, jeden im Unternehmen errichteten Organ der Belegschaft sowie der für die Arbeitnehmer zuständigen gesetzlichen Interessenvertretung (Arbeiterkammer) zuzustellen.

Achtung: Die 14-tägige Rekursfrist gegen den Eröffnungsbeschluss beginnt mit der öffentlichen Bekanntmachung, also Ediktseinschaltung im Internet zu laufen. Einem Rekurs gegen die Konkurseröffnung kommt keine aufschiebende Wirkung zu.

[12] OGH 29.10.1998.

Das Konkursgericht hat zu veranlassen, dass die Konkurseröffnung im Grundbuch bei jenen Liegenschaften angemerkt wird, die im Eigentum des Gemeinschuldners stehen. Außerdem ist bei Unternehmen, die im Firmenbuch eingetragen sind, zu veranlassen, dass die Konkurseröffnung unter Angabe ihres Tages und der Name des Masseverwalters im Firmenbuch eingetragen wird.

Das Konkursgericht benachrichtigt weiters die zuständige Post- und Telegraphendienststelle und verfügt eine **Postsperre**. Postsperre bedeutet, dass Poststücke nicht mehr dem Gemeinschuldner, sondern dem Masseverwalter zugestellt werden. Die in § 78 Abs 4 KO normierte Sperre von Bankguthaben dient zur Sicherung der Konkursmasse vor Zugriffen des Gemeinschuldners und vor einer Vermischung mit fremdem Vermögen. Ab dem der Konkurseröffnung folgenden Tag ist es dem Gemeinschuldner verwehrt, über seine Konten zu verfügen. Erst wenn dem Masseverwalter ein Beschluss über die Verfügungsberechtigung (sog Rotsiegelbeschluss) vorliegt, kann dieser auf die Konten zugreifen.

2.4.2 Wirkungen der Konkurseröffnung

Die Rechtswirkungen der Konkurseröffnung treten mit Beginn des Tages ein, der der öffentlichen Bekanntmachung des Inhalts des Konkursediktes folgt (§ 2 KO). Diese Wirkung trifft jedermann. Durch die Eröffnung des **Konkurses wird das gesamte der Exekution unterworfene Vermögen**, das dem Gemeinschuldner zu dieser Zeit gehört oder das er während des Konkurses erlangt (Konkursmasse), **dessen freier Verfügung entzogen.** Auch Lottogewinne oder Spareinlagen bei der PSK gehören zur Konkursmasse (§ 1 KO).

Rechtshandlungen des Gemeinschuldners ab diesem Tag haben grundsätzlich keine Wirkungen mehr. Man spricht von der so genannten **relativen Unwirksamkeit**. Der Gemeinschuldner kann zwar auch nach der Konkurseröffnung rechtsgeschäftliche Verpflichtungen eingehen, nur können daraus abgeleitete Forderungen bis zur Aufhebung des Konkurses nicht zum Nachteil der Konkursgläubiger geltend gemacht werden.[13] Der Masseverwalter kann ein solches Geschäft aber durch eine nachträgliche Genehmigung in Kraft setzen.

- ***Beispiel:***
  Über das Vermögen des Schuldners X wird das Konkursverfahren eröffnet. Drei Tage später verkauft X eine Maschine um € 10.000,00 an den Käufer A, ohne den Masseverwalter zu verständigen. Relative Unwirksamkeit bedeutet nun, dass nur der Masseverwalter im Interesse der Konkursgläubiger die Unwirksamkeit des Geschäftes erklären kann und Rückabwicklung durchführt. Der Käufer A ist an den Kaufvertrag gebunden. Der Masseverwalter wird das Geschäft dann rückabwickeln, wenn es für die Konkursgläubiger von Nachteil ist. Wurde die Maschine über den Marktpreis verkauft, wird der Masseverwalter das Geschäft wohl genehmigen.

---

[13] OGH 28.1.1981, 1 Ob 795/80.

Für bestehende Rechtsverhältnisse (Dauerschuldverhältnisse) gibt es besondere Bestimmungen, etwa für Mietverhältnisse im § 23 KO (☞ siehe dazu Kap 2.4.13), für Arbeitsverhältnisse in § 25 KO (☞ siehe dazu Kap 2.4.14) für sonstige Dauerschuldverhältnisse in § 21 KO (☞ siehe Kap 2.4.12).

Wird über das Vermögen einer juristischen Person (AG oder GmbH) das Konkursverfahren eröffnet, so ist durch die Konkurseröffnung die Gesellschaft aufgelöst (☞ siehe Kap 3). Ihre Rechtspersönlichkeit ist dadurch jedoch noch nicht erloschen, sie dauert bis zur vollständigen Vermögensverteilung (Liquidation) fort. Andernfalls wäre zB ein Zwangsausgleich nicht mehr möglich.

Eine Personenhandelsgesellschaft oder eingetragene Erwerbsgesellschaft ist nicht nur dann aufgelöst, wenn über ihr Vermögen das Konkursverfahren eröffnet wurde, sondern auch über das eines persönlich haftenden Gesellschafters.

Nach der Konkurseröffnung kann der Gemeinschuldner nicht mehr geklagt werden, sofern es sich um einen Anspruch handelt, der sich auf das zur Konkursmasse gehörende Vermögen bezieht (§ 6 KO). Auch besteht eine Exekutionssperre; das bedeutet, dass nach Konkurseröffnung auf das zur Konkursmasse gehörende Vermögen des Gemeinschuldners nicht mehr Exekution geführt werden kann.

Ist schon ein Zivilprozess anhängig, so wird dieser durch die Konkurseröffnung unterbrochen. Davon ausgenommen sind Prozesse über Ansprüche, die das zur Konkursmasse gehörende Vermögen nicht betreffen (zB Scheidungsverfahren, Vaterschaftsprozesse, Klage auf Ausstellung eines Dienstzeugnisses, etc).

Ein vor Konkurseröffnung begonnenes Exekutionsverfahren erfährt grundsätzlich keine Unterbrechung. Bestehen bereits gerichtliche Pfandrechte, so kann der betreibende Gläubiger mit der Verwertung fortfahren. Ist dadurch jedoch die Unternehmensfortführung gefährdet, so kann für eine Frist von 90 Tagen ab Konkurseröffnung das Vollstreckungsverfahren aufgeschoben werden (§ 11 KO). Gerichtliche Pfandrechte, die in den letzten 60 Tagen vor Konkurseröffnung neu erworben worden sind, erlöschen durch die Konkurseröffnung, außer es handelt sich um Pfandrechte für öffentliche Abgaben. Zu solchen Abgaben zählen etwa Steuern, Gebühren, Zölle, Beiträge zur Sozialversicherung, Kammerumlagen und dergleichen.[14]

Diese Pfandrechte leben jedoch wieder auf, wenn der Konkurs gemäß § 166 KO[15] aufgehoben wird.

---

[14] *Deixler-Hübner* in Konecny/Schubert, Kommentar zu Insolvenzgesetzen Rn 11 zu § 12 KO.

[15] Aufhebung mangels Kostendeckung.

Achtung: Durch Zahlung einer Schuld an den Gemeinschuldner nach Konkurseröffnung wird der Verpflichtete **nicht** befreit, **es sei denn**, dass die Zahlung der Konkursmasse zukam oder dem Verpflichteten die Konkurseröffnung nicht bekannt war oder nicht bekannt sein musste. Gerade bei Unternehmern wird aber der Maßstab für das „Kennenmüssen" der Veröffentlichung des Konkurses in der Insolvenzdatei hoch angesetzt, da davon ausgegangen wird, dass (fast) jeder Unternehmer bereits einen Internetzugang hat.[16]

Die Konkurseröffnung hat **keine Auswirkung auf Strafverfahren**.

2.4.3 Masseverwalter

Das Konkursgericht hat bei der Konkurseröffnung vom Amts wegen einen **Masseverwalter** zu bestellen. Der Masseverwalter soll eine unbescholtene, verlässliche, geschäftskundige Person sein, sie muss ausreichende Fachkenntnisse des Wirtschaftsrechtes oder der Betriebswirtschaft haben oder eine erfahrene Persönlichkeit des Wirtschaftslebens sein.

Der Masseverwalter darf kein naher Angehöriger des Gemeinschuldners und muss von diesem und den Gläubigern unabhängig sein. Er soll aber auch kein Konkurrent des Gemeinschuldners sein. Der Masseverwalter hat Umstände, die geeignet sind, seine Unabhängigkeit in Zweifel zu ziehen, dem Gericht bekannt zu geben[17].

Zum Masseverwalter kann auch eine juristische Person, zB eine eigens errichtete InsolvenzverwaltungsgmbH bestellt werden. Diese hat dem Gericht aber bekannt zu geben, wer sie bei Ausübung der Masseverwaltung vertritt.

Namen und Anschrift des Masseverwalters sind notwendiger Inhalt des Konkursediktes und der Masseverwalter erhält eine **Bestellungsurkunde**.

Die Auswahl des Masseverwalters erfolgt durch das Gericht. Mit der Insolvenzrechts-Novelle 2002 wurde eine eigene Liste möglicher Masseverwalter geschaffen. Diese Liste ist im Internet unter www.iv.justiz.gv.at abrufbar und dient den Konkursrichtern zur Erleichterung der Auswahl eines geeigneten Masseverwalters.

Interessierte können sich selbst eintragen und die Eintragung auch jederzeit selbst ändern. In die Liste Aufgenommene haben keinen Anspruch auf Bestellung und die Gerichte sind nicht gebunden, eine Person aus der Liste zu nehmen, wenn eine andere, nicht eingetragene Person als Masseverwalter besser erscheint (§ 80a Abs 3 KO).

---

16 Dazu ausführlich *Mohr*, Wann ist die Einsicht in die Insolvenzdatei geboten, ZIK 2000, 7.

17 Zu diesen Umständen siehe § 80b KO.

Aufgabe des Masseverwalters ist, das Vermögen des Gemeinschuldners zu verwalten. Hier besteht der wesentliche Unterschied zum Ausgleichsverwalter, der ein bloßes Aufsichtsorgan ist. Dem Masseverwalter kommt daher eine größere Verantwortung zu. Obwohl der Masseverwalter vom Gericht, sohin von einer staatlichen Behörde bestellt wird, haftet er nicht nach dem Amtshaftungsgesetz, sondern nach bürgerlichem Recht.

Das Konkursgericht hat die Tätigkeit des Masseverwalters zu überwachen. Es kann ihm schriftliche oder mündliche Weisungen erteilen, Berichte und Aufklärung einholen, Rechnungen oder sonstige Schriftstücke einsehen und die erforderlichen Erhebungen vornehmen. Das Gericht kann auch anordnen, dass der Masseverwalter über einzelne Fragen Weisungen des Gläubigerausschusses einholt. Bestimmte Geschäfte hat der Masseverwalter vor Abschluss dem Gericht mitzuteilen (§ 116 KO, ☞ siehe Kap 2.9.7), andere Geschäfte bedürfen zwingend der Genehmigung des Gläubigerausschusses und des Konkursgerichtes (§ 117 KO, ☞ siehe Kap 2.4.4).

Die Tätigkeit des Masseverwalters betrifft im Wesentlichen folgende Bereiche:

a) Die Beurteilung der wirtschaftlichen Lage des Gemeinschuldners und der Ursachen der Insolvenz, die laufende Geschäftsführung sowie die Aussichten, den Geschäftsbetrieb des Unternehmens aufrechterhalten zu können.
b) Feststellung des Massestandes durch Inventarisierung und Schätzung sowie Sicherung der Masse.
c) Feststellung der Passiva, Prüfung der angemeldeten Forderungen und Erstellung des Anmeldungsverzeichnisses.
d) Prüfung und Einbringlichmachung von Forderungen des Gemeinschuldners.
e) Verwertung (Versilberung) des Unternehmens im Falle der Betriebsschließung.
f) Quotenmäßige Verteilung des vorhandenen Vermögens auf die Gläubiger.
g) Beurteilung und Überwachung eines allfälligen Zwangsausgleiches.

Für sein Tätigwerden ist der Masseverwalter zu entlohnen. Die Höhe der Entlohnung ist gesetzlich festgelegt (§ 82 KO) und richtet sich nach jenem Bruttoerlös, den der Masseverwalter bei der Verwertung erzielt hat. Dazu gehören aber nur jene Erlöse, um dessen Einbringlichmachung sich der Masseverwalter verdient gemacht hat.

Die Entlohnung beträgt in der Regel

von den ersten € 22.000,00 der Bemessungsgrundlage	20 %,
von dem Mehrbetrag bis € 100.000,00	15 %,
von dem Mehrbetrag bis zu € 500.000,00	10 %,
von dem Mehrbetrag bis zu € 1,000.000,00	8 %,
von dem Mehrbetrag bis zu € 2,000.000,00	6 %,
von dem Mehrbetrag bis zu € 3,000.000,00	4 %,
von dem Mehrbetrag bis zu € 6,000.000,00	2 %,
und von dem darüber hinausgehenden Betrag	1 %.

Als Mindestentlohnung steht dem Masseverwalter ein Betrag von € 2.000,– zu.

- ***Beispiel:***
  Der Masseverwalter X hat die Maschinenanlage des Gemeinschuldners um € 100.000,– verkauft. Daneben hat er Forderungen im Ausmaß von € 50.000,– eingetrieben und bei Konkurseröffnung einen Kostenvorschuss von € 4.000,– vorgefunden. Der Kostenvorschuss wird für die Bemessungsgrundlage nicht herangezogen, da für die Einbringlichmachung kein Bemühen des Masseverwalters notwendig war. Als Bemessungsgrundlage zählt daher ein Betrag von € 150.000,–. Seine Entlohnung berechnet sich aus € 22.000,– 20 %, das sind € 4.400,–, sodann aus weiteren € 100.000,– 15 %, das sind € 15.000,– und aus restlichen € 28.000,– 10 %, das sind € 2.800,–. In Summe sohin € 22.200,– zuzüglich USt.

Der Masseverwalter hat zusätzlich Anspruch auf Barauslagen, die ihm im Zuge des Konkursverfahrens erwachsen sind.

Kommt es zur Betriebsfortführung, so gebührt dem Masseverwalter dafür eine besondere Entlohnung. Diese kann der Masseverwalter jedoch nur dann beanspruchen, wenn er spätestens in der Berichtstagsatzung einen Kostenvoranschlag vorlegt, in dem er die erforderlichen Tätigkeiten und die voraussichtliche Entlohnung je Monat darzulegen hat. An diesen Kostenvoranschlag ist der Masseverwalter sodann gebunden, er darf diesen nicht um mehr als 15 % überschreiten. Dem Gesetz ist nicht zu entnehmen, wie die Fortführungsentlohnung zu berechnen ist. Die Konkursgerichte handhaben die Entlohnungsberechnung unterschiedlich. Vielfach wird aus einem gemischten Stundensatz für anwaltliche und nichtanwaltliche Mitarbeit und aus dem prognostizierten monatlichen Stundenaufwand für die Abwicklung des Fortbetriebes eine monatliche Kostenpauschale errechnet. Als Richtlinie kann auch ein Prozentsatz (etwa 3–5 %) des monatlichen Bruttoumsatzes herangezogen werden. In der Praxis wird meist versucht, über die Höhe der Fortbetriebsentlohnung Einvernehmen zwischen Gemeinschuldner, Masseverwalter und Gläubiger zu erzielen.

Eine besondere Entlohnung gibt es bei der Verwertung einer Sondermasse (zur Sondermasse ☞ siehe Kap 2.4.7, S 42):

Bei einer gerichtlichen Veräußerung der Sondermasse erhält der Masseverwalter von den ersten € 250.000,– des bei der Verwertung erzielten Erlöses 3 %, von dem Mehrbetrag bis zu € 1,000.000,– 2 % und von dem darüber hinausgehenden Betrag 1 %. Kommt es zu einer anderen Verwertungsart als einer gerichtlichen Veräußerung, erhält er von den ersten € 250.000,– 4 %, von einem Mehrbetrag bis € 1.000.000,– 2,75 % und von dem darüber hinausgehenden Betrag 1,5 %.

Eine eigene Entlohnung gibt es für den Masseverwalter auch im Falle der Annahme eines Zwangsausgleiches (☞ siehe Kap 2.5.6).

2.4.4 Gläubigerausschuss

Der Gläubigerausschuss dient zur Überwachung und Unterstützung des Masseverwalters. Ein Gläubigerausschuss besteht aus drei bis sieben Mitgliedern und es erfolgt die Bestellung von Amts wegen oder auf Antrag durch das Gericht. Ein Gläubigerausschuss wird jedoch nicht zwingend in jedem Konkurs bestellt, sondern nur dann, wenn die Eigenart und der besondere Umfang des Unternehmens die Einsetzung geboten erscheinen lassen.

Durch die Insolvenzrechtsnovelle 2002 hat der Gläubigerausschuss an Bedeutung gewonnen. So sind in § 117 KO jene Geschäfte aufgezählt, die zwingend die Genehmigung des Gläubigerausschusses benötigen. Dazu zählen:

a) die Veräußerung oder Verpachtung des Unternehmens des Gemeinschuldners oder seines Anteils an einem Unternehmen im Sinne des § 228 Abs 1 und 2 HGB,
b) die Veräußerung oder Verpachtung des gesamten beweglichen Anlage- und Umlaufvermögens oder eines für den Betrieb notwendigen Teils davon und
c) die freiwillige Veräußerung oder Verpachtung einer unbeweglichen Sache (Liegenschaft).

Der Masseverwalter hat in diesen Fällen die beabsichtigte Veräußerung oder Verpachtung durch Aufnahme in die Ediktsdatei für zumindest 14 Tage öffentlich bekannt zu machen. Die Genehmigung des Gläubigerausschusses setzt dann voraus, dass seit dem Beginn der Bekanntmachung mindestens 14 Tage, oder wenn bei Aufschub der Genehmigung das Verkaufsobjekt beträchtlich an Wert verlieren würde, acht Tage vergangen sind.

Der Gläubigerausschuss hat den Masseverwalter zu überwachen und zu unterstützen, er hat die Kasse des Masseverwalters durch wenigstens zwei seiner Mitglieder von Zeit zu Zeit und jedes Mal, wenn dies das Konkursgericht anordnet, prüfen zu lassen.

2.4.5 Gläubigerversammlung

Die Gläubigerversammlung ist **die Gesamtheit der Konkursgläubiger** und dient dazu, den Konkursgläubigern die Mitwirkung am Verfahren zu ermöglichen. Die erste Gläubigerversammlung wird anlässlich der Konkurseröffnung einberufen und ist gesetzlich vorgeschrieben. Weitere Versammlungen beruft das Konkursgericht nach Ermessen ein. Handelt es sich um einen geringfügigen Konkurs (☞ siehe Kap 2.4.1), ist eine erste Gläubigerversammlung nicht obligatorisch. Zu Beschlüssen und Anträgen der Gläubigerversammlung bedarf es der absoluten Mehrheit der Stimmen, die nach dem Betrag der Forderungen zu berechnen ist (§ 92 Abs 2 KO). Die Gläubigerversammlung gibt Vorschläge über die Besetzung des Gläubigerausschusses ab und kann Beschwerde gegen den Masseverwalter erheben, sowie dessen Enthebung beantragen. Wenn ein Gläubigerausschuss nicht besteht, kann das Konkursgericht für Belange, die der Zustimmung des Gläubigerausschusses bedürfen, die Zustimmung der Gläubigerversammlung einholen, statt selbst zu entscheiden (§ 90 KO). Dazu zählen etwa Geschäfte nach § 117 KO, ☞ siehe Kap 2.4.4.

2.4.6 Gläubigerschutzverbände

In der Praxis werden die Interessen der Konkursgläubiger vielfach durch die Gläubigerschutzverbände wahrgenommen. Diese führen die Forderungsanmeldungen durch, nehmen an den Tagsatzungen teil und üben das Stimmrecht bei Ausgleich und Zwangsausgleich aus. Die Gläubigerschutzverbände überwachen auch die Auszahlungen des Masseverwalters.

Die gesetzliche Grundlage für die Gläubigerschutzverbände ist im Insolvenzrechtseinführungsgesetz in der Fassung des IRÄG 1997, BGBl I 1997/114, festgelegt. Gemäß § 11 IEG hat der Bundesminister für Justiz bei Bedarf, insbesondere unter Berücksichtigung der Erfordernisse eines umfassenden, wirksamen Schutzes der Gläubigerinteressen, deren zweckmäßiger Wahrnehmung in den Verfahren nach den Insolvenzgesetzen und einer damit verbundenen Unterstützung der Gerichte, Vereinen auf deren Antrag mit Verordnung die Stellung eines bevorrechteten Gläubigerschutzverbandes zuzuerkennen. Derzeit bestehen folgende Gläubigerschutzverbände:

- Kreditschutzverband von 1870 Wien, Zelinkagasse 10, 1010 Wien, Tel 01/534 84
- Alpenländischer Kreditorenverband, Schutzgemeinschaft für Handel, Gewerbe und Industrie, Schleifmühlgasse 2/2, 1040 Wien, Tel 01/586 17 71-0
- Verein Insolvenzschutzverband für Arbeitnehmer (ISA), Prinz Eugenstraße 20–22, Tel 01/50165/342

2.4.7 Konkursmasse

Zum Aufgabenbereich des Masseverwalters gehört die Feststellung des Massestandes durch Inventarisierung und Schätzung sowie Sicherung der Masse. Zur so genannten Konkursmasse gehört das gesamte der Exekution unterworfene Vermögen des Gemeinschuldners im Zeitpunkt der Konkurseröffnung oder Vermögen, das er während des Konkurses erlangt. Zum Vermögen gehört auch ausländisches Vermögen, soweit inländische Verträge bestehen. Die Europäische Insolvenzverordnung trat mit 31.5.2002 in Kraft und regelt ua die Verwertung von Konkursvermögen innerhalb des EU-Gebietes (☞ siehe Kap 5).

Zur Konkursmasse gehört selbstverständlich **auch das Privatvermögen**. Es findet keine Unterscheidung statt, ob ein Vermögen betriebszugehörig oder privat ist, sofern der Eigentümer der Gemeinschuldner ist.

- ***Beispiel:***
  Über das Vermögen von A, einem KFZ-Händler, wird der Konkurs eröffnet, nachdem er die Sozialversicherungsbeiträge seiner Mitarbeiter nicht mehr zahlen konnte. Zur Konkursmasse gehören nicht nur der Handelsbetrieb, sondern auch eine private Uhrensammlung oder Kunstgegenstände aus einer Erbschaft.

Zur Konkursmasse gehören demnach alle beweglichen Sachen des Gemeinschuldners, wie Liegenschaftsanteile, auch Miteigentumsanteile, Forderungen wie Schadenersatzansprüche, Mietzinsforderungen, Bestandrechte, Erbschaften, Aufteilungsansprüche nach dem Ehegesetz, usw. Nicht zur Konkursmasse gehören Ansprüche des Gemeinschuldners auf Naturalunterhalt, die persönliche Arbeitskraft, der unpfändbare Teil der Bezüge, also das Existenzminimum sowie Gewerberechte, da diese höchstpersönlich sind.

Aufgabe des Masseverwalters ist nun, diese Vermögenswerte zu versilbern, also in Geld umzuwandeln. In aller Regel werden bewegliche Fahrnisse geschätzt und sodann freihändig an den Bestbieter veräußert.[17a] Beabsichtigt der Masseverwalter, das gesamte Unternehmen zu veräußern, eine Beteiligung an einem Unternehmen oder das gesamte bewegliche Anlage- und Umlaufvermögen sowie einen betriebsnotwendigen Teil davon, ist für die Veräußerung die Genehmigung des Gläubigerausschusses und des Konkursgerichtes zwingend vorgesehen. Diese Regelung wurde mit der Insolvenzrechtsnovelle 2002 eingeführt und soll verhindern, dass ein im Konkurs befindliches Unternehmen zu Billigstpreisen an Auffanggesellschaften, die womöglich im Naheverhältnis zum Gemeinschuldner stehen, veräußert wird.

Vor der Genehmigung ist die Absicht der Veräußerung durch den Masseverwalter in der Ediktsdatei zumindest für die Dauer von 14 Tagen bekannt zu machen. Acht Tage sind dann ausreichend, wenn bei Aufschub der Genehmigung das Verkaufsobjekt beträchtlich an Wert verlieren würde (§ 117 Abs 3 KO).

Folgende Geschäfte hat der Masseverwalter dem Konkursgericht mindestens 8 Tage im Vorhinein zusammen mit einer Äußerung des Gläubigerausschusses mitzuteilen (§ 116 KO):

1. den Abschluss von Vergleichen;
2. das Anerkenntnis von strittigen Aussonderungs-, Absonderungs- und Aufrechnungsansprüchen sowie von strittigen Masseforderungen;
3. die Erhebung von Anfechtungsklagen und den Eintritt in bereits anhängige Anfechtungsprozesse;
4. die Erfüllung oder Aufhebung von zweiseitigen Verträgen.

Der Mitteilung bedarf es nicht, wenn der Wert € 100.000,– nicht übersteigt.

Besonderheiten gelten bei der Verwertung von Liegenschaften. **Vorrangig hat der Masseverwalter eine freihändige Veräußerung durchzuführen.** An-

[17a] Bei der Verwertung kann der Masseverwalter den Ausschluss der Gewährleistung in Zukunft voraussichtlich (Entwurf eines BG über das internationale Insolvenzrecht) auch bei Verträgen mit Konsumenten ausschließen.

hand eines durch einen gerichtlich beeideten Sachverständigen erstellten Schätzgutachtens hat der Masseverwalter einen Käufer zu finden. Der Kaufpreis darf dabei den Schätzwert nicht oder allenfalls nur geringfügig unterschreiten. Ein solches Geschäft bedarf der Genehmigung des Gläubigerausschusses (sofern ein solcher bestellt ist) und des Gerichtes. Eine zwingende Bestellung des Gläubigerausschusses ist in diesem Falle nicht geboten.

Der Verkaufserlös bildet eine **Sondermasse**, daraus sind vorerst die Kosten des Masseverwalters, allfällige Barauslagen und Sachverständigengebühren, sodann Forderungen von Absonderungsberechtigten wie Pfandgläubiger zu befriedigen. Ein allfälliger Überschuss geht an die Konkursmasse.

Bevor der Masseverwalter den Kaufvertrag abschließt, hat er das Widerspruchsverfahren gemäß § 120 KO durchzuführen. Es können nämlich Sachen, an denen ein Absonderungsrecht besteht, nur dann freihändig veräußert werden, wenn der Masseverwalter den Absonderungsberechtigten, also Pfandgläubiger, von der beabsichtigten Veräußerung verständigt und der Berechtigte nicht innerhalb von 14 Tagen Widerspruch erhebt. Der Widerspruch ist aber nur dann wirksam, wenn der Absonderungsberechtigte glaubhaft macht, dass die gerichtliche Veräußerung für ihn erheblich vorteilhafter wäre. Gegen die nach einem Widerspruch durch das Konkursgericht ergehenden Beschlüsse ist kein Rechtsmittel zulässig. Der Masseverwalter muss also die Absonderungsberechtigten vor der beabsichtigten freihändigen Veräußerung verständigen und sie über die Möglichkeit, Widerspruch gegen die beabsichtigte Veräußerung zu erheben, informieren.

- ***Beispiel:***
  Zur Konkursmasse gehört eine Liegenschaft, die durch ein Pfandrecht der Hausbank belastet ist. Der Schätzwert beträgt € 100.000,00. Der Masseverwalter hat einen Käufer, der bereit ist, € 110.000,00 zu bezahlen. Bevor der Kaufvertrag abgeschlossen wird, ist die Hausbank von diesem Geschäft zu verständigen und auf das Widerspruchsrecht der Bank hinzuweisen. Erhebt die Bank keinen Widerspruch, wird der Kaufvertrag abgeschlossen und aus dem Verkaufserlös sind vorerst die Kosten des Masseverwalters und des Sachverständigen bezahlt, dann die pfandrechtlich gesicherte Forderung der Hausbank und ein allfälliger Rest fließt der Konkursmasse zu. Diese Aufteilung geschieht mittels Gerichtsbeschluss.

Gelingt es nicht, die freihändige Veräußerung durchzuführen, so ist die Liegenschaft gerichtlich zu versteigern. Die gerichtliche Versteigerung ist auf Antrag des Masseverwalters gemäß § 119 KO durchzuführen und richtet sich nach den Bestimmungen der EO. Zuständig ist das Bezirksgericht, in dem die Liegenschaft gelegen ist. Im Falle der gerichtlichen Versteigerung ist eine Genehmigung durch den Gläubigerausschuss oder durch das Gericht nicht notwendig.

TIPP: Im Internet ist unter www.edikte.justiz.gv.at eine eigene Seite über aktuelle Liegenschaftsversteigerungen eingerichtet.

Von der Konkursmasse ausgenommen sind jene Sachen, die für den Gemeinschuldner für eine bescheidene Lebensführung unerlässlich sind (§ 5 Abs 2 KO). Dazu zählt etwa die Kleidung oder Ausstattungsgegenstände für einen einfachen Haushalt. Das Konkursgericht hat dem Gemeinschuldner die Miet- und sonstigen Nutzungsrechte an Wohnungen zur freien Verfügung zu überlassen, wenn sie Wohnräume betreffen, die für den Gemeinschuldner und die mit ihm im gemeinsamen Haushalt lebenden Familienangehörigen unentbehrlich sind. Die Überlassung von solchen Mietrechten zur freien Verfügung des Gemeinschuldners bewirkt ihre Ausscheidung aus der Konkursmasse.

Bezüge, die das Existenzminimum nach der EO (☞ siehe Kap 7) nicht übersteigen, gehören nicht in die Konkursmasse[18]. Das unpfändbare Einkommen hat daher dem unselbständigen Gemeinschuldner zu verbleiben. Der selbständige Gemeinschuldner hat keinen Anspruch auf Unterhalt aus der Masse.

Der Gläubigerausschuss kann mit Genehmigung des Konkursgerichtes auch beschließen, dass von der Veräußerung von Forderungen, deren Eintreibung keinen ausreichenden Erfolg verspricht, und von der Veräußerung von Sachen unbedeutenden Wertes abzusehen sei, und dass diese Forderungen und Sachen dem Gemeinschuldner zur freien Verfügung überlassen werden. Eine solche Ausscheidung hat ihren Sinn darin, dass ein Verwertungsaufwand für jene zur Masse gehörenden Sachen unterbleiben soll, die für die Masse keinen Gewinn bringen. Dazu zählen zB überbelastete Liegenschaften oder uneinbringliche Forderungen. Ob eine Sache aus der Konkursmasse ausgeschieden wird, ist eine Ermessensentscheidung des Konkursgerichtes. Der Gemeinschuldner hat keinen Rechtsanspruch auf Überlassung.[19]

Ist eine Sache einmal aus der Masse ausgeschieden und dem Gemeinschuldner zur freien Verfügung überlassen, kann sie nicht wieder in die Konkursmasse einbezogen werden.

2.4.8 Forderungen

2.4.8.1 Konkursforderungen

Konkursforderungen sind Forderungen von Gläubigern, denen vermögensrechtliche Ansprüche an den Gemeinschuldner zur Zeit der Konkurseröffnung zustehen (§ 51 Abs 1 KO). Konkursforderungen sind auch aus dem Gesetz gebührende Unterhaltsansprüche für die Zeit nach der Eröffnung des Konkurses, soweit der Gemeinschuldner als Erbe des Unterhaltspflichtigen haftet, sowie Ansprüche aus der Beendigung des Beschäftigungsverhältnisses nach § 25 KO oder wenn die Auflösungserklärung vor Konkurseröffnung rechtswirksam abgegeben wurde. Zu Ansprüchen aus den Beschäftigungsverhältnissen ☞ siehe Kap 2.4.14.

Vereinfacht gesagt, handelt es sich bei Konkursforderungen um all jene Forderungen, die im Zeitpunkt der Konkurseröffnung gegen den Gemeinschuldner bestehen. Davon ausgenommen sind allerdings Geldstrafen jeglicher Art.

---

18 *Mohr*, Kommentar zur Konkurs-, Ausgleichs- und Anfechtungsordnung (2000) E 44 zu § 1.

19 ZIK 1995, 120.

Zu den Konkursforderungen zählen auch die bis zur Konkurseröffnung aufgelaufenen Prozesskosten und Zinsen.

- ***Beispiel:***
  Der Gläubiger A klagt seinen Schuldner X auf Zahlung von € 1.000,00 zuzüglich 4 % Zinsen und Prozesskosten. Während des laufenden Verfahrens wird über das Vermögen des Schuldners X das Konkursverfahren eröffnet. Der Gerichtsprozess ist dadurch sofort unterbrochen und der Gläubiger hat seine Forderung im Konkurs anzumelden. Die Forderung besteht aus € 1.000,00 zuzüglich 4 % Zinsen ab Fälligkeit bis zum Tag der Konkurseröffnung sowie den bis zum Tag der Konkurseröffnung entstandenen Prozesskosten.

Als Konkursforderungen können nicht geltend gemacht werden:

1. Die seit der Konkurseröffnung aufgelaufenen Zinsen sowie Kosten, die den einzelnen Gläubigern aus ihrer Teilnahme am Verfahren erwachsen.
2. Geldstrafen wegen strafbarer Handlungen jeder Art.
3. Ansprüche aus Schenkungen und im Verlassenschaftskonkurs auch Ansprüche aus Vermächtnissen.

Achtung: Der mit Konkurseröffnung einhergehende Stopp des Zinsenlaufes schließt keineswegs aus, dass die seit der Konkurseröffnung laufenden Zinsen weiterhin auflaufen und vom Gläubiger gegen den Bürgen des Gemeinschuldners geltend gemacht werden können.[20] Kommt es nach Konkursaufhebung zu keiner Restschuldbefreiung (durch Zwangsausgleich), so leben die Zinsen seit Konkurseröffung wieder auf und laufen weiter.

Durch die Forderungsanmeldung wird die Verjährung der angemeldeten Forderung unterbrochen (§ 9 KO).

Konkursforderungen sind bei Gericht in zweifacher Ausfertigung zur Anmeldung zu bringen. Findet die Anmeldung im elektronischen Wege statt, genügt die einfache Einbringung. Die Anmeldung per Telefax ist nicht vorgesehen.

Die Forderungsanmeldung ist notwendig, auch wenn darüber bereits ein Rechtsstreit anhängig ist. In der Anmeldung sind der Betrag der Forderung anzugeben sowie die Tatsachen, auf die sie sich gründet und die Beweismittel zu bezeichnen, die zum Nachweis der behaupteten Forderungen beigebracht werden können. Bei einer Forderung, über die ein Rechtsstreit anhängig ist, hat die Anmeldung auch die Angabe des Prozessgerichtes und der Aktenzahl zu enthalten.

Es ist nicht notwendig, dass der Forderungsanmeldung bereits Urkunden beigeschlossen sind. Die Urkunden sollten jedoch in der Anmeldung erwähnt werden. Zur Aufschlüsselung der Forderungsanmeldung ist die Forderung in Kapi-

[20] OGH 18.12.1986, SZ 59/226.

tal, Zinsen und Kosten zu trennen. Für die Forderungsanmeldung gibt es eigene Formulare. **Ein Muster ☞ siehe „Formular 1“, Kap 13.2 ⊠.**

> **Achtung:** Mit der Forderungsanmeldung sind Gerichtsgebühren in Höhe von € 17,00 (unabhängig von der Höhe der Forderung) zu entrichten.

Die Forderungsanmeldung ist an das zuständige Konkursgericht zu überreichen.

Konkursgläubiger, die im Ausland ihren Wohnsitz oder ihre Niederlassung haben, müssen einen im Inland ansässigen Zustellbevollmächtigten namhaft machen. Forderungen in ausländischer Währung sind in Euro anzumelden.

2.4.9 Exkurs: Eigenkapital ersetzende Gesellschafterleistungen

- ***Beispiel 1:***
  Ein Gesellschafter einer GmbH, mit einer Beteiligung von mehr als 20 %, gewährt einige Monate vor Konkurseröffnung der Gesellschaft ein Darlehen in Höhe von € 50.000,–, um der Gesellschaft aus einer Krise zu helfen.
- ***Beispiel 2:***
  Der Geschäftsführer, der gleichzeitig Gesellschafter der GmbH ist, stundet in der Unternehmenskrise der GmbH gegenüber seine Gehaltsforderung.

In beiden Fällen erfolgt die Kapitalbeschaffung durch den Einsatz eigener Mittel des Unternehmers bzw durch Einlagen der an einer Gesellschaft beteiligten Personen. Ein Eigenkapital ersetzendes Gesellschafterdarlehen liegt demnach dann vor, wenn die Gesellschaft im Zeitpunkt der Darlehensgewährung kreditunwürdig war, dh von dritter Seite zu marktüblichen Bedingungen keinen Kredit mehr hätte erhalten können und ohne Zuführung von Eigenkapital oder Gesellschafterdarlehen liquidiert hätte werden müssen.[21]

Bei einer vorübergehenden Zahlungsstockung liegt Kreditunwürdigkeit nicht vor.[22]

Ein Eigenkapital ersetzendes Gesellschafterdarlehen kann im Konkurs der Gesellschaft nicht geltend gemacht werden. Erst wenn die übrigen Gläubiger befriedigt sind und noch zur Verteilung geeignetes Vermögen vorhanden ist, sind Forderungen aus Eigenkapital ersetzenden Gesellschafterdarlehen vor Berechnung der allgemeinen Verteilungsquote an die Gesellschafter zu befriedigen. Sie sind daher als nachrangig zu behandeln.[23]

---

[21] *Mohr*, Kommentar zur Konkurs-, Ausgleichs- und Anfechtungsordnung (2000) E 45 zu § 51 KO.
[22] wbl 1996, 38.
[23] ZIK 1998, 107.

Die Rechtsprechung stützte sich hiebei auf eine Analogie zu § 74 GmbHG. Eine ausdrückliche gesetzliche Grundlage fehlt bisher. Die dadurch geschaffene Rechtsunsicherheit war lange Zeit ein Kritikpunkt.[24] Der Ministerialentwurf eines **Eigenkapitalersatz-Gesetzes** (EKEG) (abrufbar im Internet unter **justiz.gv.at**), der am 5.3.2002 zur Begutachtung versendet wurde, stellt diesen Themenbereich auf eine ausdrückliche gesetzliche Grundlage. Der Entwurf strebt einen angemessenen Ausgleich zwischen dem Gläubigerschutz und der Finanzierungsfreiheit der Gesellschaft an, wobei an die von der Rechtsprechung entwickelten Grundsätze angeknüpft wird.

Auf Grund der politischen Ereignisse im Herbst 2002[25] wird der nachfolgend dargestellte Entwurf nicht zu dem geplanten Termin in Kraft treten. Ob die neue Regierung dieses Thema wieder aufgreifen wird, lässt sich nicht vorhersagen. Trotzdem soll an Hand dieses Entwurfes die Problematik zur besseren Veranschaulichung dargestellt werden.

Im Wesentlichen sieht der Entwurf Folgendes vor:

Nur Gesellschafter mit einer Einflussmöglichkeit oder mit einem Anteil von **mehr als 25 %** werden erfasst. Beteiligungen, die im Rahmen des Beteiligungsfondsgesetzes, des Investmentfondsgesetzes oder des Pensionskassengesetzes gehalten werden, bleiben außer Betracht.

Nur Gesellschaften, bei denen Kapitalerhaltungspflicht besteht, werden erfasst. Diese Gesellschaften werden in § 1 Abs 2 EKEG taxativ aufgezählt. Es sind neben der GmbH, der AG und den Genossenschaften mit beschränkter Haftung auch jene Personengesellschaften, bei denen kein persönlich haftender Gesellschafter mit Vertretungsbefugnis eine natürliche Person ist (zB GmbH & Co KG). **Nicht erfasst sind somit sonstige Personengesellschaften, Vereine und Privatstiftungen.**

Der Grundtatbestand liegt in der Gewährung eines Kredites an das angeschlagene Unternehmen. Darunter fallen aber auch Stundungen einer Forderung oder Vorleistungen des Gesellschafters, wenn die Gegenleistung von der Gesellschaft erst zu einem späteren Zeitpunkt zu erbringen ist.

Nach § 9 EKEG wird der Kreditgewährung das Nichtgeltendmachen einer in der Krise entstandenen oder fällig gewordenen Forderung gleichgestellt, wenn sie der Gläubiger nicht innerhalb von 60 Tagen ab dem Bilanzstichtag der Gesellschaft, jedoch längstens innerhalb eines Jahres nach dem Entstehen bzw dem Eintritt der Fälligkeit geltend macht.

Der Entwurf sieht in § 11 EKEG vor, dass der Gesellschafter eine Eigenkapital ersetzende Leistung samt den darauf entfallenden Zinsen in der Krise nicht zurückfordern darf. Dennoch geleistete Zahlungen hat der Gesellschafter der Gesellschaft zurückzuerstatten. Dieser Rückerstattungsanspruch ist bei Eröffnung des Konkurses über das Vermögen der Gesellschaft vom Masseverwalter geltend zu machen.

---

[24] *Mohr* in ZIK 2002, 50.

[25] Vorzeitige Auflösung des Nationalrates mit anschließenden Neuwahlen im November 2002.

Vorgesehen ist auch eine Änderung der Konkursordnung, wonach Ansprüche auf Rückzahlung Eigenkapital ersetzender Leistungen als nachrangige Forderungen zu behandeln sind, die nach den Konkursforderungen und den seit der Konkurseröffnung laufenden Zinsen von Konkursforderungen zu befriedigen sind. Bei Abstimmung über einen Zwangsausgleichsvorschlag haben die Gläubiger Eigenkapital ersetzender Forderungen kein Stimmrecht, obwohl diese Forderungen wie die der Konkursgläubiger gekürzt werden.

Die Kreditgewährung durch einen Dritten zu Sanierungszwecken soll nicht Eigenkapital ersetzend sein, selbst wenn der Dritte später Gesellschafter wird (§ 10 EKEG im Entwurf).

Sicherheiten, die von der Gesellschaft für Eigenkapital ersetzende Leistungen eingeräumt werden, erlöschen nach der Konkurseröffnung.

Eigenkapitalersatz kann auch darin bestehen, dass ein Gesellschafter für den Kredit eines Dritten an die Gesellschaft in der Krise eine Sicherheit bestellt und so die Kreditgewährung erst ermöglicht. Hiebei wird erfasst, dass ein Gesellschafter in der Krise für die Rückzahlung des Kredites eines Dritten bürgt, ein Pfand bestellt oder eine vergleichbare Sicherheit leistet. Auch diese Sicherheiten werden als Eigenkapital ersetzend behandelt und zwar in der Form, dass sich der Dritte ungeachtet entgegenstehender Vereinbarungen – somit auch bei einer Ausfallsbürgschaft – aus der Sicherheit befriedigen kann, ohne zuerst gegen die Gesellschaft vorgehen zu müssen. Wird der Gesellschafter tatsächlich in Anspruch genommen, so hat er gegen die Gesellschaft so lange keinen Regressanspruch, wie die Krise andauert. Dennoch erhaltene Zahlungen hat der Gesellschafter an die Gesellschaft zurückzuerstatten.

- ***Beispiel:***
  Die in finanzieller Krise befindliche X-GmbH nimmt bei der Hausbank A einen Kredit auf, für welchen eine private Liegenschaft des Mehrheitsgesellschafters G als Sicherheit gestellt wird. Die Bank stellt gegenüber der GmbH den Kredit fällig, nachdem Zinszahlungen ausgeblieben sind. Die Bank kann nun auf die Sicherheit (Liegenschaft) greifen, ohne zuerst gegen die GmbH vorzugehen. Wird die Liegenschaft zugunsten der Bank verwertet, kann der Gesellschafter nur dann von der GmbH Ersatz verlangen, wenn die Krise beseitigt ist.

Sonderregelungen soll es für Treuhandschaften geben. Hält ein Gesellschafter einen Gesellschaftsanteil als Treuhänder für einen Dritten, so gilt der Treugeber als Gesellschafter. Auch Dritte können ausnahmsweise erfasst werden, wenn ihnen ein beherrschender Einfluss auf eine Gesellschaft ähnlich der Stellung eines Gesellschafters zukommt. Vorgesehen ist auch die Kreditvergabe von verbundenen Unternehmen und Konzernen. Der Kreditgeber soll auch dann erfasst werden, wenn er mittelbar an der kreditnehmenden Gesellschaft kontrollierend beteiligt ist, dh die Mutter- an der Tochter- und die Tochter- an der Enkelgesellschaft. Auch die Kreditvergabe unter Schwestergesellschaften soll erfasst sein.

2.4.10 Masseforderungen

Grundsätzlich entstehen Masseforderungen **nach der Konkurseröffnung** oder sie werden wenigstens nach ihr fällig. Ihr Umfang in einem (gewöhnlichen) Konkurs ist jedoch anders als in einem Anschlusskonkurs, denn in diesem werden auch gewisse bevorrechtete Forderungen aus dem vorangegangenen Ausgleichsverfahren als Massekosten behandelt. Die Masseforderungen sind inhaltlich weitgehend (jedoch nicht völlig) identisch mit den nach § 23 AO bevorrechteten Forderungen im Ausgleichsverfahren (☞ siehe dazu Kap 4.9).

Masseforderungen sind gemäß § 46 KO folgende Forderungen

1. Die Kosten des Konkursverfahrens.
2. Alle Auslagen, die mit der Erhaltung, Verwaltung und Bewirtschaftung der Masse verbunden sind, einschließlich der Forderungen von Fonds und anderen gemeinsamen Einrichtungen der Arbeitnehmer und der Arbeitgeber, sofern deren Leistungen Arbeitnehmer als Entgelt oder gleich diesem zugute kommen, sowie der die Masse treffenden Steuern, Gebühren, Zölle, Beiträgen zur Sozialversicherung und andere öffentliche Abgaben, wenn und soweit der die Abgabenpflicht auslösende Sachverhalt während des Konkursverfahrens verwirklicht wird. Hiezu gehören auch die nach persönlichen Verhältnissen des Gemeinschuldners bemessenen öffentlichen Abgaben; soweit jedoch diese Abgaben nach den verwaltungsbehördlichen Feststellungen auf ein anderes als das für die Konkursmasse nach der Konkurseröffnung erzielte Einkommen entfallen, ist dieser Teil auszuscheiden.
3. Forderungen der Arbeitnehmer und arbeitnehmerähnlicher Personen auf laufendes Entgelt einschließlich aliquoter Sonderzahlungen für die Zeit nach der Konkurseröffnung sowie Beendigungsansprüche unter bestimmten Voraussetzungen (☞ siehe dazu Kap 2.4.14).
4. Ansprüche auf Erfüllung zweiseitiger Verträge, in die der Masseverwalter eingetreten ist.
5. Alle Ansprüche aus Rechtshandlungen des Masseverwalters.
6. Die Ansprüche aus einer grundlosen Bereicherung der Masse.
7. Die Kosten einer einfachen Bestattung des Gemeinschuldners.
8. Die Belohnung der bevorrechteten Gläubigerschutzverbände.

Wird der Konkurs als **Anschlusskonkurs** (☞ siehe Kap 4.16) eröffnet, so sind Masseforderungen die bevorrechteten Forderungen im Sinne der Ausgleichsordnung und Forderungen aus Rechtshandlungen des Schuldners oder des für ihn handelnden Ausgleichsverwalters, die ihnen nach der Ausgleichsordnung zur Fortführung des Unternehmens gestattet sind.

Die Masseforderungen sind in § 46 erschöpfend aufgezählt; eine Erweiterung durch Analogie ist ausgeschlossen. Grundsätzlich sind fällige Masseforderungen sofort durch den Masseverwalter zu bezahlen. Reicht die vorhandene Masse jedoch nicht dazu aus, um die Masseforderungen (fällige und auch zukünftige) zu erfüllen, so hat der Masseverwalter dies dem Gericht unverzüglich anzuzeigen (§ 124a KO). Der Masseverwalter hat mit der Befriedigung der Massegläubiger innezuhalten. Die Anzeige der **Masseunzulänglichkeit** ist öffentlich in der Insolvenzdatei bekannt zu machen. Ab Bekanntmachung der Masseunzulänglichkeit tritt ein Exekutionsstopp für Masseforderungen ein. Der Masseverwalter darf jedoch solche Rechtshandlungen vornehmen, die zur Verwaltung und Verwertung geboten sind. Daraus herrührende Masseforderungen sind vom Exekutionsstopp ausgenommen. In diesem Falle hat der Masseverwalter die Verwertung weiterzuführen und nach Beendigung einen Verteilungsentwurf im Sinne des § 47 Abs 2 KO vorzulegen. Nach Verteilung ist der Konkurs gemäß § 166 KO mangels Vermögens aufzuheben.

Werden die Masseforderungen wegen geänderter Umstände wieder erfüllbar, hat dies der Masseverwalter dem Konkursgericht ebenso bekannt zu geben. Danach sind Masseforderungen zu bezahlen, auch eine Exekutionsführung ist wieder möglich.

Die Masseforderungen sind nach einer bestimmten Rangordnung zu befriedigen. Diese ergibt sich aus § 47 KO. Können die Masseforderungen nicht vollständig befriedigt werden, so sind sie nacheinander wie folgt zu zahlen:

1. Die vom Masseverwalter vorschussweise bestrittenen Barauslagen.
2. Die übrigen Kosten des Verfahrens sowie, wenn der Konkurs als Anschlusskonkurs eröffnet wird, die Kostenforderung des Ausgleichsverwalters.
3. Der von dritter Seite erlegte Kostenvorschuss, soweit er zur Deckung der Kosten des Konkursverfahrens benötigt wurde.
4. Die Forderungen der Arbeitnehmer, soweit sie nicht nach dem Insolvenz-Entgeltsicherungsgesetz gesichert sind.
5. Beendigungsansprüche der Arbeitnehmer, soweit sie nicht nach dem Insolvenz-Entgeltsicherungsgesetz gesichert sind.
6. Die übrigen Masseforderungen.

Innerhalb gleicher Gruppen sind die Masseforderungen verhältnismäßig zu befriedigen. Geleistete Zahlungen können nicht mehr zurückgefordert werden.

Masseforderungen müssen nicht beim Konkursgericht angemeldet werden. Es genügt die Geltendmachung gegenüber dem Masseverwalter. Bestreitet der Masseverwalter eine Masseforderung oder bestehen Zweifel an der Richtigkeit, so obliegt es dem Gläubiger, den Masseverwalter zu klagen und diesbezüglich ein gesondertes Verfahren zu führen. Auch die dabei entstehende Kostenforderung stellt grundsätzlich eine Masseforderung dar.

TIPP: Zur Geldendmachung der Masseforderung empfiehlt es sich, ein formloses Aufforderungsschreiben an den Masseverwalter zu richten und diesen unter Angabe der Höhe der Forderung und des Rechtsgrundes sowie unter Beischluss von Urkunden zur Zahlung aufzufordern oder entgegenstehende Gründe darzulegen.

Kommt der Masseverwalter der Aufforderung zur Zahlung der Masseforderung nicht nach und liegt Masseunzulänglichkeit nicht vor, so kann ein Abhilfeantrag beim Konkursgericht eingebracht werden oder der Masseverwalter kann geklagt werden.

2.4.11 Absonderungs- und Aussonderungsansprüche

Bestimmte Forderungen werden vom Konkurs nicht berührt; das bedeutet, dass sie nicht quotenmäßig, sondern gänzlich befriedigt werden. Dafür erhalten sie auch kein Stimmrecht bei der Abstimmung über einen allfälligen Zwangsausgleich.

Absonderungsansprüche sind **Ansprüche auf vorzugsweise Befriedigung aus einer Sache**. Dazu zählen insbesondere Pfand- und Befriedigungsrechte, Zurückbehaltungsrechte und die Sicherungsübereignung. Die Absonderungsansprüche brauchen im Konkurs nicht angemeldet werden, eine Anmeldung ist aber empfehlenswert. Im Privatkonkurs sind Ab- und Aussonderungsrechte am Einkommensbezug jedenfalls anzumelden (☞ siehe dazu Kap 6 und 7.5). Absonderungsrechte können vertraglich eingeräumt oder kraft Gesetzes zustehen. Ein in der Praxis bedeutsames gesetzliches Pfandrecht ist das Pfandrecht des Vermieters an den eingebrachten Gegenständen des Mieters (§ 1101 ABGB). Um dieses gesetzliche Pfandrecht zu sichern, ist die **pfandweise Beschreibung** der eingebrachten Gegenstände beim zuständigen Exekutionsgericht zu beantragen. Das Bestandgeberpfandrecht erlischt, wenn vor der pfandweisen Beschreibung die Gegenstände durch den Masseverwalter verbracht werden.[26]

Absonderungsrechte entstehen zwangsläufig vor Konkurseröffnung, da nach der Konkurseröffnung wegen einer Forderung gegen den Gemeinschuldner an den zum Konkurs gehörigen Sachen ein richterliches Pfand- oder Befriedigungsrecht nicht erworben werden kann (Exekutionssperre im Sinne des § 10 KO).

Zurückbehaltungsrechte[27] und Ansprüche aus der Sicherungsübereignung[28] sind im Konkurs wie Pfandrechte zu behandeln.

Absonderungsrechte, die **in den letzten 60 Tagen vor der Konkurseröffnung** durch Exekution zur Befriedigung oder Sicherstellung neu erworben worden sind, mit Ausnahme der für öffentliche Abgaben erworbenen Absonderungsrechte, erlöschen durch die Konkurseröffnung. Zu den öffentlichen Abgaben zählen auch Umlagen der Kammer der gewerblichen Wirtschaft, Beiträge zur Sozialversicherung und Zollforderungen. Die oben dargestellten erloschenen Absonderungsansprüche leben jedoch wieder auf, wenn der Konkurs mangels Masse aufgehoben wird.

---

[26] MietSlg 35.909/20.
[27] OGH 15.5.1986, SZ 59/259.
[28] RZ 1966, 66.

Der Masseverwalter hat bei der Verwertung einer mit Absonderungsrechten behafteten Sache eine **Sondermasse** zu bilden, die er weder zur Deckung von Kosten noch zur Befriedigung von Masseforderungen verwenden darf. Nur ein allfälliger Überschuss, also ein Erlös, der über den Absonderungsanspruch hinausgeht, fließt der Masse zu. Der Masseverwalter darf einen Geldbetrag aus der Verwertung eines Absonderungsrechtes erst dann zugunsten der Konkursgläubiger ausschütten, wenn ein Wiederaufleben der Absonderungsrechte ausgeschlossen ist.

Eine besondere Bestimmung gibt es für Absonderungsrechte aus Einkünften aus einem Arbeitsverhältnis. § 12a KO wurde dazu geschaffen, um im Schuldenregulierungsverfahren zu vermeiden, dass das künftige Arbeitseinkommen eines Schuldners auf Dauer nur einzelnen Gläubigern zukommt. Die Restschuldbefreiung würde in diesem Falle dem Schuldner auch wenig nützen, weil ihm gegenüber den gesicherten Gläubiger keine Schuldbefreiung zugute käme. Näheres dazu ☞ siehe Kap 6 und 7.5.

Aussonderungsrechte sind Ansprüche dinglicher oder persönlicher Natur auf Aussonderung von Sachen aus der Konkursmasse, die den Gemeinschuldnern nicht gehören. Dabei kommt es nicht auf die formaljuristische, sondern auf die wirtschaftliche Zugehörigkeit der Sache zum Vermögen des Aussonderungsberechtigten an. Auch Aussonderungsansprüche erfahren durch die Konkurseröffnung keine inhaltliche Änderung. Häufigster Aussonderungsgrund ist das Eigentum, wobei auch Miteigentum Aussonderungsgegenstand sein kann. Ein Verkäufer, der unter Eigentumsvorbehalt veräußert hat, ist im Konkurs des Käufers ebenfalls aussonderungsberechtigt, wenn der Masseverwalter in das Vertragsverhältnis nicht eintritt.

Aussonderungsansprüche unterliegen weder dem Anmeldungszwang noch dem Prüfungsverfahren. Der Aussonderungsberechtigte hat seine Ansprüche unmittelbar gegenüber dem Masseverwalter geltend zu machen, der sie anerkennen oder bestreiten kann. Die Exekutionsführung auf ein Aussonderungsrecht wird durch die Konkurseröffnung nicht berührt. Auch die Exekutionsführung nach Konkurseröffnung ist möglich.

Hat der Gemeinschuldner eine nicht zu seinem Vermögen gehörende Sache veräußert, so tritt an die Stelle des Aussonderungsanspruches der Anspruch auf **Ersatzaussonderung**. Der Ersatzaussonderungsanspruch auf Geld ist aber nur dann möglich, wenn der begehrte Geldbetrag als unterscheidbare Menge getrennt vom übrigen Vermögen vorhanden ist.[29]

2.4.12 Konkurs und zweiseitige Rechtsgeschäfte

Ist ein zweiseitiger Vertrag von dem Gemeinschuldner oder von dem anderen Teil zur Zeit der Konkurseröffnung noch nicht oder nicht vollständig erfüllt worden, so kann der Masseverwalter entweder anstelle des Gemeinschuldners den

[29] ecolex 1992, 558.

Vertrag erfüllen oder vom anderen Teil Erfüllung verlangen oder vom Vertrag zurücktreten. Zu diesen Verträgen gehören zB Tausch, Kauf, Werkverträge, Speditionsgeschäfte, Lagergeschäfte, der Verwahrungsvertrag, Versicherungsvertrag, Finanzierungsleasing; nicht jedoch Kreditverträge, unentgeltliche Verwahrung und Leihe. Besonderheiten gelten für Dienstverhältnisse (☞ siehe dazu Kap 2.4.14), Bestandverhältnisse (☞ siehe dazu Kap 2.4.13) und im UrhG (§ 32).

Der Masseverwalter muss, wenn er die Erfüllung zweiseitiger Rechtsgeschäfte verlangt, auch seinerseits voll erfüllen. Er hat aber die Wahlmöglichkeit, vom Vertrag zurückzutreten. Der andere Teil kann ihm zwecks Ausübung des Wahlrechtes durch das Konkursgericht eine Frist setzen lassen, er muss aber das Ergebnis der Wahl hinnehmen und kann den Schaden, den er durch den Rücktritt des Masseverwalters erleidet, auch bei Teilleistungen, nur als Konkursgläubiger geltend machen. Äußert sich der Masseverwalter nicht bis zum Ablauf der Frist, gilt der Rücktritt als erklärt.

- ***Beispiel:***
  Der Schuldner X hat vor Konkurseröffnung einen Leasingvertrag mit Kaufoption über ein Kraftfahrzeug abgeschlossen. Nach Konkurseröffnung hat der Masseverwalter nun das Wahlrecht, ob er in diesen Leasingvertrag eintritt. Der Masseverwalter wird dabei zu prüfen haben, welche Vorgangsweise für die Konkursmasse günstiger ist. Ist nur noch ein geringer Betrag offen, um das Fahrzeug in das Eigentum der Konkursmasse übergehen zu lassen, so kann sinnvoll sein, in den Leasingvertrag einzutreten.

Der Eintritt des Masseverwalters kann auch konkludent (stillschweigend) erfolgen, indem der Masseverwalter zB Leasingraten weiter bezahlt.

Achtung: In vielen Verträgen ist ein Rücktrittsrecht vertraglich festgelegt, das den anderen Teil vertraglich berechtigt, im Falle der Konkurseröffnung vom Vertrag zurückzutreten. Dieses vertragsmäßige Rücktrittsrecht, aber auch ein gesetzliches Rücktrittsrecht wie etwa in § 918 ABGB wird durch die Bestimmungen der Konkursordnung nicht berührt.[30]

- ***Beispiel:***
  Der Unternehmer A hat mit dem Einzelunternehmer S am 1. August einen schriftlichen Vertrag auf Lieferung und Einbau von 10 Fenstern für die Woche vom 26.8. bis 1.9. zum Preis von € 10 000,– geschlossen. Außer Preis, Lieferzeit und -ort wurden keine Sondervereinbarungen, zB in Allgemeinen Geschäftsbedingungen geschlossen. Ein Teil des Honorars in der Höhe von € 1000,– wurde bei Auftragserteilung am 1.8. als Anzahlung geleistet. Die restliche Forderung von € 9000,– ist noch offen. Am 1.9. wird über S der Konkurs eröffnet. S hat bis zu diesem Zeitpunkt noch keine Leistung erbracht.

[30] *Mohr*, Kommentar zur Konkurs-, Ausgleichs- und Anfechtungsordnung (2000) E 32 zu § 21 KO.

Lösung: Wenn der sich in Konkurs befindliche S weiterhin die restliche Leistung nicht erbringt, könnte A dem Masseverwalter gegenüber eine angemessene Nachfrist (üblicherweise ca 2 Wochen) setzen und diesem gegenüber für den Fall der Nicht-Lieferung nach § 918 ABGB den Rücktritt vom Vertrag erklären. Der Masseverwalter kann andererseits binnen einer auf Antrag des Schuldners vom Konkursgericht festzusetzenden Frist erklären, ob er in den Vertrag einsteigt, da von beiden Seiten noch nicht vollständig erfüllt ist. Gibt er innerhalb der Frist keine Erklärung ab, oder teilt er mit, nicht eintreten zu wollen, ist der Vertrag aufgelöst. Die geleistete Anzahlung von € 1000,– und allfällige aus der Nicht-Lieferung resultierende Schadenersatzansprüche könnte A aber nur als Konkursforderung geltend machen.

Ist der Geschäftspartner des Gemeinschuldners zur Vorausleistung verpflichtet, so kann er seine Leistung bis zum Erlag einer Sicherheit verweigern, außer ihm war im Zeitpunkt des Vertragsabschlusses die schlechte Vermögenslage bekannt.

- ***Beispiel:***
  Der Schuldner X bestellt beim Händler A Fenster, wobei vereinbart ist, dass die Bezahlung erst nach vollständiger Leistungserbringung zu erfolgen hat. Die Lieferung und Montage wurde erst zur Hälfte erbracht, als über das Vermögen von X das Konkursverfahren eröffnet wird. Tritt der Masseverwalter in das Geschäft ein, so kann A von der Konkursmasse die Beibringung einer Sicherheit im Ausmaß der noch offenen Leistung verlangen, wenn er von den finanziellen Problemen nichts wusste.

Auf Fixgeschäfte, das sind jene Geschäfte, bei denen die Leistung des einen Teils genau zu einer fest bestimmten Zeit innerhalb einer fest bestimmten Frist bewirkt werden soll, lässt sich dieses Wahlrecht des Masseverwalters nicht anwenden. Es ist nämlich mit der Konkurseröffnung die Sicherheit der Erfüllung verloren gegangen. Darum verwandelt sich der Anspruch aus einem Fixgeschäft über Waren, die einen Markt- oder Börsenpreis haben, notwendig in einen solchen auf Schadenersatz wegen Nichterfüllung (§ 22 KO).

Seit der Insolvenzrechtsnovelle 2002 hat der Masseverwalter dem Konkursgericht mindestens acht Tage im Vorhinein zusammen mit der Äußerung des Gläubigerausschusses mitzuteilen, ob er die Erfüllung oder Aufhebung von zweiseitigen Verträgen beabsichtigt. Eine solche Mitteilung ist dann nicht erforderlich, wenn der Wert € 100.000,– nicht übersteigt.

2.4.13 Konkurs und Bestandverhältnisse

Bestandverträge werden durch die Konkurseröffnung grundsätzlich nicht berührt, sie gelten einschließlich aller Nebenbestimmungen weiter, an die Stelle des Gemeinschuldners tritt der Masseverwalter. Das trifft insbesondere dann zu, wenn der Gemeinschuldner Bestandgeber ist. Der Masseverwalter hat kein

Rücktrittsrecht, er kann auch nicht vorzeitig kündigen. Veräußert der Masseverwalter im Zuge der Verwertung die Bestandsache, so kann der Erwerber den Bestandvertrag nach §§ 1120 ff ABGB kündigen, sofern kein Schutz nach dem MRG besteht.

Hat der Gemeinschuldner eine Sache in Bestand genommen, so kann der Masseverwalter oder der Bestandgeber den Vertrag unter Einhaltung der gesetzlichen oder der vereinbarten kürzeren Kündigungsfrist kündigen. Die Aufkündigung durch den Masseverwalter hat unter Einhaltung der vorgegebenen Kündigungsfrist zu erfolgen. Die Konkursordnung enthält nur eine Begünstigung des Masseverwalters hinsichtlich der einzuhaltenden Kündigungstermine.[31]

- ***Beispiel:***
  Gemäß § 560 Abs 1 lit e ZPO sind Mietverträge[32] über Geschäftsräumlichkeiten nur quartalsweise unter Einhaltung einer Kündigungsfrist von 3 Monaten kündbar, soferne nichts anderes vereinbart war. Im Konkurs kann der Masseverwalter unter Einhaltung der Kündigungsfrist den Vertrag jederzeit, ohne an Kündigungstermine gebunden zu sein, kündigen.

Achtung: Sofern das Mietrechtsgesetz zur Anwendung gelangt ist die Kündigung von Geschäftslokalen oder Wohnräumen nur im Wege des gerichtlichen Kündigungsverfahrens möglich.

Unterliegt das Mietverhältnis dem MRG, so sind die Bestimmungen des Kündigungsschutzes anzuwenden. Die Konkurseröffnung über das Vermögen des Bestandnehmers allein stellt noch keinen wichtigen Kündigungsgrund im Sinne des § 30 Abs 1 MRG dar.[33] Solange die Konkursmasse ihrer Zahlungsverpflichtung auf laufenden Mietzins nachkommt, besteht dann keine Möglichkeit zur Kündigung.

Im Falle der Kündigung durch den Masseverwalter steht dem Vermieter ein vom Verschulden des Gemeinschuldners unabhängiger Schadenersatzanspruch als Konkursforderung zu. Dieser kann darin bestehen, dass der Bestandgeber innerhalb der vereinbarten Vertragsdauer das Bestandobjekt nicht oder nur zu einem niedrigeren Zins in Bestand geben kann.[34]

---

[31] OGH 2.5.1989 SZ 62/83.

[32] Pachtverträge unterliegen einer gesetzlichen Kündigungsfrist von 6 Monaten zum 30.6. oder 31.12.

[33] ZIK 1995,127.

[34] *Mohr*, Kommentar zur Konkurs-, Ausgleichs- und Anfechtungsordnung (2000) E 17 zu § 24 KO und ausführlich *Rathauscher*, Bestandrechte im Konkurs (1999).

2.4.14 Konkurs und Arbeitsverhältnisse

Auch auf bestehende Arbeitsverhältnisse hat der Konkurs grundsätzlich keine Auswirkungen. Der Masseverwalter tritt in den Arbeitsvertrag ein und es wird die Konkursmasse Schuldner des seit Konkurseröffnung anfallenden Lohns. Lohnrückstände, die vor Konkurseröffnung bestanden haben, sind als Konkursforderung anzumelden.

Kommt es im Konkurs zur Veräußerung des Unternehmens oder eines Unternehmensteils, so gilt die Eintrittsautomatik im Sinne des AVRAG nicht.[35]

Zur Auflösung von Dienstverhältnissen bietet die Konkursordnung dem Masseverwalter ein bevorzugtes Kündigungsrecht bzw dem Arbeitnehmer ein bevorzugtes Austrittsrecht. Dieses geht einher mit der Unternehmensschließung.

War das Unternehmen oder der Unternehmensbereich bereits vor Konkurseröffnung geschlossen und bleibt dies auch danach so, hat das Konkursgericht einen Feststellungsbeschluss über die Betriebsschließung zu fassen. Binnen einem Monat ab öffentlicher Bekanntmachung (Ediktseinschaltung) des Feststellungsbeschlusses können die betroffenen Arbeitnehmer gemäß § 25 KO den Austritt erklären bzw vom Masseverwalter gekündigt werden.

Wird ein Unternehmen oder ein bestimmter Unternehmensbereich nach Konkurseröffnung geschlossen, hat die Beendigungserklärung innerhalb eines Monats nach öffentlicher Bekanntmachung des Beschlusses zu erfolgen, mit dem die Schließung des Unternehmens oder des Unternehmensbereiches angeordnet, bewilligt oder festgestellt wird. Wurde nicht die Schließung des gesamten Unternehmens, sondern nur eines Unternehmensbereiches angeordnet, bewilligt oder festgestellt, so stehen das Austritts- und das Kündigungsrecht nur Arbeitnehmern bzw nur im Bezug auf die Arbeitnehmer zu, die in dem betroffenen Unternehmensbereich beschäftigt sind.

Der Masseverwalter ist bei seiner Kündigung nicht an den gesetzlichen Kündigungstermin gebunden, wohl aber an die gesetzlichen oder zulässig vereinbarten Kündigungsfristen. Der Masseverwalter kann auch ein befristetes Arbeitsverhältnis unter Einhaltung der gesetzlichen Kündigungsfrist kündigen.[36]

Bei der Einordnung der Forderungen eines Dienstnehmers als Konkurs- oder Masseforderungen ist wie folgt vorzugehen:

Folgende Dienstnehmerforderungen sind Konkursforderungen:

1. Laufendes Entgelt vor Konkurseröffnung
2. Beendigungsansprüche bei einer Auflösung nach § 25 KO[37]

[35] Nach § 3 Abs 1 AVRAG gehen grundsätzlich alle am Übergangstag bestehenden Arbeitsverhältnisse auf den Erwerber des Unternehmens, des Betriebes oder Betriebsteils über. Es handelt sich um einen Ex-lege-Übergang. Der Erwerber wird mit einer Eintrittsautomatik zur Übernahme der bestehenden Dienstverhältnisse verpflichtet.

[36] OGH 14.10.1980, SZ 53/131.

[37] Sowohl Kündigung durch den Masseverwalter als auch berechtigter Austritt.

3. Beendigungsansprüche bei Wirksamkeit der Auflösungserklärung vor Konkurseröffnung. Maßgebend ist hier, dass die Beendigung vor Konkurseröffnung dem anderen Teil wirksam zugegangen ist, unabhängig ob die Beendigung des Arbeitsverhältnisses erst nach Konkurseröffnung eintritt.
4. Beendigungsansprüche, wenn das Beschäftigungsverhältnis nach Konkurseröffnung nicht nach § 25 KO vom Arbeitnehmer gelöst wird und dies nicht auf eine Rechtshandlung oder ein sonstiges Verhalten des Masseverwalters zurückzuführen ist (zB Kündigung durch den Arbeitnehmer oder berechtigter Austritt des Arbeitnehmers).

Folgende Dienstnehmerforderungen sind Masseforderungen:

1. Das laufende Entgelt einschließlich Sonderzahlungen für die Zeit nach Konkurseröffnung.
2. Beendigungsansprüche bei Auflösung des Arbeitsverhältnisses nach dem allgemeinen Arbeitsrecht durch den Masseverwalter (sei es durch Kündigung oder sonstiges Verhalten). Zu den Beendigungsansprüchen zählen insbesondere die Abfertigung, eine Kündigungsentschädigung und die Urlaubsersatzleistung.

- ***Beispiel:***
  Über das Vermögen der Firma X wird am 15.6. der Konkurs eröffnet, die Wirkungen treten am 16.6. ein. Bei der Berichtstagsatzung wird die Schließung des Unternehmens beschlossen und der Masseverwalter kündigt gemäß § 25 KO sämtliche Dienstverhältnisse. Der Dienstnehmer A kann folgende Ansprüche geltend machen:
  - *als Konkursforderung: den ausständigen Lohn samt aliquoten Sonderzahlungen bis zum Tag der Konkurseröffnung, Urlaubsersatzleistung, Schadenersatz im Fall der begünstigten Kündigung durch den Masseverwalter für die Differenz zu jenen Entgeltansprüchen, die unter Einhaltung des Kündigungstermins entstanden wären, allfällige Abfertigung.*
  - *als Masseforderung: der laufende Lohn ab Konkurseröffnung samt den anteiligen Sonderzahlungen.*

Dienstnehmer haben ihre Konkursforderung im Konkursverfahren anzumelden, wie alle übrigen Konkursgläubiger. Für die Anmeldung ist empfehlenswert, eine detaillierte Abrechnung in brutto und netto vorzulegen.

2.4.15 Exkurs: Dienstnehmerschutz nach dem IESG

Vielfach werden Dienstnehmer durch Insolvenzverfahren nicht nur durch den Verlust des Arbeitsplatzes, sondern auch durch Lohnentgang besonders hart getroffen.

Ein in der Regel längere Zeit dauerndes Konkursverfahren führt schließlich dazu, dass Arbeitnehmer, die das Entgelt zur Bestreitung ihres Lebensunterhaltes und des Lebensunterhaltes ihrer Familie dringend benötigen, meist monatelang warten müssen, bis sie das ihnen für ihre Arbeitsleistung zustehende Entgelt nachgezahlt erhalten. Der Gesetzgeber hat deshalb mit der Schaffung des IESG (Insolvenz-Entgeltsicherungsgesetz) eine Art Versicherung zur Abdeckung des Risikos des Ausfalls der Arbeitnehmerforderungen eingerichtet, hiefür wurde der IAF (Insolvenz-Ausfallgeld-Fonds) geschaffen. Die Verwaltung erfolgt über die IAF-Service GmbH, die in den Bundesländern eingerichtet ist.

Anspruch auf Insolvenz-Ausfallgeld haben Arbeitnehmer, Heimarbeiter und ihre Hinterbliebenen sowie ihre Rechtsnachfolger von Todes wegen für die nach dem IESG gesicherten Ansprüche, wenn über das Vermögen des Arbeitgebers der Konkurs eröffnet wird. Ansprüche stehen auch zu, wenn das Arbeitsverhältnis im Zeitpunkt der Konkurseröffnung bereits beendet war.

Der Konkurseröffnung stehen gleich:

1. Die Eröffnung eines Ausgleichsverfahrens;
2 die Anordnung der Geschäftsaufsicht;
3. die Ablehnung eines Antrages auf Eröffnung des Konkurses mangels hinreichenden Vermögens oder wenn eine Gesellschaft aufgelöst ist und über kein Vermögen mehr verfügt;
4. die Zurückweisung eines Konkurseröffnungsantrages, wenn im Inland kein Vermögen feststellbar ist (§ 63 KO);
5. im Falle der Abstandnahme von einem Verlassenschaftsverfahren, wenn sich Vermögenslosigkeit herausstellt (§§ 72 Abs 1 bzw 73 Abs 1 AußerstreitG).

Durch den Fonds sind folgende Ansprüche gesichert:

Entgelt, insbesondere laufendes Entgelt und Ansprüche aus der Beendigung des Arbeitsverhältnisses, Schadenersatzansprüche, sonstige Ansprüche gegen den Arbeitgeber und zur zweckentsprechenden Rechtsverfolgung notwendige Prozesskosten.

Kein Insolvenzausfallsgeld gebührt für Ansprüche aus anfechtbaren Rechtshandlungen, Ansprüche, die auf Einzelvereinbarungen beruhen, die nach dem Antrag auf Eröffnung des Konkurses oder in den letzten sechs Monaten vor Eröffnung des Konkurses abgeschlossen wurden, soweit die Ansprüche über den durch Gesetz, Kollektivvertrag oder Betriebsvereinbarung zustehenden Anspruch hinausgehen[38], Kündigungsentschädigung über den Zeitraum von drei Monaten, Ansprüche auf laufendes Entgelt, wenn für den selben Zeitraum Kündigungsentschädigung ausgezahlt wird, Entgeltsansprüche, die über dem Grenzbetrag liegen, Ansprüche, für die jemand anderer als der Arbeitgeber zur Zahlung verpflichtet ist und Ansprüche aus der Pensionskassa.

Als Grenzbetrag gilt der zweifache Betrag der Höchstbeitragsgrundlage nach dem ASVG (§ 1 Abs 4 IESG).

[38] Durch diese Bestimmung soll verhindert werden, dass kurz vor Konkurseröffnung nicht betriebsübliche Entgeltansprüche zu Lasten des Fonds vereinbart werden.

Achtung: Keinen Anspruch auf Insolvenzausfallgeld haben ua die Organe einer juristischen Person, leitende Angestellte und Gesellschafter, denen ein beherrschender Einfluss auf die Gesellschaft zusteht.

Auch arbeitnehmerähnliche Personen, deren Auftraggeber keine Beiträge zur Finanzierung der Aufwendungen des Fonds zu leisten haben, werden in das IESG nicht einbezogen.

Um Auszahlung nach dem IESG zu erhalten, muss der Arbeitnehmer einen Antrag auf Insolvenz-Ausfallsgeld binnen sechs Monaten ab Eröffnung eines Insolvenzverfahrens bzw binnen sechs Monaten ab Kenntnis eines gleichwertigen Beschlusses (zB Abweisung mangels kostendeckenden Vermögens) stellen. Dem Arbeitnehmer stehen aber auch dann Ansprüche zu, wenn ihm die Anmeldung seiner Forderung im Insolvenzverfahren nicht möglich war. Dies ist dann denkbar, wenn Ansprüche bis zum Ablauf der Forderungsanmeldungsfrist betraglich noch nicht bekannt sind.

Ansprüche, die mehr als sechs Monate vor Konkurs- oder Ausgleichseröffnung entstanden sind, sind grundsätzlich dann gesichert, wenn vom Arbeitnehmer ein Gerichtsverfahren zur Durchsetzung eingeleitet wurde oder ein schriftliches und unbedenkliches Anerkenntnis des Arbeitgebers vorliegt (§ 3a Abs 1 IESG).

2.4.16 Die Aufrechnung im Konkurs

Die Aufrechnung (Kompensation) ist **die Aufhebung einer Forderung durch eine Gegenforderung**. Beide Forderungen werden – soweit sie sich decken – getilgt. Dadurch können verschiedene Zwecke erreicht werden. Zum einen befreit sich der Aufrechnende von seiner eigenen Verbindlichkeit (Befreiungszweck), befriedigt sich zugleich, da die ihm zustehende Gegenforderung durch die Aufrechnung erfüllt wird (Befreiungszweck) und erspart sich das hin- und herschieben von Leistung und Gegenleistung (Verrechnungszweck). Die Möglichkeit der Kompensation verleiht dem Gläubiger zugleich Sicherheit: Solange sein Schuldner gegen ihn eine Forderung hat, braucht er die Uneinbringlichkeit der eigenen Verbindlichkeit nicht zu befürchten, weil er notfalls immer gegen die schuldnerische Forderung aufrechnen kann und auf diese Weise Befriedigung erhält (Sicherungszweck).[39]

Für den Konkurs ist vor allem der Sicherungszweck von Bedeutung. Die Eröffnung eines Insolvenzverfahrens lässt grundsätzlich die bereits bestandene Möglichkeit der Aufrechnung unberührt. Voraussetzung ist aber, dass sich die Forderungen bei Verfahrenseröffnung aufrechenbar gegenüberstanden. Entsteht

[39] *Koziol/Welser*, Grundriss des bürgerlichen Rechts I 252.

eine Forderung erst durch die Konkurseröffnung, fehlt es an dieser Voraussetzung der Aufrechenbarkeit.[40]

Die Aufrechnung erfolgt durch eine einseitige, formlose Erklärung gegenüber dem Masseverwalter. Liegt der Aufrechnungsstreitwert über € 100.000,–, so hat der Masseverwalter dies dem Konkursgericht zumindest acht Tage im Voraus mit einer Äußerung an den Gläubigerausschuss vorzulegen.

Vielfach ist in Geschäftsbedingungen ein Aufrechnungsverbot enthalten. Ein solches Verbot wird aber dahin zu verstehen sein, dass der Gläubiger im Konkurs des Aufrechnungsgegners nicht auf die Aufrechnung verzichten will.[41] Im Falle des Konkurses ist daher ein vertragliches Aufrechnungsverbot unwirksam. Fällt das Kompensationsverbot mit der Konkurseröffnung weg, so liegt eine bereits zur Zeit der Konkurseröffnung aufrechenbare Forderung vor.

Die Aufrechnung ist unzulässig, wenn ein Konkursgläubiger erst nach der Konkurseröffnung Schuldner der Konkursmasse geworden oder wenn die Forderung gegen die Gemeinschuldner erst nach der Konkurseröffnung erworben worden ist. Das Gleiche gilt, wenn der Schuldner die Gegenforderung zwar vor der Konkurseröffnung erworben hat, jedoch zur Zeit des Erwerbes von der Zahlungsunfähigkeit des Gemeinschuldners Kenntnis hatte oder Kenntnis haben musste. Der Erwerb der Forderung muss innerhalb von sechs Monaten vor der Konkurseröffnung erfolgt sein.

Im Konkurs ist auch die Aufrechnung mit einer bedingten Forderung möglich, wobei es gleichgültig ist, ob die Forderung des Konkursgläubigers oder des Gemeinschuldners bedingt ist. Diese Aufrechnungsmöglichkeit hat große praktische Bedeutung, weil sie sowohl für rechtsgeschäftlich als auch für gesetzlich bedingte Forderungen gilt. Zu bedingten Forderungen zählt etwa der Rückgriffsanspruch von Bürgen und Mitschuldnern gemäß § 896 ABGB oder Pfandbestellern. Auch mit Forderungen, die dem Grunde nach bestehen, aber noch nicht fällig sind (betagte Forderungen), kann aufgerechnet werden.

Ein häufiger Anwendungsfall findet sich bei Banken. Der Schuldner ist gleichzeitig Inhaber eines Kreditkontos und eines Girokontos. Im Falle des Konkurses des Schuldners können diese beiden Konten miteinander verrechnet werden.[42]

2.4.17 Anfechtung

Die Anfechtung ist in der Praxis des Masseverwalters von großer Bedeutung und findet ihre Rechtfertigung im Prinzip der Gläubigergleichbehandlung. Die Gläubiger sollen ab dem Zeitpunkt der Zahlungsunfähigkeit bzw der Überschuldung gleich behandelt werden; es soll grundsätzlich zu einer gleichmäßigen Be-

[40] *Schubert* in Konecny/Schubert, Kommentar zu den Insolvenzgesetzen Rn 3 zu § 19 KO.
[41] ZIK 1995, 26.
[42] OGH 4.12.1996, 7 Ob 2177/96i.

friedigung kommen. Durch die Anfechtung soll ab dem Zeitpunkt der materiellen Insolvenz dem Befriedigungsfonds der Gläubiger das wieder zugeführt werden, was diesem in Verletzung der Gläubigergleichbehandlung entgangen ist. Unter **materieller Insolvenz** ist jener Zeitpunkt zu verstehen, ab dem der Schuldner zahlungsunfähig und/oder überschuldet war (im Gegensatz zur **formellen Insolvenz**, das ist der Zeitpunkt der Konkurseröffnung).

- ***Beispiel:***
  Der Schuldner X verschenkt in Kenntnis seiner Zahlungsunfähigkeit eine Liegenschaft seiner Ehefrau, zahlt an einen befreundeten Geschäftspartner € 10.000,– zur Abdeckung einer alten Verbindlichkeit und vermietet unmittelbar vor Konkurseröffnung eine ihm gehörende Eigentumswohnung an seine Tochter. All diese Rechtshandlungen erscheinen grundsätzlich anfechtbar, dazu Näheres siehe unten.

Gegenstand der Anfechtung können sowohl Rechtshandlungen als auch Rechtsgeschäfte werden, sie müssen jedoch das Vermögen des Gemeinschuldners betreffen. Zahlungen, Bürgschaften oder Sicherstellung von dritter Seite sind nicht anfechtbar. Auch Rechtshandlungen, die den Personenstand des Gemeinschuldners betreffen, wie etwa die Eheschließung, Scheidungen oder Adoptionen, sind nicht anfechtbar und zwar auch dann nicht, wenn diese vermögensrechtliche Folgen haben. Sind bestimmte Vermögenswerte der Exekution entzogen, können diese im Wege der Anfechtung nicht begehrt werden.

Allein **der Masseverwalter ist** zur Anfechtung **berechtigt**. Vielfach versucht der Masseverwalter die Anfechtung vorerst außergerichtlich geltend zu machen, gelingt ihm dies nicht, muss er binnen einer **Frist von einem Jahr ab Eröffnung des Konkursverfahrens** Klage beim zuständigen Gericht einbringen.

Die Anfechtung ist aber nur dann sinnvoll und auch zulässig, wenn sie für die Konkursmasse Vorteile bringt (**Befriedigungstauglichkeit** der Anfechtung). Ist zB eine Liegenschaft hoffnungslos überbelastet, so ist die Anfechtung eines Pfandrechtes sinnlos, welches bei der Verwertung der Liegenschaft gar nicht zum Zug kommen würde.

Wesentlich ist auch, dass das anzufechtende Rechtsgeschäft zu einer **Benachteiligung der Konkursgläubiger** geführt hat.

Wann und unter welchen Voraussetzungen der Masseverwalter Anfechtungen geltend machen kann, richtet sich nach den Bestimmungen der Konkursordnung in §§ 28 ff KO. Dazu im Einzelnen:

Anfechtung wegen Kenntnis der Benachteiligungsabsicht gemäß § 28 KO:

1. Anfechtbar sind alle Rechtshandlungen, die der Gemeinschuldner in der dem anderen Teil bekannten Absicht, seine Gläubiger zu benachteiligen, in den letzten zehn Jahren vor Konkurseröffnung vorgenommen hat. Der Gemeinschuldner handelte daher in der Absicht, seine Gläubiger zu schädigen, dies war dem Begünstigten auch bekannt.

2. Anfechtbar sind alle Rechtshandlungen, durch welche die Gläubiger des Gemeinschuldners benachteiligt werden und die er in den letzten zwei Jahren vor Konkurseröffnung vorgenommen hat, wenn dem anderen Teil die Benachteiligungsabsicht bekannt sein musste. In diesem Falle genügt für die Anfechtung die schuldhafte Unkenntnis der Benachteiligungsabsicht. Leichte Fahrlässigkeit des Begünstigten reicht bereits aus.
3. Anfechtbar sind alle Rechtshandlungen, durch welche die Gläubiger des Gemeinschuldners benachteiligt werden und die er in den letzten zwei Jahren vor der Konkurseröffnung gegenüber seinem Ehegatten – vor oder während der Ehe – oder gegenüber anderen nahen Angehörigen oder zugunsten der genannten Personen vorgenommen hat, es sei denn, dass dem anderen Teil zur Zeit der Vornahme der Rechtshandlung eine Benachteiligungsabsicht des Gemeinschuldners weder bekannt war noch bekannt sein musste. Handelt es sich beim Begünstigten um einen nahen Angehörigen, so muss dieser beweisen, dass ihm die Benachteiligungsabsicht weder bekannt war noch aus den Umständen heraus erkennbar gewesen wäre.

Schließlich sind nach § 28 KO Vermögensverschleuderungen anfechtbar, die im letzten Jahr vor der Konkurseröffnung vom Gemeinschuldner eingegangene Kauf-, Tausch- und Lieferverträge betreffen, sofern der andere Teil in dem Geschäft eine die Gläubiger benachteiligende Vermögensverschleuderung erkannte oder erkennen musste.

Anfechtung nach § 29 KO (unentgeltliche Verfügungen):

Gemäß § 29 KO sind unentgeltliche und ihnen gleichgestellte Verfügungen anfechtbar. Und zwar:
1. Unentgeltliche Verfügungen des Gemeinschuldners, soweit es sich nicht um die Erfüllung einer gesetzlichen Verpflichtung (zB Unterhalt), um gebräuchliche Gelegenheitsgeschenke oder um Verfügungen in angemessener Höhe handelt, die zu gemeinnützigen Zwecken gemacht wurden oder durch die einer sittlichen Pflicht oder Rücksichten des Anstandes entsprochen worden ist.
2. Anfechtbar ist der Erwerb von Sachen des Gemeinschuldners im Wege des exekutiven Verkaufes, sofern das Entgelt dem Vermögen des Schuldners entstammte, was bei nahen Angehörigen des Schuldners vermutet wird. Mit dieser Bestimmung soll das Vorgehen eines „Strohmannes“ verhindert werden.
3. Anfechtbar ist schließlich die Sicherstellung oder Rückstellung des Heiratsgutes, soweit der Gemeinschuldner dazu nicht verpflichtet war.

Die Anfechtung nach § 29 KO ist auf die letzten zwei Jahre vor der Konkurseröffnung beschränkt.

Anfechtung nach § 30 KO wegen Begünstigung:

Anfechtbar ist eine nach Eintritt der Zahlungsunfähigkeit oder nach dem Antrag auf Konkurseröffnung oder in den letzten sechzig Tagen vorher vorgenommene Sicherstellung oder Befriedigung eines Gläubigers,

1. wenn der Gläubiger eine Sicherstellung oder Befriedigung erlangt hat, die er nicht oder nicht in der Art oder nicht in der Zeit zu beanspruchen hatte, es sei denn, dass er durch diese Rechtshandlung vor den anderen Gläubigern nicht begünstigt worden ist;
2. wenn die Sicherstellung oder Befriedigung zugunsten naher Angehöriger vorgenommen worden ist, es sei denn, dass diesen die Absicht des Gemeinschuldners, sie vor den anderen Gläubigern zu begünstigen, weder bekannt war noch bekannt sein musste;
3. wenn sie zugunsten anderer als der unter Z 2 genannten Personen vorgenommen worden ist und diesen die Absicht des Gemeinschuldners, sie von anderen Gläubigern zu begünstigen, bekannt war oder bekannt sein musste. Die Anfechtung nach § 30 ist ausgeschlossen, wenn die Begünstigung früher als ein Jahr vor Konkurseröffnung stattgefunden hat. Für diesen, in der Praxis relativ häufigen Anfechtungstatbestand, ist die bloße Tatsache der Begünstigung entscheidend. Sie muss als solche nicht in das Bewusstsein des Leistungsempfängers getreten sein. Eine solche Begünstigung liegt vor, wenn der Gläubiger etwas erhält, was er gar nicht zu erhalten gehabt hätte. Man spricht dann von der inkongruenten Deckung.

   - ***Beispiel:***
     Der Schuldner X zahlt dreißig Tage vor Konkurseröffnung an seinen Freund und Gläubiger A € 10.000,–, obwohl die Forderung aufgrund der vertraglichen Vereinbarung erst zu einem späteren Zeitpunkt fällig wird.

Handelt es sich bei dem Begünstigten um einen nahen Angehörigen, so ist die Rechtshandlung auch dann anfechtbar, wenn dieser genau das erhält, was ihm zu dieser Zeit geschuldet wird. Voraussetzung ist, dass dem nahen Angehörigen die Begünstigungsabsicht bekannt war oder bekannt sein musste.

Diese Anfechtung betrifft Begünstigungen innerhalb eines Jahres vor Konkurseröffnung.

Anfechtung gemäß § 31 KO wegen Kenntnis der Zahlungsunfähigkeit:

Es handelt sich um den häufigsten Fall der Anfechtung und betrifft Rechtshandlungen innerhalb der letzten sechs Monate vor Konkurseröffnung. Voraussetzung ist der Eintritt der Zahlungsunfähigkeit oder dass ein Antrag auf Konkurseröffnung bereits eingebracht wurde.

Anfechtbar sind Rechtshandlungen,

1. durch die ein naher Angehöriger des Gemeinschuldners für seine Konkursforderung Sicherstellung oder Befriedigung erlangt und alle vom Gemeinschuldner mit dieser Person eingegangenen, für die Gläubiger nachteiligen Rechtsgeschäfte, es sei denn, dass dem nahen Angehörigen die Zahlungsunfähigkeit und der Eröffnungsantrag weder bekannt war noch bekannt sein musste;
2. Rechtshandlungen, durch die ein anderer Konkursgläubiger Sicherstellung oder Befriedigung erlangt und alle vom Gemeinschuldner mit anderen Perso-

nen eingegangenen, für die Gläubiger nachteiligen Rechtsgeschäfte, wenn dem anderen Teil die Zahlungsunfähigkeit oder der Eröffnungsantrag bekannt war oder bekannt sein musste.

Die Anfechtung nach § 31 KO ist für den Masseverwalter relativ einfach. Im Wesentlichen gilt es zu beweisen, dass dem anderen, nämlich dem Anfechtungsgegner, die Zahlungsunfähigkeit bekannt war oder bekannt sein musste. Ein Kennenmüssen der Zahlungsunfähigkeit ist anzunehmen, wenn sich dies zB aus Exekutionsberichten oder einer vorausgegangenen Korrespondenz ergibt. Ist der Anfechtungsgegner eine kreditgebende Bank, wird von dieser verlangt, dass diese Bucheinsicht nimmt und die Geschäftsunterlagen prüft. Ist dies nicht erfolgt, so kann fahrlässige Unkenntnis der Zahlungsunfähigkeit vorliegen.[43] Die Judikatur legt bei Banken einen sehr strengen Maßstab an, weil diese bei Anzeichen einer Krise des Schuldners eine Verpflichtung zur Nachforschung trifft.

Von immer größerer Bedeutung wird die Anfechtung beim sowohl unbesicherten als auch besicherten Kontokorrentkredit. Der Schuldner zahlt auf sein Girokonto zur Abdeckung des Debetsaldos ein, um allenfalls eine Fälligstellung und Kontosperre zu vermeiden. Die Judikatur[44] zu diesem Problem ist umfangreich und würde den Rahmen dieses Werkes sprengen.

Achtung: So genannte Zug-um-Zug-Leistungen sind nur nach § 28 KO („Absichtsanfechtung" ☞ siehe oben S 60) anfechtbar. Es handelt sich dabei um Rechtsgeschäfte, bei denen Gleichzeitigkeit von Leistung und Gegenleistung nicht nur vereinbart ist, sondern auch in der tatsächlichen Abwicklung ein zeitlicher und ursächlicher Zusammenhang vorliegt.

2.4.18 Die Zeit zwischen Konkurseröffnung und Berichtstagsatzung (Prüfphase)

Nachdem der Masseverwalter bestellt ist, wird er den Erstkontakt mit dem Gemeinschuldner herstellen. Dabei geht es darum, erste wichtige Informationen zu erhalten, wie Kennenlernen der beteiligten Personen, Erfassung von Adressen und Telefonnummern, Betriebsbesichtigung und Feststellung des Unternehmensgegenstandes, Schaffung eines groben Überblicks über Aktiva und Passiva, Erörterung der weiteren Vorgangsweise.

Der Gemeinschuldner wird im Zuge dieser Besprechungen eine Belehrung über seine Rechte und Pflichten erhalten. Aufgabe des Gemeinschuldners ist es, bei der Datenerfassung durch den Masseverwalter mitzuwirken, eine Gläubigerliste sowie eine Liste der Aktiva zu erstellen, die Bankverbindungen bekannt zu

43 SZ 60/207.

44 *Rebernig*, Konkursanfechtung des Kontokorrentkredits (1998); *Widhalm*, Kontokorrentkredit und Anfechtung ZIK 1999, 39; *Bollenberger* in ÖBA 1999, 409.

geben, den Masseverwalter über laufende Gerichtsverfahren zu informieren und – wenn eine Betriebsfortführung geplant ist – eine Aufstellung der monatlichen Fixkosten durchzuführen.

Bis spätestens neunzig Tage nach Eröffnung des Konkurses hat eine **Berichtstagsatzung** stattzufinden (§ 91a KO). In der Zeit von der Konkurseröffnung bis zu dieser Berichtstagsatzung sollen durch den Masseverwalter möglichst wenige Entscheidungen getroffen werden, die die Rechtsposition des Unternehmens betreffen. Der Gesetzgeber geht nämlich davon aus, dass es zu dieser Zeit noch unklar ist, ob es zu einer Fortführung und Sanierung kommen kann.

Der Masseverwalter hat das Unternehmen bis zur Berichtstagsatzung jedenfalls fortzuführen, es sei denn, es ist offenkundig, dass eine Fortführung des Unternehmens zu einer Erhöhung des Ausfalls führen wird, den die Konkursgläubiger erleiden (§ 114a Abs 1 KO). Vom Masseverwalter sind dabei die Chancen der Weiterführung des Unternehmens und insbesondere auch die Erfolgsaussichten eines Zwangsausgleiches zu prüfen. Dafür ist notwendig, dass der Schuldenstand des Unternehmens feststeht. Die **Prüfungstagsatzung**, bei der es zur Aufnahme der Forderungsanmeldungen in das Anmeldungsverzeichnis und zur Abgabe der Erklärungen des Masseverwalters und des Gemeinschuldners vor dem Konkursgericht kommt, soll daher noch vor der Berichtstagsatzung abgehalten werden. Es entspricht der Praxis und ist zulässig, **die Berichtstagsatzung mit der Prüfungstagsatzung zu verbinden**. Die Berichtstagsatzung kann auch den Zweck der Gläubigerversammlung erfüllen. Eine Berichtstagsatzung ist nicht erforderlich, wenn das Unternehmen bereits geschlossen ist oder der Schuldner überhaupt kein Unternehmen betreibt.

2.4.19 Unternehmensfortführung

Bis zur Berichtstagsatzung hat der Masseverwalter das Unternehmen fortzuführen, es sei denn, es ist offenkundig, dass eine Fortführung des Unternehmens zu einer Erhöhung des Ausfalls führen wird, den die Konkursgläubiger erleiden. In der Berichtstagsatzung hat der Masseverwalter sodann zu berichten, ob die Voraussetzungen für eine sofortige Schließung des Unternehmens oder einzelne Unternehmensbereiche, eine auf bestimmte Zeit befristete Fortführung oder eine Fortführung auf einstweilen unbestimmte Zeit gegeben sind, so wie ob ein Zwangsausgleich dem gemeinsamen Interesse der Konkursgläubiger entspricht und ob dessen Erfüllung voraussichtlich möglich sein wird. In der Begründung seines Berichtes hat der Masseverwalter in einer der Größe und Bedeutung des Falls angemessenen Weise auf die Markt-, Unternehmens- und Finanzierungslage einzugehen. Sind die Voraussetzungen für eine Fortführung auf einstweilen unbestimmte Zeit gegeben und entspricht ein Zwangsausgleich, dessen Erfüllung voraussichtlich möglich ist, dem gemeinsamen Interesse der Konkursgläubiger, so hat das Konkursgericht nach Anhörung der Konkursgläubiger mit Beschluss die Fortführung auszusprechen und dem Gemeinschuldner auf dessen Antrag eine Frist zum Zwangsausgleichsantrag einzuräumen. **Diese Frist darf vierzehn Tage nicht übersteigen**. Innerhalb dieser Frist darf das Unternehmen nicht verwertet werden (§ 114c KO).

In der Berichtstagsatzung erfolgt daher eine wesentliche Weichenstellung. Das Gericht kann anordnen:
a) die sofortige Schließung des Unternehmens
b) die unbefristete Fortführung
c) die befristete Fortführung

Dazu im Einzelnen:

ad a) Sofortige Schließung:

Wird in der Berichtstagsatzung vom Konkursgericht die sofortige Schließung angeordnet, so hat gemäß § 114a Abs 4 KO der Gläubigerausschuss auf Vorschlag des Masseverwalters und mit Genehmigung des Konkursgerichtes die günstigste Art der Verwertung zu bestimmen. Hiebei soll geprüft werden, ob eine Veräußerung des Unternehmens, die dann ihrerseits der Genehmigung durch den Gläubigerausschuss und des Konkursgerichtes bedarf, vorteilhaft ist.

ad b) Unbefristete Fortführung:

Wird in der Berichtstagsatzung ausgesprochen, dass das gemeinschuldnerische Unternehmen auf einstweilen unbestimmte Zeit fortgeführt wird, so hängt die weitere Vorgangsweise zunächst vom Gemeinschuldner ab. Stellt dieser in der Berichtstagsatzung den Antrag, dass ihm eine Frist zur Einbringung eines Zwangsausgleichsvorschlages eingeräumt werde, so hat das Konkursgericht dazu eine höchstens 14-tägige Frist zu bestimmen. Während dieser Frist darf das Unternehmen nicht verwertet werden. Bringt der Schuldner sodann innerhalb dieser Frist einen zulässigen Zwangsausgleichsvorschlag ein, so ist binnen der nächsten sechs Wochen die Zwangsausgleichstagsatzung anzuberaumen (§ 114c Abs 1 Satz 1 KO). In dieser 90-tägigen Frist darf der Masseverwalter das Unternehmen nur dann verkaufen, wenn er einen Verkaufserlös erzielt, der eine Quote ermöglicht, die über der angebotenen und voraussichtlich erfüllbaren Zahlungsausgleichsquote liegt, oder wenn ein Schließungsgrund vorliegt oder in absehbarer Zeit eintreten wird. Liegt ein Schließungsgrund vor, so kann und muss der Masseverwalter auch in dieser Phase einen Schließungsantrag stellen.

Wird der Zwangsausgleich innerhalb der 90-tägigen Frist angenommen, richtet sich die weitere Vorgangsweise nach dem Inhalt des Zwangsausgleiches. Dazu siehe Kap 2.5.

Das Konkursgericht hat die Schließung des Unternehmens aber jedenfalls dann anzuordnen, wenn binnen eines Jahres ein Zwangsausgleich nicht angenommen wurde. Diese Frist kann auf Antrag des Masseverwalters, nicht aber des Gemeinschuldners, um ein Jahr verlängert werden, wenn die Schließung dem gemeinsamen Interesse der Konkursgläubiger widerspricht. Damit sollen jahrelange Fortführungen verhindert werden.

ad c) Befristete Fortführung:

Die befristete Fortführung soll nach dem Willen des Gesetzgebers dazu dienen, offene Aufträge abzuschließen, etwa das Fertigstellen von Baustellen eines Bauunternehmers.

2.4.20 Prüfungskriterien für die Fortführung

Die Prüfung der Fortführbarkeit eines Unternehmens stellt zweifellos eine der vordringlichsten Aufgaben des Masseverwalters unmittelbar nach der Konkurseröffnung dar. Die Entscheidung ist heikel, da eine Fehleinschätzung zur Haftung des Masseverwalters führen kann.

Folgende Kriterien sind zur Entscheidungsfindung von Bedeutung:

Um dem Masseverwalter überhaupt einen Einblick in das Unternehmen zu gewähren, ist ein **funktionierendes Rechnungswesen** von Nöten. Dazu gehören eine aktualisierte Buchführung, aktuelle Jahresabschlüsse und eine zumindest provisorische Erfolgsrechnung (Betriebsergebnisrechnung).[45]

Unter Zugrundelegung der bestehenden Auftragslage, vorhandener liquider Mittel und eines Status bei Konkurseröffnung bildet der Masseverwalter die **Fortführungserfolgsrechnung**. Dabei handelt es sich um nichts anderes als eine Betriebsergebnisrechnung zur Ermittlung des Erfolges eines Unternehmens. In der Regel wird sich die Fortführungserfolgsrechnung auf eine Periode von drei bis sechs Monaten erstrecken. Saisonale Schwankungen sind dabei jedenfalls zu berücksichtigen. Der Masseverwalter wird das Zahlenmaterial der Vorperiode analysieren und dieses dem Auftragsstand zum Zeitpunkt der Konkurseröffnung gegenüberstellen und daraus den Nettoerlös prognostizieren. Unter Berücksichtigung einer allfälligen Bestandsveränderung bildet sich daraus die Betriebsleistung. Davon abgezogen werden variable Kosten und Fixkosten, sodass das Betriebsergebnis verbleibt. Liegt ein negatives Betriebsergebnis vor, ist der Masseverwalter verpflichtet, den Schließungsantrag zu stellen.

Zur Abwehr der Unternehmensschließung bleibt dem Gemeinschuldner noch die Möglichkeit der Hinterlegung einer Fortführungskaution.

2.4.21 Fortführungskaution

Fortführungskaution wird nicht aus dem gemeinschuldnerischen Unternehmen geleistet, sondern von dritter Seite. Sie dient dazu, den Ausfall, den die Gläubiger durch die Fortführung erleiden, abzuwenden. Dem gemäß ist das Mindestmaß der Kaution naturgemäß mit der Höhe eines allfälligen negativen Fortführungserfolges übereinzustimmen. Je unsicherer die Prognose im Bereich der Erlöse ist, desto höher muss die Kaution ausfallen. Die Maximalhöhe stellt die Sicherstellung sämtlicher variabler und fixer Kosten für den Fortführungs-

[45] Siehe dazu *Romuald Bertl*, Praxishandbuch Konkursabwicklung (1997) 118.

zeitraum dar. Dies ist etwa dann erforderlich, wenn das Unternehmen in der „toten Saison“ in Konkurs gerät, über keine Aufträge verfügt und gezwungen ist, das Lager für den Zeitraum des Saisonbeginns aufzubauen.

Die Fortführungskaution wird in der Regel beim Masseverwalter erlegt. Aufgrund der Vereinbarung zwischen Erleger und Masseverwalter dient die Fortführungskaution allein jenem Ausfall, der durch die Fortführung entsteht. Ein Überschuss aus der Kaution kann grundsätzlich nicht zur Quotenausschüttung an die Konkursgläubiger verwendet werden.

Achtung: Für die Betriebsfortführung ist unbedingt erforderlich, dass die Konkursmasse über einen befugten gewerberechtlichen Geschäftsführer verfügt und die notwendigen Betriebsanlagengenehmigungen vorliegen (☞ siehe Kap 11). Sollte dies nicht der Fall sein, wird der Masseverwalter die Schließung des Unternehmens beantragen.

2.4.22 Allgemeine Prüfungstagsatzung

Die Allgemeine Prüfungstagsatzung ist in aller Regel mit der Berichtstagsatzung (Kapitel 2.4.18) verbunden. Sie findet zwischen dem sechzigsten und dem neunzigsten Tag nach der Konkurseröffnung statt (§ 74 Abs 3 KO). Der Termin ist dem Konkursedikt zu entnehmen. Zur Prüfungstagsatzung haben der Masseverwalter und der Gemeinschuldner zu erscheinen, wobei das Fehlen des Gemeinschuldners der Abhaltung der Prüfungstagsatzung nicht hinderlich ist.

Die Allgemeine Prüfungstagsatzung gilt der Prüfung der angemeldeten Konkursforderungen. Zu den Konkursforderungen und Anmeldung ☞ siehe Kap 2.4.8.1.

Die Konkursforderungen sind beim Konkursgericht schriftlich anzumelden und das Konkursgericht leitet die Forderungsanmeldungen an den Masseverwalter weiter. Die Anmeldungsfrist endet in der Regel vierzehn Tage vor der Allgemeinen Prüfungstagsatzung (§ 74 Abs 3 KO). Der Masseverwalter erstellt aufgrund der Forderungsanmeldung das **Anmeldungsverzeichnis**. In der Reihenfolge der bei Gericht eingelangten Anmeldungen werden die Gläubiger tabellarisch aufgenommen. Die Reihenfolge der Gläubiger im Anmeldungsverzeichnis ist ohne Bedeutung.

Das Anmeldungsverzeichnis besteht üblicherweise aus folgenden Spalten:

1. PN = Postnummer (= laufende Nummerierung der Gläubiger)
2. ON = Ordnungsnummer, rot, es handelt sich dabei um die vom Gericht vergebenen Ordnungsnummern für das Anmeldungsverzeichnis
3. Name und Adresse des Gläubigers und seines Vertreters
4. Rechtsgrund der Forderung
5. Angemeldeter Betrag (inklusive allfälliger Nebengebühren)

6. Anerkannter Betrag durch den Masseverwalter
7. Bestrittener Betrag durch den Masseverwalter
8. Allfällige Anmerkungen (zB ob ein rechtskräftiger Exekutionstitel vorliegt, kurze Begründung der Bestreitung, gegenteilige Erklärung des Gemeinschuldners)

In der Summe haben anerkannte und bestrittene Forderungen die angemeldete Forderung zu ergeben. Der Masseverwalter hat nämlich bei jeder angemeldeten Forderung eine bestimmte Erklärung über ihre Richtigkeit abzugeben. **Vorbehalte des Masseverwalters** bei der Abgabe seiner Erklärung **sind unzulässig**. Die Erklärung wirkt wie ein rechtskräftiges Urteil über das Bestehen und die Höhe einer angemeldeten Forderung.

In der Praxis wird der Masseverwalter nach Ablauf der Anmeldungsfrist, jedoch unmittelbar vor der Prüfungstagsatzung, die Forderungen mit dem Gemeinschuldner absprechen. Ein Anerkenntnis wird der Masseverwalter nur dann abgeben, wenn er aufgrund von Urkunden oder sonstigen zwingenden Beweismitteln von der Richtigkeit der Forderung überzeugt ist. Hat der Masseverwalter die Forderung anerkannt, ist **eine Zurücknahme des Anerkenntnisses ausgeschlossen**. Umgekehrt kann der Masseverwalter jedoch eine Forderung, die er bei der Allgemeinen Prüfungstagsatzung bestritten hat, nachträglich durch Zurückziehung der Bestreitung anerkennen. Um allfälligen Haftungen zu entgehen, wird der Masseverwalter daher Forderungen im Zweifel bestreiten.

Achtung: Die Erklärung des Masseverwalters zur Konkursforderung kann nur lauten: Anerkannt bzw teilweise anerkannt mit € X oder bestritten bzw teilweise bestritten mit € X. Vorbehaltliche Anerkennung bzw Anerkennung unter einer Bedingung ist nicht möglich. Der Masseverwalter muss auch keinen Grund für ein Anerkenntnis abgeben.

Ebenso hat die Erklärung des Gemeinschuldners auszufallen. Nachdem die Erklärungen zu den Forderungsanmeldungen üblicherweise mit dem Gemeinschuldner abgesprochen werden, sollten diese übereinstimmend abgegeben werden. Es kann jedoch vorkommen, dass der Gemeinschuldner im Gegensatz zum Masseverwalter die Richtigkeit einer angemeldeten Forderung bestreitet. Das Recht, eine angemeldete Konkursforderung zu bestreiten, muss jedoch bei Behandlung der konkreten Forderung in der jeweiligen Prüfungstagsatzung ausgeübt werden.[46] Umgekehrte Erklärungen, nämlich dass eine Forderung durch den Masseverwalter bestritten wird, jedoch durch den Gemeinschuldner ein Anerkenntnis abgegeben wird, ist in der Konkursordnung nicht vorgesehen.

Zu den Auswirkungen im Falle der Bestreitung durch den Gemeinschuldner ☞ siehe Kap 2.4.23.

[46] ZIK 1995, 117.

Selten kommt es vor, dass eine Forderung, die durch den Masseverwalter anerkannt wird, durch einen anderen Konkursgläubiger bestritten wird. Dies ist nur dann möglich, wenn der Konkursgläubiger selbst eine Forderung angemeldet hat und diese auch anerkannt wurde (§ 105 Abs 5 KO). Der bestreitende Gläubiger verhindert so vorläufig die Feststellung der angemeldeten Forderung und erzwingt ein besonderes Prüfungsverfahren nach § 110 KO (Prüfungsprozess, ☞ siehe unter Kap 2.4.23).

Achtung: Weder für den Masseverwalter noch für den Gemeinschuldner noch für einen bestreitenden Konkursgläubiger besteht die Erklärungsverpflichtung, über die Gründe seiner Bestreitung.

Der Masseverwalter übergibt dem Konkursgericht das Anmeldungsverzeichnis, das von ihm persönlich unterfertigt ist. Durch diese Unterschrift hat er seine Erklärungen bestätigt. Im Gerichtsprotokoll wird sodann festgehalten, ob anders lautende Erklärungen des Gemeinschuldners oder eines Gläubigers vorliegen.

Eine Anwesenheit der Konkursgläubiger bei der Prüfungstagsatzung ist nicht erforderlich. Die Forderungen werden auch in Abwesenheit der Gläubiger geprüft. Vom Prüfungsergebnis werden nur diejenigen Gläubiger verständigt, deren Forderungen bestritten wurden (§ 110 Abs 5 KO).

Wirkungen der Prüfungserklärungen:

Hat der Masseverwalter die Forderungen zur Gänze oder auch nur teilweise anerkannt, so ist diese Erklärung **unwiderruflich** und es wird über die anerkannte Forderung ein rechtskräftiger Exekutionstitel geschaffen. Es steht jedoch dem Konkursgläubiger frei, seine anerkannte Forderung jederzeit zurückzunehmen und so auf eine weitere Teilnahme jedenfalls in der Position eines Konkursgläubigers zu verzichten. Wird etwa nach der Prüfungstagsatzung zwischen Masseverwalter und Konkursgläubiger Einvernehmen darüber erzielt, dass eine Konkursforderung zu Unrecht anerkannt wurde, so kann nur durch eine **Forderungseinschränkung** durch den Konkursgläubiger eine Bereinigung durchgeführt werden.[47]

Das Anerkenntnis durch den Masseverwalter bewirkt die **Vollstreckbarkeit** der Konkursforderung. Nachdem im laufenden Konkursverfahren eine Exekutionssperre (☞ siehe Kap 2.4.2) eingetreten ist, kann dieser Exekutionstitel erst nach Aufhebung des Konkursverfahrens geltend gemacht werden. Endet das Konkursverfahren nicht durch einen erfüllten Zwangsausgleich (Sanierungswirkung), so bleibt der Gemeinschuldner auch nach Konkursaufhebung Schuldner

[47] Ein häufiger Anwendungsfall kann darin liegen, dass ein Gläubiger eine Forderung sowohl als Konkurs- als auch als Masseforderung anmeldet. Der Masseverwalter bestreitet die Masseforderung und vermeint, es handle sich um eine Konkursforderung, die er in diesem Umfang auch anerkennt. Nachträglich stellt sich heraus, dass die Forderung tatsächlich eine Masseforderung ist. Sobald der Masseverwalter die Masseforderung anerkennt, sollte der Gläubiger die Anmeldung der Konkursforderung zurückziehen.

seiner Gläubiger, soweit diese nicht durch eine allfällige Quotenzahlung Abdeckung ihrer Forderung erhalten haben. Den Gläubigern steht es daher frei, aufgrund des Anerkenntnisses durch den Masseverwalter nach Konkursaufhebung Exekution gegen den Gemeinschuldner zu führen, es sei denn, dieser hat die Forderung ausdrücklich bestritten (§ 61 KO).

Konkursgläubiger, deren Forderungen teilweise oder zur Gänze durch den Masseverwalter bestritten sind, werden von dieser Bestreitung amtswegig vom Konkursgericht in Kenntnis gesetzt. Üblicherweise sollte der Masseverwalter die Bestreitungsgründe kurz anführen, gesetzlich vorgesehen ist dies jedoch nicht. Mit der Verständigung wird der Gläubiger dazu aufgefordert, die Feststellung der Konkursforderung mittels Klage geltend zu machen, sofern der Rechtsweg zulässig ist. Das Konkursgericht hat eine Frist zu bestimmen, innerhalb der die Klage einzubringen ist. Die Frist muss wenigstens einen Monat betragen. Oft liegt die Frist zwischen einem Monat und zwei Monaten.

Hat der Masseverwalter eine Forderung bestritten, über die schon ein vollstreckbarer Exekutionstitel vorliegt, so hat er selbst seinen Widerspruch mittels Klage geltend zu machen.

Gehört die Sache nicht auf den Rechtsweg, so hat über die Richtigkeit der Forderung die **zuständige Behörde** zu entscheiden. In der Praxis sehr häufig ist dies bei der Bestreitung von Abgabenforderungen durch die Finanzbehörde. Über die Höhe und Richtigkeit einer Abgabenforderung entscheiden dann nicht die ordentlichen Gerichte, sondern die Finanzverwaltungsbehörden im Wege des **Verwaltungsverfahrens**.

2.4.23 Prüfungsprozesse

Hat der Masseverwalter eine Konkursforderung bestritten, so wird der Konkursgläubiger dazu aufgefordert, binnen der Klagefrist von zumindest einem Monat **Feststellungsklage** einzubringen. Diese Klagefrist ist eine verfahrensrechtliche Frist. Die Fristversäumung hat keine Auswirkungen auf den Forderungsbestand. Verspätete Klagen dürfen daher nicht zurückgewiesen werden. An Nachteilen für den säumigen Konkursgläubiger erwähnt § 110 Abs 4 KO lediglich, dass eine Forderung bei Verteilungen unberücksichtigt bleibt, soferne nicht spätestens an dem Tag geklagt wird, an dem der Masseverwalter die Verteilung beantragt. Dazu kommt, dass die Sicherstellung beim Zwangsausgleich entfällt, sofern nicht bis zum Zeitpunkt der Ausgleichstagsatzung geklagt wird. Eine weitere Gefahr liegt für den Gläubiger darin, dass gemäß § 9 Abs 2 KO bei Bestreitung Verjährungs- und Präklusionsfristen nur bis zum Ablauf der Klagefrist als gehemmt gelten.

TIPP: In der Praxis ist es empfehlenswert, sich innerhalb der offenen Klagefrist mit dem Masseverwalter in Verbindung zu setzen und die Bestreitungsgründe abzuklären, allenfalls Urkunden nachzureichen und so die Zurücknahme der Forderungsbestreitung und Anerkennung zu erreichen.

Ist eine außergerichtliche Klärung nicht möglich, so bleibt nur der Klageweg. Für Prüfungsprozesse **zuständig ist ausschließlich das Konkursgericht**, gleichgültig in welcher Höhe die Forderung bestritten wurde und welches Gericht außerhalb des Konkursverfahrens anzurufen wäre. Eine Ausnahme besteht für Arbeitsrechtssachen nach § 50 ASGG.

Beklagte Partei ist der **Masseverwalter**, **Prozessgegenstand** ist die **Konkursforderung** im Umfang ihrer Bestreitung. Daher ist es unzulässig, im Prüfungsprozess über die Forderungsanmeldung hinaus Beträge einzuklagen. Stellt ein Konkursgläubiger fest, dass ihm neben der schon angemeldeten und bestrittenen Forderung noch eine weitere Forderung zustünde, hat er diese nachträglich anzumelden, die Erklärung des Masseverwalters abzuwarten und gegebenenfalls Feststellungsklage einzubringen.

- ***Beispiel:***
  Der Konkursgläubiger A meldet eine Forderung von € 10.000,– aus einer Warenlieferung an. Der Masseverwalter bestreitet diese Forderung zur Gänze, da nach den Unterlagen des Gemeinschuldners diese Forderung bezahlt wurde. Nachträglich stellt der Konkursgläubiger fest, dass ihm gegen den Gemeinschuldner noch eine weitere Forderung aufgrund einer Kreditgewährung in Höhe von € 5.000,– zustünde. Der Konkursgläubiger kann die Forderung aus dem Kreditvertrag nicht zum Gegenstand des Prüfungsprozesses machen, sondern hat diese nachträglich im Konkursverfahren anzumelden.

Das Klagebegehren im Prüfungsprozess ist auf Feststellung gerichtet und das Urteilsbegehren hat zu lauten:

„Es wird gegenüber der beklagten Partei festgestellt, dass der klagenden Partei im Konkurs des Gemeinschuldners XY eine Konkursforderung im Betrag von € X zusteht. Die beklagte Partei ist schuldig, der klagenden Partei die Prozesskosten binnen 14 Tagen bei sonstiger Exekution zu bezahlen."

Achtung: War bereits über die nun bestrittene Konkursforderung ein Rechtsstreit anhängig, der durch die Konkurseröffnung unterbrochen wurde, so hat der Konkursgläubiger im Falle der Bestreitung durch den Masseverwalter innerhalb der Klagefrist die Fortsetzung dieses Verfahrens zu beantragen. Eine neuerliche Einklagung ist grundsätzlich nicht vorgesehen.[48]

Der Prüfungsprozess richtet sich nach den Bestimmungen der Zivilprozessordnung. Die Parteien haben entsprechendes Sachvorbringen zu erstatten und Beweisanträge zu stellen. So finden zB Zeugeneinvernahmen statt und Sachverständigengutachten sind zulässig.

48 Ausnahmen hiezu siehe *Konecny* in Konecny/Schubert, Kommentar zu den Insolvenzgesetzen Rn 8 zu § 113 KO.

Die Entscheidung des Gerichtes erfolgt mit Urteil. Wird eine bestrittene Forderung als bestehend festgestellt, so hat dies die gleichen Auswirkungen, wie wenn die Forderung durch den Masseverwalter bei einer Prüfungstagsatzung anerkannt wurde. Wird dagegen die Forderung als nicht bestehend festgestellt, verliert der Konkursgläubiger endgültig alle Teilnahmerechte am Konkursverfahren. Eine nochmalige Forderungsanmeldung wäre zurückzuweisen.

Im Prüfungsprozess kann auch ein Vergleich geschlossen werden. Ein Vergleichsabschluss durch den Masseverwalter bedarf dabei keiner Genehmigung durch das Gericht oder den Gläubigerausschuss, weil dieser schon im Bezug auf seine Erklärung zur angemeldeten Konkursforderung nicht vorgesehen ist; ebenso wenig darf ihm das Konkursgericht Weisungen erteilen.

Die Kosten des Prüfungsprozesses sind als **Massekosten** zu behandeln, insoweit der Masseverwalter an der Bestreitung teilgenommen hat (§ 112 Abs 2 KO). Handelt es sich um einen fortgesetzten Prüfungsprozess, der schon vor Konkurseröffnung anhängig war und durch Gläubigerantrag als Prüfungsprozess fortgesetzt wird, so sind die Prozesskosten vor Konkurseröffnung als Konkursforderung gemeinsam mit dem Kapitalbetrag anzumelden und stellen nur jene Kosten eine Masseforderung dar, die nach Konkurseröffnung im Prozess aufgelaufen sind.

2.4.24 Nachträgliche Forderungsanmeldungen

Oftmals kommt es vor, dass ein Konkursgläubiger die im Konkursedikt festgesetzte Anmeldefrist versäumt. Gemäß § 106 Abs 3 KO sind auch nach Ablauf der Anmeldungsfrist angemeldete Forderungen, soweit tunlich, in die Verhandlung einzubeziehen. Erfolgt die Anmeldung jedoch so kurzfristig, dass eine Behandlung in der allgemeinen Prüfungstagsatzung nicht mehr möglich ist, so ist für eine verspätet angemeldete Forderung eine besondere (nachträgliche) Prüfungstagsatzung anzuordnen. Forderungen, die später als 14 Tage vor der Tagsatzung zur Prüfung der Schlussrechnung angemeldet werden, sind nicht zu beachten. Das Konkursgericht hat die Gläubiger zu dieser besonderen Prüfungstagsatzung durch öffentliche Bekanntmachung (Aufnahme in die Insolvenzdatei) oder besonders zu laden.

Achtung: Eine nachträgliche Prüfungstagsatzung ist kostenpflichtig!

Während für die Verrichtung der allgemeinen Prüfungstagsatzung der Masseverwalter durch seinen Entlohnungsanspruch gemäß § 82 KO entlohnt wird, steht ihm für eine gesondert anzuberaumende Prüfungstagsatzung ein Kostenersatzanspruch grundsätzlich zu. Ein Kostenersatzanspruch entfällt nur dann, wenn dem Gläubiger eine frühere Anmeldung nicht möglich war. Dies hat der Gläubiger in der Anmeldung zu behaupten und spätestens in der nachträglichen Prüfungstagsatzung zu bescheinigen. Als Bescheinigungsmittel dienlich können Urkunden oder Zeugen bzw Auskunftspersonen sein[48a].

Die Höhe der Kosten richtet sich nach dem **Rechtsanwaltstarifgesetz**, in aller Regel wird **TP 2 II Z 4** zur Entlohnung herangezogen. Als Bemessungsgrundlage dient die Summe aller nachträglich angemeldeten und zu prüfenden Forderungen, die Kostenersatzpflicht wird üblicherweise nach dem Verhältnis Gesamtbetrag der nachträglich angemeldeten Forderungen zum jeweiligen Einzelbetrag aufgeteilt. Die Kosten sind mit Beschluss aufzuerlegen; ein Rekurs dagegen ist zulässig (Beispiel für derzeitige Kostenhöhe bei nachträglicher Forderungsanmeldung, abhängig von der Höhe der angemeldeten Forderung: Forderung € 100,–, Kosten € 61,74; Forderung € 1.000,–, Kosten € 106,09; Forderung € 10.000,–, Kosten € 239,34).

Wird eine nachträgliche Prüfungstagsatzung nicht eigens anberaumt, sondern diese mit einer anderen Tagsatzung (zB Schlusstagsatzung) kombiniert, kann eine Kostenersatzpflicht entfallen.

TIPP: Es kommt oft vor, dass die zu erwartende Quote geringer ist als die Kosten einer nachträglichen Prüfungstagsatzung. Bevor ein Gläubiger eine Konkursforderung nachträglich anmeldet, ist daher zu empfehlen, beim Masseverwalter Rücksprache zu halten, ob und in welcher Höhe eine Konkursquote voraussichtlich zur Auszahlung gelangen wird.

2.4.25 Schlussbericht, Schlussrechnung und Schlussanträge des Masseverwalters

Der Masseverwalter hat den Konkurs abzuschließen und Schlussbericht zu erstatten wenn:

a. das gesamte zur Konkursmasse gehörende **Vermögen verwertet** ist und der Erlös auf dem Massekonto erliegt,
b. **sämtliche Masseforderungen bezahlt** sind bzw dem Grunde und der Höhe nach feststehen und durch den Masseverwalter anerkannt wurden,
c. über bestrittene Konkursforderung anhängige **Feststellungs- bzw Widerspruchsverfahren erledigt sind.**

Oftmals hängt die Erledigung eines Konkurses von einem einzelnen Anfechtungsprozess oder Feststellungsprozess ab, vielfach hindert ein offenes Beitragsprüfungsverfahren der Betriebskrankenkasse einen Abschluss oder ein Bescheidbeschwerdeverfahren beim Verwaltungsgerichtshof. All diese Ereignisse können Verzögerungen von mehreren Monaten bis zu einigen Jahren bedeuten.

In seinem Schlussbericht legt der Masseverwalter unter anderem dar, dass das Verwertungsverfahren abgeschlossen ist und gibt die Höhe der anerkannten Konkursforderungen und des Massestandes bekannt. Die von ihm vorzulegende

[48a] *Rechberger* in Rechberger, Kommentar zur ZPO, 2. Auflage Rz 3 zu § 274 ZPO.

Schlussrechnung ist die Gegenüberstellung der Einnahmen und Ausgaben. Der Saldo bildet den aktuellen Massestand.

In seinem Schlussbericht beantragt der Masseverwalter die Bestimmung der Verfahrenskosten (☞ siehe Kap 2.4.3).

Vom aktuellen Massestand sind die Kosten des Masseverwalters, die Entlohnung der Gläubigerschutzverbände sowie die gerichtliche Pauschalgebühr und allfällige noch offene Masseforderungen abzuziehen. Der Restbetrag stellt das **Realisat** dar, das an die Konkursgläubiger verteilt wird. Das vorhandene Realisat im Verhältnis zu den anerkannten Konkursforderungen ergibt die **auszuzahlende Quote**.

- ***Beispiel:***
  Ein Konkurs brachte Einnahmen von insgesamt € 200.000,–. Die noch offenen Masseforderungen, wie Entlohnung des Masseverwalters und Gerichtsgebühr betragen € 45.000,–, sodass ein Realisat von € 155.000,– verbleibt. Die anerkannten Konkursforderungen betragen € 2.000.000,–, sodass an die Konkursgläubiger eine Quote von 7,75 % zur Auszahlung gelangt.

Aufgrund der errechneten Quote legt der Masseverwalter dem Gericht einen **Verteilungsentwurf** vor, worin sämtliche Forderungen, ferner das zur Verteilung verfügbare Vermögen und die Beträge anzuführen sind, die auf jede einzelne Forderung entfallen (§ 129 Abs 3 KO).

Das Konkursgericht hat die Vorlage des Verteilungsentwurfs nach dessen Prüfung und allfälliger Berichtigung öffentlich bekannt zu machen und den Gemeinschuldner sowie die Gläubiger davon mit dem Beifügen zu verständigen, dass es ihnen freisteht, Einsicht zu nehmen und binnen 14 Tagen ihre **Erinnerungen** (Einwendungen) anzubringen. Zugleich ist ihnen und dem Masseverwalter sowie den Mitgliedern des Gläubigerausschusses die Tagsatzung bekannt zu geben, bei der über allfällige Erinnerungen verhandelt werden wird.

Erhebt ein Gläubiger Erinnerungen, zB weil eine Masseforderung nicht berücksichtigt worden ist oder der Masseverwalter eine Konkursforderung bestritten hat, über die ein vollstreckbarer Titel vorliegt, werden in der Praxis diese Erinnerungen dem Masseverwalter zur Äußerung übersandt.

In der Schlusstagsatzung wird über diese Erinnerungen verhandelt. Wird den Erinnerungen Folge gegeben, hat der Masseverwalter einen korrigierten Verteilungsentwurf vorzulegen. Werden die Erinnerungen verworfen, wird der ursprünglich vorgelegte Verteilungsentwurf genehmigt.

Auch bestrittene Forderungen sind bei der Verteilung zu berücksichtigen, wenn die Frist zur Erhebung der Feststellungsklage noch offen ist oder wenn die Klage spätestens an dem Tag angebracht worden ist, an dem der Masseverwalter den Antrag auf Verteilung gestellt hat. Der auf diese bestrittenen Forderungen entfallende Geldbetrag ist vorläufig sicherzustellen.

Erst wenn der Verteilungsentwurf rechtskräftig genehmigt ist, hat der Masseverwalter die Ausschüttung der Quote an die Konkursgläubiger vorzunehmen. Die Verteilung ist dem Konkursgericht durch Vorlage der Belege nachzuweisen. Nach Überprüfung der Verteilung durch das Konkursgericht wird der Konkurs aufgehoben.

Zwischenverteilung:

Ist ein hinreichender Massestand vorhanden und eine baldige Erledigung des Konkurses nicht zu erwarten, sollte der Masseverwalter mit Zustimmung des Gläubigerausschusses eine Zwischenverteilung beantragen. Bei der Zwischenverteilung wird an die Gläubiger eine erste Teilquote ausbezahlt, wobei der Masseverwalter darauf Bedacht nehmen muss, aus der verbleibenden Masse zukünftige Masseforderungen bezahlen zu können. Die Zwischenverteilung liegt im Interesse der Konkursgläubiger, um ihren Ausfall nicht durch jahrelanges Zurückhalten der Quote zu vergrößern.

Nachtragsverteilung:

Wenn nach dem Vollzug der Schlussverteilung oder nach der Aufhebung des Konkurses Vermögen, das zur Konkursmasse gehört, zum Vorschein kommt, hat der Masseverwalter eine Nachtragsverteilung durchzuführen. Hiezu ist neuerlich ein Verteilungsentwurf vorzulegen, der wiederum durch das Konkursgericht nach Prüfung zu genehmigen ist.

2.4.26 Konkursaufhebung

2.4.26.1 Allgemeines zur Konkursaufhebung

Sobald die Verteilung durchgeführt ist, ist der Konkurs vom Konkursgericht aufzuheben (§ 139 KO). Der Beschluss, mit dem der Konkurs aufgehoben wird, ist in der gleichen Weise bekannt zu machen wie seinerzeit die Eröffnung (Einschaltung in die Ediktsdatei). Gleichzeitig hat das Konkursgericht zu veranlassen, dass alle die freie Verfügung des Gemeinschuldners beschränkenden Maßnahmen aufgehoben werden. Der Gemeinschuldner kann dann wieder frei verfügen. Die vom Masseverwalter an dem Vermögen des Gemeinschuldners, während es Konkursmasse war, vorgenommenen Rechtshandlungen binden (im Allgemeinen) den Gemeinschuldner.[49]

2.4.26.2 Konkursaufhebung mangels Vermögens

Kommt im Laufe des Konkursverfahrens hervor, dass das Vermögen zur Deckung der Kosten des Konkursverfahrens nicht hinreicht, so ist der Konkurs aufzuheben. Dies ist dann der Fall, wenn das vorhandene Vermögen nicht dazu ausreicht, alle Masseforderungen zu befriedigen. Die Aufteilung erfolgt dann gemäß § 47 KO, ☞ siehe Kap 2.4.10.

[49] *Mohr*, Kommentar zur Konkurs-, Ausgleichs- und Anfechtungsordnung (2000) E 1 zu § 79 KO.

Achtung: Weder die Aufhebung des Konkurses nach erfolgter Verteilung noch die Aufhebung des Konkurses mangels Vermögens befreien den Gemeinschuldner von seinen Verbindlichkeiten. Soweit die Gläubiger durch die Quote Zahlung erlangt haben, reduziert sich jedoch die Forderung. Nur ein Zwangsausgleich bzw ein Schuldenregulierungsverfahren können eine Restschuldbefreiung bewirken.

2.4.26.3 Konkursaufhebung mit Einverständnis der Gläubiger

Ein Konkurs ist auch dann aufzuheben, wenn nach Ablauf der Anmeldungsfrist alle Massegläubiger und alle Konkursgläubiger, die Forderungen angemeldet haben, der Aufhebung zustimmen. Der Zustimmung eines Gläubigers bedarf es nicht, wenn seine Forderung bestritten oder sichergestellt worden ist oder wenn bei bestrittenen Forderungen die Klagefrist abgelaufen und die Klage nicht spätestens an dem Tage, an dem die Aufhebung des Konkurses beantragt wird, angebracht worden ist. Diese in § 67 KO vorgesehene Aufhebung des Konkurses ist in der Praxis äußerst selten. Ein möglicher Anwendungsfall ist der Abschluss eines außergerichtlichen Ausgleiches, der sich im Konkursverzicht der Gläubigerschaft ausdrückt. Wesentlich häufiger hingegen ist der Abschluss eines gerichtlichen Ausgleichs im laufenden Konkursverfahren. Es handelt sich dabei um den Zwangsausgleich (vgl die folgenden Kapitel).

2.5 Zwangsausgleich

2.5.1 Zweck des Zwangsausgleiches

Das Konkursverfahren läuft auf die kridamäßige Verwertung des Schuldnervermögens und die Verteilung des Erlöses unter den Gläubigern hinaus. Es nimmt die Vernichtung der wirtschaftlichen Existenz des Schuldners und damit der Möglichkeit späterer Erfüllungsaussichten und weiterer Geschäftsverbindungen mit dem Schuldner in Kauf. Andererseits wird durch den Konkurs der Anspruch des Gläubigers nicht geschmälert, soweit der Gläubiger nicht durch die Verteilung befriedigt worden ist.

Die Konkursordnung gewährt dem Gemeinschuldner durch die Bestimmungen über den Zwangsausgleich die Möglichkeit, aus der Sackgasse der Vernichtung der wirtschaftlichen Existenz herauszukommen. Im Gegenzug dazu soll durch das Zwangsausgleichsverfahren die Gesundung der Wirtschaft des Gemeinschuldners im Interesse der Gläubiger liegen, die zwar einen endgültigen Verzicht auf einen Teil ihrer Forderung abgeben, jedoch durch die im Zwangsausgleich angenommene Quote besser gestellt werden als durch eine Quote im Falle der Verwertung und Zerschlagung des gemeinschuldnerischen Vermögens.

Will der Schuldner daher die Verwertung seines Vermögens verhindern, so muss er den Abschluss eines Zwangsausgleiches anstreben. Die Initiative zu einem Zwangsausgleich steht **nur dem Schuldner** offen; nur er kann einen Zwangsausgleichsantrag stellen und zwar im Laufe des Konkursverfahrens, somit nach Konkurseröffnung (der Antrag auf Abschluss eines Zwangsausgleichs kann sogar mit dem Antrag auf Konkurseröffnung verbunden werden).

Dem Masseverwalter wird gemäß § 114b KO ein Verwertungsverbot auferlegt, sofern bei der Berichtstagsatzung die Unternehmensfortführung auf unbestimmte Zeit beschlossen wird. In diesem Fall hat der Gemeinschuldner binnen einer vom Konkursgericht bestimmten Frist einen Zwangsausgleichsantrag einzubringen. Diese Frist, während der das Unternehmen nicht zu verwerten ist, darf 14 Tage nicht übersteigen. Wird der Zwangsausgleichsvorschlag nicht innerhalb von 90 Tagen angenommen, entspricht dieser nicht mehr den gemeinsamen Interessen der Konkursgläubiger oder sind die Voraussetzungen für eine Fortführung auf einstweilen unbestimmte Zeit nicht mehr gegeben, ist das Unternehmen zu verwerten. Nach diesem Zeitraum ist mit der Verwertung des Unternehmens lediglich dann innezuhalten, wenn der Zwangsausgleichsvorschlag auch mit den wirtschaftlichen Verhältnissen des Gemeinschuldners nicht im Widerspruch steht und im Hinblick auf das bisherige Ergebnis des Verfahrens zu erwarten ist, dass er von den Gläubigern angenommen wird. Das Konkursgericht hat die Schließung des Unternehmens **ein Jahr nach Konkurseröffnung** jedenfalls dann anzuordnen oder zu bewilligen, wenn innerhalb dieser Frist der Zwangsausgleichsvorschlag nicht angenommen wurde. Diese Frist ist auf Antrag des Masseverwalters zu erstrecken, wenn die Schließung den gemeinsamen Interessen der Gläubiger widerspricht oder andere gleich wichtige Gründe vorliegen. Die Frist kann auch mehrmals, jedoch höchstens insgesamt um ein Jahr erstreckt werden. Hernach hat der Masseverwalter die Unternehmensverwertung durchzuführen.

Ein Zwangsausgleichsantrag kann trotzdem, solange das Konkursverfahren läuft, eingebracht werden.

2.5.2 Zwangsausgleichsantrag

Der Zwangsausgleichsantrag kann nur durch den Gemeinschuldner eingebracht werden. Im Antrag ist anzugeben, in welcher Weise die Gläubiger befriedigt oder sichergestellt werden sollen.

Der Antrag ist **unzulässig**:

1. solange der Gemeinschuldner flüchtig ist oder wenn er nach Eintritt der Zahlungsunfähigkeit wegen betrügerischer Krida rechtskräftig verurteilt worden ist;
2. solange der Gemeinschuldner das Vermögensverzeichnis und die Bilanz trotz Auftrag nicht vorgelegt oder nicht vor dem Konkursgericht unterfertigt hat;
3. wenn der Inhalt des Ausgleichsvorschlages zwingenden Rechtsvorschriften widerspricht oder nicht das Mindesterfordernis der Quote beinhaltet;

4. wenn der Gemeinschuldner den Zwangsausgleich missbräuchlich vorschlägt, insbesondere wenn der Antrag offenbar Verschleppungszwecken dient;
5. wenn die Erfüllung des Ausgleichs voraussichtlich nicht möglich sein wird;
6. wenn vor weniger als zehn Jahren ein Abschöpfungsverfahren eingeleitet wurde.

Die Regelungen über den Inhalt des Zwangsausgleichsantrages sind in der Konkursordnung dürftig. Aus dem Gesetz ist lediglich abzuleiten, dass der Ausgleichsantrag zumindest einen zulässigen **Zwangsausgleichsvorschlag** und ein **Finanzierungskonzept** enthalten muss und – sofern diese Unterlagen dem Konkursgericht noch nicht vorliegen – ein Vermögensverzeichnis sowie Bilanzen dem Zwangsausgleichsantrag anzuschließen sind.

Nachdem es sich beim Zwangsausgleichsantrag um ein Nachlassgesuch des Gemeinschuldners handelt, ist jedoch zu empfehlen, einen Antrag analog § 2 AO anzubringen, aus dem die Gründe der Insolvenz, ein Lebenslauf bzw eine Unternehmenschronologie, die in Aussicht genommene Reorganisations- und Finanzierungsmaßnahmen, das bisherige Fortführungsergebnis, der Massestand und das Zwangsausgleichserfordernis und seine Aufbringung hervorgehen.

Das Konkursgericht führt eine Vorprüfung des Zwangsausgleichsantrages durch. Verstößt der Inhalt gegen zwingende gesetzliche Bestimmungen, so hat das Gericht den Antrag als unzulässig zurückzuweisen. Nach gängiger Praxis stellen die Konkursgerichte den Zwangsausgleichsantrag dann dem Masseverwalter zur Prüfung und Stellungnahme zu.

Nachdem der Masseverwalter bereits zur Berichtstagsatzung die Zwangsausgleichsaussichten prüfen muss, wird er schon bald nach Konkurseröffnung Erhebungen durchführen müssen, ob Umstände vorliegen, die das Zwangsausgleichsverfahren unzulässig machen würden.

2.5.3 Ausgleichsvorschlag

Der **Minimalvorschlag** für den Zwangsausgleich sieht vor:

1. Die Masseforderungen werden voll befriedigt bzw sichergestellt.
2. Aus- und Absonderungsrechte werden vom Zwangsausgleich nicht berührt.
3. Die Konkursgläubiger erhalten eine Quote von 20 %, zahlbar in zwei Jahren ab Annahme des Zwangsausgleiches.

Handelt es sich bei dem Gemeinschuldner um einen Nichtunternehmer, ist eine Mindestquote von 30 %, zahlbar binnen fünf Jahren ab Annahme des Zwangsausgleiches, möglich.

Achtung: Im Zwangsausgleich muss für die Gläubiger eine Mindestquote von 20 %, zahlbar innerhalb von höchstens zwei Jahren vom Tag der Annahme des Zwangsausgleichsvorschlages angeboten werden. Sämtliche bevorrechtete Forderungen – insbesondere die Verfahrenskosten und sonstigen Massekosten – werden nicht in die Quote eingerechnet. Dies sollte bei der Kalkulation der Quote aus Schuldnersicht Berücksichtigung finden.

Ob die angebotene Quote auf einmal oder in Teilquoten zu entrichten ist und zu welchen Zeitpunkten allfällige Zahlungen zu erfolgen haben, ist im Gesetz nicht festgelegt. Üblicherweise verlangen die Gläubiger jedoch, dass als Bestätigungsvoraussetzung für den Zwangsausgleich eine erste Teilquote als Barquote zuzüglich der bevorrechteten Forderungen beim Masseverwalter erlegt wird. Dem Masseverwalter wird dann der Auftrag erteilt, die Auszahlung dieser ersten Quote vorzunehmen. Die restlichen Teilquoten werden üblicherweise auf zwei Jahre aufgeteilt. Die Auszahlung dieser Quoten nimmt der Gemeinschuldner dann selbst vor.

Wird der Zwangsausgleichsantrag dem Masseverwalter zugestellt, so hat dieser binnen einer Frist von üblicherweise 14 Tagen Stellungnahme abzugeben.

Der Masseverwalter prüft dabei, ob

1. der Zwangsausgleich zwingenden gesetzlichen Bestimmungen widerspricht (dazu siehe oben),
2. der Zwangsausgleichsvorschlag angemessen ist und
3. der Zwangsausgleichsvorschlag erfüllbar ist.

2.5.4 Angemessenheitsprüfung

Ein Zwangsausgleichsvorschlag ist dann angemessen, wenn er den Interessen der Gläubiger entspricht. Nachdem die Gläubiger durch Annahme des Zwangsausgleiches einen endgültigen Verzicht auf einen Teil ihrer Forderung abgeben, wird dieser nur dann in ihrem Interesse liegen, wenn die Gläubiger durch den Zwangsausgleich mehr erhalten, als sie im Falle der Zerschlagung und konkursmäßigen Verwertung des Unternehmens bekommen würden. Der Masseverwalter prüft daher, wie hoch eine allfällige Quote ausfallen würde, wenn das Vermögen verwertet und auf die Gläubiger aufgeteilt wird. Stellt sich im Zuge dieser Prüfung heraus, dass im Falle der konkursmäßigen Verwertung die Gläubiger eine höhere Quote bekommen würden, als im Zwangsausgleichsantrag angeboten ist, so ist der Zwangsausgleichsvorschlag nicht angemessen. In diesem Falle hätte der Gemeinschuldner die Quote zu verbessern.

- ***Beispiel:***
  Der Gemeinschuldner X beantragt im Laufe des Konkursverfahrens einen Zwangsausgleich mit einer Quote von 20 % in zwei Jahren. Der Masseverwalter stellt fest, dass Vermögen vorhanden ist, welches im Falle der Verwertung und Verteilung auf die Konkursgläubiger eine Quote von 25 % ergeben würde. Es liegt nun am Gemeinschuldner, seinen Zwangsausgleichsvorschlag durch Anhebung der Quote zu verbessern.

Es kann vorkommen, dass im Zeitpunkt der Abstimmung über den Zwangsausgleich ein tatsächlicher Verwertungserlös noch nicht feststeht, da beispielsweise die Einbringlichmachung einer Forderung aus dem Vermögen des Gemeinschuldners zweifelhaft ist oder bei dem Verkauf einer Liegenschaft ein höherer Erlös möglich ist als vom Sachverständigen geschätzt wurde.

In diesen Fällen kann mit den Gläubigern vereinbart werden, dass ein allfälliger Mehrbetrag (etwa aus der Forderungseintreibung oder dem Liegenschaftsverkauf) als **Superquote** unabhängig von der Quote im Zwangsausgleich den Gläubigern zufließt.

2.5.5 Erfüllbarkeitsprüfung

Der Masseverwalter hat zu prüfen, ob aus den bisherigen Betriebsergebnissen die Finanzierung der angebotenen Quote innerhalb gesetzter Frist zu erwarten ist. Sind die Gläubiger auf die Erfüllung des Zwangsausgleiches aus den Betriebsergebnissen der nächsten zwei Jahre angewiesen, so spricht man von einem so genannten Hoffnungsausgleich.

Vielfach wird ein Zwangsausgleich von dritter Seite finanziert. Der Finanzier wird jedoch nur bereit sein, Geld zu investieren, wenn sichergestellt ist, dass der Zwangsausgleichsvorschlag angenommen wird. Andererseits werden die Gläubiger dem Zwangsausgleichsvorschlag nur dann zustimmen, wenn die Finanzierung gewährleistet ist. Häufig wird daher der Zwangsausgleichsvorschlag unter der Bedingung von den Konkursgläubigern angenommen, dass eine erste Barquote bei sonstiger Versagung der Bestätigung binnen bestimmter Frist beim Masseverwalter zu erlegen ist.

2.5.6 Kosten des Zwangsausgleiches

Voraussetzung für die Annahme des Zwangsausgleiches ist weiters, dass die Masseforderungen voll befriedigt werden (zu den Masseforderungen ☞ siehe Kap 2.4.10).

Zu den Masseforderungen zählen auch die Kosten des Masseverwalters, die mit dem Abschluss eines Zwangsausgleiches verbunden sind. Gemäß § 82a KO gebührt dem Masseverwalter bei Annahme eines Zwangsausgleiches eine gesonderte Entlohnung. Auf die Bestätigung des Zwangsausgleiches oder dessen Erfüllung kommt es dabei nicht an. Die Höhe der Entlohnung richtet sich nach dem zur Befriedigung der Konkursgläubiger erforderlichen Betrag, das so genannte Zwangsausgleichserfordernis. Von diesem Zwangsausgleichserfordernis gebühren

von den ersten € 50.000,– des zur Befriedigung der Konkursgläubiger erforderlichen Betrages	4 %,
von dem Mehrbetrag bis € 500.000,–	3 %,

von dem Mehrbetrag bis € 1,500.000,–	2 %,
und von dem darüber hinausgehenden Betrag	1 %,

mindestens jedoch € 2.000,–.

Dazu kommen Umsatzsteuer und Barauslagen.

Mit dieser **Regelentlohnung** werden grundsätzlich nicht nur die Bemühungen des Masseverwalters im Zusammenhang mit dem Zwangsausgleich, sondern auch alle konkurstypischen Tätigkeiten abgegolten.[49a] Dies gilt freilich nur dann, wenn kein Verwertungserlös erzielt worden ist. Ist das hingegen der Fall, so steht dem Masseverwalter gemäß § 82a Abs 2 KO auch eine Entlohnung nach § 82 Abs 1 und 2 KO zu (☞ siehe dazu Kap 2.4.3). In diesen Fällen setzt sich daher die Regelentlohnung aus **zwei unterschiedlich zu ermittelnden Beträgen** zusammen: einerseits Entlohnung für die Bemühungen des Masseverwalters im Zusammenhang mit dem Zwangsausgleich, andererseits Entlohnung für Verwertungserlöse.

Mit dem Abschluss des Zwangsausgleiches fallen auch **Gerichtsgebühren** an. Sie betragen **15 % der Nettoentlohnung** des Masseverwalters für Bemühungen um den Zwangsausgleich. Auch die Gläubigerschutzverbände erhalten eine besondere Belohnung bei Annahme eines Zwangsausgleiches im Falle ihres Tätigwerdens. Diese beträgt 15 % der Nettoentlohnung des Masseverwalters zuzüglich 20 % USt.

2.5.7 Zwangsausgleichstagsatzung

2.5.7.1 Allgemeines / Fristen

Die **Zwangsausgleichstagsatzung dient der Abstimmung der stimmberechtigten Gläubiger** über den Ausgleichsvorschlag des Gemeinschuldners. Sie kann nicht vor Abhaltung der Allgemeinen Prüfungstagsatzung stattfinden. Die Tagsatzung ist öffentlich bekannt zu machen. Außerdem sind der Gemeinschuldner und die Personen, die sich zur Übernahme einer Haftung für seine Verbindlichkeiten bereit erklären, ferner der Masseverwalter, die Mitglieder des Gläubigerausschusses und die übrigen stimmberechtigten Konkursgläubiger besonders zu laden. Gleichzeitig ist den Konkursgläubigern jene Abschrift des Ausgleichsantrages, die der Gemeinschuldner beizubringen hat, zuzustellen.

> **Achtung:** Der Gemeinschuldner hat bei der Tagsatzung persönlich zu erscheinen.

Seine Vertretung durch einen Bevollmächtigten ist nur zulässig, wenn er durch wichtige Gründe am persönlichen Erscheinen verhindert ist und wenn das Ausbleiben vom Konkursgericht als gerechtfertigt erklärt wird. Andernfalls gilt der Ausgleichsantrag als zurückgezogen.

[49a] *Konecny/Riel*, Entlohnung im Insolvenzverfahren (1999) Rz 143.

Vor Beginn der Abstimmung hat der Masseverwalter über die wirtschaftliche Lage und die bisherige Geschäftsführung des Gemeinschuldners, die Ursachen seines Vermögensverfalls und die voraussichtlichen Ergebnisse bei Durchführung des Konkursverfahrens zu berichten. Meist geschieht dieser Bericht mit der Stellungnahme zum Zwangsausgleichsantrag in schriftlicher Form, bei der Zwangsausgleichstagsatzung wird der Masseverwalter seinen schriftlichen Bericht lediglich ergänzen.

2.5.7.2 Stimmrecht in der Zwangsausgleichstagsatzung

Stimmberechtigt sind die Gläubiger von Forderungen, die durch den Zwangsausgleich einen Ausfall erleiden. **Bevorrechtete Gläubiger und Aus- und Absonderungsberechtigte haben kein Stimmrecht**. Die Absonderungsberechtigten haben nur mit jenem Teil der Forderung, welcher voraussichtlich nicht vom Absonderungsrecht gedeckt ist, ein Stimmrecht.

- ***Beispiel:***
  Ein Pfandgläubiger meldet eine Forderung von € 100.000,– im Konkurs als Konkursforderung an. Diese Forderung ist durch ein Pfandrecht an einer Liegenschaft besichert, wobei das Pfandrecht nur mit einem Teil von € 60.000,– gedeckt ist. Mit dem Differenzbetrag von € 40.000,– nimmt der Gläubiger am Zwangsausgleich teil.

Unter bestimmten Voraussetzungen (§ 143 Abs 2 KO) verlieren Gläubiger, die erst nach Eintritt der Zahlungsunfähigkeit die Forderung durch Abtretung erworben haben, ihr Stimmrecht. Wegen der geringen praktischen Relevanz wird jedoch von einer detaillierten Darstellung dieser Bestimmung Abstand genommen.

Hat ein Gläubiger mehrere Forderungen, gebührt ihm nur ein Stimmrecht. Haben mehrere Gläubiger gemeinsam eine Forderung, so müssen sie sich einigen, wer die Ausübung des Stimmrechtes vornimmt. Auch ihnen gebührt nur eine Stimme.

Stimmrechtsprüfung:

Über die Zuerkennung eines Stimmrechtes entscheidet das Gericht. Das Konkursgericht hat vor allem dann den Umfang des Stimmrechtes zu prüfen, wenn es sich um eine Forderung handelt, die noch nicht geprüft ist, vom Masseverwalter bestritten wurde oder bedingt angemeldet ist. Bei nahen Angehörigen des Gemeinschuldners ist die Stimmrechtsentscheidung vom Abstimmungsverhalten abhängig: Die nahen Angehörigen haben nur dann ein Stimmrecht, wenn sie gegen den Zwangsausgleich stimmen. Diese Stimmrechtsentscheidung ist also erst nach dem Abstimmungsvorgang möglich.

In der Praxis völlig unterschiedlich gelöst wird die Frage, wann und in welcher Form eine Stimmrechtsentscheidung durch das Konkursgericht beschlussmäßig zu fassen ist.[50] Vergleichbare Bestimmungen wie in der Ausgleichsord-

[50] *Romuald Bertl*, Praxishandbuch Konkursabwicklung (1997) 575.

nung (§ 44 AO) fehlen in der Konkursordnung, da die Zwangsausgleichstagsatzung stets dem konkursmäßigen Prüfungsverfahren nachgeschaltet ist. Sinnvoll wird es sein, die Stimmrechtsentscheidung der Abstimmung nachfolgen zu lassen. [51]

Achtung: Stimmberechtigt sind nur die Konkursgläubiger, die bei der Zwangsausgleichstagsatzung anwesend sind. Versäumt ein Gläubiger diese Tagsatzung, ist er auch nicht stimmberechtigt. Der Gläubiger kann sich jedoch vertreten lassen, wobei der Vertreter eine Vollmacht vorweisen muss bzw ein Rechtsanwalt sich auf die ihm erteilte Vollmacht berufen kann (eine Vertretung durch bevorrechtete Gläubigerschutzverbände ist üblich).

2.5.7.3 Abstimmung

Zur Annahme des Zwangsausgleichsantrages ist erforderlich, dass die Mehrheit der bei der Tagsatzung anwesenden stimmberechtigten Konkursgläubiger dem Antrag zustimmen und dass die Gesamtsumme der Forderungen der zustimmenden Konkursgläubiger wenigstens drei Viertel (75 %) der Gesamtsumme der Forderungen der bei der Tagsatzung anwesenden stimmberechtigten Konkursgläubiger beträgt.

Zur Annahme des Zwangsausgleiches sind daher zwei Voraussetzungen zu erfüllen:

1. **Kopfmehrheit**: Mehr als die Hälfte der anwesenden Konkursgläubiger muss zustimmen, unabhängig von der Höhe ihrer Forderung.
2. **Summenmehrheit**: Die Gesamtsumme der Forderungen der zustimmenden Gläubiger muss wenigstens 75 % der Gesamtsumme der bei der Tagsatzung anwesenden stimmberechtigten Gläubiger ausmachen.

Wird nur eine der beiden Mehrheiten erreicht, so kann der Gemeinschuldner bis zum Schluss der Tagsatzung begehren, dass bei einer neuerlichen Tagsatzung abermals abgestimmt wird.

Bei einer neuerlichen Tagsatzung sind die Gläubiger an ihre Erklärung bei der ersten Tagsatzung nicht mehr gebunden. Sie können ihr Stimmverhalten beliebig ändern.

- ***Beispiele für erforderliche Quoten:***
  ☞ *Siehe Kap 4.14.2 Stimmrecht im Ausgleichsverfahren.*

Die Ausgleichstagsatzung kann auch dann erstreckt werden, wenn das Gericht die Abstimmung über den bei der Tagsatzung geänderten oder neuen zulässigen Ausgleichsvorschlag nicht zugelassen hat oder wenn zu erwarten ist, dass die Erstreckung der Ausgleichstagsatzung zur Annahme des Ausgleichsvorschlags führen wird. Die neuerliche Tagsatzung ist vom Konkursgericht sofort

[51] *Bertl*, aaO.

festzusetzen, mündlich bekannt zu geben und öffentlich bekannt zu machen. Wird in der neuerlichen Tagsatzung über einen geänderten oder einen neuen Vorschlag abgestimmt, so ist bei der öffentlichen Bekanntmachung darauf hinzuweisen und dessen wesentlicher Inhalt anzugeben.

Die öffentliche Bekanntmachung erfolgt im Internet: www.edikte.justiz.gv.at

Die Konkursgläubiger müssen im Zwangsausgleich gleich behandelt werden. Eine ungleiche Behandlung ist nur zulässig, wenn die Mehrheit der zurückgesetzten, bei der Tagsatzung anwesenden stimmberechtigten Gläubiger zustimmt und die Gesamtsumme der Forderungen der zustimmenden Konkursgläubiger wenigstens drei Viertel der Gesamtsumme der Forderungen der bei der Tagsatzung anwesenden zurückgesetzten Konkursgläubiger beträgt.

Eine solche Zustimmung ist aber dann nicht erforderlich, wenn ein Konkursgläubiger eine Schlechterbehandlung gegenüber anderen Konkursgläubigern in Kauf nimmt.

Vielfach ist die Aufbringung der Zwangsausgleichsquote nur dann möglich, wenn Hauptgläubiger, meist Kreditinstitute wie die Hausbank, stützend eingreifen. Durch die **Abgabe einer Rückstehungserklärung** kann die Erfüllung eines Zwangsausgleiches vielfach erst möglich werden. Bei einer Rückstehungserklärung handelt es sich um die Erklärung einzelner Gläubiger, die Zwangsausgleichquote in Abweichung zum Text des Zwangsausgleichsvorschlages erst zu einem späteren Zeitpunkt oder überhaupt nicht zu beanspruchen. Der Rückstehungserklärung liegt also eine den Zwangsausgleich ergänzende Sondervereinbarung zwischen dem Gemeinschuldner und einem oder einzelnen Gläubigern zugrunde. Die Gläubiger nehmen eine Schlechterbehandlung im Interesse der Wiederherstellung der wirtschaftlichen Leistungskraft des Gemeinschuldners in Kauf.[52]

In manchen Fällen wird die Zustimmung zu einem Zwangsausgleichsvorschlag davon abhängig gemacht, dass eine Bürgschaftserklärung eines Dritten für jenen Betrag vorliegt, der für die Erfüllung des Zwangsausgleiches notwendig ist (Ausgleichsbürge). Die Haftung des Ausgleichsbürgen erstreckt sich im Zweifel auch für die infolge Verzugs wieder aufgelebten Beträge.[53] Der Ausgleichsbürge kann jedoch seine Haftung mit einem bestimmten Höchstbetrag beschränken.

2.5.7.4 Bestätigung des Zwangsausgleiches, Wirkungen

Der von den Gläubigern angenommene Zwangsausgleich muss noch vom Gericht bestätigt werden. Die Entscheidung des Konkursgerichtes ist allen Konkursgläubigern und den übrigen Beteiligten zuzustellen. Wird der Ausgleich be-

[52] *Romuald Bertl*, Handbuch Konkursabwicklung 573.
[53] JBl 1954, 407.

stätigt, so hat die Entscheidung dessen wesentliche Bestimmungen anzugeben und ist öffentlich bekannt zu machen.

Gegen den Bestätigungsbeschluss kann jeder Beteiligte, der nicht ausdrücklich für den Ausgleich gestimmt hat, sowie jeder Mitschuldner und Bürge des Schuldners Rekurs ergreifen (§ 155 KO). Die Rekursfrist beginnt mit der öffentlichen Bekanntmachung der Zwangsausgleichsbestätigung durch Einschaltung in die Insolvenzdatei.

Die Bestätigung durch das Gericht **ist** zu versagen:

1. wenn ein Grund vorliegt, aus dem der Antrag auf Abschließung eines Zwangsausgleiches unzulässig ist;
2. wenn die für das Verfahren und den Abschluss des Ausgleiches geltenden Vorschriften nicht beobachtet worden sind, es sei denn, dass diese Mängel nachträglich behoben werden können oder nach der Sachlage nicht erheblich sind;
3. wenn der Ausgleich verbotenerweise einen Konkursgläubiger begünstigt.

Die Bestätigung **kann** versagt werden:

1. wenn die dem Gemeinschuldner im Ausgleich gewährten Begünstigungen in Widerspruch mit dessen Verhältnissen stehen oder wenn der Ausgleich dem gemeinsamen Interesse der Konkursgläubiger widerspricht;
2. wenn die Konkursgläubiger weniger als 30 % ihrer Forderungen in zwei Jahren oder weniger als 40 % ihrer Forderungen in einer längeren Frist erhalten und dieses Ergebnis darauf zurückzuführen ist, dass der Gemeinschuldner seinen Vermögensverfall durch Unredlichkeit, Leichtsinn oder übermäßigen Aufwand für seine Lebenshaltung verursacht oder beschleunigt hat oder dass er die Anmeldung des Konkurses verzögert hat.

Achtung: Die Bestätigung des Zwangsausgleiches bedeutet noch nicht, dass schuldbefreiende Wirkung eingetreten ist. Dies erfolgt erst mit gänzlicher Erfüllung des Zwangsausgleiches.

Die Bestätigung des Zwangsausgleiches hat die Rechtsfolge, dass der Schuldner gegenüber seinen Gläubigern davon befreit wird, die Verbindlichkeiten, welche die angenommene Quote übersteigt, zu leisten.

Diese Wirkung gilt gegenüber allen Gläubigern, unabhängig davon, ob sie dafür oder dagegen gestimmt haben oder ihre Forderung angemeldet haben. Auch der Bürge und Mitschuldner hat seinen Rechtsanspruch nur mehr im Umfang seiner Quote, haftet jedoch weiterhin gegenüber den Gläubigern voll.

Die Bestätigung erfolgt in der Praxis erst dann, wenn vom Masseverwalter die Mitteilung ergeht, dass beim ihm die bevorrechteten Forderungen – insbesondere die Kosten – sowie die sofort zu erlegende Barquote hinterlegt wurde.

Da juristische Personen mit der Konkurseröffnung aufgelöst sind (☞ ausführlich siehe dazu Kap 3) und diese Auflösung im Firmenbuch aufscheint, ist im Falle der Bestätigung des Zwangsausgleiches dem Firmenbuchgericht ein Gesellschafterbeschluss auf Fortsetzung zu übermitteln.

2.5.7.5 Erfüllungsverzug / Wiederaufleben der Forderung

Der Nachlass und die sonstigen Begünstigungen, die der Zwangsausgleich gewährt, werden für diejenigen Gläubiger hinfällig, gegenüber welchen der Schuldner mit der Erfüllung des Ausgleiches in Verzug gerät (§ 156 Abs 4 KO). Der Gläubiger muss den Schuldner zunächst schriftlich unter Setzung einer **Nachfrist von 14 Tagen** mahnen. Es empfiehlt sich, das Mahnschreiben eingeschrieben aufzugeben. Ist die Ausgleichsquote in Raten zu zahlen, deren Laufzeit ein Jahr übersteigt, so ist ein Verzug erst dann anzunehmen, wenn der Schuldner eine seit **mindestens sechs Wochen** fällige Verbindlichkeit trotz einer vom Gläubiger unter Einräumung einer mindestens 14-tägigen Nachfrist an ihn gerichteten schriftlichen Mahnung nicht gezahlt hat.

Zahlt der Schuldner trotz Mahnung nicht, so kommt es zu einem **relativen Wiederaufleben** der Forderung: Die Forderung des nicht befriedigten Gläubigers lebt nur mit jenem Teil, der noch nicht quotenmäßig befriedigt war, wieder zur Gänze auf. Die Teile der Forderung, die bereits mit der im Ausgleich festgelegten Quote befriedigt waren, gelten als zur Gänze befriedigt (§ 156 Abs 5 KO).

Eine weitere Wirkung ist der **Terminsverlust**, es werden alle noch offenen Teilzahlungen sofort fällig.

Der Gläubiger, der aufgrund des Verzuges des Schuldners Exekution über das Vermögen des Schuldners führt, braucht keinen Nachweis über den Verzug zu führen. Es genügt daher die bloße Behauptung des Gläubigers, der Schuldner müsste den Gegenbeweis erbringen.

Als Exekutionstitel dient ein **Auszug aus dem Anmeldungsverzeichnis**, der vom Konkursgericht ausgestellt wird.

Im Sachwalterausgleich treten die Rechtsfolgen des Wiederauflebens nicht ein. Aber auch sonst kann im Zwangsausgleich ausdrücklich das Wiederaufleben ausgeschlossen werden.[54]

---

[54] OGH 24.4.1991, SZ 64/46.

2.6 Ablaufschema Konkurs

Konkursantrag

▼

Einzubringen beim zuständigen Landesgericht, in Wien beim Handelsgericht Wien.

1. *Antragstellung durch Schuldner* bei gleichzeitige Leistung eines Kostenvorschusses ➨ **Konkurseröffnung**.
2. *Antragstellung durch Konkursgläubiger* ➨ Vorverfahren zur Prüfung der Konkursvoraussetzungen, Ladung des Schuldners zur Tagsatzung, Vermögensverzeichnis.

Fehlt es an einem für die Konkurseröffnung hinreichenden Vermögen ➨ **Abweisung des Konkursantrages** mangels kostendeckenden Vermögens.

Ist ausreichendes Vermögen vorhanden oder erlegt der Gläubiger einen Kostenvorschuss

▼

Konkurseröffnung

▼

Veröffentlichung im Internet unter www.edikte.justiz.gv.at

▼

Der Schuldner verliert die Verfügungsmöglichkeit über sein Vermögen, Exekutionssperre, Prozesssperre, Masseverwalterbestellung, die Gläubiger werden zur Forderungsanmeldung aufgefordert.

Allfällige Einberufung der Gläubigerversammlung und Bestellung eines Gläubigerausschusses.

▼

Berichts- und Prüfungstagsatzung

▼

Innerhalb von 90 Tagen ab Eröffnung findet die Berichts- und Prüfungstagsatzung statt. Anmeldungsverzeichnis wird erstellt, die Erklärungen des Masseverwalters und Gemeinschuldners zu den angemeldeten Forderungen werden entgegengenommen. Über den Fortgang des Unternehmens wird entschieden: entweder Betriebsschließung oder Fortführung.

Kommt es zur Betriebsschließung und ist kein Zwangsausgleich geplant

▼

Verwertung der Konkursmasse

Keine Verwertung, wenn binnen 14 Tagen nach der Berichtstagsatzung ein Zwangsausgleichsantrag eingebracht wird.

▼

Zwangsausgleich

Voraussetzung ➨ Die Mehrheit der Konkursgläubiger nach Köpfen, die zumindest 75 % der Forderungen repräsentieren, müssen zustimmen. Gezählt werden nur die bei der Tagsatzung anwesenden Gläubiger. Kein Stimmrecht haben bevorrechtete Gläubiger. Mindestquote: 20 % innerhalb von höchstens zwei Jahren. Bei Nichtunternehmern auch 30 % in längstens fünf Jahren möglich ➨ **Zwangsausgleich wird angenommen und vom Gericht bestätigt**.

▼

Konkursaufhebung

Zwangsausgleich scheitert ➨ Verwertung der Konkursmasse ➨ Der Masseverwalter verwertet das vorhandene Vermögen und legt den Verteilungsentwurf vor.

Kommt es zur Auszahlung einer Quote an die Konkursgläubiger ➨ Konkursaufhebung nach Verteilung der Masse gemäß § 137 KO.

Kommt es zu keiner Quote an die Konkursgläubiger ➨ Konkursaufhebung mangels vorhandener Masse gemäß § 166 KO.

Konkursaufhebung

Konkursaufhebung infolge eines Zwangsausgleiches ➨ Der Gemeinschuldner erlangt seine Verfügungsfähigkeit wieder zurück, nach Maßgabe der Erfüllung der im Zwangsausgleich angebotenen Quoten wird er von seinen Verbindlichkeiten befreit.

Konkursaufhebung nach Verteilung oder mangels vorhandener Masse ➨ Der Gemeinschuldner wird von seinen Verbindlichkeiten nicht befreit bzw nur soweit, als durch die im Zuge der Verteilung ausgezahlten Quote an die Konkursgläubiger ergangen ist.

3. Exkurs: Löschung und Auflösung einer Gesellschaft im Zusammenhang mit einem (abgewiesenen) Konkurs

3.1 Auflösung und Löschung einer Gesellschaft bei Konkursabweisung mangels kostendeckenden Vermögens

Bei einer Konkursabweisung mangels kostendeckenden Vermögens (☞ Kap 2.3.4) wird jede in einem Firmenbuch eingetragene Gesellschaft[55] nach § 39 Abs 1 Firmenbuchgesetz aufgelöst. Die Auflösung ist von Amts wegen in das Firmenbuch einzutragen. Auflösung bedeutet aber noch nicht, dass die Gesellschaft ihre Rechtspersönlichkeit verliert. Die Gesellschaft kann daher etwa weiter klagen und geklagt werden und Rechtsgeschäfte abschließen. Für die – nicht im Firmenbuch eingetragene – Gesellschaft nach bürgerlichem Recht bestimmt § 1210 ABGB, dass ein Gesellschafter ausgeschlossen werden kann, wenn er in Konkurs verfällt.

Die Auflösung der Gesellschaft ändert allerdings den Geschäftszweck, welcher nunmehr in der Verwertung des vorhandenen Vermögens besteht. Dabei wird für die GmbH die uE richtige Auffassung vertreten[56], dass auch eine nach § 39 Abs 1 Firmenbuchgesetz aufgelöste Gesellschaft fortgesetzt werden kann. Hierfür bedarf es aber eines Fortsetzungsbeschlusses, wobei hierbei der Nachweis geführt werden muss, dass der Konkurseröffnungsgrund nicht mehr vorliegt.

Für Personenhandels- und Erwerbsgesellschaften sieht der Gesetzestext des § 144 HGB[57] eine Fortsetzung der Gesellschaft mit entsprechendem Beschluss der Gesellschafter nur für den Fall eines eröffneten Konkurses unter bestimmten weiteren Voraussetzungen vor. UE müsste aber auch eine Fortsetzung bei Konkursabweisung mangels kostendeckenden Vermögens aus folgenden Gründen prinzipiell möglich sein: Der § 131 HGB sieht als Auflösungsgrund nur die Eröffnung des Konkurses, nicht jedoch die Abweisung des Konkurses mangels kostendeckenden Vermögens, vor.[58] Der Auflösungsgrund der Abweisung mangels kostendeckenden Vermögens für andere im Firmenbuch eingetragene Gesellschaften als Kapitalgesellschaften wurde erst 1997 – also nach Einführung des § 131 HGB – durch Integration des Amtslöschungsgesetzes mit teilweise

---

[55] Sondervorschriften gibt es etwa für Banken (nach dem Bankwesengesetz) und für Versicherungen auf Gegenseitigkeit (nach dem Versicherungsaufsichtsgesetz). *Claudia Retschitzegger* in GesRZ 2001, 151: „Das neue Amtslöschungsrecht", vertritt die Auffassung, dass die Bestimmung des § 39 Abs 1 über die Auflösung einer Gesellschaft als Folge eines mangels Masse abgewiesenen Konkurses nicht auf Privatstiftungen anzuwenden sei, weil diese keine Gesellschaft ist, jedoch diese Bestimmung ausdrücklich nur im Firmenbuch eingetragene Gesellschaften erfasse. AA *Burgstaller* in Jabornegg, HGB, Ergänzungsheft 1999, § 40 FBG, Rn 1.

[56] *Gellis*, Kommentar zum GmbH-Gesetz (2000) Rn 10 zu § 84 GmbH-Gesetz.

[57] Diese Bestimmung regelt die Möglichkeit, bei Konkursaufhebung nach einem bestätigten Zwangsausgleich oder nach Einstellung des Konkurses auf Antrag des Gemeinschuldners die Gesellschaft mittels Fortsetzungbeschluss weiterzuführen.

[58] *Koppensteiner* in Straube, Kommentar zum HGB Rn 12 zu § 131 HGB.

wesentlich geändertem Inhalt in das Firmenbuchgesetz neu eingeführt.[59] Eine Anpassung der für diese Frage relevanten Bestimmung des § 144 HGB an den neuen Auflösungsgrund erfolgte jedoch nicht. Es dürfte sich uE um eine ungewollte Gesetzeslücke handeln, die dahin gehend zu schließen ist, dass bei Konkursabweisung mangels Masse auch bei Personenhandels- und Erwerbsgesellschaften eine Fortsetzung mittels Gesellschaftsbeschluss möglich sein müsste. Voraussetzung dafür ist allerdings, dass der Konkurseröffnungsgrund nicht mehr vorliegt, was etwa durch einen entsprechenden Vermögensstatus zu belegen wäre.

Bei der GmbH muss der grundsätzlich mit einfacher Mehrheit zu fassende Beschluss[60] notariell beurkundet und außerdem von sämtlichen Geschäftsführern zur Eintragung ins Firmenbuch angemeldet werden (§ 10 Firmenbuchgesetz). Bei Personenhandels- und Erwerbsgesellschaften ist der Beschluss, soweit der Gesellschaftsvertrag nichts anderes dafür vorsieht, einstimmig zu fassen[61] und von sämtlichen Gesellschaftern zur Eintragung ins Firmenbuch anzumelden.

Bleibt es bei der Auflösung, so dürften nur mehr Liquidationshandlungen vorgenommen werden.

Zu beachten ist auch, dass eine Konkursabweisung mangels kostendeckenden Vermögens grundsätzlich ein Gewerbeausschluss- und -entziehungsgrund ist, wobei es hier aber die Möglichkeit gäbe, gegen den Entziehungsbescheid zu berufen oder um eine Nachsicht anzusuchen, wenn etwa die Gesellschaft wieder saniert ist (☞ Kap 11).

Von der Auflösung ist die Löschung zu unterscheiden – hier kommt es zu einer Austragung der Gesellschaft aus dem Firmenbuch, wobei auch dieser Akt nur deklarative Bedeutung hat. Nach § 40 Abs 4 Firmenbuchgesetz kann bei Kapitalgesellschaften bei nachträglichem Hervorkommen von Vermögen eine Nachtragsliquidation stattfinden.

Die Löschung kann bei Kapitalgesellschaften (AG und GmbH) bei Vermögenslosigkeit auch von Amts wegen erfolgen (§ 40 Abs 1 Firmenbuchgesetz). Bei Nicht-Vorlage oder nicht vollständiger Vorlage von Jahresabschlüssen und gegebenenfalls der Lageberichte nach den §§ 277 HGB gilt hierbei die gesetzliche Vermutung für das Vorliegen der Vermögenslosigkeit. Vor der Löschung sind die zuständige gesetzliche Interessenvertretung (Wirtschaftskammer) und die Steuerbehörde zu hören, wobei bei deren Nicht-Äußerung innerhalb von 4 Wochen deren Zustimmung als gegeben gilt.

Bei einer amtswegigen Löschung einer Kapitalgesellschaft kann die Zustellung des Löschungsbeschlusses durch Aufnahme in die Ediktsdatei erfolgen, wenn eine Zustellung an die Geschäftsanschrift der Gesellschaft bzw an eine

[59] BGBl I 1997/74, dazu ausführlich *Claudia Retschitzegger*, Das neue Amtslöschungsgesetz, GesRZ 2000, 151.

[60] *Gellis*, Kommentar zum GmbH-Gesetz (2000) Rn 11 zu § 84 GmbH-Gesetz.

[61] *Koppensteiner/Torggler-Kucsko* in Straube, Kommentar zum HGB Rn 2 zu § 144 HGB.

nachfolgende Zustellung an die Privatanschrift des vertretungsbefugten Organes erfolglos war (§ 41 FBG).

Auch die Steuerbehörde und die gesetzliche Interessenvertretung könnten bei Kapitalgesellschaften einen Antrag auf Löschung wegen Vermögenslosigkeit stellen, wobei davon in der Praxis aber selten Gebrauch gemacht wird.

Bei der GmbH stellte sich in der Vergangenheit oft das Problem der Zahlung der Mindestkörperschaftsteuer im Ausmaß von 5% des Stammkapitals, welche bei einer GmbH mit einem Stammkapital von EUR 35.000,– (Mindeststammkapital) beispielsweise EUR 1750,– per anno ausmacht. Früher war es so, dass die Finanzbehörden die Auffassung vertraten[62], dass diese Steuer erst dann nicht mehr anfällt, wenn die GmbH (bzw analog dazu die AG) gelöscht war. Eine Löschung durch Liquidation auf Antrag der Gesellschaft scheitert aber meist, weil in diesem Fall alle Verbindlichkeiten befriedigt werden müssen, was aber gerade bei einer Konkursabweisung mangels Masse so gut wie nie möglich sein wird. Außerdem müsste eine Schlussbilanz erstellt werden, und auch die Beiziehung eines Notars wird im Regelfall notwendig sein. Dies alles ist aber mit Kosten verbunden, die die GmbH aber gerade nicht zahlen kann.

Also blieb als rechtlich zulässige und kostengünstigste Form die amtswegige Löschung. Das Problem hierbei ist aber, dass darauf kein Rechtsanspruch besteht (argum § 40 Abs 1 Firmenbuchgesetz: „... **kann** von Amts wegen gelöscht werden“). Hierbei ist die Praxis bei den Gerichten aber sehr uneinheitlich. Obwohl seit dem Jahr 1997[63] wesentliche Änderungen zur effizienteren Löschung von Kapitalgesellschaften geschaffen wurden, wird nicht von jedem Rechtspfleger automatisch bei Konkursabweisung mangels Masse die amtswegige Löschung eingeleitet.

Mit einem Erlass des Finanzministeriums[64] aus dem Jahr 2001 wurde nun aber festgehalten, dass „*die Mindestkörperschaftsteuerpflicht in den Fällen des § 39 Firmenbuchgesetz (Konkurs wird mangels kostendeckenden Vermögens nicht eröffnet) mit der Rechtskraft des entsprechenden Beschlusses entfällt.*“ Nach Rückfrage beim Finanzministerium, ob unter dem „*entsprechenden Beschluss*“ derjenige wegen Löschung der Gesellschaft oder aber der Beschluss, mit dem der Konkurs mangels kostendeckenden Vermögens gemeint sei, wurde die Auskunft gegeben, dass Letzerer gemeint sei. Somit würde sich bei Konkursabweisung mangels Masse das Problem der Löschung im Zusammenhang mit der Mindestkörperschaftsteuer erübrigen, da wohl davon auszugehen ist, dass die Finanzämter diesen Erlass befolgen werden.[64a]

---

[62] Vgl auch VwGH vom 22.2.1995, 95/15/0015, 95/15/0001 in ecolex 1995, 444.

[63] Integration des aufgehobenen Amtslöschungsgesetzes mit wesentlichen Änderungen in das Firmenbuchgesetz mit Wirksamkeit vom 1.7.1997, BGBl I 1997/74, vgl dazu ausführlich *Claudia Retschitzegger*, Das neue Amtslöschungsgesetz, GesRZ 2000, 151.

[64] Erlass des BM für Finanzen vom 12.11.2001, Zl 06 5005/11-IV/6/01.

[64a] Nach Art 20 Abs 1 B-VG kann das nachgeordnete Organ die Befolgung einer Weisung nur dann ablehnen, wenn die Weisung entweder von einem unzuständigen Organ erteilt wurde oder strafrechtswidrig ist. Weisungen werden oft als Erlässe bezeichnet (vgl *Mayer*, Kommentar zum B-VG [2002] II.2 zu Art 20 B-VG.

PRAXISTIPP: Wenn über „Ihre" GmbH der Konkurs mangels kostendeckenden Vermögens abgewiesen wurde und Sie – aus welchen Gründen immer – Interesse an deren Löschung haben, so kann es ratsam sein, das Gespräch mit dem Rechtspfleger beim zuständigen Gericht zu suchen und bei diesem die Löschung der Gesellschaft anzuregen (soferne das Firmenbuchgericht dies nicht ohnehin von sich aus macht). Ein Rechtsanspruch darauf besteht aber nicht.

Ist eine GmbH einmal von Amts wegen gelöscht, so besteht nach der neuesten Judikatur keine Fortsetzungsmöglichkeit.[65] Wird während eines laufenden Prozesses die beklagte Kapitalgesellschaft gelöscht, kann das Verfahren auf Antrag des Klägers fortgesetzt werden. Wenn der Kläger nicht die Fortsetzung des Verfahrens gegen die gelöschte GmbH begehrt, ist die Klage zurückzuweisen und das bisherige Verfahren für nichtig zu erklären.[66]

2.1 Auflösung und Löschung einer Gesellschaft bei einem eröffneten Konkurs

Wird der Konkurs eröffnet, so gilt auch dies als Auflösungsgrund (§ 84 Abs 1 Z 4 GmbH-Gesetz und § 131 HGB), wobei nunmehr der Masseverwalter über die Gesellschaft verfügungsbefugt ist. ☞ Siehe auch Kap 2.4.3.

Nach rechtskräftiger Bestätigung des **Zwangsausgleiches** ist ein Fortsetzungsbeschluss der Gesellschaft zulässig und notwendig.[67] Manche Gerichte erlassen nach Aufhebung des Konkurses nach einem bestätigten Zwangsausgleich einen Beschluss, in dem der Gesellschaft aufgetragen wird, diesen Fortsetzungsbeschluss binnen einer bestimmten Frist zu fassen. Dieser Fortsetzungsbeschluss ist nicht nur gesetzlich notwendig, sondern liegt auch im Interesse der Gesellschaft, da ansonsten der Löschungsvermerk weiterhin im Firmenbuch aufscheinen würde. Dem Antrag auf Aufhebung der Auflösung ist der Fortsetzungsbeschluss beizulegen. Dabei wird in der Praxis ein Nachweis verlangt, dass die Gesellschaft weder überschuldet noch zahlungsunfähig ist (zB durch Vorlage eines Vermögensstatus oder/und eine Erklärung der Geschäftsführung über die Zahlungsfähigkeit der Gesellschaft). Bei einer GmbH ist dieser im Regelfall mit einfacher Mehrheit zu fassende Beschluss außerdem notariell zu beurkunden. Bei Personenhandels- und Erwerbsgesellschaften ist er, soferne nichts anderes im Gesellschaftsvertrag dafür vorgesehen ist, einstimmig zu fassen.[68] Der Antrag ist von sämtlichen handelsrechtlichen Geschäftsführern bzw bei Personenhandels-

[65] OGH 20.5.1999, 6 Ob 330/98t in RdW 1999, 594.

[66] VwGH 22.2.1995, 95/15/0015, 95/15/0001 in ecolex 1995, 444 unter Zitierung der neuesten Judikatur.

[67] Für die Personenhandels- und Erwerbsgesellschaften dazu ausdrücklich § 144 HGB; für die GmbH *Gellis*, Kommentar zum GmbH-Gesetz (2000) Rn 10 zu § 84.

[68] *Koppensteiner* in Straube, Kommentar zum HGB Rn 2 zu § 144 HGB.

und Erwerbsgesellschaften von sämtlichen Gesellschaftern (§ 144 Abs 2 HGB) zur Eintragung ins Firmenbuch anzumelden.

Bei Kapitalgesellschaften besteht auch für die Zeit nach Konkurseröffnung weiterhin die Pflicht zur Zahlung der (Mindest-)Körperschaftsteuer.[69] ☞ Siehe zur Mindestkörperschaftsteuer auch im vorigen Kapitel.

3.3 Auszüge aus dem Firmenbuchgesetz

Abschließend der Gesetzeswortlaut der in diesem Zusammenhang interessierenden Bestimmungen des Firmenbuchgesetzes:

§ 10. Änderungen (Löschungen)

(1) Änderungen eingetragener Tatsachen sind, unbeschadet sonstiger gesetzlicher Vorschriften, beim Gericht unverzüglich anzumelden; das Gericht hat die Eintragungen entsprechend zu ändern, im Fall ihrer Unzulässigkeit zu löschen.

(2) Ist oder wird eine Eintragung in das Firmenbuch wegen Mangels einer wesentlichen Voraussetzung unzulässig, so kann sie das Gericht von Amts wegen löschen.

§ 39.

(1) Jede in das Firmenbuch einzutragende Gesellschaft ist außer den in anderen Gesetzen genannten Fällen mit Rechtskraft des Beschlusses aufgelöst, durch den ein Konkurs mangels eines zur Deckung der Kosten des Konkursverfahrens voraussichtlich hinreichenden Vermögens nicht eröffnet wird.

(2) Die Auflösung ist von Amts wegen in das Firmenbuch einzutragen.

§ 40.

(1) Eine Kapitalgesellschaft, die kein Vermögen besitzt, kann auf Antrag der nach dem Sitz der Gesellschaft zuständigen gesetzlichen Interessenvertretung oder der Steuerbehörde oder von Amts wegen gelöscht werden; mit der Löschung gilt die Gesellschaft als aufgelöst. Eine Abwicklung findet nicht statt. Sofern das Vorhandensein von Vermögen nicht offenkundig ist, gilt eine Kapitalgesellschaft bis zum Beweis des Gegenteils auch dann als vermögenslos, wenn sie trotz Aufforderung durch das Gericht die Jahresabschlüsse und gegebenenfalls die Lageberichte (§§ 277 ff HGB) von zwei aufeinanderfolgenden Geschäftsjahren nicht vollständig vorlegt.

(2) Vor der Löschung sind die nach dem Sitz der Gesellschaft zuständige gesetzliche Interessenvertretung und die Steuerbehörde zu hören, sofern diese nicht ohnehin selbst Antragsteller waren. Äußern sich diese Stellen binnen vier Wochen nicht, so gilt ihre Zustimmung als gegeben.

(3) Gerichte und Steuerbehörden haben einander die erbetenen für die Vollziehung dieses Bundesgesetzes erforderlichen Auskünfte zu erteilen.

[69] VwGH 22.2.1995, 95/15/0015, 95/15/0001 in ecolex 1995, 444.

(4) Stellt sich nach der Löschung das Vorhandensein von Vermögen heraus, das der Verteilung unterliegt, so findet die Abwicklung statt. Die Abwickler sind auf Antrag eines Beteiligten vom Gericht zu ernennen.

*§ **41.** Verfahren und Zustellungen*

Auf das einzuhaltende Verfahren ist der zweite Abschnitt mit folgender Maßgabe anzuwenden: Mißlingt eine Zustellung an der für Zustellungen maßgeblichen Geschäftsanschrift (§ 3 Z 4), so ist zunächst die Zustellung an den dem Gericht bekannten Privatanschriften der Mitglieder des vertretungsbefugten Organs der Gesellschaft zu versuchen. Bleibt dies gleichfalls erfolglos, so erfolgt die öffentliche Bekanntmachung durch Aufnahme in die Ediktsdatei. Die Zustellung gilt als bewirkt, wenn zwei Wochen nach der Aufnahme in die Ediktsdatei verstrichen sind.

*§ **42.** Löschung von Genossenschaften*

Die §§ 39 bis 41 finden auf Erwerbs- und Wirtschaftsgenossenschaften mit der Maßgabe Anwendung, daß bei Genossenschaften, die einem Revisionsverband angeschlossen sind, im Fall des § 40 Abs. 1 und 2 der Revisionsverband an die Stelle der gesetzlichen Interessenvertretung tritt.

4. Gerichtlicher Ausgleich

4.1 Allgemeines, Gesetzesgrundlage

Rechtliche Grundlage ist vor allem die Ausgleichsordnung (im Folgenden kurz: „AO“) zuletzt novelliert durch die Insolvenzrechtsnovelle 2002, BGBl I 2002/75. Subsidiär gelten die Konkursordnung, die Jurisdiktionsnorm und die Zivilprozessordnung.

Beim gerichtlichen Ausgleich **behält der Schuldner grundsätzlich seine Geschäfts- und Handlungsfähigkeit**. Nur bestimmte Geschäfte darf er nicht abschließen bzw müssen vom Ausgleichsverwalter genehmigt werden. Dies ist ein ganz wesentlicher Unterschied zum Konkursverfahren einschließlich des Zwangsausgleiches: Wie im Kap 2.4.2 über das Konkursverfahren dargestellt wurde, verliert der Gemeinschuldner in diesem Verfahren seine Dispositionsfähigkeit über sein Vermögen, welches vom Masseverwalter verwaltet wird.

Die Anlaufkosten für die Verfahrenseröffnung richten sich nach der Praxis des Gerichtes: Es kann ein **Kostenvorschuss bis zu EUR 4000** verlangt werden – also derselbe Betrag wie für die Konkurseröffnung. **Die endgültigen Kosten können weit höher ausfallen (bezüglich der Kosten ☞ siehe Kap 4.10).**

TIPP: Allerdings sind die Voraussetzungen für den Ausgleichantrag viel formalistischer als beim Konkursantrag: Ein falsch gestellter Ausgleichsantrag kann zur Zurückweisung durch das Gericht führen! Deshalb empfiehlt es sich uE in vielen Fällen, beim Ausgleich einen darauf spezialisierten Berater (vor allem Rechtsanwalt, aber auch darauf spezialisierte Unternehmensberater oder Wirtschaftstreuhänder) heranzuziehen, um derartige Formalfehler zu vermeiden. Es besteht allerdings kein Anwaltszwang!

In der Praxis kommt es auch tatsächlich relativ selten zu erfolgreich durchgeführten gerichtlichen Ausgleichen: Nach einer Statistik des KSV[70] wurden etwa im ersten Halbjahr 2002 nur 31 gerichtliche Ausgleiche erfolgreich durchgeführt (eröffnete Ausgleiche ohne Anschlusskonkurse). Dagegen wurden im selben Zeitraum 1392 Konkurse (einschließlich Anschlusskonkurse) eröffnet und 1325 Konkursanträge mangels kostendeckenden Vermögens abgewiesen. Auch die Vorjahresstatistiken spiegelten in etwa das selbe Verhältnis von gerichtlichen Ausgleichen zu (abgewiesenen) Konkursen. Nicht enthalten in dieser Statistik ist allerdings die Zahl der Zwangsausgleiche.

---

[70] Insolvenzstatistik 1. Halbjahr 2002, abrufbar etwa auf der Website des KSV www.ksv.at

Das **Wesen des gerichtlichen Ausgleiches** ist, dass dem Schuldner bei Erfüllung einer Mindestquote von 40 % (zahlbar innerhalb von 2 Jahren) unter bestimmten Voraussetzungen **die Restschulden erlassen werden:** Dafür müssen die **Mehrheit der** bei der entsprechenden Tagsatzung anwesenden **Gläubiger** (Kopfmehrheit, welche außerdem mindestens 75 % der Gesamtsumme der anwesenden Gläubiger repräsentiert) **zustimmen, und** das Gericht den Ausgleich **bestätigen.** Bestimmte Gläubiger (Aussonderungs-, Absonderungsgläubiger und Gläubiger bevorrechteter Forderungen) müssen allerdings voll befriedigt werden.

Zwar kann der Ausgleich darauf abzielen, das Unternehmen zu erhalten, doch ist dies nicht unbedingt erforderlich. Im letzten Fall spricht man von einem **Liquidationsausgleich**.

Zu den **steuerlichen Folgen** siehe im Kap 12.3. Grundsätzlich müssen die nicht bevorrechteten Gläubiger gleichmäßig befriedigt werden. Sonderbehandlungen von einzelnen Gläubigern sind grundsätzlich unzulässig.

4.2 Gemeinsamkeiten und Unterschiede zwischen außergerichtlichem Ausgleich/gerichtlichem Ausgleich/Zwangsausgleich und Zahlungsplan

Die Haftung von Personen, welche zu Gunsten des Schuldners eine Bürgschaft abgegeben haben, bleibt beim gerichtlichen Ausgleich im vollen Umfang aufrecht. Werden sie von einem Gläubiger belangt, können sie vom Schuldner nur die im Ausgleich gewährte Quote zurückfordern. Diese Regelung gilt auch im Zwangsausgleich und beim „Zahlungsplan" (eine Art Zwangsausgleich im Zuge des „Privatkonkurses" ☞ siehe Kap 6.6), während im außergerichtlichen Ausgleich (☞ siehe Kap 1) der Bürge auch im Ausmaß des vereinbarten Schuldenerlasses von seiner Verbindlichkeit befreit wird.

Auch hinsichtlich der Mindestquoten gibt es bei den 3 Ausgleichsvarianten (stiller Ausgleich, gerichtlicher Ausgleich und Zwangsausgleich) und beim Zahlungsplan wesentliche Abweichungen:

Beim **außergerichtlichen Ausgleich** (☞ Kap 1) können die Gläubiger **grundsätzlich unterschiedlich befriedigt werden**, außerdem gibt es **keine Mindestquoten**. Allerdings müssen **alle Gläubiger** dem **Ausgleichsvorschlag zustimmen.**

Dagegen ist bei allen unten dargestellten „Ausgleichsarten" (gerichtlicher Ausgleich, Zwangsausgleich und Zahlungsplan) Voraussetzung, dass die Mehrheit der bei der Ausgleichstagsatzung anwesenden Gläubiger nach Köpfen zustimmt und diese zustimmende Mehrheit zusätzlich mindestens 75 % der Forderungsssumme der anwesenden Gläubiger repräsentieren. Gläubiger, die auf

Grund ihrer Sonderstellung (zB Inhaber von Aus- und Absonderungsrechten) bevorzugt befriedigt werden, sind im Ausmaß der Höhe der Bevorrechtung nicht stimmberechtigt.

Beim **gerichtlichen Ausgleich** beträgt wie bereits oben dargestellt die **Mindestquote 40 %, zahlbar innerhalb von höchstens 2 Jahren.**

Im Vergleich dazu beträgt die **Mindestquote beim Zwangsausgleich** (☞ siehe im Kapitel 6) **nur 20 %, zahlbar innerhalb von höchstens 2 Jahren**. **Nicht-Unternehmer** können alternativ dazu eine längere Zahlungsfrist **bis zu höchstens 5 Jahre** in Anspruch nehmen, die Mindestquote dafür beträgt **30 %**.

Der „**Zahlungsplan**" (☞ siehe Kap 6.6) ist eine Art des Zwangsausgleiches im Zuge des Privatkonkursverfahrens, bei dem es **keine Mindestquote** gibt. Die **Zahlungsfrist darf 7 Jahre nicht übersteigen**.

Nachfolgende Übersichtstabelle soll einen kurzen Überblick über die wesentlichen Unterschiede der 3 „Ausgleichsvarianten" und des „Zahlungsplanes" geben. Die wichtigste **Gemeinsamkeit** bei allen Varianten ist, dass **der Schuldner bei Erfüllung der angenommenen Ausgleichsquote von der Restverbindlichkeit befreit wird.** Dagegen bleiben die nicht bezahlten Schulden beim Konkurs – mit Ausnahme des Sonderfalles des Konkurses natürlicher Personen („Privatkonkurs" ☞ siehe im Kap 6) – aufrecht. Außerdem **kann den Antrag** bei diesen 4 Verfahren – im Gegensatz zum Konkurs – *stets nur der* **(Gemein-)schuldner stellen**.

Steuerrechtlich gesehen ist der Sanierungsgewinn beim außergerichtlichen Ausgleich grundsätzlich voll zu besteuern, wobei aber die Finanzbehörde die Möglichkeit hat (Ermessensentscheidung), von der Festsetzung der auf den Sanierungsgewinn entfallenden Steuer unter bestimmten Voraussetzungen bis zu einem bestimmten Ausmaß abzusehen.

Beim gerichtlichen Ausgleich, Zwangsausgleich und beim Zahlungsplan liegt dies nicht im Ermessen der Behörde, vielmehr muss die Behörde die Steuer auf den Sanierungsgewinn auf Grund eines Erlasses unter bestimmten Voraussetzung reduzieren (☞ siehe Kap 12.3 Steuerrecht).

4.3 Übersichtstabelle: Gemeinsamkeiten und Unterschiede beim

1. **Außergerichtlichen Ausgleich (= stiller Ausgleich = außergerichtliche Einigung)**
2. **Gerichtlichen Ausgleich**
3. **Zwangsausgleich und**
4. **Zahlungsplan**

Verfahrensart	Formale Voraussetzungen Antrag immer nur durch (Gemein-) Schuldner!	Mindestquote	Beschränkungen des (Gemein-) Schuldners	Zustimmungserfordernis der Gläubiger	Haftung des Bürgen	Besteuerung des Sanierungsgewinnes?
1. Außergerichtlicher Ausgleich	Keine (Schriftlichkeit aber ratsam); Gericht ist nicht involviert	Keine/Unterschiedliche Quoten zulässig, wobei dies allen Gläubigern mitzuteilen ist	Keine	Alle Gläubiger!	Wird im Ausmaß des Schuldennachlasses reduziert („Akzessorietät“)	Grundsätzlich volle Besteuerung, aber Abstandnahme von der Festsetzung der Steuer in bestimmtem Ausmaß unter bestimmten Voraussetzungen möglich (Ermessen der Behörde)
2. Gerichtlicher Ausgleich	Strenge Formalvoraussetzungen, (drohende) Zahlungsunfähigkeit oder Überschuldung, Antrag bei Gericht Anlaufkosten bis zu EUR 4000 – die endgültigen Kosten können weitaus höher sein, Bestätigung durch das Ausgleichsgericht	40% zahlbar innerhalb von 2 Jahren/ Unterschiedliche Quoten grundsätzlich unzulässig (Ausnahme: Zustimmung der benachteiligten Gläubiger)	Weiterhin geschäfts- und handlungsfähig, aber Aufsicht durch Ausgleichsverwalter, bestimmte Geschäfte sind verboten bzw. bedürfen der Zustimmung durch den Ausgleichsverwalter	Mehrheit nach Köpfen, welche mindestens 75% der Forderungen repräsentieren; gewertet werden nur die bei der Tagsatzung anwesenden Gläubiger Sonderregelung für bevorrechtete Gläubiger und nahe Angehörige	Bürgschaft bleibt voll aufrecht; Rückgriffsrecht des Bürgen nur im Ausmaß der Quote	Nach einem Erlass muss die Finanzbehörde unter bestimmten Voraussetzungen bis zu einem bestimmten Ausmaß die Steuer auf den Sanierungsgewinn nachsehen

Verfahrensart	Formale Voraussetzungen Antrag immer nur durch (Gemein-) Schuldner!	Mindestquote	Beschränkungen des (Gemein-) Schuldners	Zustimmungserfordernis der Gläubiger	Haftung des Bürgen	Besteuerung des Sanierungsgewinnes?
3. Zwangsausgleich	Teil des Konkursverfahrens, daher vorher oder gleichzeitig Konkursantrag notwendig, Anlaufkosten bis zu EUR 4000 – die endgültigen Kosten können weitaus höher sein	20% zahlbar innerhalb von 2 Jahren/Unterschiedliche Quoten grundsätzlich unzulässig (Ausnahme: Zustimung der benachteiligten Gläubiger) Nicht-Unternehmer: Alternativ 30% bei einer Zahlungsfrist von mehr als von mehr als 2 bis 5 Jahren möglich	Nur mehr Masseverwalter ist vertretungsbefugt Ausnahme: Bei Privaten im Zuge des „Privatkonkurses" ist Eigenverwaltung möglich	Wie oben beim gerichtlichen Ausgleich	Wie oben beim gerichtlichen Ausgleich	Wie oben beim gerichtlichen Ausgleich
4. Zahlungsplan	Teil des „Privatkonkurses"/Nur für Nicht-Unternehmer oder ehemalige Unternehmer	Keine Mindestquote Die Quote muss der Einkommenslage der nächsten 5 Jahre entsprechen Maximalfrist beträgt 7 Jahre Vermögen muss vorher verwertet werden!	Grundsätzlich Eigenverwaltung (Aufsicht durch das Gericht) – es kann jedoch unter bestimmten Voraussetzungen ein Masseverwalter bestellt werden	Wie oben beim gerichtlichen Ausgleich	Wie oben beim gerichtlichen Ausgleich	Wie beim stillen Ausgleich

4.4 Das Ausgleichsverfahren

4.4.1 Ausgleichsantrag: Legitimierung, Voraussetzungen, notwendiger Inhalt, Zuständigkeit und Prüfung durch das Gericht

Nur der Schuldner kann den Ausgleichsantrag bei dem für den Konkursantrag zuständigen Gericht (☞ siehe Kap 2.3.1) stellen. Dagegen kann einen Konkursantrag auch ein Gläubiger einbringen (☞ siehe Kap 2.3.1 f).

Antragslegitimiert ist bei Insolvenz einer natürlichen Personen diese. Ist der Schuldner eine juristische Person, kann den Antrag das vertretungsbefugte Organ stellen. Dies wäre bei einer GmbH der handelsrechtliche Geschäftsführer, bei einer AG und bei einem Verein ein Mitglied des Vorstandes. Bei Personenhandels- und Erwerbsgesellschaften sind die persönlich haftenden Gesellschafter zum Antrag berechtigt. Gibt es mehrere vertretungsbefugte Organe bzw persönlich haftende Gesellschafter, so haben diese Einvernehmen zu erzielen. Wird keine Einigung erzielt, so ist das Insolvenzverfahren zu eröffnen, wenn Überschuldung mit negativer Fortbestehensprognose oder (drohende) Zahlungsunfähigkeit bescheinigt wird.

Hat ein Gläubiger schon vorher einen Konkursantrag gestellt (Kapitelverweis: ☞ siehe im Kap 2.3.1 f), so kann der Schuldner noch bis zur Entscheidung darüber einen Ausgleichsantrag stellen. Sobald aber der Konkurs eröffnet ist, ist es für einen Ausgleichsantrag zu spät.

Materiell muss die Voraussetzung für eine Konkurseröffnung ☞ Kap 2.3.2 vorliegen. Im Unterschied zum Konkursverfahren genügt aber neben der Überschuldung (mit negativer Fortbestehensprognose) bereits drohende Zahlungsunfähigkeit, dass der Antrag gestellt werden kann. Es bleibt im Ermessen des Schuldners, ob er einen Konkurs- oder Ausgleichsantrag innerhalb der 60-Tagesfrist ab Zahlungsunfähigkeit bzw Überschuldung stellt.

Zu den Begriffen „Zahlungsunfähigkeit“ und „Überschuldung“ und zur 60-Tagesfrist ☞ siehe im Kapitel 2.2.1 und 2.2.2.

Wie bereits oben dargestellt, ist der Ausgleichsantrag an relativ **strenge Formalvoraussetzungen** gebunden. Bestimmte Mängel beim Antrag sind nicht einmal verbesserungsfähig, sodass eine Zurückweisung die Konsequenz wäre.

Der Ausgleichsantrag benötigt neben der Annahme durch die (Mehrheit der) Gläubiger auch die Bestätigung durch das Gericht.

4.4.2 Notwendiger Inhalt des Ausgleichsantrages

☒ **Formale Voraussetzungen für den Ausgleichsantrag:** Der Antrag auf Eröffnung des Ausgleichsverfahrens muss enthalten (§ 2 AO):

1. Den Ausgleichsvorschlag (Ausfertigungen im Ausmaß der Anzahl der Gläubiger): Im Ausgleichsvorschlag muss den Gläubigern, die kein Vorrecht genießen (dazu später im Kap 4.9), angeboten werden, dass innerhalb von zwei Jahren vom Tag der Annahme des Ausgleichsvorschlages mindestens 40% der Forderungen bezahlt werden. Die Gläubiger müssen auch gleichmäßig befriedigt werden. Sonderbegünstigungen sind demnach grundsätzlich ungültig. Eine ungleiche Behandlung wäre nur zulässig, wenn die Mehrheit der zurückgesetzten, bei der Tagsatzung anwesenden stimmberechtigten Gläubiger dem mit mindestens einer Kopf- und einer Forderungsmehrheit von ¾ (ausgehend von den zurückgesetzten Gläubigern) zustimmt. Auch die Rechte der Gläubiger gegen Bürgen oder Mitschuldner des Schuldners sowie gegen Rückgriffsverpflichtete können ohne Zustimmung der Berechtigten nicht beschränkt werden. Ansprüche der Aus- und Absonderungsberechtigten (☞ siehe 4.9.1) dürfen durch den Ausgleich nicht berührt werden. Allerdings ist es nicht erforderlich, diesen Gläubigern ausdrücklich Vollbefriedigung anzubieten. Ein zwingender Verstoß gegen den notwendigen Inhalt eines Ausgleichsvorschlages wäre nur gegeben, wenn der Ausgleichsvorschlag explizit in deren Rechte eingreift.[71]

2. Die Erklärung, dass keine Gründe für die Unzulässigkeit des Ausgleiches vorliegen: Diese Gründe sind Folgende (§ 3 Abs 1 AO): Verurteilung wegen „fahrlässiger Krida" (jetzt: „grob fahrlässige Beeinträchtigung von Gläubigerinteressen"); Schuldner ist auf der Flucht; Eröffnung eines Ausgleichs- oder Konkursverfahrens bzw Abweisung mangels Masse innherhalb der letzten 5 Jahre vor Antragstellung und inhaltlich richtiger Ausgleichsvorschlag (siehe oben unter Punkt 1).

3. Angaben darüber, wie die zur Erfüllung des Ausgleiches benötigten Mittel aufgebracht werden sollen.

4. Betreibt der Schuldner ein Unternehmen, so sind Angaben zu machen über

a. die **Anzahl der Beschäftigten** und deren im Unternehmen errichteten Organe (zB Betriebsrat),

b. die zur Ausgleichserfüllung nötigen **Reorganisations-, insbesondere Finanzierungsmaßnahmen,**

c. das Vorhaben, das Unternehmen fortzuführen.

5. Weiters sind dem Antrag beizulegen: Ein **genaues Vermögensverzeichnis, welches eigenhändig zu unterfertigen ist. Weiters hat sich der Ausgleichsschuldner bereit zu erklären, vor dem Ausgleichsgericht zu unterfertigen, dass seine Angaben über den Aktiv- und Passivstand richtig und vollständig sind und dass er von seinem Vermögen nichts verschwiegen hat.** Dieses Vermögensverzeichnis **hat zu beinhalten**: Die Aktiva und Passiva unter Anführung ihres Betrages oder Wertes. Bei Forderungen und Verbindlichkeiten die Person und Anschrift des Schuldners bzw Gläubigers und den Schuldgrund und weiters ob die Forderung bzw Verbindlichkeit strittig ist und ob der Schuld-

[71] *Mohr*, Die Konkurs-, Ausgleichs- und Anfechtungsordnung (2000) E 9 zu § 3 AO.

ner oder Gläubiger ein naher Angehöriger des Ausgleichsschuldners ist. Weiters, ob der Gläubiger oder Schuldner Angestellter des Ausgleichsschuldners ist oder ob eine Gesellschafterstellung oder ein anderes Gemeinschaftsverhältnis zum Ausgleichsschuldner besteht. Das Gesellschafts- oder Gemeinschaftsverhältnis wäre diesfalls genau zu bezeichnen. Bei Forderungen ist weiters anzugeben, ob diese voraussichtlich einbringlich sind.

6. Ist der Schuldner nach Handelsrecht verpflichtet, Bücher zu führen, so muss er **in 2-facher Ausfertigung** die **Jahresabschlüsse der letzten 3 Jahre** vorlegen.

7. Weiters hat der Schuldner dem Vermögensverzeichnis **eine Erklärung** beizufügen, **ob** innerhalb der letzten 2 Jahre vor Stellung des Ausgleichsantrages zwischen ihm und seinen **nahen Angehörigen eine Vermögensauseinandersetzung stattgefunden** hat und wenn ja, welche Verfügungen zu Gunsten seiner nahen Angehörigen vorgenommen wurden.

8. Eine Gläubigerliste

PRAXISHINWEIS: Bei den in den Punkten 2, 3, 4, 5 und 7 genannten Angaben ist es empfehlenswert, diese in einem gesonderten Schriftsatz einzubringen. Dieser Schriftsatz ist in 9-facher Ausfertigung bei Gericht einzubringen. Die Gläubigerliste (Punkt 8) muss gesondert in 9-facher Ausfertigung eingebracht werden.

Verbesserungsfähig sind nur die in den Punkten 5 bis 7 angegebenen Unterlagen bzw Erklärungen (§ 67 Abs 1 Z 3 AO). Diesfalls kann das Gericht eine kurze Frist bewilligen. Bei **großen Unternehmen** wurde dabei von der Judikatur[72] eine Maximalfrist von **einem Monat** als vertretbar angesehen.

Achtung! Das Fehlen der anderen formalen Voraussetzungen (Punkte 1 bis 4) führt zur Zurückweisung, ohne dass eine Nachfrist zur Vorlage gewährt werden muss!

4.4.3 Rechtsfolgen des Ausgleichsantrages

Der Ausgleichsantrag hat zum einen die Rechtsfolge, dass über Konkursanträge zunächst nicht entschieden wird. Dieser Konkursschutz endet mit Eintritt der Rechtskraft des Bestätigungsbeschlusses, wenn aber das Ausgleichsverfahren eingestellt wird, mit der Rechtskraft dieses Beschlusses (§ 7 Abs 2 AO). Die Konkurssperre betrifft allerdings nur Konkursanträge eines Gläubigers, nicht

[72] OLG Linz 6.3.1991, 2 R 70, 71/91 in *Mohr*, Die Konkurs-, Ausgleichs- und Anfechtungsordnung (2000) E 3 zu § 2 AO.

aber, wenn der Schuldner selbst in der Folge den Konkursantrag stellt.[73] Der nach einem erfolglosen Ausgleichsantrag eröffnete Konkurs wird als Anschlusskonkurs[74] bezeichnet.

Eine weitere Rechtsfolge ist die, dass **ab dem Zeitpunkt der Antragstellung** bis zur Ausgleichseröffnung der Ausgleichsschuldner **folgende Rechtsgeschäfte nicht abschließen darf** (§ 8 AO): Veräußerung oder Belastung von Liegenschaften, Bestellung von Absonderungsrechten an seinem Vermögen, Eingehen von Bürgschaften und unentgeltliche Verfügungen. Derartige Rechtshandlungen sind gegenüber den Gläubigern unwirksam.

Ab der Ausgleichseröffnung benötigt der Schuldner dann für diese und andere in der Folge noch darzustellenden Geschäfte (☞ siehe im folgenden Kap 4.4.4) die Zustimmung durch den Ausgleichsverwalter bzw das Ausgleichsgericht.

4.4.4 Prüfung des Ausgleichsantrages durch das Gericht/Verfahrenseröffnung

Sind die Voraussetzungen für den Ausgleichsantrag (☞ siehe oben Kap 4.4.1 und 4.4.2) erfüllt, hat das Gericht das Ausgleichsverfahren zu eröffnen. Eine Vernehmung des Schuldners ist nicht vorgesehen. Gegen den Beschluss auf Eröffnung des Ausgleichsverfahrens oder auf Abweisung des Antrages ist kein Rechtsmittel zulässig (§ 3 Abs 3 AO). Allerdings besteht ein Rekursrecht, wenn der Antrag zurückgewiesen wird.[75] Während bei einem abweisenden Beschluss die inhaltliche Richtigkeit bzw Vollständigkeit des Ausgleichsantrages bestritten wird, wird bei der Zurückweisung etwa die mangelnde Legitimation des Einschreiters verneint.

Wenn der Antrag abgewiesen wurde, ist von Amts wegen darüber zu entscheiden, ob das Konkursverfahren eröffnet wird. Eine Vernehmung des Schuldners vor Konkurseröffnung ist dabei nicht vorgesehen.[76]

Bereits ab Antragstellung kann das Gericht bestimmte Vorkehrungen anordnen (§ 3 Abs 3 AO). Dabei kann das Gericht im Interesse der Gläubiger be-

---

[73] OLG Linz 6.11.1995, ZIK 1996, 100 in *Mohr*, Die Konkurs-, Ausgleichs- und Anfechungsordnung (2000) E 4 zu § 7 AO.

[74] In der juristischen Fachliteratur – zB bei *Holzhammmer*, Österreichisches Insolvenzrecht, 1994 – wird zwischen „Folgekonkurs" und „Anschlusskonkurs" differenziert. Als Untergruppen dieser beiden Konkursarten gibt es den „einfach beantragten Folgekonkurs", den „einfachen amtswegigen Folgekonkurs", den „unechten Anschlusskonkurs" und den „echten Anschlusskonkurs". Im Sinne einer besseren Verständlichkeit und Lesbarkeit verwenden wir einheitlich den Begriff des „Anschlusskonkurses" für jeden Konkurs, der sich an ein Ausgleichsverfahren anschließt, mag diese Begriffsbildung auch nicht vollkommen im Einklang mit der juristischen Terminologie stehen.

[75] *Hajek*, Ausgleichsordnung (2000) Rz 15 zu § 3 AO und OLG Wien 23.12.1998, 28 R 233/98k in *Mohr*, Die Konkurs-, Ausgleichs- und Anfechtungsordnung (2000) E 12 zu § 3 AO.

[76] OGH 14.4.1954, 1 Ob 230/54 in *Mohr*, Die Konkurs-, Ausgleichs- und Anfechtungsordnung (2000) E 11 zu § 3 AO.

schließen, dass für den Fall, dass kein Vermögensverzeichnis oder keine Jahresabschlüsse angeschlossen sind, der Schuldner bestimmte Rechtshandlungen nur mit Zustimmung des Ausgleichsgerichtes vornehmen darf. Auch zur Sicherung der Fortführung des Unternehmens (einstweilige Vorkehrungen gemäß § 3 Abs 3 AO iVm § 73 KO) können Maßnahmen getroffen werden, wenn das Verfahren nicht sofort eröffnet werden kann.

Die Bekanntmachung der Eröffnung des Ausgleichsverfahrens erfolgt seit 1.1.2000 durch Aufnahme in die Insolvenzdatei unter der Internetadresse www.edikte.justiz.gv.at. Diese Internetadresse ist kostenfrei abrufbar. Eine Bekanntmachung durch Anschlag eines Ediktes oder durch Verlautbarung im Amtsblatt der Wiener Zeitung ist nicht mehr vorgesehen. Diese öffentliche Bekanntmachung wirkt gegen jedermann ohne Rücksicht auf die Kenntnis des Einzelnen.

Die Rechtswirkungen der Eröffnung des Ediktes treten mit dem Beginn des Tages ein, der der Aufnahme in die Insolvenzdatei folgt.

Das Edikt beinhaltet dabei folgende Angaben:
- Bezeichnung des Gerichtes
- Name, Wohnort und Sitz des Unternehmens des Schuldners
- Name, Anschrift, Telefonnummer, Telefaxnummer und E-Mail-Adresse des Ausgleichsverwalters
- Ort, Zeit und Zweck der Ausgleichstagsatzung
- Die Aufforderung an die Gläubiger, ihre Forderungen innerhalb einer bestimmten Frist vor der Tagsatzung anzumelden
- Eine Belehrung über die Folgen einer Versäumung der Anmeldefrist oder der Bestellung eines Zustellungsbevollmächtigten
- Beschränkungen der Verfügungsbefugnis des Schuldners, falls diese nach Antragstellung angeordnet wurden (siehe oben ☞ Kap 2.4.2)

Das Edikt und eine Abschrift des Ausgleichsantrages und des Status sind insbesondere (siehe § 5 AO) den Gläubigern, deren Anschrift bekannt ist und jedem Organ der Belegschaft des Unternehmens zuzustellen.

Ab Eröffnung des Verfahrens sind außerdem **folgende Rechtshandlungen des Schuldners genehmigungspflichtig:**

1. Schließung und Wiedereröffnung des Unternehmens – Zustimmung durch das Ausgleichsgericht auf Antrag des Ausgleichsverwalters erforderlich.
2. Rechtshandlungen, die nicht zum gewöhnlichen Geschäftsbetrieb gehören, sowie die Rechtshandlungen, die der Schuldner ab Antragstellung bis zur Eröffnung nicht vornehmen darf (Veräußerung und Belastung von Liegenschaften, Bestellung von Absonderungsrechten, Übernahme von Bürgschaften und unentgeltliche Verfügungen) – Genehmigung durch den Ausgleichsverwalter notwendig.

Als ein „nicht zum gewöhnlichen Unternehmensbetrieb gehörendes Geschäft“ wurde die Aufgabe von Mietrechten[77] angesehen.

Außerdem kann der Ausgleichsverwalter Einspruch gegen Rechtshandlungen erheben, die zum ordentlichen Geschäftsbetrieb gehören. So kann er insbesondere auch verlangen, dass alle Gelder nur von ihm übernommen werden und Zahlungen nur von ihm zu leisten sind.

Die ab Verfahrenseröffnung verbotswidrigen Handlungen sind gegenüber den Gläubigern unwirksam, wenn der Dritte (Vertragspartner) von der Verfügungsbeschränkung wusste oder wissen musste. Bei den ab Antragstellung bis zur Verfahrenseröffnung absolut verbotenen Handlungen (☞ siehe im Kap 4.4.3 unten) kommt es auf eine subjektive Vorwerfbarkeit („Kennen oder Kennenmüssen“) des Dritten nicht an.

Diese verbotenen Rechtshandlungen sind aber nur den Gläubigern gegenüber unwirksam. Der Vertrag zwischen dem Ausgleichsschuldner und dem Dritten bleibt aufrecht. Der Ausgleichsverwalter – nicht aber die Ausgleichsgläubiger[78] – kann Nichtigkeit geltend machen und Rückabwicklung verlangen.

- ***Beispiel:***
  Der Schuldner X veräußert nach Ausgleichseröffnung sein Unternehmen an den Käufer K ohne Zustimmung des Ausgleichsverwalters um € 50 000. Zunächst handelt es sich bei der Unternehmensveräußerung um ein Geschäft, welches nicht zum ordentlichen Geschäftsbetrieb gehört.[79] Es ist wohl davon auszugehen, dass K eine Vorwerfbarkeit trifft, denn ein Geschäftspartner muss sich Informationen über eine Insolvenzeröffnung einholen. Die Beweislast für ein fehlendes Verschulden träfe den Käufer K.[80] Der Ausgleichsverwalter kann dem Geschäft mit gerichtlicher Genehmigung zustimmen oder Nichtigkeit geltend machen und die Rückabwicklung des Geschäftes fordern. Außerdem ist die Zustimmung des Gerichtes erforderlich.

  Hat im letzteren Fall der Ausgleichsverwalter mit seiner Klage Erfolg, könnte der Käufer K außerhalb des Ausgleichsverfahrens Schadenersatzansprüche gegen X geltend machen.

---

77 OGH 2.4.1952, SZ 25/82 in *Mohr*, Die Konkurs-, Ausgleichs- und Anfechtungsordnung (2000) E 37 zu § 8 AO.

78 *Hajek*, Ausgleichsordnung (2000) Rz 12 zu § 8 AO.

79 OGH 16.4.1998 in ZIK 1998, 211.

80 Hajek, Ausgleichsordnung (2000) Rz 10 zu § 8 AO.

TIPP: Bevor Sie Rechtshandlungen mit einer im Ausgleich befindlichen Person abschließen, holen Sie die Zustimmung des Ausgleichsverwalters bzw Ausgleichgerichtes ein. Rechtshandlungen des Gemeinschuldners oder des für ihn handelnden Ausgleichsverwalters, die zur Fortführung des Geschäftes gestattet sind, können nicht wegen „Kenntnis der Zahlungsunfähigkeit" angefochten werden (§ 31 Abs 3 KO), sodass bei diesen Geschäften für den Gläubiger die Sicherheit besteht, dass bereits erlangte Zahlungen bei einem nachfolgenden Anschlusskonkurs nicht nach § 31 KO vom Masseverwalter zurückverlangt werden können. Auch bei diesen Geschäften ist es aber ratsam, beim Ausgleichsverwalter nachzufragen.

4.5 Ausgleichsverwalter

Das Gericht hat bei der Ausgleichseröffnung von Amts wegen einen Ausgleichsverwalter zu bestellen. Zum Ausgleichsverwalter ist eine unbescholtene, verlässliche und geschäftskundige Person zu ernennen. Sie muss ausreichende Fachkenntnis des Wirtschaftsrechtes oder der Betriebswirtschaft haben oder eine erfahrene Persönlichkeit des Wirtschaftslebens sein. Bei der Auswahl wird das Gericht eine Person aus der Insolvenzverwalterliste nehmen, ohne jedoch an eine Person aus dieser Liste gebunden zu sein. Zur Insolvenzverwalterliste ☞ siehe Kap 2.4.3.

Der Ausgleichsverwalter darf kein naher Angehöriger des Schuldners sein, er muss von diesem und von den Gläubigern unabhängig sein. Er soll aber auch kein Konkurrent des Schuldners sein.

Zum Ausgleichsverwalter kann auch eine juristische Person bestellt werden. Sie hat dem Gericht bekannt zu geben, wer sie bei Ausübung der Ausgleichsverwaltung vertritt.

Zu den Pflichten des Ausgleichsverwalters gehört es, sich über die wirtschaftliche Lage und die bisherige Geschäftsführung des Schuldners, über die Ursachen seines Vermögensverfalls, über das Ausmaß der Gefährdung von Arbeitsplätzen, über die Einbringlichkeit der Außenstände, den Stand der Aktiven und Passiven, die Angemessenheit des angebotenen Ausgleichs, über das Vorliegen von Haftungserklärungen Dritter und über alle für die Entscheidung der Gläubiger wichtigen Umstände genaue Kenntnis zu verschaffen; der Ausgleichsverwalter hat insbesondere dafür zu sorgen, dass das Vermögen möglichst nicht geschmälert und ein Unternehmen des Schuldners fortgeführt wird, es sei denn, die Fortführung widerspricht den überwiegenden Interessen der Beteiligten. Der Ausgleichsverwalter hat schließlich die Geschäftsführung des Schuldners sowie die Ausgaben für dessen Lebensführung zu überwachen (§ 30 AO).

Der Ausgleichsverwalter haftet allen Beteiligten für Vermögensnachteile, die ihnen durch pflichtwidrige Führung seines Amtes verursacht wurden.

Innerhalb von drei Wochen nach Amtsantritt hat der Ausgleichsverwalter dem Gericht einen schriftlichen vorläufigen Bericht über die Wirtschaftslage des Schuldners zu erstatten.

Zur Vorbereitung der Ausgleichstagsatzung hat der Ausgleichsverwalter die angemeldeten Forderungen in ein Verzeichnis einzutragen und zu überprüfen. Zum Anmeldungsverzeichnis siehe Kap 4.11.

Für sein Tätigwerden hat der Ausgleichsverwalter Anspruch auf Entlohnung. Die Entlohnung richtet sich nach jenem Betrag, der zur Befriedigung der Ausgleichsgläubiger erforderlich ist.

Dem Ausgleichsverwalter gebühren an Entlohnung

von den ersten € 50.000,–	5 %,
von einem Mehrbetrag bis € 500.000,–	4 %,
von einem Mehrbetrag bis € 1,500.000,–	3 %,
von einem Mehrbetrag bis € 3,000.000,–	2 %,
und von einem darüber hinausgehenden Betrag	1 %,
mindestens jedoch € 2.000,–.	

Diese Regelentlohnung erhöht oder vermindert sich bei Vorliegen außergewöhnlicher Umstände. Zur Regelentlohnung ist die Umsatzsteuer hinzuzuziehen, dem Ausgleichsverwalter steht schließlich der Ersatz seiner Barauslagen gesondert zu.

Die Bestimmung dieser Kosten erfolgt mit Gerichtsbeschluss aufgrund der gesetzlichen Vorgaben. Vereinbarungen des Ausgleichsverwalters mit dem Schuldner oder den Gläubigern über die Höhe der Entlohnung und des Barauslagenersatzes sind ungültig (§ 33a Abs 4 AO).

4.6 Ausgleichsverfahren und zweiseitige Rechtsgeschäfte

Forderungen aus einem zweiseitigen Rechtsgeschäft werden vom Ausgleichsverfahren nicht berührt, wenn zur Zeit der Eröffnung des Verfahrens noch kein Vertragsteil den Vertrag vollständig erfüllt hat.

- ***Beispiel:***
  Der Gläubiger A hat mit dem Schuldner S einen Kaufvertrag über den Verkauf von Handelsware vor Ausgleichseröffnung abgeschlossen. Wurde der Kaufpreis noch nicht zur Gänze bezahlt und hat der andere Teil das Eigentum noch nicht übertragen erhalten, so ist der Vertrag von beiden Seiten noch nicht erfüllt. Die gegenseitigen Forderungen aus dem Kaufvertrag werden durch die Ausgleichseröffnung nicht berührt.[81]

---

[81] JBl 1988, 657.

Sind aber die geschuldeten Leistungen teilbar und hat der Gläubiger die ihm obliegende Leistung zur Zeit der Eröffnung des Verfahrens bereits teilweise erbracht, so ist er mit dem der Teilleistung entsprechenden Betrag seiner Forderung an dem Ausgleichsverfahren beteiligt. Teilbar ist eine Leistung, wenn sie sich in Teilleistungen zerlegen lässt, die von der Gesamtleistung nur in der Größe, nicht aber in der Beschaffenheit verschieden sind, sodass die Teilleistung zusammengenommen den Wert der ganzen Leistungen ausmacht.[82]

Beispiele für teilbare Leistungen: Leistung aus einem Stromliefervertrag, Prämienzahlungen an den Versicherer sowie die Gegenleistung des Versicherers für die Prämie (Gefahrentragung durch den Versicherer) etc.

Bei teilbaren Leistungen bildet die noch offene Forderung bis zum Zeitpunkt der Ausgleichseröffnung eine Ausgleichsforderung, die offene Forderung, die nach Ausgleichseröffnung entsteht, eine bevorrechtete Forderung.

Ist der zweiseitige Vertrag vom Ausgleichsschuldner und dem anderen Teil zur Zeit der Eröffnung des Ausgleichsverfahrens noch nicht oder nicht vollständig erfüllt worden, so kann der Ausgleichsschuldner entweder den Vertrag erfüllen und vom anderen Teil Erfüllung verlangen oder mit Zustimmung des Ausgleichsverwalters innerhalb eines Monats nach der öffentlichen Bekanntmachung des Eröffnungsbeschlusses (Ediktseinschaltung) vom Vertrag zurücktreten. Der Ausgleichsverwalter darf aber nur dann zustimmen, wenn die Erfüllung oder die weitere Erfüllung des Vertrages das Zustandekommen oder die Erfüllbarkeit des Ausgleiches oder die Fortführung des Unternehmens gefährden könnte (§ 20 b AO).

Bei teilbaren Leistungen steht dem Ausgleichsschuldner dieses Rücktrittsrecht nur hinsichtlich der Menge zu, die über den Gegenwert des schon gezahlten Geldes hinausging.

- ***Beispiel:***
  Der Ausgleichsschuldner S bestellte vor Ausgleichseröffnung beim Händler A einen neuen Pkw als Dienstwagen und leistete eine Teilzahlung in Höhe von 10 % des Kaufpreises. Binnen einer Frist von einem Monat nach Ausgleichseröffnung kann der Schuldner mit Zustimmung des Ausgleichsverwalters vom Vertrag zurücktreten. Der Ausgleichsverwalter stimmt diesem Rücktritt zu, da die Erfüllung dieses Vertrages den Ausgleich des Unternehmens gefährdet. Der Händler wird die Rückgabe des Fahrzeuges und allenfalls Schadenersatz wegen Nichterfüllung verlangen. Dieser Schadenersatzanspruch stellt eine Ausgleichsforderung dar. Umgekehrt wird der Schuldner seine Anzahlung zurückverlangen. Eine Aufrechnung ist dabei möglich.[83]

---

[82] *Mohr*, Die Konkurs-, Ausgleichs- und Anfechtungsordnung (2000) E 16 zu § 20a AO.
[83] *Mohr*, Die Konkurs-, Ausgleichs- und Anfechtungsordnung (2000) E 6 zu § 20 KO.

4.7 Ausgleich und Bestandverhältnisse

Für Bestandverhältnisse, bei denen der Ausgleichsschuldner Bestandgeber (Vermieter) ist, gilt das Rücktrittsrecht gemäß § 20b KO nicht. Das Bestandverhältnis wird daher durch den Ausgleich nicht berührt; Vermieter und Mieter bleiben an den Mietvertrag gebunden. Eine Auflösung ist nur nach den allgemeinen oder vertraglichen Bestimmungen möglich.

Ist der Ausgleichsschuldner Mieter einer Sache, so kann er mit Zustimmung des Ausgleichsverwalters innerhalb eines Monats nach der öffentlichen Bekanntmachung des Eröffnungsbeschlusses (Ediktseinschaltung) den Vertrag unter Einhaltung der gesetzlichen oder der vereinbarten kürzeren Kündigungsfrist kündigen. Der Mieter muss daher eine vereinbarte Kündigungsfrist oder den vertraglichen Ausschluss der Kündigung (Kündigungsverzicht) nicht beachten, hat aber die gesetzliche Kündigungsfrist einzuhalten.[84] Die Dauer der Kündigungsfrist ist von der Art der Räumlichkeit abhängig, bei Mietverträgen für Geschäftslokale beträgt die gesetzliche Kündigungsfrist 3 Monate (§ 560 ZPO).

Achtung: Die Ausgleichseröffnung über das Vermögen des Mieters ist für sich allein kein Kündigungsgrund im Sinne des § 30 MRG.

Da Mietverträge zu den Verträgen mit teilbarer Leistung gehören, stellt der rückständige Mietzins für die Zeit vor Ausgleichseröffnung eine Ausgleichsforderung dar. Ein Mietzinsrückstand nach Ausgleichseröffnung kann als bevorrechtete Forderung begehrt werden. Der Vermieter ist berechtigt, den nach der Ausgleichseröffnung fällig werdenden Mietzins in voller Höhe zu fordern, bei Nichteinzahlung einzuklagen und auch Exekution zu führen. Der Ausgleichsschuldner genießt in diesem Fall gegenüber dem Bestandgeber keinen Vollstreckungsschutz.[85]

4.8 Ausgleichsverfahren und Dienstverhältnisse

Ist der Ausgleichsschuldner Arbeitgeber, so kann er mit Zustimmung des Ausgleichsverwalters innerhalb eines Monats nach der öffentlichen Bekanntmachung des Eröffnungsbeschlusses (Ediktseinschaltung) das Arbeitsverhältnis unter Einhaltung der gesetzlichen, kollektivvertraglichen oder der zulässigerweise vereinbarten kürzeren Kündigungsfrist unter Bedachtnahme auf die gesetzlichen Kündigungsbeschränkungen lösen. Bei Arbeitnehmern mit besonderem Kündigungsschutz ist die Frist gewahrt, wenn die Klage bzw der Antrag auf Zustimmung zur Kündigung fristgerecht eingebracht worden ist. Der Ausgleichsverwalter darf die Zustimmung zur Kündigung nur dann erteilen, wenn

84 MietSlg 39.799.

85 *Mohr*, Die Konkurs-, Ausgleichs- und Anfechtungsordnung (2000) E 1 zu § 20c AO.

1. die Erfüllung oder die weitere Erfüllung des Dienstverhältnisses das Zustandekommen oder die Erfüllbarkeit des Ausgleiches oder die Fortführung des Unternehmens gefährden könnte und
2. der gekündigte Arbeitnehmer in stillzulegenden oder einzuschränkenden Bereichen beschäftigt ist.

Die Zustimmung zur Kündigung aller Arbeitnehmer darf nicht erteilt werden.

Bei der Kündigung ist der Ausgleichsschuldner an gesetzliche Kündigungstermine nicht gebunden. Im Gegensatz zur Konkursordnung (☞ siehe Kap 2.4.14) steht dem Dienstnehmer, dessen Arbeitgeber den Ausgleich beantragt hat, ein vorzeitiges Austrittsrecht nicht zu. Die Eröffnung des Ausgleichsverfahrens ist für sich allein kein Grund zum vorzeitigen Austritt des Arbeitnehmers.[86]

Ein Arbeitnehmer, dessen vor der Ausgleichseröffnung fällig gewordenes Arbeitsentgelt nicht rechtzeitig gezahlt wird, ist jedoch zum vorzeitigen Austritt berechtigt. Die Rechtsprechung geht davon aus, dass es ihm nicht zumutbar ist, bis zu einer späteren Zuerkennung dieser Beträge durch das Bundessozialamt weiterzuarbeiten.[87]

Wird ein Dienstverhältnis durch den Ausgleichsschuldner im Sinne des § 20c AO gelöst, so sind die Beendigungsansprüche Ausgleichsforderungen. Zu den Beendigungsansprüchen ☞ siehe Kap 4.9.2.

Diese Forderungen sind im Ausgleichsverfahren und beim Bundessozialamt anzumelden. Zur Forderungsanmeldung ☞ siehe Kap 4.11.

> **Achtung:** Dienstnehmer, die durch die Eröffnung des Ausgleichsverfahrens über ihren Dienstgeber einen Ausfall erleiden, haben ihre Forderung nicht nur im Ausgleichsverfahren zur Anmeldung zu bringen, sondern auch nach den Bestimmungen des Insolvenzentgeltsicherungsgesetzes beim zuständigen Bundessozialamt. Für die Geltendmachung gelten die gleichen Voraussetzungen wie im Konkurs, ☞ siehe Kap 2.4.15.

4.9 Ansprüche im Ausgleichsverfahren

4.9.1 Aussonderungsansprüche, Absonderungsansprüche

Bestimmte Forderungen werden vom Ausgleich nicht berührt. Dies bedeutet, dass sie nicht bloß quotenmäßig, sondern gänzlich befriedigt werden. Dafür gewähren sie auch kein Stimmrecht bei der Abstimmung über den Ausgleichsvorschlag. Dazu zählen unter anderem (zu den anderen nicht vom Ausgleich berührten Forderungen ☞ siehe Kap 4.9.2) „Absonderungsansprüche“ und „Aussonderungsansprüche“.

[86] *Mohr*, Die Konkurs-, Ausgleichs- und Anfechtungsordnung (2000) E 4 zu § 20c AO.
[87] JBl 1986, 740.

1. Absonderungsansprüche sind Ansprüche auf vorzugsweise Befriedigung aus einer Sache. Dies sind insbesondere Pfand- und Befriedigungsrechte, Zurückbehaltungsrechte und die Sicherungsübereignung.[88] Die Absonderungsansprüche brauchen im Ausgleich nicht angemeldet zu werden – eine Anmeldung ist aber empfehlenswert. Absonderungsrechte können vertraglich eingeräumt oder kraft Gesetzes zustehen. Ein in der Praxis bedeutsames gesetzliches Pfandrecht ist das Pfandrecht des Vermieters auf die eingebrachten Gegenstände des Mieters oder seiner mit ihm in gemeinschaftlichen Haushalt lebenden Familienangehörigen zur Sicherstellung des Bestandzinses (§ 1101 ABGB).

   Von der Eröffnung des Ausgleichsverfahrens kann ein richterliches Pfand- oder Befriedigungsrecht nicht erworben werden. Absonderungsrechte, die in den letzten 60 Tagen vor Eröffnung des Ausgleichsverfahrens durch Exekution zur Befriedigung oder Sicherstellung erworben worden sind, erlöschen mit einer bedeutsamen Ausnahme: Die in diesem Zeitraum und auf diese Art und Weise erworbenen Absonderungsansprüche für **öffentliche Abgaben** erlöschen nicht (§ 12 AO).

   - ***Beispiel:***
     Ein Pfandrecht für eine Forderung eines privaten[89] Gläubigers wurde am 1.10.2002 erwirkt. Der Exekutor nimmt den PKW des Schuldners in das Pfändungsprotokoll auf. Am 5.11.2002 – also somit innerhalb der 60-Tagesfrist – wird der Ausgleich eröffnet. Das Pfandrecht erlischt. Auch bei Eröffnung eines Anschlusskonkurses bliebe das Pfandrecht erloschen (§ 2 Abs 2 KO). Siehe jedoch im Kapitel 2.4.2.

     Variante: Würde der Schuldner seinen Ausgleichsantrag wieder zurückziehen, ohne dass es zu einem Anschlusskonkurs kommt, würde das Pfandrecht wieder aufleben.

   Die oben dargestellten erloschenen Absonderungsansprüche leben wieder auf, wenn das Verfahren **eingestellt**[90] wird. Wurde auf Grund der Verwertung der Sache ein Erlös erzielt, so darf der auf den Absonderungsgläubiger entfallende Teil nur ausgefolgt werden, wenn das Verfahren eingestellt und kein Anschlusskonkurs eröffnet wurde.

2. Aussonderungsansprüche sind Ansprüche auf bevorzugte Herausgabe einer Sache – etwa auf Grund des Eigentumsrechtes an einer Sache. Auch wer einen obligatorischen Herausgabeanspruch hat, wie etwa der Verleiher, Hinterleger oder Vermieter, ist aussonderungsberechtigt, ebenso wie der Treugeber.[91]

---

[88] *Mohr*, Die Konkurs-, Ausgleichs- und Anfechtungsordnung (2000) E 69 zu § 10 KO.

[89] In diesem Beispiel soll es sich nicht um ein Pfandrecht wegen einer Forderung für eine Abgabenverbindlichkeit handeln. Dieses würde wie oben dargestellt nicht erlöschen, auch wenn es erst kurz vor Ausgleichs- oder Konkurseröffnung erwirkt wurde.

[90] Nach § 12 Abs 4 AO muss sich um eine Einstellung nach § 67 AO (zB wenn der Antrag zurückgezogen wurde) und nicht um eine Einstellung nach rechtskräftiger Bestätigung des Ausgleiches handeln.

[91] *Holzhammer*, Österreichisches Insolvenzrecht (1994) 55.

Die Erfüllung eines Aus- oder Absonderungsanspruches, die die Fortführung des Unternehmens gefährdet, kann bis zum Schluss der Ausgleichstagsatzung und bei Annahme des Ausgleiches bis zum Eintritt der Rechtskraft des Bestätigungsbeschlusses – maximal jedoch höchstens 90 Tage ab Eröffnung des Ausgleichsverfahrens – nicht gefordert werden. Das gilt allerdings nicht, wenn dem schwer wiegende persönliche oder wirtschaftliche Nachteile des Berechtigten entgegenstehen und eine Zwangsvollstreckung in das Vermögen des Schuldners nicht zu einer vollständigen Befriedigung des Gläubigers geführt hat (§ 11 Abs 2 AO).

- ***Beispiel:***
  Der Gläubiger G hat schon lange vor der Ausgleichseröffnung des Schuldners S eine Maschine im Wert von € 10 000 unter Eigentumsvorbehalt geliefert. Der Kaufpreis wurde bis auf eine geringfügige Anzahlung noch nicht entrichtet. Diese Maschine ist für das Unternehmen des S von essentieller Bedeutung, weil ohne sie die Produktion zum Stillstand käme. Verlangt nun G die Herausgabe der Maschine, kann der Ausgleichsverwalter die Gefährdung der Fortführung des Unternehmens einwenden – dies allerdings maximal 90 Tage ab Eröffnung des Ausgleichsverfahrens, wobei auch die persönliche und wirtschaftliche Situation des G zu berücksichtigen ist. Würde daher seinerseits G durch die Nichtherausgabe der Maschine ernsthafte wirtschaftliche Schwierigkeiten bekommen, würde der Ausgleichsverwalter mit seiner Einwendung wohl nicht durchdringen.

4.9.2 Bevorrechtete Forderungen

Bevorrechtete Forderungen sind voll zu befriedigen und sogar während des Ausgleichsverfahrens sofort vollstreckbar. Für sie gilt die die Vollstreckungssperre nicht, sie gewähren kein Stimmrecht.

Bevorrechtete Forderungen sind (§ 23 AO)

– die Kosten des Ausgleichsverfahrens. ☞ Siehe dazu im Kap 4.10.
– alle Auslagen, die mit der Beaufsichtigung der Geschäftsführung des Schuldners sowie mit der Prüfung seines Vermögensstandes und der Erfolgsaussichten einer Unternehmensfortführung verbunden sind. Dazu gehören vor allem auch die Kosten des Ausgleichsverwalters, die ihm durch die Prüfung der Erfolgsaussichten einer Unternehmensfortführung erwachsen, und zwar unabhängig davon, ob er die Prüfung selbst oder durch Sachverständige vornimmt.[92]
– Forderungen der Fonds und anderer gemeinsamer Einrichtungen der Arbeitnehmer und Arbeitgeber, soferne deren Leistungen Arbeitnehmern als Entgelt oder Quasientgelt zukommen.

[92] *Holzhammer*, Österreichisches Insolvenzrecht (1994) 230.

- Steuern, Gebühren, Zölle, Sozialversicherungsbeiträge und andere öffentliche Abgaben auf das unter der Ausgleichsverwaltung stehende Vermögen, soferne der Anspruchsgrund nach Verfahrenseröffnung erwirkt wird. ☞ Siehe dabei genauer im Kap 4.9.1.
- Forderungen der Arbeitnehmer und arbeitnehmerähnlicher Personen auf laufendes Entgelt einschließlich Sonderzahlungen für die Zeit nach Eröffnung des Verfahrens. ☞ Siehe dabei näher im Kap 4.8.
- Bestimmte Beendigungsansprüche aus einem Beschäftigungsverhältnis. ☞ Siehe dazu näher im Kap 4.8.
- Die Kosten einer einfachen Bestattung des Schuldners.
- Die Kosten der bevorrechteten Gläubigerschutzverbände, soweit sie für die Vorbereitung des Ausgleiches sowie für die Ermittlung und Sicherung des Vermögens zum Vorteil aller Gläubiger aufgewendet werden. Bevorrechtete Gläubigerschutzverbände sind der Kreditschutzverband 1870, der Alpenländische Kreditorenverband 1954 und der Insolvenzschutzverband für Arbeitnehmer.
- Auch Geschäftsführungsforderungen aus Rechtshandlungen des Schuldners und des Ausgleichsverwalters, die ihnen zur Fortführung des Unternehmens gestattet sind, werden vom Ausgleichsverfahren nicht berührt.

4.10 Kosten des Ausgleichsverfahrens

Ein wesentlicher, nicht zu unterschätzender Faktor für das Zustandekommen eines gerichtlichen Ausgleiches sind die dabei entstehenden Verfahrenskosten. Die Kosten setzen sich zusammen aus den Kosten

- des Ausgleichsverwalters,
- des Gerichtes,
- der bevorrechteten Gläubigerschutzverbände.

Dazu kommen allfällige Kosten eines Schuldnervertreters, beauftragten Steuerberaters oder Sachverständigenkosten zur Schätzung und Inventarisierung des Vermögens im Zuge der Angemessenheitsprüfung.

Die Kosten des Ausgleichsverwalters stellen in aller Regel die höchste Forderung dar. Diese Kosten wurden bereits im Kapitel 4.5 erörtert.

Abhängig von der Höhe der Kosten des Ausgleichsverwalters sind die anfallenden Gerichtsgebühren und die Kosten der Gläubigerschutzverbände. Die Gerichtsgebühr beträgt 15 % der Nettobelohnung des Ausgleichsverwalters, mindestens jedoch € 331,00. Sie fällt an, wenn der Ausgleich gerichtlich bestätigt wird.

Die bevorrechteten Gläubigerschutzverbände können im Ausgleich für ihr Tätigwerden eine Entlohnung in Höhe von gemeinsam 20 % der Nettoentlohnung des Ausgleichsverwalters beanspruchen. Die Honorarforderung der Gläubigerschutzverbände ist USt-pflichtig.

Achtung: Bei der Vorbereitung des Ausgleichsverfahrens ist unbedingt auf die Kosten Bedacht zu nehmen. Diese sind bevorrechtet und entsprechend der Vereinbarung Bestätigungsvoraussetzung.

- ***Beispiel für Kostenhöhe:***
  Die Gesamtverbindlichkeiten im Ausgleich betragen € 1.000.000,00, davon 40 % sind € 400.000,00. Die Kosten des Ausgleichsverwalters betragen ohne Barauslagen, aber inklusive USt € 19.800,00, die gerichtliche Pauschalgebühr beträgt € 2.475,00, die Gläubigerschutzverbände beanspruchen € 3.960,00, sodass die Kosten insgesamt € 26.235,00 betragen.

4.11 Anmeldung der Forderung

4.11.1 Rechtsfolgen der Anmeldung

Gläubiger müssen ihre Forderung innerhalb der in der Insolvenzdatei veröffentlichten Frist beim Insolvenzgericht anmelden.

1. Die Anmeldung ist die Voraussetzung für das **Stimmrecht** in der Ausgleichstagsatzung.
2. Durch die Anmeldung der Forderung wird ihre **Verjährung** während der Dauer des Verfahrens **unterbrochen.** Wird das Verfahren aufgehoben (☞ siehe im Kap 4.15), dauert die Unterbrechung der Frist bis zum Ablauf der im Ausgleich für die letzte Zahlung bestimmten Frist. Wenn die Forderung vom Schuldner **bestritten** wird, kommt es zu einer **Hemmung** der Verjährung.

Unterbrechen einer Verjährung bedeutet, dass die Verjährungsfrist von neuem zu laufen beginnt, während bei einer Hemmung der bis zum Zeitpunkt der Hemmung abgelaufene Teil der Frist aufrecht bleibt.

3. Eine Forderung, die angemeldet und weder vom Ausgleichsverwalter noch vom Schuldner bestritten und deren Stimmrecht auch nicht aberkannt wurde, gewährt nach rechtskräftiger Bestätigung des Ausgleiches einen **Exekutionstitel** (§ 54 AO). Es kann also unmittelbar gegen den Schuldner Exekution geführt werden, ohne dass dafür ein Urteil erwirkt werden müsste! Wer eine Forderungsanmeldung unterlässt, kann keinen derartigen Exekutionstitel nach § 54 AO erlangen.

Eine Forderung, die der kurzen Verjährungsfrist von 3 Jahren (§ 1486 ABGB) unterliegt, wird unter den obigen Voraussetzungen zu einer Judikatschuld, **die erst in 30 Jahren verjährt**.[93]

Der Exekutionstitel wird im Ausmaß der angenommenen Quote gewährt. Befindet sich allerdings der Schuldner mit einer Quote im Verzug, so werden die

[93] OGH 10.2.1937, SZ 19/41 = RZ 1938, 61 in *Mohr*, Die Konkurs-, Ausgleichs- und Anfechtungsordnung (2000) E 6 zu § 54 AO.

durch die Verzugsfolgen entstandenen zusätzlichen Forderungen (☞ siehe im Kap 4.14.10) ebenfalls vom Exekutionstitel erfasst. Dafür braucht der Gläubiger keinen Nachweis erbringen (§ 54 Abs 3 AO), vielmehr muss der Schuldner den Gegenbeweis antreten!

4.11.2 Form, Inhalt und Frist der Anmeldung

Die Gläubiger haben die Forderung innerhalb der in der Insolvenzdatei (www.edikte.justiz.gv.at) bestimmten Frist beim Ausgleichsgericht anzumelden. Dies kann schriftlich oder mündlich zu Protokoll erfolgen.

Die schriftliche Anmeldung ist zweifach zu übersenden oder in der Einlaufstelle des Ausgleichsgerichtes zu überreichen.

Von den in Urschrift vorgelegten Beilagen ist eine Abschrift beizulegen.

Die **Gerichtskosten** für eine Forderungsanmeldung belaufen sich auf **€ 17**.

Die Anmeldung muss folgenden Inhalt haben:

- **Betragshöhe** der Forderung.
- Die **Tatsache**, worauf sich die Forderung begründet.
- Die Bezeichnung der **Beweismittel** zum Nachweis der Forderung.
- Bei nicht bevorrechteten Forderungen, ob ein Stimmrecht begehrt wird.
- Absonderungsgläubiger (☞ siehe im Kap 4.9.1), die ihre Forderung auch als Ausgleichsforderung geltend machen wollen, haben unter genauer Angabe des Absonderungsgegenstandes anzugeben, inwieweit ihre Forderung durch das Absonderungsrecht gedeckt ist und für welchen Ausfall daher das Stimmrecht begehrt wird.
- **Zinsen** können nur bis zum Zeitpunkt der Eröffnung des Ausgleichsverfahrens begehrt werden. Die Höhe, der Tag des Beginns des Laufes und der Gesamtbetrag sind anzugeben.
- Es muss auch das Ausgleichsgericht mit Geschäftszahl, der Ausgleichsgläubiger und der Ausgleichsschuldner angegeben werden.
- Zweckmäßig ist es auch, **für den Fall, dass der Anschlusskonkurs eröffnet** wird, zu beantragen, dass die Forderung als Konkursforderung anerkannt wird. Dies erspart die nochmalige Anmeldung im Konkurs.
- Die Forderung muss vom Ausgleichsgläubiger – soferne er nicht durch einen Bevollmächtigten vertreten ist – **eigenhändig unterfertigt** werden.

☞ ✉ Sie finden ein Muster für eine Forderungsanmeldung im Anhang „Formular 10“, Kap 13.11.

4.12 Bestrittene Forderungen

Der Ausgleichsverwalter hat die angemeldeten Forderungen in ein Verzeichnis einzutragen und zu prüfen. Sowohl der Ausgleichsverwalter als auch der Schuldner können die Forderungen bestreiten: Der Ausgleichsverwalter muss dem Schuldner eine Frist gewähren, binnen derer er schriftlich bekannt gibt, ob er die Forderung anerkennt oder bestreitet. Gibt der Schuldner innerhalb dieser Frist keine Erklärung ab, gilt sie als anerkannt. **An diese Erklärung bzw sein Verschweigen ist der Schuldner gebunden, sodass eine später abgegebene Erklärung unwirksam ist** (§ 38 Abs 4 AO).

Der Ausgleichsverwalter selbst muss die Forderung bestreiten, wenn er begründete Zweifel (zB durch Mitteilungen von Gläubigern, Geschäftsaufzeichnungen etc) an derem rechtmäßigen Bestand hat.

Auch nach Ablauf der Anmeldefrist angemeldete Forderungen sind in das Ausgleichsverzeichnis aufzunehmen, soweit dies noch möglich ist.

Achtung: Im Ausgleichsverfahren gibt es im Gegensatz zum Konkursverfahren keine Möglichkeit einer nachträglichen Anmeldung. Dies wäre erst in einem nachfolgenden Anschlusskonkurs möglich.

Die Bestreitungen sind vom Ausgleichsverwalter in das Anmeldungsverzeichnis einzutragen und spätestens am Tag vor der Ausgleichstagsatzung samt einer schriftlichen Bestätigung des Ausgleichsverwalters über dessen Kenntnisnahme dem Gericht bekannt zu geben.

4.13 Verfahrensablauf bei bestrittenen Forderungen

Anders als in der Konkursordnung gibt es in der Ausgleichsordnung keine Bestimmungen über die Geltendmachung von bestrittenen Forderungen. Zur Geltendmachung von bestrittenen Forderungen im Konkurs ☞ siehe Kap 2.4.23. Ein solches Verfahrens ist für den Ausgleich an sich nicht notwendig, da es im Ausgleich im Wesentlichen darum geht, darüber abzustimmen, ob dem Schuldner ein Teil seiner Forderung nachgelassen wird, der Konkurs jedoch dazu dient, das vorhandene Vermögen quotenmäßig auf die Gläubiger aufzuteilen. Ein Feststellungsverfahren würde dem Ausgleich auch hinderlich sein, da dieses oft mit einer langwierigen Prozessführung verbunden ist.

Soweit der Bestand und die Höhe einer Ausgleichsforderung vom Schuldner oder vom Ausgleichsverwalter bestritten werden, gilt auch das Stimmrecht der Forderung als bestritten. Der Gläubiger nimmt aber an der Ausgleichstagsatzung vorläufig teil. Das bedeutet jedoch nicht, dass er damit seine Forderung und allenfalls die Ausgleichsquote verliert. Liegt über die Forderung noch kein rechtskräftiger Titel vor, so wird der Gläubiger Klage gegen den Ausgleichsschuldner einbringen. Die Klage ist auf Zahlung (nicht auf Feststellung wie im

Konkurs) gerichtet. Stellt sich in diesem Verfahren der Bestand der Forderung zu Recht heraus, so hat der Gläubiger Anspruch auf die im Ausgleich angenommene Quote.

Durch einen Sicherstellungsantrag kann der Gläubiger, dessen Forderung vom Schuldner bestritten wurde, die Hinterlegung der auf ihn entfallenden Quote in demselben Ausmaß und unter den gleichen Bedingungen wie für die übrigen Forderungen beim Ausgleichsverwalter verlangen. Über die Sicherstellung hat das Gericht nach Einvernahme der Beteiligten einen Beschluss zu fassen. Der sichergestellte Betrag wird frei, wenn der Anspruch nicht innerhalb einer vom Ausgleichsgericht in diesem Beschluss bestimmten Frist gerichtlich durch Klage geltend gemacht wird.

- ***Beispiel:***
  Gläubiger A meldet im Ausgleichsverfahren eine Forderung von € 1.000,– an, die der Ausgleichsverwalter und der Schuldner bestreiten. Der Gläubiger A nimmt an der Abstimmungstagsatzung zwar vorläufig teil, ob sein Stimmrecht zählt, hängt vom Ergebnis der Abstimmung ab. In der Ausgleichstagsatzung beantragt der Gläubiger A die Sicherstellung der auf seine Forderung entfallenden Quote. Das Ausgleichsgericht hat den Gläubiger und den Schuldner einzuvernehmen und zu der Forderung zu befragen. In diesem vereinfachten Verfahren wird das Ausgleichsgericht prüfen, ob wahrscheinlich ist, dass dem Gläubiger die Forderung zusteht. Ist die Forderung wahrscheinlich, wird das Gericht einen Beschluss über die Sicherstellung fassen.

4.14 Ausgleichstagsatzung

4.14.1 Allgemeines/Fristen

Die Ausgleichstagsatzung dient der Abstimmung der stimmberechtigten Gläubiger (siehe gleich im folgenden Kap) über den Ausgleichsvorschlag des Schuldners.

Wird der Ausgleich nicht innerhalb **von 90 Tagen** ab Eröffnung angenommen, so ist das Verfahren einzustellen. Diese Frist kann auf Antrag des Ausgleichsverwalters bei Unternehmen von wirtschaftlicher Bedeutung bei Vorliegen von wichtigen öffentlichen Interessen (zB Erhalt von Arbeitsplätzen) auch mehrmals – maximal jedoch für die Dauer von 18 Monaten – erstreckt werden (§ 68 AO).

4.14.2 Stimmrecht in der Ausgleichstagsatzung

Stimmberechtigt sind die Gläubiger von Forderungen, die durch den Ausgleich einen Ausfall erleiden. Dies bedeutet, dass bevorrechtete Gläubiger und Aus- und Absonderungsberechtigte (☞ siehe in Kap 4.9.1 und 4.9.2) kein Stimmrecht haben. Die Absonderungsberechtigten haben nur mit jenem Teil der Forderung, welcher voraussichtlich nicht vom Absonderungsrecht gedeckt ist, ein Stimmrecht.

Wenn ein Gläubiger **die Anmeldefrist versäumt hat**, hat er dann ein Stimmrecht, wenn er in der Ausgleichstagsatzung erscheint und seine Forderung vom Ausgleichsverwalter und vom Ausgleichsschuldner anerkannt wird.[94]

Achtung: Stimmberechtigt sind auch nur die Gläubiger, die bei der Ausgleichstagsatzung anwesend sind! Der Gläubiger kann sich jedoch bei der Tagsatzung durch einen Gläubigerschutzverband oder einen Anwalt vertreten lassen. In Arbeitsrechtsangelegenheiten ist auch eine Vertretung durch eine gesetzliche Interessenvertretung oder eine freiwillige kollektivvertragsfähige Berufsvereinigung zulässig. Versäumt der Gläubiger bzw sein Vertreter diese Tagsatzung, ist er auch nicht stimmberechtigt.

Nahe Angehörige des Schuldners sind der Ehegatte und Personen, die mit dem Gemeinschuldner oder dessen Ehegatten in gerader Linie oder bis zum vierten Grad der Seitenlinie verwandt oder verschwägert sind, ferner Wahl- und Pflegekinder sowie Personen, die mit dem Gemeinschuldner in außerehelicher Gemeinschaft leben. Der Grad der Verwandschaft richtet sich nach § 41 ABGB nach der geringsten Zahl der zwischen den beiden Verwandten liegenden Zeugungen, der Grad der Schwägerschaft nach dem Grad der Verwandtschaft des anderen Ehegatten.[95]

Diese nahen Angehörigen haben ein Stimmrecht nur dann, wenn sie **gegen den Ausgleichsvorschlag** stimmen. Dasselbe gilt für Rechtsnachfolger der nahen Angehörigen, wenn sie die Forderung nicht früher als 6 Monate **vor** der Eröffnung des Verfahrens erworben haben. Diese Bestimmung kommt nicht zur Anwendung, wenn diese Personen nach Eintritt der Zahlungsunfähigkeit von jemandem die Forderung erworben haben, der nicht naher Angehöriger des Schuldners ist (§ 43 AO).

- ***Beispiel für den Verwandtschaftsgrad:***
  Bei einer Personenhandels- bzw Erwerbsgesellschaft begründet ein Angehörigenverhältnis zu einem Gesellschafter auch ein solches zu der Gesellschaft.[96]

Geht eine GmbH in Ausgleich, gelten die Gesellschafter und frühere Gesellschafter, die im letzten Jahr vor der Konkurseröffnung ausgeschieden sind, als nahe Angehörige.[97]

Geht dagegen ein Gesellschafter einer GmbH in Ausgleich, so gelten weder die GmbH noch die anderen Gesellschafter als nahe Angehörige.[98]

---

[94] OGH 21.4.1926 SZ 8/128 in *Mohr*, Die Konkurs-, Ausgleichs- und Anfechtungsordnung (2000) E 1 zu § 39 AO.

[95] Beispiele dafür finden sich etwa in *Deixler-Hübner*, Privatkonkurs (1995) Rn 102.

[96] *Hajek*, Ausgleichsordnung, Rn 10 zu § 44 AO unter Zitierung von *König*, Anfechtung, Rz 92 – das Zitat bezieht sich auf den Konkurs, wird aber sinngemäß auf den Ausgleich zur Anwendung kommen.

[97] Ebenda. Das Zitat bezieht sich auf den Konkurs, wird aber sinngemäß auf den Ausgleich zur Anwendung kommen.

[98] Ebenda; in diese Richtung auch OGH 4.7.1933, Rsp 1934/68 in *Mohr*, Die Konkurs-, Ausgleichs- und Anfechtungsordnung (2000) E 3 zu § 43 AO.

Gläubiger, die ihre Forderungen im Ausgleich gegen einen persönlich haftenden Gesellschafter einer Personenhandelsgesellschaft und gleichzeitig im Konkurs oder Ausgleich dieser Gesellschaft geltend machen, gebührt ein Stimmrecht nur für den Teil der Forderung, der voraussichtlich im Konkurs oder Ausgleich der Gesellschaft nicht gedeckt ist (§ 39 Abs 2 AO).

Hat ein Gläubiger mehrere Forderungen gebührt ihm nur ein Stimmrecht. Haben mehrere Gläubiger gemeinsam eine Forderung, so müssen sie sich einigen, wer die Ausübung des Stimmrechtes vornimmt. Auch ihnen gebührt nur eine Stimme (§ 40 AO).

Unter bestimmten Voraussetzungen (§ 41 AO) verlieren Gläubiger, die erst nach Eintritt der Zahlungsunfähigkeit die Forderung durch Abtretung erworben haben, ihr Stimmrecht. Wegen der geringen praktischen Relevanz wird jedoch auf eine detaillierte Darstellung dieser Bestimmung Abstand genommen.

4.14.3 Rechtsfolge des Nicht-Erscheinens bei der Ausgleichstagsatzung

Der Schulder hat persönlich zu erscheinen, er darf sich nur aus wichtigen Gründen von einem Bevollmächtigten vertreten lassen. Ob ein wichtiger Grund vorliegt, wird vom Gericht entschieden.

> **Achtung:** Erscheint der Schuldner oder ein Bevollmächtigter (ein Bevollmächtigter darf nur bei Vorliegen eines wichtigen Grundes bestellt werden) nicht, gilt der Antrag als zurückgezogen!

4.14.4 Stimmrecht von bestrittenen Forderungen

Gläubiger, deren Forderung vom Ausgleichsverwalter oder vom Schuldner bestritten wurde, nehmen zunächst an der Abstimmung teil. Käme man dabei zu unterschiedlichen Ergebnissen – je nachdem, ob die bestrittene Stimme berücksichtigt wird oder nicht – hat das Ausgleichsgericht nach Einvernahme der Beteiligten zu entscheiden, ob und inwieweit diese Stimme zu zählen ist (§ 44 AO).

Diese vorläufige Stimmrechtsentscheidung sagt noch nichts über den endgültigen Bestand der Forderung aus. Dies ist erst im folgenden Rechtsstreit zu entscheiden.

4.14.5 Erforderliche Zustimmungsquoren und die Mindestquote

Der Ausgleichsvorschlag wird angenommen, wenn die Mehrheit der bei der Tagsatzung anwesenden stimmberechtigten Gläubiger dem Antrag zustimmen, wobei die Gesamtsumme der Forderungen der zustimmenden Gläubiger wenigstens 75 % der Gesamtsumme der bei der Tagsatzung anwesenden Gläubiger ausmachen muss.

PRAXISHINWEIS: Vielfach wird verlangt, dass eine erste Barquote nach Annahme des Ausgleiches in der Höhe von 10 % zur Auszahlung gelangt.

Es muss für die Gläubiger, die nicht bevorrechtet sind (☞ siehe zu den bevorrechteten Forderungen im Kap 4.9.2) – diese sind voll zu befriedigen – eine Mindestquote von 40 %, zahlbar innerhalb von höchstens 2 Jahren vom Tag der Annahme des Ausgleichsvorschlages an angeboten werden. Wann die einzelnen Teilleistungen innerhalb der – maximalen – 2-Jahresfrist erfüllt sein müssen, sagt das Gesetz nicht. Dies hängt vom Vorschlag des Schuldners und der Zustimmung der Gläubiger ab.

Achtung: Sämtliche bevorrechtete Forderungen – dabei insbesondere die Verfahrenskosten – werden nicht in die Quote eingerechnet. Dies sollte bei der „Kalkulation“ der Quote aus Schuldnersicht Berücksichtigung finden.

Bei Eröffnung des Ausgleiches über zwei Mitschuldner für eine Forderung muss der Gläubiger dieser Forderung zwei Mal die Mindestquote von jedem bekommen.[99]

Weitere Voraussetzung für das Zustandekommen des Ausgleiches ist die **Bestätigung durch das Ausgleichsgericht** (☞ siehe dazu im folgenden Kap 4.14.6).

- ***Beispiele für erforderliche Quoten:***

  Beispiel 1: *Ein Ehepaar haftet gemeinsam für einen Kredit. Beide gehen in Ausgleich. Die Bank muss von beiden die Mindestquote von je 40 %, somit gesamt 80 % bekommen. Zur Möglichkeit eines „Privatkonkurses“ ☞ siehe näher im Kap 6.*

  Beispiel 2: *Der Schuldner hat folgende Gläubiger: Gläubiger A ist seine Hausbank mit einer Forderung von € 30 000, welche hypothekarisch mit € 20 000 besichert ist. Gläubiger B ist die Sozialversicherung mit einer Forderung von € 10 000. Gläubiger C, D und E sind Lieferanten mit Forderungen von € 1000 (C), € 5000 (D) und € 20 000 (E). Der Schuldner bietet eine Quote von 40 %, zahlbar innerhalb von 2 Jahren.*

Bei der Ausgleichstagsatzung erscheinen alle Gläubiger außer E. Die Sozialversicherung (Gläubiger B) stimmt gegen den Ausgleichsvorschlag, die anderen anwesenden Gläubiger (A, C und D) stimmen dafür.

Das Ergebnis ist wie folgt zu werten: Gezählt werden nur die bei der Tagsatzung anwesenden Gläubiger. Diese sind nach Köpfen 4. Hinsichtlich der Forderungssumme zählt die Bank nur insoferne, als sie nicht hypothekarisch gesichert ist, also mit € 10 000. Somit ergibt sich eine Gesamtsumme an stimmberechtigten Forderungen von € 26 000 (Gläubiger A mit € 10 000, B mit € 10 000, C mit € 1000, D mit € 5000).

[99] *Holzhammer*, Österreichisches Insolvenzrecht (1994) 254.

Erforderlich ist eine Mehrheit nach Köpfen, die mindestens 75 % der Gesamtforderung repräsentieren (gezählt werden dabei jeweils nur die bei der Tagsatzung anwesenden Gläubiger).

In diesem Beispiel wurde zwar die Kopfmehrheit (3 von 4 anwesenden Gläubigern waren dafür), nicht jedoch die 75%-Quote erreicht, da die dafür stimmenden Gläubiger nur € 16 000, somit ca 61 % (16 000 im Verhältnis zu 26 000) repräsentieren. Der Vorschlag ist daher nicht angenommen.

Da allerdings zumindest eine der beiden Mehrheiten erreicht ist, kann der Schuldner eine neue Abstimmung verlangen (§ 42 Abs 2 AO), wobei die Gläubiger an ihre Erklärung bei der ersten Tagsatzung nicht gebunden sind.

Da erfahrungsgemäß die Sozialversicherungsträger (zB Gebietskrankenkasse und Sozialversicherung der gewerblichen Wirtschaft) einem Ausgleich so gut wie nie zustimmen, müsste auf jeden Fall der bei der ersten Tagsatzung nicht anwesende Gläubiger E dazu bewogen werden, bei einer neuerlichen Abstimmung anwesend zu sein und dafür zu stimmen. Wenn auch die anderen Gläubiger ihr Stimmverhalten im Vergleich zur ersten Tagsatzung nicht ändern, wäre die Mehrheit erreicht: Die zustimmenden Gläubiger A, C, D und E würden den ablehnenden Gläubiger B mit Kopfmehrheit und Überschreiten der 75%-Schwelle (36 000 von 46 000, somit ca 78 %) überstimmen. Der Vorschlag wäre angenommen.

4.14.6 Bestätigung des Ausgleichsvorschlages durch das Gericht

Der von den Gläubigern angenommene Ausgleichsvorschlag muss noch vom Gericht bestätigt werden (§ 49 Abs 1 AO), um Rechtswirksamkeit zu erlangen. Der Bestätigungsbeschluss hat die wesentlichen Bestimmungen des Ausgleichsvorschlages anzugeben.

Dieser Beschluss ist öffentlich bekannt zu machen (in der Insolvenzdatei www.edikte.justiz.gv.at) und den Gläubigern und den übrigen Beteiligten zuzustellen.

Rechtswirkung der Bestätigung des Ausgleiches (§ 53 Abs 1 AO): Die Bestätigung des Ausgleiches hat die Rechtsfolge, dass der Schuldner gegenüber seinen Gläubigern davon befreit wird, die Verbindlichkeit, die die angenommene Quote übersteigt, zu leisten. Diese Wirkung gilt gegenüber allen Gläubigern – unabhängig davon, ob sie dafür oder dagegen gestimmt oder ihre Forderung angemeldet haben. Auch der Bürge und Mitschuldner hat seinen Regressanspruch nur mehr im Umfang seiner Quote, haftet jedoch weiterhin gegenüber den Gläubigern voll.

Achtung: Die Bestätigung erfolgt in der Praxis erst dann, wenn vom Ausgleichsverwalter die Mitteilung ergeht, dass bei ihm die bevorrechteten Forderungen – insbesondere die Kosten – sowie die sofort zu erlegende Barquote hinterlegt wurde.

Gegen den Bestätigungsbeschluss kann jeder der Beteiligten, der nicht ausdrücklich für den Ausgleich gestimmt hat, sowie jeder Mitschuldner und Bürge des Schuldners Rekurs ergreifen (§ 52 Abs 1 AO).

Weicht der Inhalt des Bestätigungsbeschlusses vom Ausgleichsantrag ab, ist der Inhalt des Bestätigungsbeschlusses maßgeblich.[100]

Die Bestätigung ist aus folgenden – taxativ aufgezählten – Gründen zu versagen (§ 50 AO) ☞ siehe auch näher im Kap 4.4.1:

1. Wenn die Eröffnung des Verfahrens unzulässig war. Unzulässig ist die Eröffnung des Verfahrens gemäß § 3 Abs 1 AO, wenn
   - der Schuldner flüchtig ist oder nach Eintritt der Zahlungsunfähigkeit wegen betrügerischer Krida rechtskräftig verurteilt wurde,
   - innerhalb der letzten 5 Jahre vor Stellung des Antrages auf Verfahrenseröffnung über das Vermögen des Schuldners ein Konkurs- oder Ausgleichsverfahren eröffnet oder mangels hinreichenden Vermögens abgelehnt wurde,
   - der Inhalt des Ausgleichsvorschlages nicht dem Gesetz entspricht (zB Nicht-Erreichen der Mindestquote bzw Maximal-Zahlungsfrist oder unzulässige Sonderbegünstigungen von Gläubigern oder Nicht-Berücksichtigung der Sonderrechte von Aus- und Absonderungsgläubiger; ☞ siehe auch näher in Kap 4.4.1 und 4.4.2 und die §§ 46 bis 48 AO).
2. Wenn die Kosten und Gebühren des Ausgleichsvefahrens nicht spätestens binnen 30 Tagen nach der Zustellung des Beschlusses über die Kostenbestimmung berichtigt oder sichergestellt wurden und auch die Zustimmung der Berechtigten nicht nachgewiesen wird. Zu diesen Kosten gehört die Pauschalgebühr, Belohnungsansprüche des Ausgleichsverwalters und der Gläubigerschutzverbände.
3. Wenn der angenommene Ausgleichsvorschlag Mitschuldner oder Bürgen zur Sicherung der Ausgleichserfüllung vorsieht, müssen diese innerhalb von 30 Tagen oder einer etwaigen kürzer gesetzten Frist eine derartige Garantieerklärung abgeben. Analoges gilt für sonstige Sicherheitsleistungen.
4. Wenn die fälligen bevorrechteten Forderungen und die Geschäftsführungsforderungen (☞ siehe Kap 4.9.2) nicht binnen 14 Tagen ab Zustellung des Beschlusses berichtigt oder sichergestellt und der Nachweis darüber erbracht wurde. Ein Antrag über einen derartigen Beschluss ist von einem Gläubiger binnen 8 Tagen oder binnen einer vom Gericht festgesetzten Frist einzubringen.

Die Bestätigung **kann aus folgenden beiden – ebenfalls taxativ aufgezählten Gründen –** versagt werden (§ 51 AO):

1. Wenn der Ausgleich den gemeinsamen Interessen der Gläubiger widerspricht oder die dem Schuldner gewährten Begünstigungen im Widerspruch zu seinen Verhältnissen stehen.

[100] ZIK 2000, 141.

Nachteilig für die Gläubiger ist eine Ausgleichsbestätigung dann, wenn nicht mit dessen Erfüllung gerechnet werden kann. Bloße Zweifel über die Nicht-Erfüllbarkeit reichen aber nicht aus, es muss offensichtlich sein, dass eine Erfüllung nicht erreicht werden kann.[101]

2. *Wenn es wegen des Mangels oder der Beschaffenheit der geschäftlichen Aufzeichnungen des Schuldners nicht möglich ist, einen hinreichenden Überblick über dessen Vermögenslage zu gewinnen.*

Kann die Vermögensübersicht trotz Mangelhaftigkeit der geschäftlichen Aufzeichnungen gewonnen werden, darf die Bestätigung nicht versagt werden.[102]

Gegen den Beschluss, mit dem die Bestätigung versagt wurde, kann vom Schuldner und von jedem Gläubiger, der dem Ausgleich nicht widersprochen hat, **Rekurs** ergriffen werden (§ 52 Abs 1 AO). Der Beschluss, mit dem dem Ausgleich die Bestätigung versagt wurde, steht einem Einstellungsbeschluss (siehe § 69 AO und ☞ im vorhergehenden Kap) gleich.

PRAXISHINWEIS: Keine Anwaltspflicht besteht beim Rekurs, wenn dieser mündlich bei Gericht zu Protokoll gegeben wird. Schriftlich eingebrachte Rekurse bedürfen jedoch der Unterschrift eines Rechtsanwaltes.

4.14.7 Ansprüche, die im Ausgleich nicht geltend gemacht werden können

Nach § 28 AO können seit der Eröffnung des Verfahrens laufende **Zinsen** von persönlichen Forderungen und **Kosten**, die den Gläubigern an der Teilnahme des Verfahrens erwachsen, nicht geltend gemacht werden. Ausnahmsweise können Zinsen etwa dann geltend gemacht werden, wenn es sich um Zinsen handelt, die durch Absonderungsrechte gedeckt sind (soweit sich das Absonderungsrecht auch auf die Zinsen erstreckt). Auch Zinsen für ein zur Fortführung des Geschäftes aufgenommenes Darlehen sollen nicht ausgeschlossen sein.[103]

4.14.8 Ansprüche, die durch den Ausgleich nicht berührt werden

Keine Schmälerung erleiden

- Geldstrafen wegen strafbarer Handlungen jeder Art ,
- Ansprüche aus Schenkungen und
- Ansprüche im Ausgleichsverfahren über eine Verlassenschaft (§ 28 iVm § 53 Abs 7 AO).

[101] *Hajek*, Ausgleichsordnung, Rz 1 zu § 51 AO und OLG Linz 18.11.1992, EvBl 1993/46 in *Mohr*, Die Konkurs-, Ausgleichs- und Anfechtungsordnung (2000) E 1 c zu § 51 AO.

[102] OLG Wien 10.2.1936, EvBl 1936/319 und OLG Innsbruck 2.3.1995 ZIK 1995, beide in *Mohr*, Die Konkurs-, Ausgleichs- und Anfechtungsordnung (2000) E 6 zu § 51 AO.

[103] OGH 12.11.1998, RdW 1999, 352 und *Mohr*, Die Konkurs-, Ausgleichs- und Anfechtungsordnung (2000) E 3 a zu § 28 AO.

Auch gesetzliche Unterhaltsforderungen brauchen nicht angemeldet zu werden und werden durch den Ausgleich nicht berührt.[104]

Ferner nicht berührt durch den Ausgleich werden bevorrechtete Forderungen sowie Aus- und Absonderungsberechtigte, ☞ siehe Kap 4.9.1 und 4.9.2.

4.14.9 Aufrechenbare Forderungen

Auch Forderungen, die zur Zeit der Eröffnung des Verfahrens bereits aufrechenbar waren, brauchen im Ausgleichsverfahren nicht geltend gemacht werden (§ 19 Abs 1 AO) – dies gilt auch, wenn die Forderung des Gläubigers zur Zeit der Eröffnung des Verfahrens noch bedingt oder betagt war oder wenn die Forderung des Gläubigers nicht auf eine Geldforderung gerichtet war. Ist die Forderung des Gläubigers bedingt, kann das Gericht die Zulässigkeit der Aufrechnung von einer Sicherheitsleistung abhängig machen.

Wichtig: Macht der Gläubiger die Aufrechnung nicht geltend, so kann er nach Beendigung des Ausgleiches nur mehr mit seiner Quote aufrechnen.[105] Der Gläubiger sollte daher bei vor Ausgleichseröffnung aufrechenbaren Forderungen unbedingt die Aufrechnungserklärung abgeben.

Näheres zur Aufrechnung siehe auch im Kapitel über Konkurs und Aufrechnung Kap 2.4.16. **Im Anhang (☞ „Formular 4", Kap 13.5) findet sich auch ein Muster ✉ einer Aufrechnungserklärung.**

4.14.10 Erfüllungsverzug/Wiederaufleben der Forderung

Kommt nach Annahme des Ausgleiches und Bestätigung durch das Gericht der Schuldner mit einer Rate gegenüber einem (oder mehreren) Gläubiger(-n) im Verzug, **so muss der Gläubiger zunächst den Schuldner schriftlich unter Setzung einer Nachfrist von mindestens 14 Tage mahnen. Im Ausgleich kann eine für den Schuldner günstigere Vereinbarung getroffen werden.**

Zahlt der Schuldner trotz Mahnung nicht, so kommt es zu einem **relativen Wiederaufleben der Forderung:** Die Forderung des nicht befriedigten Gläubigers lebt nur mit jenem Teil, der noch nicht quotenmäßig befriedigt war, wieder zur Gänze auf. Die Teile der Forderung, die bereits mit der im Ausgleich festgelegten Quote befriedigt waren, gelten als zur Gänze befriedigt (§ 53 Abs 5 AO).

Eine weitere Wirkung ist der **Terminsverlust** – es werden alle noch offenen Teilzahlungen sofort fällig (§ 53 Abs 5 Satz 2 AO).

---

[104] *Mohr*, Die Konkurs-, Ausgleichs- und Anfechtungsordnung (2000) E 3 zu § 28.

[105] *Mohr*, Die Konkurs-, Ausgleichs- und Anfechtungsordnung (2000) E 4 zu § 20 AO und OGH 3.12.1958 SZ 31/149 und 23.3.1988, EvBl 1989/8.

Der Gläubiger, der auf Grund des Verzuges des Schuldners Exekution in das Vermögen des Schuldners führt, braucht **keinen Nachweis über den Verzug führen** (§ 54 Abs 3 AO). Es genügt daher die bloße Behauptung des Gläubigers, der Schuldner müsste den Gegenbeweis erbringen.

- ***Beispiel:***
  Der Schuldner befindet sich im Ausgleich, wobei eine Quote von 40 % zahlbar innerhalb von 2 Jahren angenommen wurde. Der Gläubiger G hat eine Forderung von € 10 000, somit eine Quote von € 4000, welche in 4 gleichen Raten á € 1000 zu entrichten sind. Die erste Rate von € 1000 zahlt der Schuldner pünktlich. Mit der zweiten Rate von ebenfalls € 1000 kommt der Schuldner nach qualifizierter Mahnung (Frist von 14 Tagen) durch den Gläubiger in Verzug. Die ursprüngliche Forderung von G lebt zu ¾, somit mit € 75 000 wieder auf. Mit den bereits bezahlten € 1000 hat der Schuldner 25 % der Ausgleichsquote (= € 4000) bezahlt – diese Wirkung der Schuldbefreiung von 25 % erstreckt sich auch auf die Gesamtforderung von € 10 000.

4.14.11 Verfahrensbeendigung/Anschlusskonkurs

4.14.11.1 Allgemeines

Die etwas verwirrende – weil im herkömlichen Sprachgebrauch eher synonym verwendete – Terminologie der Ausgleichsordnung differenziert bei Verfahrensbeendigungen zwischen **„Aufhebung“** und **„Einstellung“** des Verfahrens. Die beiden Begriffe sind – grob gesprochen – so zu verstehen, dass bei der „Aufhebung“ das Ausgleichsverfahren im Regelfall einer aus Schuldnersicht positiven Beendigung zugeführt wird. Bei der „Einstellung“ wird das Ausgleichsverfahren wegen Erfolglosigkeit beendet und allenfalls ein Anschlusskonkurs eröffnet.

4.14.11.2 Einstellung des Verfahrens

Das Gericht hat das Verfahren einzustellen, wenn dessen Erfolgslosigkeit feststeht oder zu erwarten ist oder wenn der Schuldner sich nicht als ausgleichswürdig erweist. Über die Einstellung wird stets von Amts wegen entschieden. Zugleich mit dem Einstellungsbeschluss ist darüber zu entscheiden, ob der Anschlusskonkurs eröffnet wird.

Die Gründe für die Einstellung sind im Gesetz taxativ aufgezählt (§ 67 AO): Das Verfahren **muss** eingestellt werden, wenn

- der Schuldner den Ausgleichsantrag vor Beginn der Ausgleichstagsatzung zurückzieht,
- der Ausgleichsvorschlag nicht binnen 90 Tagen ab Verfahrenseröffnung oder in der im § 68 AO festgelegten längeren Frist (☞ siehe im Kap 4.14.1) angenommen wird,

- die Formalerfordernisse des § 2 Abs 3 bis 6 AO (☞ siehe in den Kap 4.4.1 und 4.4.2) nicht eingehalten wurden und innerhalb der vom Gericht festgesetzen Frist nicht nachgebessert wurden,
- das Vermögensverzeichnis nicht vom Schuldner vor dem Gericht unterfertigt wurde oder dieser flüchtig wird,
- der Schuldner seine Erklärung gemäß § 32 Abs 4 AO (unterfertigte Erklärung des Schuldners, dass ihm die in das Verzeichnis aufgenommenen Forderungen zur Kenntnis gebracht wurden und die Angabe über die Anerkennung oder Bestreitung von Forderungen mit seiner Erklärung übereinstimmen) über durch den Ausgleichsverwalter bestrittene Forderungen zu Unrecht verweigert,
- der **Schuldner seiner Pflicht zur bescheidenen Lebensführung nicht nachkommt** (☞ siehe im Kap 2.4.7),
- spätestens 8 Tage vor Beginn der Ausgleichstagsatzung nicht bevorrechtete Gläubiger, die mehr als die Hälfte der am Verfahren beteiligten Forderungen innehaben, die Einstellung beantragen; nahe Angehörige (☞ siehe im Kap 4.14.2) werden dabei nur berücksichtigt, wenn sie die Einstellung beantragen,
- sich herausstellt, dass der Schuldner das Verfahren missbräuchlich in Anspruch nimmt, insbesondere, wenn der Schulder bevorrechtete Forderungen (☞ siehe im Kap 4.9.2) nicht bezahlt oder der Ausgleichsvorschlag der Vermögenslage des Schuldners nicht entspricht – die Erfüllung des Ausgleiches voraussichtlich nicht möglich sein wird.

Das Ausgleichsverfahren **kann** eingestellt werden, wenn der Schuldner Verfügungsbeschränkungen ☞ siehe im Kap 4.4.3 oder den Interessen der Gläubiger zuwiderhandelt.

Zugleich mit dem Einstellungsbeschluss bzw mit dem Beschluss, mit dem dem Ausgleich die Bestätigung versagt wird (☞ 4.14.6), ist darüber zu entscheiden, ob der **Anschlusskonkurs** eröffnet wird.

Die Wirkungen der Eröffnung des Ausgleichsverfahrens enden mit dem Tag, der der Veröffentlichung des Einstellungsbeschlusses (Versagungsbeschlusses) bzw mit der öffentlichen Bekanntmachung des Konkursediktes, wenn der Anschlusskonkurs (☞ siehe im Kap 4.16.1) eröffnet wird, folgt. Da die Wirkungen der Eröffnung des Ausgleichsverfahrens (☞ siehe Kap 4.4.4) bis zu diesem Zeitpunkt fortdauern, kann somit kein ungeregelter Zeitraum entstehen, in dem ungewollt der Schuldner wieder seine volle Verfügungsfähigkeit erlangt.

Wenn der Anschlusskonkurs nicht eröffnet wird, ist der Schuldner wieder voll über sein Vermögen verfügungsbefugt.

4.15 Aufhebung des Ausgleichsverfahrens

Ist die Bestätigung des Ausgleiches in Rechtskraft erwachsen, so ist unter bestimmten Voraussetzungen das Ausgleichsverfahren aufzuheben. Die Aufhebung des Ausgleiches ist in folgenden Varianten möglich (§ 57 AO):

4.15.1 Aufhebung ohne Überwachung

Der Ausgleich ist aufzuheben, wenn dies dem gemeinsamen Interesse der Gläubiger entspricht und die Gläubiger in der Ausgleichstagsatzung mit den zur Annahme des Ausgleichsvoranschlages notwendigen Stimmenmehrheiten (☞ Kap 4.14.5) nichts Gegenteiliges beantragen (*Aufhebung des Ausgleiches ohne Überwachung*).

PRAXISHINWEIS: Die Aufhebung ohne Überwachung ist der in der Praxis am häufigsten vorkommende Fall der Aufhebung des Ausgleichsverfahrens.

Die Rechtsfolgen sind die, dass der Schuldner **wieder seine volle Verfügungsfreiheit erhält** und die Ämter des Ausgleichsverwalters und des Gläubigerbeirates erlöschen. Der Gläubigerbeirat wird vom Gericht bestellt, wenn die Eigenart oder der besondere Umfang des Unternehmens dies erforderlich macht. Er besteht aus 3–7 Mitgliedern und hat die Aufgabe, den Ausgleichsverwalter zu beraten, zu unterstützen und zu überwachen (§ 36 AO).

4.15.2 Aufhebung mit Überwachung durch Sachwalter

PRAXISHINWEIS: Die Aufhebung mit Überwachung kommt in der Praxis eher selten vor. Denkbar ist auch, dass eine Überwachung nur für einzelne Geschäfte (zB Liegenschaftsverwertung) erfolgt.

Der Ausgleich ist aufzuheben, wenn sich der Schuldner der Überwachung durch einen oder mehrere **Sachwalter der Gläubiger** bis zur Ausgleichserfüllung oder bis zur Eintritt einer Ausgleichsbedingung (zB Bürgschaftsbestellung) unterworfen hat *(Aufhebung des Ausgleiches mit Überwachung).*

Bei der Aufhebung des Ausgleiches mit Überwachung **dauern die Verfügungsbeschränkungen des Schuldners fort** (☞ siehe Kap 4.4.2 und 4.4.3). Diese Verfügungsbeschränkungen sind auf Antrag des Sachwalters aufzuheben, abzuändern oder neu zu erlassen, wenn dies zur Sicherung des Vermögens, zur Erfüllung des Ausgleiches oder zur Fortführung des Unternehmens des Schuldners zweckmäßig ist (§ 59 AO 2. Satz).

Die Rechte des Ausgleichsverwalters stehen nun dem Sachwalter zu, wobei aber in der Praxis Ausgleichsverwalter und Sachwalter meist ident sind. Der Sachwalter darf die Geschäftsräume des Schuldners betreten und dort Nachforschungen anstellen und Einsicht in die Bücher und Schriften nehmen. Der Schuldner und seine Dienstnehmer müssen dem Sachwalter alle erforderlichen Auskünfte geben (§ 59 Abs 3 AO).

Der Sachwalter unterliegt der Aufsicht durch das Gericht und kann aus wichtigen Gründen abgesetzt werden (§ 60 AO).

Werden **mehrere Sachwalter** bestellt (§ 61 AO), so führt der Vorsitzende diejenigen Geschäfte, die eine Überwachung gewöhnlich mit sich bringt, es sei denn, die Sachwalter haben bestimmt, dass bestimmte Arten solcher Geschäfte ihrer Zustimmung bedürfen. Soweit die Geschäftsführung nicht dem Sachwalter alleine obliegt, steht sie allen Sachwaltern gemeinsam zu. In allen gemeinsamen Angelegenheiten werden die Sachwalter durch den Vorsitzenden gerichtlich und außergerichtlich bestellt.

Bei Beschlüssen entscheidet die Stimmenmehrheit, wobei bei Stimmengleichheit der Vorsitzende entscheidet.

Der Sachwalter ist nicht Vertreter des Schuldners. Er unterliegt der Aufsicht durch das Ausgleichsgericht und hat Anspruch auf Belohnung, welche in der Regel 10 % der Entlohnung des Ausgleichsverwaltes ausmacht (§ 59 Abs 6 AO).

Bei der Aufhebung des Ausgleiches mit Überwachung sind folgende Varianten möglich:

4.15.3 Reiner Aufsichtsausgleich

Beim reinen Aufsichtsausgleich hat der Sachwalter nur eine überwachende Funktion. Die Zahlung der Ausgleichsraten und die Verwaltung des Vermögens mit den im Ausgleich vorgesehenen Einschränkungen (☞ siehe Kap 4.4.3) obliegt dem Schuldner. Auch das Risiko des relativen Auflebens der Ausgleichsquote (☞ siehe Kap 4.14.10) bei verspäteter Erfüllung der Ausgleichsraten trifft den Schuldner.

4.15.4 Aufsichtsausgleich in der Form eines Treuhandausgleiches

Beim *Treuhandausgleich* (§§ 62 f AO) übergibt der Schuldner sein *Vermögen* den Sachwaltern. Die Sachwalter haben daher die Stellung von Treuhändern. Es ist möglich, dass ihnen das gesamte Vermögen oder nur ein Teil davon übertragen wird. Im ersteren Fall liegt ein *Liquidationsausgleich* vor, während im letzteren Fall eine Art *Zwangsverwaltung* besteht.

Die Sachwalter haften kraft ausdrücklicher gesetzlicher Bestimmung (§§ 1409a ABGB, 25 Abs 4 HGB und 62 Abs 2 AO) nicht für die Verbindlichkeiten des übernommenen Vermögens.

Beim Liquidationsausgleich in der Form eines Treuhandausgleiches verliert der Schuldner seine Verfügungsbefugnis über sein Vermögen, nicht aber seine Prozessfähigkeit.[106]

Allerdings müssen Klagen der Gläubiger auf das übertragene Vermögen gegen den Sachwalter gerichtet werden.[107]

---

[106] RdW 1987, 412 und JBl 1986, 463 in *Hajek*, Ausgleichsordnung Rz 3 zu § 68 AO.

[107] OGH 9.5.1973, EvBl 1973/270 in *Mohr*, Die Konkurs-, Ausgleichs- und Anfechtungsordnung (2000) E 2 zu § 62 AO.

Einzelexekutionen während der Tätigkeit eines Sachwalters bei einem Liquidationsausgleich für die Hereinbringung fälliger Quoten oder für bevorrechtete Forderungen gegen den Ausgleichsschuldner sind unzulässig.[108]

Zulässig sind aber Exekutionen von Forderungen gegen den ehemaligen Ausgleichsschuldner, die aus der Tätigkeit des Ausgleichsverwalters als Vermögensverwerter herrühren.[109]

Wichtig: Beim Treuhandausgleich in der Form eines Liquidationsausgleiches kann der Ausgleichsschuldner nicht mehr in Verzug geraten, sodass es nicht zu einem relativen Wiederaufleben der Forderung (☞ siehe im Kap 4.14.10) kommen kann.[110]

Rechtshandlungen des Schuldners betreffend das dem Treuhänder übergebene Vermögen sind insoferne unwirksam, als dadurch in die Rechte der Gläubiger im Ausgleichsverfahren eingegriffen wird.[111]

Die **Zahlungsfrist** beträgt beim Treuhandausgleich **18 Monate** vom Tag der Annahme des Ausgleiches und kann mehrmals auf ein weiteres Jahr, maximal aber auf insgesamt 3 Jahre erstreckt werden, wenn dies im Interesse der Beteiligten ist und die Voraussetzungen des § 68 AO (Unternehmen von wirtschaftlicher Bedeutung und öffentliche Interessen – ☞ siehe im Kap 4.14.1) gegeben sind.

Die Höchstdauer der Zahlungsfrist beträgt daher bei Vorliegen der obigen Voraussetzungen 4 ½ Jahre.[112]

4.16 Beendigung und Einstellung des Sachwalterausgleiches (§ 64 AO)

Beendigung

Das Gericht erklärt den Sachwalterausgleich für beendet, wenn der Ausgleichsschuldner oder der Sachwalter bescheinigt, dass der Ausgleich erfüllt oder die festgesetzten Bedingungen (zB Bürgenbestellung) eingetreten sind.

Der Beendigungsbeschluss ist anfechtbar. Diejenigen Gläubiger, die sich nicht am Ausgleichsverfahren beteiligt haben, haben kein Rekursrecht.[113]

Einstellung

Einstellung bedeutet im Gegensatz zur Beendigung, dass der Sachwalterausgleich nicht erfolgreich war. Die Einstellung ist vorzunehmen, wenn

[108] *Mohr*, Die Konkurs-, Ausgleichs- und Anfechtungsordnung (2000) E 19 zu § 62 AO.
[109] *Mohr*, Die Konkurs-, Ausgleichs- und Anfechtungsordnung (2000) E 20 zu § 62 AO.
[110] OGH 10.2.1972, SZ 45/16 in *Holzhammer*, Österreichisches Insolvenzrecht, 3. Auflage, 276.
[111] *Hajek*, Ausgleichsordnung Rn 7 zu § 62 AO.
[112] OLG Wien 13.5.1991, 6 R 20, 22/91 in *Hajek*, Ausgleichsordnung Rn 5 zu § 64 AO.
[113] OGH 24.8.1998, ZIK 1999, 141.

- innerhalb von 14 Tagen nach Ablauf der letzten im Ausgleich bestimmten Zahlungsfrist kein Antrag auf Verfahrensbeendigung vorliegt oder wenn der Antrag abgelehnt wird,
- der Schuldner Verfügungsbeschränkungen (☞ siehe Kap 4.15.2) so zuwiderhandelt, dass das Ziel der Überwachung gefährdet wird,
- sich herausstellt, dass die Überwachung nicht zu einer Beendigung führen wird. Diesbezüglich ist der Sachwalter zu einer entsprechenden Anzeige verpflichtet, außer bei einem Treuhandausgleich.

Auch der Einstellungsbeschluss ist anfechtbar.

Die Wirkungen der Beendigung der Überwachung durch Sachwalter treten aber erst einen Tag nach Veröffentlichung des amtswegigen Konkurses ein.

Wird kein amtswegiger Konkurs eröffnet, so ist der Einstellungsbeschluss öffentlich bekannt zu machen. Nur dann erlangt der Schuldner wieder sein Recht, über sein Vermögen frei zu verfügen (§ 64 Abs 5 iVm § 69 Abs 3 AO).

PRAXISHINWEIS: Eine Fortsetzung des Ausgleichsverfahrens kommt in der Praxis eher selten vor.

Wird das Ausgleichsverfahren nicht aufgehoben (☞ siehe im Kap 4.15), so ist es unter gerichtlicher Überwachung fortzusetzen (§ 65 Abs 1 AO). Ausgleichsverwalter und Gläubigerausschuss bleiben im Amt. Der Konkurs- und Vollstreckungsschutz endet allerdings mit Rechtskraft der Bestätigung des Ausgleiches.

Das fortgesetzte Verfahren ist für **beendet** zu erklären, wenn der Ausgleichsverwalter oder der Schuldner glaubhaft macht, dass der Ausgleich erfüllt ist.

Das fortgesetzte Verfahren **muss eingestellt** werden, wenn
- innerhalb von 14 Tagen nach Ablauf der letzten im Ausgleich bestimmten Zahlungsfrist kein Antrag des Schuldners oder Ausgleichsverwalters auf Beendigung des Verfahrens vorliegt oder
- dieser Antrag abgewiesen wurde; die Einstellung des Ausgleiches aus diesem Grund berührt die Rechtswirkung der Ausgleichsbestätigung nicht,[114] auch besteht bei diesem Einstellungsgrund keine Verpflichtung, von Amts wegen über eine Konkurseröffnung zu entscheiden,
- der Schuldner seiner Verpflichtung zur bescheidenen Lebensführung zuwiderhandelt,
- sich herausstellt, dass der Ausgleich nicht erfüllt werden kann; der Ausgleichsverwalter ist verpflichtet, diesen Umstand anzuzeigen.

Das Verfahren **kann** eingestellt werden, wenn der Schuldner Verfügungsbeschränkungen (☞ siehe Kap 4.15.2) oder den Interessen der Gläubiger zuwiderhandelt.

---

[114] OGH 24.2.1960, SZ 33/20, in *Mohr*, Die Konkurs-, Ausgleichs- und Anfechtungsordnung (2000) E 1 zu § 65 AO.

Die Rechtswirkungen der Einstellung treten einen Tag nach Veröffentlichung der Entscheidung über einen Anschlusskonkurs oder bei Nicht-Eröffnung des Konkurses einen Tag nach Veröffentlichung des Einstellungsbeschlusses ein.

Rekurse über die Einstellung oder Beendigung können angefochten werden.

4.16.1 Anschlusskonkurs

Als Anschlusskonkurs wird jeder Konkurs bezeichnet, der in Folge der Einstellung des Ausgleichsverfahrens eröffnet wird.

Der Anschlusskonkurs muss im Eröffnungsbeschluss als solcher gekennzeichnet werden (§ 2 Abs 2 KO). Er weist folgende Besonderheiten auf:

1. Die im vorangegangenen Ausgleichsverfahren angemeldeten Forderungen gelten auch im Konkurs als angemeldet (§ 102 Abs 2 KO).
2. Die Aufwendungen, die im Ausgleichsverfahren angelaufen sind und auch im Konkurs als Masseforderung geltend gemacht werden könnten bzw die Aufwendungen des Schuldners und Ausgleichsverwalters für Rechtshandlungen gemäß § 23 Abs 1 AO sind Masseforderungen (§ 46 Abs 2 KO).
3. Die Zahlungsunfähigkeit des Gemeinschuldners wird für den Anschlusskonkurs nicht geprüft.
4. Der Schuldner ist an seine Erklärungen (Bestreitungen oder Anerkennungen), die er im Ausgleichsverfahren hinsichtlich einer Forderung gegeben hat, gebunden. Hat er eine Erklärung im Ausgleichsverfahren nicht abgegeben, kann er die Forderung auch im Konkurs nicht bestreiten (§ 109 Abs 3 KO).
5. Die nach der Konkursordnung nach dem Tag des Antrages auf Konkurseröffnung oder vom Tag der Konkurseröffnung zu berechnenden Fristen sind vom Tag des Ausgleichsantrages oder vom Tag der Eröffnung des Ausgleichsverfahrens zu berechnen.

Zwei Varianten des Anschlusskonkurses sind im Gesetz (§ 2 Abs 2 KO) aufgezählt:

1. Amtswegige Eröffnung des Konkurses nach Rechtskraft der Versagung der Bestätigung des Ausgleiches nach § 69 iVm § 52 Abs 2 AO.
2. Amtswegige Eröffnung des Konkurses nach Rechtskraft der Einstellung des Ausgleichsverfahrens nach § 69 iVm § 67 AO.
3. Obwohl im Gesetz nicht aufgezählt, ist auch der Fall, dass ein Antrag auf Eröffnung des Ausgleichsverfahrens abgewiesen und in der Folge ein Konkurs eröffnet wurde, als Anschlusskonkurs („unechter Anschlusskonkurs"[115]) mit den oben angeführten Besonderheiten zu werten. Denn das Gesetz sieht in jedem Ausgleichsantrag einen Eventualantrag auf Konkurseröffnung.

[115] *Holzhammer*, Österreichisches Insolvenzrecht (1994) 283.

4.16.2 Konkurs nach Aufhebung des Ausgleichsverfahrens (Folgekonkurs)

Vom Anschlusskonkurs zu unterscheiden ist ein Konkurs, der eröffnet wird, nachdem bereits der Ausgleich rechtskräftig aufgehoben wurde und danach Zahlungsunfähigkeit bzw Überschuldung (bei juristischen Personen) eintritt.

Es handelt sich dabei nicht um einen Anschlusskonkurs, sondern um einen eigenständigen Konkurs, der nicht die Besonderheiten des Anschlusskonkurses aufweist. Dies bedeutet, dass die Forderungen neu anzumelden sind.

Wichtig: Bereits erfüllte Teilzahlungen gelten im Ausmaß der Quote als getilgt.

- ***Beispiel:***
  Im Ausgleich wurde eine Quote von 40 % in 4 Raten á 10 % angeboten und angenommen. Nach Aufhebung des Ausgleiches und Zahlung der ersten Rate wird der Konkurs eröffnet. Der Gläubiger, der zB eine ursprüngliche Forderung von € 10 000 hat und der daher bei der ersten Rate € 1000 erhalten hat, hat nur mehr im Ausmaß von € 7500 eine Konkursforderung. Denn die Zahlung von € 1000 im Ausgleichsverfahren gilt als Schuldbefreiung von 25 % der Gesamtforderung.

Aufwendungen im vorangegangenen Ausgleichsverfahren sind Konkursforderungen und die Fristberechnung für die Anfechtung beginnt ab Konkurseröffnung zu laufen.

4.17 Ablaufschema gerichtlicher Ausgleich

Ausgleichsantrag

▼

Der Ausgleichsantrag kann nur vom Schuldner gestellt werden. Voraussetzung ist zumindest drohende Zahlungsunfähigkeit oder (bei juristischen Personen) Überschuldung mit negativer Fortbestehensprognose. Weiters muss kostendeckendes Vermögen (im Regelfall € 4000) vorhanden sein, und es müssen bestimmte Unterlagen (zB Gläubigerverzeichnis, Stand der Aktiva und Passiva etc) beigelegt und der Antrag formal richtig eingebracht werden.

▼

Ausgleichseröffnung

Wenn kein Eröffnungshindernis besteht, eröffnet das Gericht den Ausgleich (Veröffentlichung in der Insolvenzdatei www.edikte.justiz.gv.at). Es wird ein Ausgleichsverwalter bestellt und die Gläubiger werden zur Forderungsanmeldung aufgefordert. Der Schuldner ist nur mehr beschränkt über sein Vermögen verfügungsbefugt.

▼

Ausgleichstagsatzung

Innerhalb von 90 Tagen (ab Eröffnung) findet die Tagsatzung über den Ausgleichsvorschlag statt. Eine Verlängerung dieser Frist ist bei größeren Unternehmen mit besonderer wirtschaftlicher Bedeutung unter Umständen möglich. Es muss eine Quote von mindestens 40 %, zahlbar innerhalb von höchstens 2 Jahren angeboten werden. Stimmberechtigt sind nur die bei der Tagsatzung anwesenden Gläubiger. Bevorrechtete Gläubiger und aus- und absonderungsberechtigte Gläubiger haben kein Stimmrecht. Erforderliche Zustimmungsquoren: Die Mehrheit nach Köpfen der anwesenden stimmberechtigten Gläubiger, welche mindestens 75 % der Forderungssumme der anwesenden stimmberechtigten Gläubiger repräsentieren.

▼

Ausgleichsbestätigung

Nehmen die Ausgleichsgläubiger den Vorschlag an, bedarf es außerdem noch einer gerichtlichen Bestätigung. Mit der Rechtskraft der Bestätigung wird der Ausgleich wirksam: Es kommt zu dem Schuldennachlass zu Gunsten des Ausgleichsschuldners gegenüber den Ausgleichsgläubigern in der Höhe der Differenz dieser Forderungen zur angenommenen Quote. Sonderbegünstigungen sind unzulässig. Bürgen und sonstige Mitschuldner haften jedoch den Gläubigern gegenüber weiterhin voll und haben ein Rückgriffsrecht gegenüber dem Schuldner nur im Ausmaß der Quote. Beim Scheitern des Ausgleiches kann es zu einem

➡ **Anschlusskonkurs** kommen.

▼

Aufhebung des Ausgleiches

Mit Aufhebung des Ausgleiches erlangt der Schuldner im Regelfall wieder seine volle Verfügungsbefugnis. Theoretisch denkbar wäre aber auch eine Aufhebung mit Überwachung durch Sachwalter oder eine Fortsetzung des Ausgleiches. Im letzten Fall würde der Schuldner weiterhin unter Aufsicht des Ausgleichsverwalters bleiben. Bei Verzug mit einer Quote kommt es nach qualifizierter Mahnung zu einem relativen Wiederaufleben der Forderung.

5 Exkurs: Die Europäische Insolvenzverordnung

5.1 Allgemeines

Seit 31.5.2002 ist die Europäische Insolvenzverordnung (Amtsblatt C 300 vom 20.10.2000, S 15–31) in allen Staaten der Europäischen Union mit Ausnahme von Dänemark in Kraft. Sinn und Zweck dieser Vorschrift soll die Schaffung einheitlicher Regelungen in den Bereichen internationale Zuständigkeit für die Eröffnung von Insolvenzverfahren, Klärung der Frage des anzuwendenden Rechtes und Anerkennung und Vollstreckung insolvenzrechtlicher Entscheidungen ausländischer Gerichte sein.

Auf europäischer Ebene stellt die Verordnung einen Versuch dar, das so genannte „Forumshopping" zu verhindern. Damit ist gemeint, dass Vermögensgegenstände oder Rechtsstreitigkeiten in einen anderen Mitgliedstaat verlagert werden, um auf diese Weise zu einem persönlich günstigeren Insolvenzrecht und somit zu einer besseren Rechtsstellung zu kommen.[116]

In sachlicher Hinsicht kommt sie sowohl für Private (Privatkonkurs) als auch für Unternehmenskonkurse in Betracht, ausgenommen vom Anwendungsbereich sind Insolvenzen von Versicherungsunternehmen, Kreditinstituten und Wertpapierfirmen sowie von Organismen für gemeinsame Anlagen.

5.2 Internationale Zuständigkeit

In jenem Mitgliedstaat, in dem der Schuldner den „Mittelpunkt seiner hauptsächlichen Interessen" hat, wird das Hauptinsolvenzverfahren eröffnet. Dieses Verfahren hat universelle Geltung mit dem Ziel, das gesamte in- und (EU-)ausländische Vermögen des Schuldners zu erfassen.

Bei Gesellschaften und juristischen Personen wird widerleglich vermutet, dass der Mittelpunkt ihrer hauptsächlichen Interessen der Ort ihres satzungsmäßigen Sitzes ist.

Welches Gericht oder welche Behörde dann konkret für das einzelne Verfahren zuständig ist, richtet sich weiterhin nach nationalem Recht, also für Österreich nach den §§ 63 ff, 182 KO.

Für das Verfahren kommt dann das Insolvenzrecht des Staates, in dem das Hauptverfahren eröffnet wird, zur Anwendung.

Jeder Gläubiger, der seinen gewöhnlichen Aufenthalt, Sitz oder Wohnsitz im EU-Bereich hat, kann seine Forderung schriftlich anmelden. Die Anmeldung kann in der Amtssprache seines Sitzstaates erfolgen, wobei jedoch zumindest die Überschrift „Anmeldung der Forderung" in einer der Amtssprachen des Staates der Verfahrenseröffnung erfolgen muss. Vom Gläubiger kann eine Übersetzung der Anmeldung in die Amtssprache des Staates der Verfahrenseröffnung verlangt werden (Art 42 Abs 2 Insolvenzverordnung).

[116] *Feuchtinger*, SWK 2002, W 873.

5.3 Partikular- und Sekundärverfahren

Zum Schutz inländischer Interessen oder zur besseren Verwertung der Masse kann in einem anderen Mitgliedsstaat ein „Sekundärinsolvenzverfahren“ eröffnet werden. Voraussetzung dafür ist, dass der Schuldner eine Niederlassung im betreffenden Mitgliedstaat hat. Der Begriff Niederlassung ist dabei weit auszulegen.[117] Beim Sekundärverfahren muss es sich nach dem Wortlaut der Insolvenzverordnung um ein Liquidationsverfahren handeln. In Österreich könnte daher ein Sekundärverfahren nur als Konkurs geführt werden, da eine Sanierung, wie etwa im Ausgleich, ausgeschlossen ist.[118]

Die Wirkungen des Sekundärverfahrens sind auf das im Staat der Niederlassung belegene Vermögen beschränkt. Die Eröffnung eines Sekundärverfahrens kann der Verwalter des Hauptverfahrens, aber auch jede andere Person oder Stelle beantragen, die dazu nach dem nationalen Recht des Staates des Sekundärverfahrens befugt ist.

Vom Sekundärverfahren zu unterscheiden ist das Partikularverfahren. Dieses kann beantragt werden, wenn der Staat, in dem der Schuldner den Mittelpunkt seiner hauptsächlichen Interessen hat, ein Hauptinsolvenzverfahren nicht zulässt. Das Partikularverfahren kann in diesem Fall in dem Staat, in dem der Schuldner eine Niederlassung hat, von einheimischen Gläubigern oder Gläubigern der Niederlassung beantragt werden und wird bei dann nach erfolgter Eröffnung des Hauptverfahrens automatisch zum Sekundärverfahren:

- ***Beispiel:***
  Ein in Spanien ansässiges Unternehmen verfügt über eine Zweigniederlassung in den Niederlanden und über einen Filialbetrieb in Österreich. Ein österreichischer Gläubiger beantragt den Konkurs vor dem zuständigen österreichischen Gericht, welcher sodann als Partikularverfahren eröffnet wird. Österreichische Gläubiger haben ihre Forderung in Österreich anzumelden. In weiterer Folge wird in Spanien das Hauptverfahren eröffnet und auf Antrag des spanischen Masseverwalters in den Niederlanden ein Sekundärverfahren. Durch die Eröffnung des Hauptverfahrens in Spanien wird das österreichische Partikularverfahren zum Sekundärverfahren. Österreichische Gläubiger haben weiterhin ihre Forderung in Österreich anzumelden, niederländische Gläubiger ihre Forderung in den Niederlanden. Alle übrigen Gläubiger haben ihre Forderung beim Hauptverfahren in Spanien zur Anmeldung zu bringen.

Hat ein Gläubiger im Rahmen eines ausländischen Insolvenzverfahrens eine Quote seiner Forderung erlangt, so nimmt er an der Verteilung erst dann teil, wenn die anderen Gläubiger die gleiche Quote erlangt haben (§ 128 Abs 2a KO des IIRG im Entwurf).

---

[117] ZIK 2001, 290.
[118] Strittig: *Klauser*, AnwBl 2002, 304.

5.4 Anerkennung ausländischer Entscheidungen

Die Eröffnung eines Insolvenzverfahrens durch ein nach Art 3 zuständiges Gericht oder zuständige Behörde eines Mitgliedstaates wird in allen übrigen Mitgliedstaaten ohne weitere Voraussetzung anerkannt, sobald die Entscheidung im Staat der Verfahrenseröffnung wirksam ist (Art 16). Dabei ist unerheblich, ob die wirksame Entscheidung noch angefochten werden kann.[119]

Ebenso sind alle zur Durchführung und Beendigung des Insolvenzverfahrens ergangenen Entscheidungen sowie im Rahmen des Insolvenzverfahrens abgeschlossenen Vergleiche ohne weitere Förmlichkeiten anzuerkennen.

5.5 Anzuwendendes Recht

Grundsätzlich gilt immer das Recht des Staates der Verfahrenseröffnung. In Art 5 bis 14 werden jedoch Grundregeln aufgestellt, die im Falle von Kollisionen anzuwenden sind. Sondervorschriften gelten demgemäß für Verträge über Liegenschaften, Arbeitsverträge, Rechte, die in ein öffentliches Register eingetragen sind und Gemeinschaftspatente und -marken. Sonderbestimmungen gelten auch für die Frage der Aufrechnung eines Gläubigers mit seiner Forderung gegen eine Forderung des Gemeinschuldners (Art 6 Abs 1) und für die Frage der Anfechtbarkeit von Rechtshandlungen.[120]

Derzeit befindet sich das Bundesgesetz über das Internationale Insolvenzrecht (IIRG) in der Begutachtungsphase. Um den Anforderungen der Richtlinie 2001/17/EG Rechnung zu tragen, müssen detaillierte Regelungen über grenzüberschreitende Insolvenzverfahren betreffend Versicherungsunternehmen und Kreditinstitute in das österreichische Recht aufgenommen werden.

Diese Bestimmungen werden im neuen vierten Teil der Konkursordnung mit der Bezeichnung „Internationales Insolvenzrecht" zusammengefasst. Die Begutachtungsfrist endet am 20.12.2002; das neue Gesetz soll mit 19.4.2003 in Kraft treten.

Inhaltlich werden mit diesem neuen Gesetz im Wesentlichen die Bestimmungen der Europäischen Insolvenzverordnung über die Frage der Internationalen Zuständigkeit und Anerkennung ausländischer Verfahren sowie Bestimmungen über das anzuwendende Recht in die Konkursordnung übernommen.

---

[119] *Klauser*, AnwBl 2002, 304.
[120] *Klauser*, AnwBl 2002, 6.

6 Konkurs natürlicher Personen („Privatkonkurs")

6.1 Allgemeines

Seit 1.1.1995 wurde in der Konkursordnung in den §§ 181 ff KO ein Sonderkapitel „*Sonderbestimmung für natürliche Personen*" eingeführt. Diese Regelung wird von der Allgemeinheit auch als „*Privatkonkurs*" bezeichnet. Obwohl sich dieser Terminus im Gesetz nicht findet, wird in der Folge auch in diesem Buch der Einfachheit halber diese Formulierung gewählt. Regelungen den Privatkonkurs betreffend wurden zuletzt durch die Insolvenzrechtsnovelle 2002, BGBl I 2002/75[121] geändert.

Der Privatkonkurs wurde eingeführt, damit dem Schuldner ein Ausweg aus der Spirale der Verschuldung geboten wird. Hierbei stehen in einem relativ komplizierten Verfahren mehrere Möglichkeiten offen. Letztes Stadium des Verfahrens ist das „*Abschöpfungsverfahren*", in dem der Schuldner bis zu 7 Jahre[122] auf das Existenzminimum gepfändet wird. Bei Erreichen der gesetzlich vorgesehenen Mindestquote wird er schuldenfrei gestellt. Doch es gibt auch vor diesem Verfahrensschritt Möglichkeiten, bereits nach einem kürzeren Zeitraum schuldenfrei gestellt zu werden. Der Weg dazu ist keineswegs einfach; vielmehr wird im Regelfall ein Mindesteinkommen und ein diszipliniertes Verhalten des Schuldners vorausgesetzt.

Dass dieser Weg zur Schuldenbefreiung nicht einfach ist, zeigt eine aktuelle Statistik der Schuldnerberatungsstellen:[123] Ein Drittel der Hilfesuchenden scheitert bereits an den Eingangshürden für den Privatkonkurs, weil es an einem regelmäßigen oder genügend hohen Einkommen fehlt. Ein weiteres Drittel schafft vor allem mit Hilfe von Beratern eine außergerichtliche Lösung. Das letzte Drittel schließlich schlägt den gerichtlichen Weg ein, wobei davon etwa 70 % einen Zahlungsplan, für welchen eine Zustimmung der Gläubiger notwendig ist, erreichen. Die restlichen 30 % dieses Drittels kommen in das mindestens 7-jährige Abschöpfungsverfahren.

Dieser Weg zur Schuldenbefreiung steht **allen natürlichen Personen** offen – und dies **unabhängig davon, ob sie Unternehmer oder Private sind**. Und tatsächlich wird der Privatkonkurs von einer relativ großen Zahl von (ehemaligen) Unternehmern in Anspruch genommen. Ab einem gewissen Verfahrensstadium ist jedoch die Verwertung des Vermögens – und damit auch des Unternehmens – Voraussetzung.

Grundsätzlich finden auch die sonstigen Bestimmungen der Konkursordnung Anwendung, welche bereits im Kapitel 2 eingehend dargestellt wurden. An die-

---

121 Dazu siehe etwa bei *Mohr*, Die im Ministerialentwurf der Insolvenzrechts-Novelle 2002 enthaltenen Änderungen des Privatkonkursrechtes, ZIK 2001, 243 oder *Feuchtinger*, Neuerungen im Insolvenzrecht, SWK 2002, W 61.

122 In bestimmten Fällen kann das Gericht diese Frist um weitere 3 Jahre, somit auf insgesamt 10 Jahre ausdehnen.

123 Aus der Tageszeitung „Der Standard": Privatkonkurse: Traurige Bilanz vom 2.4.2002.

ser Stelle sollen daher im Wesentlichen die Besonderheiten des Privatkonkurses aufgezeigt werden, während die sonstigen ebenfalls im Konkurs zur Anwendung kommenden Vorschriften im Kapitel 2 nachzulesen sind.

6.1.1 Zuständigkeit/Unternehmereigenschaft

Betreibt der Schuldner kein Unternehmen, so ist das Bezirksgericht zuständig, sonst das Landesgericht (in Wien das Handelsgericht). Bei Privaten wird das Verfahren „Schuldenregulierungsverfahren“ genannt. Bei Selbständigen richtet sich der Unternehmerbegriff nach § 1 Abs 2 KSchG. Indizien für den Verlust der Unternehmereigenschaft sind etwa die Zurücklegung (bzw Ruhendmeldung[124]) des Gewerbescheines oder der Umstand, dass die Beschäftigungsverhältnisse der Dienstnehmer nicht mehr aufrecht sind. Dagegen wird die Unternehmereigenschaft noch angenommen, wenn Liquidationshandlungen gesetzt werden.[125]

Hinsichtlich des Geschäftsführers einer GmbH geht die jüngere Judikatur dazu über, die Bezirksgerichtszuständigkeit zu bejahen.[126]

Bei Personenhandels- und Erwerbsgesellschaften wird die Unternehmereigenschaft der persönlich haftenden Gesellschafter bei aufrechtem Unternehmensbetrieb bejaht.[127] Dagegen besteht naturgemäß für diese Gesellschafter keine Unternehmereigenschaft mehr, wenn die Gesellschaft ihre selbständige Tätigkeit eingestellt hat.

Auch die Kommanditistenstellung begründet keine Unternehmereigenschaft.[128]

6.1.2 Antragsvoraussetzungen/Kostenvorschuss

Antragsvoraussetzung ist zum einen die Zahlungsunfähigkeit (☞ siehe dazu Kap 2.2.1). Ein wesentlicher Unterschied zum „normalen“ Konkursverfahren ist der, dass **kein Kostenvorschuss zu hinterlegen ist**, wenn der Schuldner[129]

[124] Die Zurücklegung des Gewerbescheines erfolgt bei der Gewerbebehörde, während die Ruhendmeldung bei der zuständigen Gliederung der Wirtschaftskammer erfolgt. In beiden Fällen hat dies die wichtige Konsequenz, dass keine Sozialversicherungsbeiträge bei der Sozialversicherung der gewerblichen Wirtschaft mehr zu entrichten sind und natürlich auch aus diesem Titel kein Versicherungsschutz mehr besteht. Der Unterschied zwischen beiden Varianten besteht darin, dass bei einer allfälligen Wiederaufnahme des Gewerbes nach einem Zurücklegen wieder alle für die Gewerbeanmeldung erforderlichen Unterlagen (zB Staatsbürgerschaftsnachweis, Befähigungsnachweis, Strafregisterbescheinigung etc) bei der Gewerbebehörde eingereicht werden müssen und auch die dafür erforderlichen Gebühren (ca € 110) wieder zu entrichten sind. Dagegen würde nach einem Ruhendmelden die formlose Anzeige bei der zuständigen Gliederung bei der Wirtschaftskammer für eine Wiederaufnahme genügen. Dafür muss weiterhin die halbe Grundumlage bei der Wirtschaftskammer bezahlt werden, während nach einem Zurücklegen gar keine Wirtschaftskammerumlagen mehr zu entrichten sind. Das Ruhendmelden wird sich also dann anbieten, wenn beabsichtigt ist, dass später das Gewerbe wieder ausgeübt werden soll.

[125] LGZ Wien 10.4.1995, ZIK 1995, 159.

[126] OGH 19.10.1998, RdW 1999, 148, anders lautend OLG Linz 6.11.1995, ZIK 1996, 100.

[127] OLG Innsbruck 16.9.1998, 1 R 191/98t in *Mohr*, Die Konkurs-, Ausgleichs- und Anfechtungsordnung (2000) E 48b zu § 182.

[128] OLG Wien 27.1.1999, 28 R 245/98z in *Mohr*, Die Konkurs-, Ausgleichs- und Anfechtungsordnung (2000) E 45 a zu § 182.

[129] Im Privatkonkurs wird die Bezeichnung „Schuldner“ statt „Gemeinschuldner“ gewählt.

1. Ein genaues eigenhändig unterschriebenes Vermögensverzeichnis vorlegt und sich bereit erklärt, vor dem Konkursgericht zu unterfertigen, dass seine Angaben der Wahrheit entsprechen.
2. Einen Zahlungsplan vorlegt, dessen Annahme beantragt und bescheinigt, dass er ihn erfüllen werde.
3. Bescheinigt, dass seine Einkünfte die Kosten des Verfahrens voraussichtlich decken werden.[130]
4. Nur für den Fall, dass der Schuldner kein Unternehmen betreibt, muss bescheinigt werden, dass ein außergerichtlicher Ausgleich vor einer Schuldnerberatungsstelle oder einem bevorrechteten Gläubigerschutzverband gescheitert ist oder gescheitert wäre.
5. Dringend anzuraten ist auch die Beilegung einer vollständigen Gläubigerliste. Dies ist zwar nicht Voraussetzung für die Eröffnung ohne Kostenvorschuss, doch ist dies aus folgendem Grund im Interesse des Schuldners: Verbindlichkeiten, die nur aus Verschulden des Schuldners nicht berücksichtigt werden konnten, sind von der Restschuldbefreiung ausgenommen (§ 215 Z 2 KO).

Bei Vorliegen der obigen Voraussetzungen 1 bis 3 müsste nach dem Gesetzeswortlaut auch ein Einzelunternehmer die Möglichkeit haben, beim Landesgericht (in Wien: beim Handelsgericht) ohne Vorlage eines Kostenvorschusses in den Privatkonkurs zu gehen.

PRAXISHINWEIS: Wenn Sie als Einzelunternehmer ein Unternehmen betreiben und Sie sich den Kostenvorschuss ersparen wollen, können Sie nach Einstellung der selbständigen Tätigkeit (Gewerbescheinzurücklegung etc) den Antrag auf Privatkonkurs ohne Erlag eines Kostenvorschusses bei Vorliegen der oben aufgezählten Voraussetzungen beim Bezirksgericht beantragen. Dies wird jedoch nur dann Sinn machen, wenn Sie tatsächlich das Unternehmen nicht mehr fortführen wollen.

Wenn Sie bei noch aufrechtem Betrieb des Unternehmens die obigen Voraussetzungen (mit Ausnahme des außergerichtlichen Ausgleichsversuches) erfüllen und Ihnen nach dem Antrag auf Eröffnung eines Privatkonkurses beim (für Unternehmer zuständigen Landesgericht bzw in Wien beim Handelsgericht) ein Kostenvorschuss mittels Beschlusses vorgeschrieben wurde, könnten Sie gegen diesen Beschluss Rekurs ergreifen. Wenn der Rekurs mündlich bei Gericht zu Protokoll gebracht wird, brauchen Sie keine Vertretung durch einen Anwalt. Wird der Rekurs schriftlich eingebracht, brauchen Sie die Unterschrift eines Anwaltes.

[130] Vor der Insolvenzrechtsnovelle 2002, BGBl I 2002/75 war Voraussetzung für eine Konkurseröffnung ohne verpflichtende Vorlage eines Kostenvorschusses auch, dass die Einleitung eines Abschöpfungsverfahrens beantragt und bescheinigt wurde, dass Restschuldbefreiung zu erwarten ist. Dieser Einleitungsgrund ist nun weggefallen. Nun muss allerdings – im Gegensatz zum Gesetzeszustand vor der Novelle – auch bescheinigt werden, dass die Einkünfte die Verfahrenskosten voraussichtlich decken werden.

Ist kein für die Konkurseröffnung kostendeckendes Vermögen vorhanden, wird in der Praxis auch oft so vorgegangen, dass der Antrag auf Konkurseröffnung beim Landesgericht (in Wien beim Handelsgericht) gestellt wird und nach Konkursabweisung mangels Masse und nach Einstellung der unternehmerischen Tätigkeit der Antrag auf Privatkonkurs beim Bezirksgericht eingebracht wird. Allerdings sei darauf hingewiesen, dass die Konkursabweisung mangels kostendeckenden Vermögens grundsätzlich ein Gewerbeausschluss- und -entziehungsgrund (für die Dauer von 3 Jahren ab Eintrag dieses Umstandes in die Insolvenzdatei www.edikte.justiz.gv.at, – siehe auch im Kapitel über das Gewerberecht ☞ Kap 11.1) ist.

☞ ✉ Sie finden ein Formular für einen Antrag auf Privatkonkurs im Anhang „Formulare 6 bis 9“, Kap 13.7 bis Kap 13.10 oder auf der Website des Justizministeriums www.bmj.gv.at (Stichwort „Formulare“ im Suchfeld eingeben).

6.1.3 Behandlung der durch den Bund bevorschussten Kosten

Soferne die Verfahrenskosten feststehen und fällig sind, sind sie primär aus der Konkursmasse zu bezahlen. Wenn der Konkurs ohne Erlag eines Kostenvorschusses eröffnet wurde und bei Feststehen und Fälligkeit dieser Kosten keine Kostendeckung in der Masse vorhanden ist, hat der Bund diese Kosten aus Amtsgeldern vorzustrecken. Gleiches gilt für die Kosten eines Verfahrens nach einem verbesserten Zahlungsplan (§ 195a KO). ☞ Siehe im Kap 6.2. Unter diese vom Staat zu ersetzenden Verfahrenskosten fallen etwa die Kosten des Masseverwalters oder des Treuhänders[131], nicht aber die Belohnung der bevorrechteten Gläubigerschutzverbände.[132] Diese vorläufig vom Bund bezahlten Kosten sind dann aus der Konkursmasse und im Abschöpfungsverfahren aus den dem Treuhänder abgetretenen Forderungen (☞ siehe im Kap 6.4.3.1) zu ersetzen (§ 184 Abs 2 KO).

Hinsichtlich jener aus Amtsgeldern bevorschussten Verfahrenskosten, die nicht bezahlt wurden, ist dem Schuldner mit Beschluss die Rückerstattung aufzutragen, soferne sein notwendiger Unterhalt dadurch nicht beeinträchtigt wird. Drei Jahre nach Beendigung oder Einstellung des Abschöpfungsverfahrens kann die Verpflichtung zur Nachzahlung nicht mehr auferlegt werden (§ 185 Abs 3 KO).

Die Frage der Rückforderung dieser Beträge stellt sich beim Zwangsausgleich nicht, da bei diesem Verfahren die Zahlung oder Sicherstellung der Masseforderungen und damit auch der Verfahrenskosten erforderlich ist (§ 150 KO).[133] Ähnliches gilt beim Zahlungsplan: Der Schuldner muss nach § 196 Abs 2

[131] LG Linz 15.4.1999, 15 R 22/99g in *Mohr*, Die Konkurs-, Ausgleichs- und Anfechtungsordnung (2000) E 3 zu § 204 KO.
[132] *Mohr*, Die Konkurs-, Ausgleichs- und Anfechtungsordnung (2000) FN 1 zu § 185.
[133] *Fink*, Der neue Privatkonkurs, Erläuterungen zu § 184 KO.

KO die Masseforderungen binnen der vom Gericht festgesetzten Frist, welche maximal 3 Jahre betragen darf, entrichten, ansonsten der Zahlungsplan nichtig wäre.

Zumindest im Falle der Eigenverwaltung (☞ siehe im Kap 6.3) werden sich die Kosten des Konkursverfahrens aber auf die Kosten des Treuhänders (☞ siehe im Kap 6.4.3.2) und auf allfällige Kosten für Veröffentlichungen beschränken.

6.1.4 Zu den einzelnen Voraussetzungen für eine Eröffnung ohne Kostenvorschuss

1. Vorlage eines Vermögensverzeichnisses nach § 185 KO.

☞ ⊠ Sie finden ein entsprechendes Formular für ein Vermögensverzeichnis im Anhang („Formular 9“, Kap 13.10) abgedruckt bzw auch auf der Website des Justizministeriums www.bmj.gv.at (Stichwort „Formulare“ im Suchfeld eingeben).

Folgende Angaben sind erforderlich (§ 185 KO):

1. Bei Forderungen die Person und Anschrift des Schuldners, der Schuldgrund, Zeitpunkt der Fälligkeit und Sicherheiten. Unter Forderungen fallen dabei die Einkünfte aus einem Arbeitsverhältnis oder sonstige wiederkehrende Leistungen mit Einkommensersatzfunktion, wobei hier die Bezüge der letzten 3 Monate samt für die Ermittlung des unpfändbaren Freibetrages (☞ siehe in den Kap 7.2 f) maßgeblichen Umstände anzuführen sind.
2. Bei Verbindlichkeiten sind die Person und Anschrift des Gläubigers, der Schuldgrund, der Zeitpunkt der Fälligkeit und etwaige Sicherheiten anzugeben.
3. Ist ein Schuldner oder Gläubiger naher Angehöriger (☞ Kap 4.14.2) ist anzugeben, ob mit diesen nahen Angehörigen innerhalb der letzten 10 Jahre eine Vermögensauseinandersetzung oder Verfügungen über Vermögensgegenstände zu Gunsten dieser nahen Angehörigen stattgefunden hat.

2. Bescheinigung, dass die Einkünfte die Verfahrenskosten voraussichtlich decken werden.

3. Vorlage eines Zahlungsplanes, dessen Annahme beantragt und bescheinigt wird, dass die Quoten voraussichtlich erfüllt werden.

☞ ⊠ Sie finden ein entsprechendes Formular für die Beantragung eines Zahlungsplanes im Anhang („Formular 7“ im Kap 13.8) bzw auch auf der Website des Justizministeriums www.bmj.gv.at (Stichwort „Formulare“ im Suchfeld eingeben).

Der Zahlungsplan ist eine Art Zwangsausgleich (☞ zum Zwangsausgleich siehe in Kap 2.5, 6.2 und 6.4.1) ohne Mindestquote. Die Zustimmungserfordernisse sind auch dieselben: Die Mehrheit der bei der Tagsatzung anwesenden stimmberechtigten Gläubiger nach Köpfen, die mindestens 75 % der Forderungen der anwesenden stimmberechtigten Gläubiger repräsentieren. Voraussetzung dafür ist allerdings auch – im Gegensatz zum Zwangsausgleich –, dass zuvor das gesamte Vermögen des Schuldners verwertet wird!

Die Judikatur[134] legt allerdings keine allzu strengen Maßstäbe an die Bescheinigung der Erfüllbarkeit des Zahlungsplanes. Der Schuldner kann etwa auch angeben, dass er von seinem unpfändbaren Einkommen (☞ siehe in den Kap 7.2 f) freiwillig Beträge zur Erfüllung abführen wird. Die bloß vage Hoffnung auf ein zukünftiges Einkommen wird für die Bescheinigung jedoch nicht genügen – so etwa die allgemeine Bemerkung „Freunde und Familie würden zur Erfüllung der Quote beitragen“.[135]

4. Außergerichtlicher Ausgleichsversuch

Nur der Nicht-Unternehmer muss außerdem bescheinigen, dass ein außergerichtlicher Ausgleichsversuch (☞ zum außergerichtlichen Ausgleich siehe im Kap 1) gescheitert ist oder gescheitert wäre. Der Ausgleichsversuch kann über Rechtsanwälte,[136] über eine Schuldnerberatungsstelle oder einen bevorrechteten Gläubigerschutzverband (☞ siehe im Kap 2.4.6) erfolgen.

PRAXISHINWEIS: Im Wiener Bereich wird bei den Bezirksgerichten auf den Nachweis eines außergerichtlichen Ausgleichversuches verzichtet, wenn nachgewiesen wird, dass die Gebietskrankenkasse, die Sozialversicherung der gewerblichen Wirtschaft oder die Bauarbeiterurlaubs- und Abfertigungskasse zu den Gläubigern gehören. Denn diese Gläubiger stimmen erfahrungsgemäß so gut wie nie einem außergerichtlichen Ausgleich zu.

Das Gericht hat beim außergerichtlichen Ausgleichsversuch ohne detaillierte Prüfung nur zu beurteilen, ob das konkrete Angebot für den außergerichtlichen Ausgleich unter Berücksichtigung der vorgeschlagenen Höhe der Quote und der Zahlungstermine sowie der konkreten Vermögensverhältnisse und Verdienstchancen des Schuldners als ernsthafter Ausgleichsversuch angesehen werden kann.[137]

5. **Wie bereits oben** (☞ siehe im Kap 6.1.2) **dargestellt, sollte der Schuldner aus eigenem Interesse auch eine Gläubigerliste beibringen**.

6.2 Die einzelnen Verfahrensstadien des Privatkonkurses im Überblick

Der Privatkonkurs sieht mehrere Möglichkeiten, die zu einer Restschuldbefreiung führen können, vor:

a. Im ersten Stadium gibt es – wie beim ordentlichen Konkursverfahren (☞ siehe im Kap 2) – die Möglichkeit, einen **Zwangsausgleich** zu beantragen: Die Zu-

[134] *Mohr*, Die Konkurs-, Ausgleichs- und Anfechtungsordnung (2000) E 34 zu § 183.
[135] LG St. Pölten 28.1.1998, 7 R 105/97i in *Mohr*, Die Konkurs-, Ausgleichs- und Anfechtungsordnung (2000) E 45 zu § 183.
[136] LG Innsbruck 12.5.1995, ZIK 1995, 160.
[137] OGH 16.8.2001, 8 Ob 180/01f, ecolex 2002, 174.

stimmungserfordernisse sind dabei dieselben wie im sonstigen Konkursverfahren – also die Mehrheit der Konkursgläubiger (bevorrechtete Gläubiger zählen nicht) nach Köpfen, die mindestens 75 % der Forderungen repräsentieren, wobei nur die bei der Tagsatzung anwesenden Gläubiger zählen. Die **Mindestquote** für **Unternehmer** beträgt **mindestens 20 %**, zahlbar innerhalb von **höchstens 2 Jahren**. **Nicht-Unternehmer** haben zusätzlich die Möglichkeit, eine **Mindestquote von 30 %** innerhalb von **höchstens 5 Jahren** anzubieten, wenn sie eine längere als die zweijährige Frist in Anspruch nehmen wollen.

b. Scheitert der Zwangsausgleich oder ist er von vorneherein aussichtslos, steht als weitere Möglichkeit der **Zahlungsplan** zur Verfügung: **Voraussetzung** dafür ist allerdings, dass **zuvor das gesamte Vermögen des Schuldners verwertet wurde.** Es handelt sich dabei um eine Art Zwangsausgleich **ohne Mindestquote, wobei die Quote aber der Einkommenslage des Schuldners in den nächsten 5 Jahren entsprechen muss.** Die Zustimmungserfordernisse sind dieselben wie oben beim Zwangsausgleich dargestellt. Aus Gläubigersicht kann der Zahlungsplan gegenüber dem gleich unten dargestellten Abschöpfungsverfahren insoferne vorteilhafter sein, als zumindest bestimmte fixe Beträge zu erwarten sind. Die **höchstzulässige Zahlungsfrist für den Zahlungsplan beträgt 7 Jahre.**

   Auch nach Ablehnung des Zahlungsplanes durch die Gläubiger kann das Konkursverfahren auf Antrag des Schuldners fortgesetzt werden, wenn bescheinigt wird, dass die Kosten des Konkursverfahrens voraussichtlich gedeckt werden und innerhalb von 2 Jahren eine Verbesserung der Einkommenssituation zu erwarten ist – zB weil der Schuldner sich gerade im Präsenz- bzw Zivildienst oder in der Karenz befindet. Der Antrag muss dann spätestens in der Zahlungsplantagsatzung gestellt werden. Das Gericht kann eine Frist von maximal zwei Jahren zur Vorlage eines verbesserten Zahlungsplanes verlangen (**„Verbesserter Zahlungsplan“** – § 195 a KO).

c. Das **Abschöpfungsverfahren** ist sozusagen die **ultima ratio**: Der **Antrag** auf Durchführung eines Abschöpfungsverfahrens mit Restschuldbefreiung **muss spätestens** mit dem Antrag auf Durchführung eines Zahlungsplanes gestellt werden. Es kommt dann zum Tragen, wenn der Zahlungsplan gescheitert ist. Eine **Zustimmung der Gläubiger** ist **nicht erforderlich**, allerdings muss das **Gericht die Genehmigung erteilen.** Auch **vor** diesem Verfahrensschritt muss **das gesamte Vermögen verwertet werden. Restschuldbefreiung** tritt ein, wenn der **Schuldner mindestens 50 % der Forderungen** der Konkursgläubiger **innerhalb von 3 Jahren oder** alternativ **mindestens 10 % innerhalb von 7 Jahren** befriedigt hat. Bei einer Erfüllung einer geringeren als der 10%-Quote kann das Gericht mit einer Billigkeitsentscheidung trotzdem die Restschuldbefreiung aussprechen oder/und die Zahlungsfrist um höchstens 3 weitere Jahre – also auf insgesamt höchstens 10 Jahre – verlängern.

6.3 Verfahrensbesonderheiten des Privatkonkurses

Grundsätzlich gelten die Bestimmungen des ordentlichen Konkursverfahrens (☞ siehe im Kap 2) mit folgenden wesentlichen Besonderheiten:

Während im ordentlichen Konkursverfahren immer ein Masseverwalter zu bestellen ist, gibt es im Privatkonkurs **für Nicht-Unternehmer** die Möglichkeit der **Eigenverwaltung** – dies soll auch der Regelfall sein. Dies bringt für den Schuldner insoferne Vorteile, als die Kosten für das Konkursverfahren dadurch geringer sind. Im Zuge einer Eigenverwaltung gibt es auch **keine Postsperre**.

Das Konkursgericht kann jedoch einen Masseverwalter bestellen, wenn die Vermögensverhältnisse nicht überschaubar sind oder die Eigenverwaltung Nachteile für die Gläubiger nach sich ziehen könnte. Die Kosten des Masseverwalters betragen im Privatkonkurs mindestens € 750 (§ 191 KO), sonst wird wie im ordentlichen Konkurs abgerechnet (☞ siehe im Kap 2.4.3).

Auch bei der Eigenverwaltung muss allerdings **bei Verfügungen über Gegenstände aus der Konkursmasse** (☞ siehe im Kap 2.4.7) und **beim Eingehen von Verbindlichkeiten** nach Konkurseröffnung die **Genehmigung des Gerichtes** eingeholt werden (§ 187 Abs 1 Z 3 und Z 4 KO).

Letztere Beschränkungen beim Eingehen von Verbindlichkeiten nach Konkurseröffnung bergen somit ein Risiko für diese Neugläubiger: Wenn das Gericht nicht die Zustimmung erteilt hat, haben diese Gläubiger kein Recht, aus der Masse befriedigt zu werden. Sie sind dann auf das konkursfreie Vermögen beschränkt, was jedoch im Regelfall wegen der Unpfändbarkeit keine realistische Chance auf Befriedigung bietet.[138] Allerdings ist das Eingehen von neuen Schulden, die bei Fälligkeit nicht bezahlt werden können, seit der Insolvenzrechtsnovelle 2002 nun explizit ein Grund (Antrag des Gläubigers erforderlich) für eine Einstellung des Abschöpfungsverfahrens (§ 211 Abs 1 Z 1 KO).

Die Betreibung der Zwangsverwaltung oder Zwangsversteigerung von unbeweglichen Sachen der Konkursmasse steht dem Schuldner nicht zu (§ 187 Abs 1 Z 6 KO).

Das Gericht kann auch für einzelne Tätigkeiten (zB zur Prozessführung) auf Antrag eines Konkursgläubigers oder des Schuldners einen Masseverwalter bestellen (§ 190 Abs 2 KO).

Auch ist der Schuldner nicht zum Empfang des pfändbaren Teiles des Einkommens (☞ siehe in den Kap 7.2 f) **berechtigt.**

Hinsichtlich der Erfüllung von Rechtsgeschäften gelten die Bestimmungen des ordentlichen Konkursverfahrens (☞ siehe im Kap 2.4.12) mit der Maßgabe, dass anstelle des Masseverwalters der Schuldner tritt. Dies bedeutet zB dass das

[138] Vgl auch bei *Deixler-Hübner*, Privatkonkurs (1995) Rn 124.

Wahlrecht, bei noch nicht vollständig erfüllten Geschäften zurückzutreten oder Erfüllung zu begehren (§ 21 KO), dem Schuldner zusteht.

Die Anfechtung von einzelnen Gläubigern begünstigende Rechtshandlungen (☞ siehe im Kap 2.4.16) steht im Falle der Eigenverwaltung den Konkursgläubigern zu. Aus dem Erlangten sind dem Konkursgläubiger seine Kosten vorweg zu erstatten (§ 189 KO).

Auch die Bestreitung und Anerkennung von angemeldeten Forderungen obliegt bei der Eigenverwaltung dem Schuldner. Gibt der Schuldner zu einer Forderung keine Erklärung ab, gilt sie als anerkannt. Dieser hat auch bei der Prüfungstagsatzung persönlich zu erscheinen. Im Falle einer Bestreitung obliegt die Prozessführung dem Schuldner.

Unter gewissen Voraussetzungen, welche bereits oben (☞ siehe im Kap 6.1.4) dargestellt wurden, braucht auch **kein Kostenvorschuss** für die Eröffnung des Konkurses hinterlegt werden.

Schuldner, welche Nicht-Unternehmer sind, können sich auch durch eine bevorrechtete **Schuldnerberatungsstelle vertreten lassen. (☞ Eine Übersicht über die Adressen der Schuldnerberatungsstellen finden Sie im Kapitel 6.6)**

6.4 Die einzelnen Verfahrensstadien des Privatkonkurses im Detail

6.4.1 Bescheinigung des außergerichtlichen Ausgleichsversuchs und der Zwangsausgleich im Privatkonkurs

Es soll an dieser Stelle nur eine Kurzzusammenfassung und eine Darstellung der Besonderheiten im Privatkonkursverfahren der bei den bereits im Kap 6.2 beschriebenen Möglichkeiten einer Restschuldbefreiung erfolgen: Für Nicht-Unternehmer ist die Bescheinigung eines außergerichtlichen Ausgleichs**versuches**, insbesondere vor einer bevorrechteten Schuldnerberatungsstelle oder einem bevorrechteten Gläubigerschutzverband, **zwingend notwendig**, wenn sie in den Genuss einer Konkurseröffnung ohne Kostenvorschuss kommen wollen. Beim außergerichtlichen Ausgleich müssen alle Gläubiger zustimmen.

PRAXISHINWEIS: Im Wiener Bereich wird bei den Bezirksgerichten auf den Nachweis eines außergerichtlichen Ausgleichversuches verzichtet, wenn nachgewiesen wird, dass die Gebietskrankenkasse, die Sozialversicherung der gewerblichen Wirtschaft oder die Bauarbeiterurlaubs- und -abfertigungskasse zu den Gläubigern gehören. Denn diese Gläubiger stimmen erfahrungsgemäß so gut wie nie einem außergerichtlichen Ausgleich zu.

Der Zwangsausgleich unterliegt grundsätzlich denselben formalen Voraussetzungen wie im ordentlichen Konkursverfahren (☞ siehe im Kap 2.5) – also Zustimmung der Mehrheit der nicht bevorrechteten Konkursgläubiger nach Kopfmehrheit, welche mindestens 75 % der Forderungssumme repräsentieren. Gezählt werden nur die bei der Tagsatzung anwesenden Gläubiger. Wird nur eine der Mehrheiten erreicht, kann der Schuldner eine neuerliche Tagsatzung beantragen. Außerdem muss der Zwangsausgleich vom Gericht bestätigt werden. Die rechtskräftige Bestätigung bildet einen Konkursaufhebungsgrund, sodass der Schuldner dann wieder seine volle Verfügungsfreiheit über sein Vermögen erlangt.

Die **Besonderheit** im Schuldenregulierungsverfahren liegt darin, dass **Nicht-Unternehmer alternativ** die Möglichkeit haben, in den Zwangsausgleich zu gehen, wenn bei einer 2 Jahre übersteigenden Zahlungsfrist, welche jedoch **maximal 5 Jahre** betragen darf, eine **Mindestquote von 30 %** angeboten wird. Unternehmern steht nur die Frist von maximal 2 Jahren bei einer Mindestquote von 20 % offen.

PRAXISTIPP: Im Stadium des Zwangsausgleiches kann das Restvermögen des Schuldners unter Umständen noch erhalten bleiben. Es bietet sich dieses Verfahren daher insbesondere dann an, wenn der Schuldner beispielsweise sein Unternehmen, seine Eigentumswohnung oder sonstige Vermögensgegenstände noch „retten" will. Denn ab dem weiteren Verfahrensstadium des „Zahlungsplanes" bzw im „Abschöpfungsverfahren" muss vorher das gesamte Vermögen des Schuldners verwertet werden.

6.4.2 Der Zahlungsplan

Der Zahlungsplan ist eine **Art Zwangsausgleich ohne Mindestquote**. Den Antrag kann nur der Schuldner stellen. Dieses Verfahren bietet sich dann an, wenn der Zwangsausgleich gescheitert ist. Will der Schuldner eine Konkurseröffnung ohne Erlag eines Kostenvorschusses erreichen, muss er im Konkursantrag einen Zahlungsplan vorlegen und bescheinigen, dass er ihn erfüllen wird.

Bevor der Zahlungsplan angenommen werden kann, **muss das Schuldnervermögen verwertet werden. Der aus der Verwertung erzielte Erlös wird nicht in die Quote eingerechnet.** Auch die während des Verfahrens bis zur Annahme des Zahlungsplanes angesammelten pfändbaren Teile des Arbeitseinkommens sind nicht auf die Quote anzurechnen.[139]

Die **Verwertung** selbst kann bei Eigenverwaltung grundsätzlich auch vom Schuldner vorgenommen werden, wobei er aber zum einen weder die Verwertung pfändbarer Teile seines Einkommens noch unbeweglicher Masseteile vornehmen darf. Außerdem kann es bei Verwertung durch den Schuldner zu Inte-

[139] OGH 9.9.1999, ZIK 1999, 208 und *Mohr*, Die Konkurs-, Ausgleichs- und Anfechtungsordnung (2000) E 2b zu § 193 KO.

ressenkonflikten und Kompetenzüberschneidungen kommen.[140] Die Bestellung eines Masseverwalters nur für die Verwertung ist zwar möglich, aber mit Kosten verbunden. Es wird deshalb in der Literatur vorgeschlagen[141], dass zielführenderweise das Konkursgericht die Verwertung vornehmen soll.

Grundsätzlich steht der Zahlungsplan auch ehemaligen Unternehmern offen. Da allerdings das Vermögen vorher verwertet werden muss, wird eine Fortführung des Unternehmens in diesem Stadium nur möglich sein, wenn dies ohne besondere Betriebsmittel möglich ist (zB wäre dies denkbar bei reinen Dienstleistungsunternehmen wie etwa bei einem Masseur). Gewerberechtlich (☞ siehe im Kap 11) wäre die Weiterführung des Unternehmens im Privatkonkurs kein Hindernis, da seit der Gewerbeordnungsnovelle 2002 nur die Konkursabweisung mangels Masse, nicht aber ein eröffneter Konkurs ein Gewerbeentziehungs- und -ausschlussgrund ist.

Zwar gibt es wie bereits oben erwähnt, **keine Mindestquote**, doch muss die Quote der voraussichtlichen **Einkommenslage in den folgenden 5 Jahren entsprechen**. Diese 5-Jahresfrist ist ab Annahme des Zahlungsplanes zu rechnen.[142] **Die Zahlungsfrist darf maximal 7 Jahre betragen.**

Die Zustimmungserfordernisse sind wie beim Zwangsausgleich (☞ siehe im Kap 2.5) – also die Mehrheit der bei der Tagsatzung anwesenden stimmberechtigten Konkursgläubiger nach Köpfen, welche außerdem zumindest 75 % der anwesenden stimmberechtigten Konkursforderungen repräsentieren. Wenn nur eine der erforderlichen Mehrheiten erreicht wurde, kann der Schuldner eine neuerliche Abstimmung beantragen.

Auch nach Ablehnung des Zahlungsplanes durch die Gläubiger kann das Konkursverfahren auf Antrag des Schuldners fortgesetzt werden, wenn bescheinigt wird, dass die Kosten des Konkursverfahrens voraussichtlich gedeckt werden und innerhalb von 2 Jahren eine Verbesserung der Einkommenssituation zu erwarten ist – zB weil sich der Schuldner gerade im Präsenz- bzw Zivildienst oder in der Karenz befindet. Der Antrag muss dann spätestens in der Zahlungsplantagsatzung gestellt werden. Das Gericht kann eine Frist von maximal zwei Jahren zur Vorlage eines verbesserten Zahlungsplanes verlangen (**„Verbesserter Zahlungsplan“** – § 195 a KO).

[140] Siehe dazu bei *Deixler-Hübner*, Privatkonkurs (1995) Rn 136f.
[141] *Deixler-Hübner* ebenda mit Hinweisen auf dabei bestehende Zuständigkeitsprobleme des Gerichtes.
[142] OGH 9.9.1999, ZIK 1999, 208.

PRAXISTIPP FÜR GLÄUBIGER:

1. **Konkursgläubiger, die ihre Forderung bei Abstimmung über den Zahlungsplan nicht angemeldet haben, haben Anspruch auf die nach dem Zahlungsplan zu zahlende Quote nur insoweit, als dies der Einkommens- und Vermögenslage des Schuldners entspricht. Will der Gläubiger Exekution auf Grund eines vor Konkurseröffnung erwirkten Exekutionstitels führen, muss er vorher einen Beschluss des Gerichtes darüber erwirken. Sonst wäre eine Exekutionsführung unzulässig (§ 197 KO).**
2. **Gläubiger, die ein Aus- oder Absonderungsrecht an einem Einkommensbezug (zB durch eine vertragliche Verpfändung eines Gehalts- oder Lohnanspruches) haben, müssen diese Forderungen spätestens bis zur Abstimmung über den Zahlungsplan anmelden, ansonsten das Aus- oder Absonderungsrecht erlischt (§ 113 a Abs 2 KO). Dies ist insbesondere bei der vertraglichen Verpfändung von Gehalts- oder Lohnansprüchen von Bedeutung: Derartige Ansprüche auf vorzugsweise Befriedigung erlöschen erst 2 Jahre nach Konkurseröffnung (§ 12 Abs 1 KO) – solange könnte sich daher dieser Gläubiger also unter Umständen (soweit pfändbares Einkommen vorhanden ist und wenn kein anderer Pfandgläubiger im Rang vorgeht, ☞ siehe im Kap 7) vorzugsweise befriedigen, ohne dass dieser Gläubiger auf die Quote beschränkt wäre. Dagegen erlöschen exekutive Pfandrechte bereits mit Ablauf des Monates der Konkurseröffnung bzw mit Ablauf des Folgemonates, wenn die Konkurseröffnung nach dem 15. eines Monates erfolgte (§ 12 a Abs 3 KO.**

Resümee: Aus den oben angeführten Gründen sollte daher keinesfalls die Anmeldung der Forderung verabsäumt werden.

Jedoch können Gläubiger, deren Forderung **nur aus Verschulden des Gemeinschuldners** im Zahlungsplan unberücksichtigt geblieben ist, nach Aufhebung des Konkurses ihre Forderung im vollen Umfang vom Schuldner geltend machen (§ 197 iVm § 156 Abs 6 KO). Deshalb sollte der Schuldner aus eigenem Interesse immer alle Gläubiger vollständig bekannt geben (Gläubigerliste).

Weitere Voraussetzungen für die Annahme des Zahlungsplanes sind (§ 194 Abs 2 KO):

- der Schuldner darf nicht flüchtig sein,
- der Schuldner muss nach Aufforderung durch das Gericht das Vermögensverzeichnis unterfertigen oder vorlegen, wenn er dies zuvor verabsäumt hat,
- die Rechte der Aus- und Absonderungsberechtigten dürfen nicht berührt werden, **die Massegläubiger** (☞ siehe im Kap 2.4.10) müssen befriedigt werden und die Rechte der Konkursgläubiger gegen Mitschuldner, Bürgen und Rückgriffsverpflichtete des Schuldners dürfen nicht eingeschränkt werden,

- es darf nicht bereits vor weniger als 10 Jahren ein Abschöpfungsverfahren eingeleitet worden sein.

Der Zahlungsplan muss auch noch vom **Gericht bestätigt werden**. Diese Bestätigung ist zu **versagen** (§ 195 KO), wenn
- eine der oben dargestellten Unzulässigkeitsgründe nach § 194 Abs 2 KO vorliegt,
- Verfahrensmängel vorliegen, soferne diese nicht nachträglich behoben oder für die Sachlage unerheblich sind oder
- eine unzulässige Gläubigerbegünstigung vorliegt.

Hinsichtlich der Frage, ob die voraussichtliche Erfüllbarkeit des Zahlungsplanes eine vom Gericht zu prüfende Voraussetzung ist, gibt es divergierende Gerichtsentscheidungen.[143]

Nach der Bestätigung des Zahlungsplanes ist der Konkurs aufzuheben. Dies bedeutet, dass der Schuldner wieder seine volle Verfügungsfähigkeit über sein Vermögen erlangt.

Zahlt der Schuldner die **Masseforderungen** (☞ siehe im Kap 2.4.10) **nicht** binnen einer vom Gericht mit höchstens 3 Jahren festzusetzenden Frist, ist der **Zahlungsplan nichtig.** Davor ist seit der Insolvenzrechtsnovelle 2002 dem Schuldner jedoch eine Nachfrist von mindestens 4 Wochen mit Hinweis auf die Rechtsfolge bei Nicht-Zahlung zu geben (§ 196 Abs 2 KO).

Beim **Verzug mit den Raten** kommt es wie beim Zwangsausgleich und beim gerichtlichen Ausgleich zu einem **quotenmäßigen Wiederaufleben** der Forderung (☞ ein Beispiel für ein derartiges quotenmäßiges Wiederaufleben finden Sie im Kap 4.14.10).

Davon gibt es allerdings im Zahlungsplan eine **Ausnahme (§ 198 KO)**: **Ändert** sich die **Einkommens- und Vermögenslage des Schuldners ohne dessen Verschulden**, sodass er die fälligen Verbindlichkeiten des Zahlungsplanes nicht erfüllen kann und ist im Zahlungsplan für diesen Fall nichts vorgesehen, so hat der Schuldner folgende Möglichkeit: Er **kann binnen 14 Tagen nach Zustellung**[144] **der Mahnung** durch den Gläubiger **neuerlich die Abstimmung** über den Zahlungsplan beantragen und die Einleitung des Abschöpfungsverfahrens beantragen.

Hierbei gibt es aber beim neuerlichen Beginn des Fristenlaufes folgende Einschränkungen: Die 5-Jahresfrist für die Beurteilung der Angemessenheit der Quote des Zahlungsplanes ist um die Hälfte der Frist, die bereits abgelaufen ist, zu verkürzen.

---

[143] Bejahend OGH 23.5.1997, ZIK 1997, 230; gegenteilig LG Klagenfurt 23.5.1996, 4 R 188/96f in *Mohr*, Die Konkurs-, Ausgleichs- und Anfechtungsordnung (2000) E 4 zu § 195.

[144] LG Salzburg 23.12.1997, 53 R 416/97a in *Mohr*, Die Konkurs-, Ausgleichs- und Anfechtungsordnung (2000) E 2 zu § 199.

- ***Beispiel:***
  Es sind bereits 2 Jahre seit Annahme des Zahlungsplanes vergangen. Nunmehr kommt der Schuldner unverschuldet in Verzug und beantragt eine neuerliche Abstimmung. Die Frist zur Beurteilung der Angemessenheit der Quote beträgt nunmehr 4 Jahre (5 Jahre abzüglich der Hälfte der bereits verstrichenen 2 Jahre).

Auch für die Dauer des Abschöpfungsverfahrens ist die bisherige Frist des Zahlungsplanes zur Hälfte anzurechnen.

- ***Beispiel:***
  Wie im obigen Beispiel sind 2 Jahre seit Annahme des Zahlungsplanes vergangen. Der Schuldner kommt unverschuldet in Verzug. Eine Zustimmung der Gläubiger wird bei der neuerlichen Abstimmung aber nicht erreicht. Wenn der Schuldner nun ins Abschöpfungsverfahren kommt, ist ihm ein Jahr (die Hälfte der 2 Jahre des Zahlungsplanes) anzurechnen, sodass ihm im Abschöpfungsverfahren (dazu gleich im nächsten Kapitel) nur mehr 6 Jahre für die Mindestquote des Abschöpfungsverfahrens von 10 % zur Verfügung stehen.

6.4.3 Das Abschöpfungsverfahren

6.4.3.1 Voraussetzungen für das Abschöpfungsverfahren

Das Abschöpfungsverfahren ist sozusagen die letzte Möglichkeit, im Rahmen des Privatkonkurses eine Restschuldbefreiung zu erlangen. Auch dafür ist allerdings Disziplin des Schuldners und die Erfüllung einer Mindestquote Voraussetzung.

Der **Antrag** auf das Abschöpfungsverfahren – welchen **nur der Schuldner stellen kann – kann bereits beim Konkursantrag gestellt werden.**

> **Achtung:** Der Antrag auf ein Abschöpfungsverfahren muss **spätestens** mit dem Antrag auf Annahme des Zahlungsplanes gestellt werden (§ 199 KO). (Darauf wird auch beim entsprechenden amtlichen Antragsformular für einen Privatkonkurs ☞ siehe Kap 13.7, Formular 6 hingewiesen.)

Es muss **vorher das gesamte Vermögen verwertet worden** sein. Auch **muss** vorher ein **Zahlungsplan beantragt und dessen Bestätigung versagt worden sein**, obwohl der Zahlungsplan zulässig war (☞ siehe im vorigen Kapitel). Der Mangel des Fehlens eines beantragten Zahlungsplanes ist allerdings verbesserungsfähig.[145] Eine **Zustimmung der Gläubiger ist nicht erforderlich,** allerdings gibt es **Obliegenheiten** des Schuldners und **Einleitungshindernisse.**

---

[145] *Mohr*, Die Konkurs-, Ausgleichs- und Anfechtungsordnung (2000) E 3 zu § 199 KO unter Zitierung von LG Linz 18.2.1999, 15 R 29/99m.

Der Schuldner muss die **Erklärung beifügen** (die so genannte **„Abtretungserkärung“**), dass er den **pfändbaren Teil** (☞ siehe in den Kap 7.2 f) seiner zukünftigen Einkünfte aus wiederkehrenden Leistungen für die Zeit von **7 Jahren** nach Eintritt der Rechtskraft des Beschlusses, mit dem das Abschöpfungsverfahren eingeleitet wird, an einen vom Gericht zu bestellenden **Treuhänder abtritt**. Wenn diese Forderungen bereits vorher an einen **Dritten** abgetreten oder verpfändet worden sind, hat der Schuldner **darauf hinzuweisen**.

Vor der Beschlussfassung über die Eröffnung des Abschöpfungsverfahren findet eine **Tagsatzung** statt, zu der die Konkursgläubiger, der Gläubigerausschuss (☞ im Kapitel 2.4.4), der Schuldner und ein allenfalls bestellter Masseverwalter geladen werden.

Der Antrag auf Durchführung des Abschöpfungsverfahrens ist – jedoch nur **auf Antrag** eines Konkursgläubigers – **nur** (Einfügung durch die Insolvenzrechtsnovelle 2002) **aus folgenden Gründen abzuweisen** (§ 201 Abs 1 KO), diese Gründe sind vom Gläubiger glaubhaft zu machen:

- Der Schuldner wurde wegen einer Straftat nach den §§ 156, 158, 163 oder 292 a StGB (☞ zu den Kridadelikten siehe im Kap 10) verurteilt und die Verurteilung wurde weder getilgt, noch unterliegt diese Tilgung der beschränkten Auskunft aus dem Strafregister nach dem Tilgungsgesetz (§ 6 TilgG).
- Der Schuldner hat Auskunfts- oder Mitwirkungspflichten nach diesem Gesetz vorsätzlich oder grob fahrlässig verletzt.
- Der Schuldner hat innerhalb von 3 Jahren vor dem Antrag auf Konkurseröffnung vorsätzlich oder grob fahrlässig die Befriedigung der Konkursgläubiger dadurch vereitelt oder geschmälert, dass er unverhältnismäßig Verbindlichkeiten begründet oder Vermögen verschleudert hat. *„Unverhältnismäßige Verbindlichkeiten“* liegen dann vor, wenn der Schuldner Ausgaben macht, die in keinem vernünftigen Verhältnis zu seiner Einkommenssituation stehen.[146]
- Der Schuldner hat vorsätzlich oder grob fahrlässig schriftlich unrichtige oder unvollständige Angaben über seine wirtschaftlichen Verhältnisse oder die wirtschaftlichen Verhältnisse der von ihm als Organ[147] vertretenen juristischen Person gemacht, um die einer Konkursforderung zugrunde liegende Leistung zu erhalten und der Gläubiger daran nicht vorsätzlich mitgewirkt hat.[148]
- Dem Zahlungsplan wurde deshalb die Bestätigung versagt, weil eine unzulässige Sonderbegünstigung eines Gläubigers nach § 195 Z 3 iVm § 150 Abs 5 KO gewährt wurde.
- Es wurde vor weniger als 20 Jahren vor dem Konkursantrag ein Abschöpfungsverfahren eingeleitet.

---

[146] OGH 15.10.1998, ZIK 1999, 68.

[147] ZB handelsrechtlicher Geschäftsführer einer GmbH, Vorstandsmitglied einer AG oder eines Vereines.

[148] Dazu etwa ZIK 1997, 66.

Wenn keiner der Konkursgläubiger einen dieser Abweisungsgründe glaubhaft gemacht hat und die Abweisung der Einleitung des Abschöpfungsverfahrens beantragt hat, leitet das Gericht das Abschöpfungsverfahren ein. Zugleich damit bestimmt das Gericht für die Dauer des Abschöpfungsverfahrens einen **Treuhänder**, auf den der **pfändbare Teil** (☞ siehe im Kap 7) der wiederkehrenden Einkünfte des Schuldners übergeht. Frühere Abtretungen oder Verpfändungen die noch wirksam sind (§ 12 a KO, ☞ siehe im Kap 7.5), fließen nicht in die Abschöpfungsmasse.

- ***Beispiel:***

  Der Schuldner hat bereits vor Konkurseröffnung dem Gläubiger A seine Einkünfte aus seinem Arbeitsverhältnis vertraglich verpfändet. Der im Rang vorgehende Gläubiger B hat vor Konkurseröffnung ein gerichtliches Pfandrecht an den Arbeitseinkünften erwirkt. Es handelt sich in beiden Fällen nicht um Unterhaltsforderungen.

  Lösung: Da beide Pfandrechte auf Einkünfte aus einem Arbeitsverhältnis vor Konkurseröffnung erwirkt wurden, fallen die auf sie entfallenden Zahlungen für die Dauer des Bestehens des Pfandrechtes nicht in die Konkursmasse. Dies bedeutet, dass diese Zahlungen für diese Dauer auch nicht auf die Quote angerechnet werden. Zunächst wird der im Rang vorgehende Gläubiger B befriedigt.[149] Da es sich bei dessen Forderung jedoch um ein exekutives Pfandrecht handelt, erlischt dieses bereits mit Ablauf des Monates der Konkurseröffnung bzw mit Ablauf des Folgemonates, wenn der Konkurs nach dem 15. des Monates eröffnet wurde. Dann kommt für die Dauer von 2 Jahren nach Konkurseröffnung der Gläubiger A zum Zug, da er ein vertragliches Pfandrecht erwirkt hat. Auch diese Zahlungen werden nicht auf die zu erfüllende Quote angerechnet.

Während des Abschöpfungsverfahrens treffen den Schuldner eine Reihe von **Obliegenheiten** (§ 210 KO), deren Nicht-Einhaltung unter Umständen[150] mit vorzeitiger Einstellung des Abschöpfungsverfahrens sanktioniert wird: Der Schuldner hat während der Rechtswirksamkeit der Abtretungserklärung folgende Obliegenheiten:

- Er muss eine angemessene Erwerbstätigkeit ausüben oder sich bei Beschäftigungslosigkeit um eine solche bemühen. Es darf auch keine zumutbare Tätigkeit abgelehnt werden. An die Zumutbarkeit sind dabei strenge Anforderungen zu stellen – es müssen auch berufsfremde Arbeiten angenommen werden.[151]

---

[149] In diesem Beispiel wird davon ausgegangen, dass der jeweilige vorrangige Gläubiger den pfändbaren Betrag voll ausschöpft, was in der Praxis auch der am öftesten vorkommende Fall ist.

[150] Voraussetzung ist ein Antrag eines Gläubigers binnen einem Jahr nach Bekanntwerden der Obliegenheitsverletzung und eine Beeinträchtigung der Befriedigung der Gläubiger. Außerdem muss ein Verschulden des Schuldners vorliegen.

[151] *Deixler-Hübner*, Privatkonkurs (1995) Rn 176, welche dabei von einem „verstärkten Anspannungsgrundsatz“ ausgeht.

- Erbschaften[152] oder Zuwendungen auf Grund einer zukünftigen Erbschaft und Schenkungen müssen herausgegeben werden.
- Jeder Wechsel des Wohnsitzes oder des Drittschuldners ist unverzüglich dem Gericht und dem Treuhänder anzuzeigen. Der Schuldner muss darüber auf Verlangen des Treuhänders Auskunft geben, widrigenfalls er vom Gericht geladen und einvernommen werden muss. Erscheint der ordnungsgemäß geladene Schulder ohne genügende Entschuldigung nicht, ist das Verfahren einzustellen – und zwar unabhängig davon, ob dadurch Gläubigerinteressen beeinträchtigt wurden (§ 210a Abs 3 KO).
- Der Schuldner muss dem Treuhänder auf dessen Verlangen Auskunft über seine Erwerbstätigkeit bzw sein Bemühen darüber sowie über seine Bezüge und über sein Vermögen erteilen. Wenn der Schuldner darüber keine Auskunft erteilt, muss er vom Gericht zur Einvernahme geladen werden. Erscheint er ohne ausreichende Entschuldigung nicht bei Gericht, ist das Verfahren einzustellen (§ 210a Abs 3 KO) und zwar unabhängig davon, ob Gläubigerinteressen beeinträchtigt wurden.
- Es dürfen keine von der Abtretungserklärung erfassten Bezüge und keine Erbschaften oder Schenkungen verheimlicht oder dessen Erwerb unterlassen werden. Es besteht daher sogar eine Verpflichtung, diese Zuwendungen anzunehmen – zumindest wohl dann, wenn die mit der Zuwendung allenfalls verbundenen Verpflichtungen geringer sind als der erlangte Vermögensvorteil.
- Zahlungen zur Befriedigung der Gläubiger dürfen nur an den Treuhänder geleistet werden. Auch irrtümlich den unpfändbaren Betrag übersteigende Beträge sind an den Treuhänder zurückzuüberweisen.[153]
- Konkursgläubigern dürfen keine Sondervorteile (§ 206 Abs 2 KO) eingeräumt werden. Diese Sondervorteile könnten vom Schuldner binnen 3 Jahren nach Beendigung oder Einstellung des Abschöpfungsverfahrens zurückgefordert werden.
- Es dürfen keine neuen Schulden eingegangen werden, die bei Fälligkeit vom Schuldner nicht bezahlt werden können. Bei dieser Obliegenheitsverletzung ist das Abschöpfungsverfahren ohne Einvernahme des Schuldners einzustellen. Auch eine Gläubigerbeeinträchtigung ist nicht Voraussetzung (§ 211 Abs 1 Z 1 KO). Davon erfasst sollten allerdings nur vertraglich begründete Schulden, nicht aber solche, welche etwa auf Grund eines unerlaubten Handelns wie zB bei Schadenersatzforderungen auf Grund eines Verkehrsunfalles begründet sind.[154]
- Bei wesentlicher Verminderung der einlangenden Beträge hat der Treuhänder dem Schuldner aufzufordern, über seine Arbeitssituation zu berichten (§ 210 a Abs 1 KO).

[152] Der Gesetzeswortlaut spricht sehr allgemein von *„Zuwendungen auf Grund von Todes wegen“,* somit von allen Vermögensvorteilen auf Grund des (zukünftigen) Todesfalles eines Erblassers wie Erbschaften auf Grund des gesetzlichen Erbrechtes, auf Grund von Testament, Legat, Schenkungen auf Grund des Todesfalles etc.

[153] *Deixler-Hübner*, Privatkonkurs (1995) Rn 176.

[154] *Deixler-Hübner*, Privatkonkurs (1995) Rn 176.

6.4.3.2 Vergütung des Treuhänders

Die Vergütung des Treuhänders bemisst sich nach einem degressiv gestaffelten Satz. Bemessungsgrundlage ist dabei das auf Grund der Abtretung oder sonst von ihm erfasste Vermögen. Dem Treuhänder stehen dabei nach § 204 KO zu

- bis zu einer Bemessungsgrundlage von € 22 000 .... 4 %,
- von dem Mehrbetrag bis zu € 100 000 .... 2 %,
- von dem darüber hinausgehenden Betrag .... 1 %.

Der absolute Mindestbetrag beträgt aber € 10 pro Monat. Alle Beträge sind ohne Umsatzsteuer angegeben. Für den Treuhänder gilt auch die Regelung, dass ihm bei außergewöhnlichem Umständen (zB wegen der Schwierigkeit des Verfahrens – siehe § 82b KO) ein erhöhter Betrag zusteht. Eine Erhöhung steht dem Treuhänder auch zu, wenn er durch angemessene Erhebungen prüft, ob der Schuldner seine Obliegenheiten erfüllt.

Dagegen kann sich die Entlohnung des Treuhänders etwa wegen der Einfachheit des Verfahrens (Näheres siehe beim § 82 c KO) verringern.

Über einen Antrag auf Erhöhung oder Herabsetzung entscheidet das Konkursgericht.

Für die Forderungsprüfung haben die Konkursgläubiger dem Treuhänder € 50 zuzüglich Umsatzsteuer zu bezahlen.

6.4.3.3 Vorzeitige Einstellung des Abschöpfungsverfahrens

Das Abschöpfungsverfahren ist aus folgenden Gründen einzustellen[155], ohne dass der Schuldner die Restschuldbefreiung erlangt (§ 211 KO):

1. Es wurde eine der oben dargestellten **Obliegenheiten** durch den Schuldner **verletzt**. Voraussetzung dafür ist, dass diese Obliegenheit **schuldhaft** verletzt und dadurch die **Befriedigung der Konkursgläubiger beeinträchtigt wurde**. Beim Eingehen neuer Schulden ist allerdings eine Gläubigerbeeinträchtigung nicht Voraussetzung (§ 211 Abs 1 Z 1 KO). Außerdem **muss ein Gläubiger die Einstellung** binnen eines Jahres ab dem Bekanntwerden der Obliegenheit **beantragen** und das Verschulden und die **Beeinträchtigung der Gläubiger glaubhaft** machen. Vor der Entscheidung darüber sind – mit Ausnahme der Obliegenheitsverletzung des Eingehens neuer Schulden – der Schuldner und der Treuhänder einzuvernehmen.

> **Achtung:** Erscheint der ordnungsgemäß geladene Schuldner ohne genügende Entschuldigung nicht zu seiner Einvernahme oder lehnt er die Erteilung der Auskunft bei Gericht ab, so ist das Verfahren von Amts wegen vorzeitig einzustellen.

[155] Die Einstellung muss in der Insolvenzdatei öffentlich bekannt gemacht werden.

2. Der Schuldner wurde wegen einer **Straftat nach** den §§ 156, 158, 162 oder 292a StGB **rechtskräftig verurteilt**, soferne diese Verurteilung weder getilgt noch der Beschränkung der Auskunft aus dem Strafregister (☞ zu den Kridadelikten siehe im Kap 10) unterliegt. Auch hier ist ein **Antrag** eines Gläubigers binnen eines Jahres ab Bekanntwerden der Verurteilung und eine dadurch verbundene Beeinträchtigung der Gläubiger Voraussetzung. Eine Glaubhaftmachung des Verschuldens ist nicht vorgesehen, weil sich dies ja aus der strafrechtlichen Verurteilung ergibt. Wenn die Verurteilung bereits vor Eröffnung des Abschöpfungsverfahrens erfolgte, liegt ein Einleitungshindernis (☞ siehe im Kap 6.4.3.1) vor, welches jedoch auch nur auf Antrag eines Gläubigers wahrzunehmen ist. Eine Einvernahme des Schuldners und des Treuhänders ist bei diesem Einstellungsgrund nicht vorgesehen.

Die wichtigste **Rechtswirkung** der vorzeitigen Einstellung ist, dass die Restschuldbefreiung nicht eintritt. Das Amt des Treuhänders erlischt. Auch gilt nicht mehr die Exekutionssperre. Nach § 12 a KO erloschene Aus- und Absonderungsrechte (☞ siehe im Kap 7.5) leben wieder auf.

6.4.3.4 Wiederaufnahme des Konkursverfahrens

Auf Antrag eines Gläubigers kann das Konkursverfahren wieder aufgenommen werden, wenn hinreichendes Vermögen vorhanden ist **oder** ein angemessener Kostenvorschuss geleistet wurde (§ 212 KO). Dieser Fall wird dann eintreten, wenn der Schuldner entgegen seiner Obliegenheit Vermögen angesammelt hat und dieses nicht herausgegeben hat. In diesem neuen Konkursverfahren können auch Neugläubiger ihre Forderungen anmelden, wobei die Forderungen der Altgläubiger um ihre bereits erhaltene Quote berichtigt werden müssen.[156]

6.4.3.5 Eintritt der Restschuldbefreiung im Abschöpfungsverfahren

Voraussetzung für die Restschuldbefreiung ist neben der Einhaltung der oben dargestellten Obliegenheitspflichten die Erfüllung folgender **Mindestquoten** innerhalb folgender **Maximalfristen:**

A. Nach dem **Ablauf von 3 Jahren** nach der Abtretungserklärung (☞ siehe im Kap 6.7) haben die Konkursgläubiger (☞ siehe im Kap 2.4.8.1) **mindestens 50 %** ihrer Forderungen erhalten. Dieser Fall wird in der Praxis wohl nur dann zur Anwendung kommen, wenn unentgeltliche Zuwendungen von dritter Seite erfolgten, da ja sonst bereits ein Zwangsausgleich möglich gewesen wäre.[157]

---

[156] *Fink*, Der neue Privatkonkurs, Erläuterungen zu § 212 KO.
[157] *Deixler-Hübner*, Privatkonkurs (1995) Rn 183.

PRAXISHINWEIS: Es ist keineswegs so, dass Restschuldbefreiung bereits vor Ablauf der 3 Jahre eintritt, wenn der Schuldner bereits in einem früheren Zeitpunkt die 50 % erfüllt hat. Vielmehr wird der Schuldner zunächst 3 Jahre auf das Existenzminimum gepfändet. Stellt sich nach diesen 3 Jahren heraus, dass bereits die 50%-Quote erfüllt wurde, tritt die Wirkung des Schuldenerlasses ein.

- ***Beispiel:***
  Der Schuldner befindet sich im Abschöpfungsverfahren. Nach 2 Jahren bekommt er von Dritter Seite eine Schenkung, auf Grund der er bereits die 50%-Quote (nicht aber die gesamten Verbindlichkeiten) erfüllen kann. Restschuldbefreiung tritt aber erst nach 3 Jahren ein – bis dahin wird der Schuldner weiter auf das Existenzminimum gepfändet und muss die Obliegenheiten (siehe oben) erfüllen – also insbesondere bestmöglich versuchen, Einkünfte zu erwirtschaften und auch Zuwendungen von dritter Seite herausgeben.

B. Restschuldbefreiung tritt weiters ein, wenn **7 Jahre** der Laufzeit der Abtretungserklärung verstrichen sind und die Konkursgläubiger **mindestens 10 %** ihrer Forderungen erhalten haben. Auch hier gilt sinngemäß das oben im Praxishinweis Dargestellte: Nach dem Ablauf von 7 Jahren wird überprüft, ob die 10%-Quote erreicht wurde. Es ist aber nicht so, dass die Restschuldbefreiung bereits in dem Zeitpunkt einer allfälligen früheren Erfüllung dieser Mindestquote eintreten würde.

- ***Beispiel:***
  Der Schuldner befindet sich im Abschöpfungsverfahren. Nach 3 Jahren hat er bereits die 10%-Quote (nicht jedoch die 50%-Quote) erfüllt. Restschuldbefreiung tritt erst nach 7 Jahren ein – bis dahin wird der Schuldner weiter auf das Existenzminimum gepfändet und muss sich weiterhin „anspannen“ – also bestmöglich versuchen, Einkünfte zu erwirtschaften und auch alles herausgeben, was er von dritter Seite bekommt.

C. Schafft der Schuldner auch diese 10%-Quote nicht, gibt es die Möglichkeit von **Billigkeitsentscheidungen in 3 Varianten** durch das Gericht, wobei vor der Entscheidung immer der Treuhänder und die Konkursgläubiger einzuvernehmen sind:

C.a. Der Richter kann nach seinem Ermessen die Restschuldbefreiung erteilen, wenn die 10%-Quote nur geringfügig unterschritten wurde oder nur wegen hoher Verfahrenskosten nicht erreicht wurde.

C.b. Wenn die obigen Voraussetzungen nicht zutreffen, kann der Richter die Entscheidung über die Restschuldbefreiung **bis zu 3 Jahre** aussetzen und nach Billigkeit entscheiden, inwieweit der Schuldner die noch offene Differenz zu der 10%-Quote erfüllen muss, um die Restschuldbefreiung zu erlangen. Kriterien, die zu einer derartigen Billigkeitsenscheidung führen können sind dabei beispielsweisweise Folgende:

- der Konkursgläubiger hat bereits vor Konkurseröffnung einen Teil der Forderung erhalten oder
- die Zahlungen haben bereits die Höhe des Kapitals ohne Zinsen erreicht oder
- der Konkursgläubiger wusste oder musste bei Einräumung des Kredites oder Abzahlungsgeschäftes wissen, dass der Schuldner die Forderung bei Fälligkeit nicht zahlen kann (siehe näher im § 213 Abs 3 KO).

Diese Gründe sind im Gesetz jedoch nur demonstrativ aufgezählt, sodass das Gericht auch noch aus anderen Billigkeitsgründen die Restschuldbefreiung aussetzen kann. Die Besonderheit bei dieser Billigkeitsentscheidung liegt darin, dass in diesem Fall die Gläubiger nicht unbedingt gleich behandelt werden müssen: Das Gericht kann daher entscheiden, dass nur einer bzw mehrere Gläubiger befriedigt werden müssen. Mit der Insolvenzrechtsnovelle 2002 wurde festgelegt, dass Exekutionen des Konkursgläubigers bis zur Entscheidung über die Restschuldbefreiung nur in diesem Umfang zulässig sind (§ 213 Abs 3 dritter Satz KO).

C.c. Die dritte und letzte Möglichkeit einer Billigkeitsentscheidung besteht darin, die Frist für das Abschöpfungsverfahren um höchstens 3 Jahre zu verlängern, ohne dass die Quote reduziert wird. Für diesen Verlängerungszeitraum muss der Schuldner eine Abtretungserklärung (☞ siehe im Kap 6.4.3.1) für die Dauer der Verlängerung abgeben (§ 213 Abs 4 KO).

Liegt keiner der obigen Billigkeitsgründe vor oder hat der Schuldner auch im verlängerten Abschöpfungszeitraum die erforderliche Quote nicht erreicht, so ist das Verfahren für beendet zu erklären. Eine Restschuldbefreiung tritt nicht ein. Die Exekutionssperre wird aufgehoben und die Aus- und Absonderungsrechte am verpfändeten Einkommen (☞ siehe im Kap 7) leben wieder auf.

Für die Dauer von 20 Jahren darf kein Abschöpfungsverfahren mehr eingeleitet werden.

6.4.3.6 Wirkung der Restschuldbefreiung

Die **Wirkung der Restschuldbefreiung** wirkt gegen **alle Konkursgläubiger** (☞ siehe im Kap 2.4.8.1), **unabhängig davon, ob sie ihre Forderung angemeldet haben,** mit **Ausnahme** von Forderungen, die **nur** aus Verschulden des Schuldners unberücksichtigt geblieben sind (§ 215 Z 2 KO). Auch die seit der Konkurseröffnung laufenden **Zinsen der Konkursforderungen** und die **Kosten der Konkursgläubiger** für die Teilnahme am Verfahren sind von der Restschuldbefreiung erfasst.

Der **Schuldner** wird auch gegenüber allfälligen mithaftenden **Bürgen, Mitschuldnern und Rückgriffsverpflichteten** in gleicher Weise **befreit** wie gegenüber den Konkursgläubigern.

Jedoch bleiben die **Rechte der Gläubiger** gegenüber den oben aufgezählten **Mitverpflichteten** von der Restschuldbefreiung **unberührt.**

Wenn der Schuldner freiwillig einem Gläubiger mehr bezahlt hat, als diesem nach der Quote zugestanden wäre, so kann dies der Schuldner nicht zurückverlangen.

- ***Beispiel:***
  Der Schuldner hat erfolgreich nach 7 Jahren ein Abschöpfungsverfahren mit einer erreichten Quote von 15 % der Konkursforderungen beendet. Nach Beendigung des Abschöpfungsverfahrens zahlt der Schuldner dem Gläubiger B, weil dies ein guter Freund von ihm ist, freiwillig den noch „offenen“[158] *Restteil von 85 % der Forderung.*

  Lösung: Obwohl der Schuldner den Gläubiger B nicht hätte befriedigen müssen, da bereits Restschuldbefreiung eingetreten ist, kann er den bezahlten Restbetrag von B nicht mehr zurückfordern.

- ***Beispiel:***
  Grundsachverhalt wie oben – Der Schuldner hat erfolgreich nach 7 Jahren ein Abschöpfungsverfahren mit einer erreichten Quote von 15 % der Konkursforderungen beendet. Der Ehegatte des Schuldners hat eine Bürgschaft in vollem Umfang übernommen.

  Lösung: Der Ehegatte haftet gegenüber dem Gläubiger A weiterhin im Umfang der vom Hauptschuldner noch nicht befriedigten Forderung im Ausmaß von 85 % und Zinsen.

Nicht erfasst von der Restschuldbefreiung sind (§ 215 KO)

- Verbindlichkeiten des Schuldners aus einer vorsätzlich begangenen unerlaubten Handlung oder einer vorsätzlich strafgesetzwidrigen Unterlassung und
- Verbindlichkeiten, die nur aus Verschulden des Schuldners unberücksichtigt geblieben sind.

6.4.3.7 Widerruf der Restschuldbefreiung

Nach § 216 KO kann innerhalb von 2 Jahren nach dem Eintritt der Rechtskraft der Entscheidung über die Restschuldbefreiung auf Antrag eines Konkursgläubigers das Gericht die Restschuldbefreiung widerrufen, wenn sich im Nachhinein herausstellt, dass der Schuldner

- seine Obliegenheiten (☞ siehe im Kap 6.4.3.1) vorsätzlich verletzt und
- dadurch die Befriedigung der Konkursgläubiger erheblich beeinträchtigt hat.

Diese Gründe müssen vom Gläubiger ebenso glaubhaft gemacht werden wie der Umstand, dass er bis zum Ende der Laufzeit der Abtretungserklärung keine Kenntnis von ihnen hatte.

---

[158] Es handelt sich um eine Naturalobligation, bei der zwar keine Pflicht zur Zahlung besteht, welche aber nach erbrachter Zahlung nicht mehr zurückgefordert werden kann.

6.5 Privatkonkurs und Steuer

Bei Annahme und Bestätigung eines Zahlungsplanes oder bei Durchführung eines Abschöpfungsverfahrens kann sich ein steuerlich zu erfassender „Sanierungsgewinn“ ergeben, wenn betrieblich veranlasste Verbindlichkeiten wegfallen. Grundsätzlich wäre dieser Sanierungsgewinn zu besteuern und in voller Höhe festzusetzen. Allerdings kann die Steuerbehörde nach § 206 lit b BAO von der Festsetzung der Abgabe ganz oder teilweise Abstand nehmen, wenn mit Sicherheit anzunehmen ist, dass der Abgabenanspruch nicht durchsetzbar sein wird. Dies müsste der Steuerpflichtige nachweisen. Bei Vorliegen dieser Voraussetzung wird aber zumindest die erfüllte Quote vorgeschrieben werden.[159]

☞ Nähere Beispiele für die (begünstigte) Besteuerung des Sanierungsgewinnes und Näheres zur Besteuerung im Zwangsausgleich ☞ siehe im Kap 12.3.3.

6.6 (Internet-)Adressen der bevorrechteten Schuldnerberatungsstellen in Österreich

1. **Internetadressen** (ohne Anspruch auf Vollständigkeit):
   a. www.schuldnerberatung.at
   b. www.privatkonkurs.at
   c. www.schuldnerberatung-wien.at/sb.wien

Auf diesen Websites finden Sie auch Muster, Formulare und Berechnungsmöglichkeiten zB für Ihr Ihnen zustehendes Existenzminimum, Haushaltstabellen, Gläubigerlisten etc.

2. **Adressen/Telefonnummern und Wartezeiten der Schuldnerberatungsstellen**[160]

Bundesland	**Adresse**	**Telefon**	**Wartezeit/ Anmerkungen**
Burgenland	Hartlsteig 2 Eisenstadt	0268 2600	8 Wochen
Niederösterreich	Herrengasse 1 St.Pölten	02742 355420	0 bis 6 Wochen
Oberösterreich	Stiftergasse 16 Linz	0732 775511	4 bis 6 Wochen
Oberösterreich/ Verein für proph. Sozialarbeit	Hessenplatz 11/2 Linz	0732 777734	3 Wochen
Salzburg	Gabelsbergerstr. 27 Salzburg	0662 879901	8 Wochen

[159] Vgl *Laudacher*, Abstandnahme von der Festsetzung der Ertragsteuer auf den Sanierungsgewinn, SWK 2001, S 790.

[160] Aus der Tageszeitung „Der Standard“ vom 2.4.2002.

Steiermark	Geidorfergürtel 26/1 Graz	0316 372507	6 bis 8 Wochen
Tirol Rechtsladen	Wilhelm-Greil-Str. 23/5, Innsbruck	0512 577649	6 bis 8 Wochen
Vorarlberg IfS-IfS-Schuldenberatung	Mehrerauerstr. 3 Bregenz	05574 461850	4 bis 6 Wochen
Wien	Obere Augartenstr. 26 Wien	01 3308735	8 Wochen
Wien KWH	Leopoldsgasse 4/DG Wien	01 2182790	12 Wochen

6.7 Ablaufschema Privatkonkurs

Konkursantrag

beim Bezirksgericht (für Unternehmer beim Landesgericht bzw in Wien beim Handelsgericht Wien). Im Privatkonkurs besteht bei Nicht-Unternehmern grundsätzlich Eigenverwaltung, nur in Ausnahmefällen und bei Unternehmern wird ein Masseverwalter bestellt.

▼

Voraussetzungen für Konkurseröffnung ohne Kostenvorschuss:

1. Eigenhändig unterschriebenes Vermögensverzeichnis mit richtigen Angaben und Bereitschaft, dieses vor dem Konkursgericht zu unterfertigen.
2. Vorlage und Beantragung eines Zahlungsplanes.
3. Bescheinigung, dass die Einkünfte die Verfahrenskosten voraussichtlich decken werden.
4. Es darf kein Einleitungshindernis vorliegen.
5. Außergerichtlicher Ausgleichsversuch (Letzterer nur für Nicht-Unternehmer zwingend).

▼

Konkurseröffnung

(Private: Schuldenregulierungsverfahren) – Veröffentlichung im Internet

www.edikte.justiz.gv.at. Exekutive Pfandrechte am Einkommenbezug erlöschen spätestens mit Ablauf des Folgemonates der Konkurseröffnung/Vertragliche Pfandrechte am Einkommensbezug bleiben noch 2 Jahre aufrecht. Masseforderungen (zB die Verfahrenskosten) und bevorrechtete Gläubiger (zB Aus- und Absonderungsberechtigte) müssen voll befriedigt werden und werden bei den unten angeführten Mindestquoten nicht auf diese Quoten angerechnet!

▼

Zwangsausgleich

Voraussetzung: Die Mehrheit der Konkursgläubiger nach Köpfen, die mindestens 75 % der Forderungen repräsentieren, müssen zustimmen. Gezählt werden nur die bei der Tagsatzung anwesenden Gläubiger. Kein Stimmrecht haben bevorrechtete Gläubiger. Mindestquote: 20 % innerhalb von 2 Jahren. Nicht-Unternehmer können auch eine längere als 2-jährige Frist bis zu höchstens 5 Jahren anbieten, wobei die Mindestquote 30 % betragen muss.

▼

Zwangsausgleich wird angenommen und vom Gericht bestätigt ➠ **Konkursaufhebung**
Zwangsausgleich scheitert:

▼

Zahlungsplan

Ab diesem Verfahrensstadium ist Voraussetzung, dass zuvor das Vermögen des Schuldners verwertet wird. Der daraus erzielte Erlös wird nicht in die Quote eingerechnet. Zustimmungserfordernis wie beim Zahlungsplan, aber es ist keine Mindestquote notwendig. Maßstab für die Mindestquote ist aber, was der Schuldner voraussichtlich in 5 Jahren erwirtschaften wird. Die Zahlungsfrist beträgt maximal 7 Jahre. Spätestens mit dem Antrag auf den Zahlungsplan muss der Antrag auf das Abschöpfungsverfahren gestellt werden.

▼

Zahlungungsplan wird angenommen und vom Gericht bestätigt ➠ **Konkursaufhebung**.
Zahlungsplan scheitert:

▼

Abschöpfungsverfahren

Eine Zustimmung der Gläubiger ist nicht erforderlich, jedoch eine Bestätigung durch das Gericht. Es wird ein Treuhänder bestellt, der den pfändbaren Teil der Bezüge entgegennimmt. Der Schuldner muss bestimmte Obliegenheiten erfüllen, ansonsten wird das Verfahren vorzeitig eingestellt. Restschuldbefreiung tritt bei folgenden Varianten ein:

1. Erfüllung von 50 % der Konkursforderungen innerhalb von 3 Jahren.
2. Erfüllung von 10 % der Konkursforderungen innerhalb von 7 Jahren.
3. Bei Nicht-Erfüllung der letzten Quote gibt es noch die Möglichkeit einer Billigkeitsentscheidung durch das Gericht (zB Verlängerung der Zahlungsfrist um weitere 3 Jahre oder Erlass der Restschuld, wenn die Quote nur knapp nicht erreicht wurde).

7 Exkurs: Lohnpfändungsrecht/Existenzminimum/ Pfändungsschutz

7.1 Allgemeines

Bei der Bestimmung darüber, was dem **selbständig tätigen Schuldner** während eines Insolvenzverfahrens belassen wird, handelt es sich im Wesentlichen um eine Ermessensentscheidung des Masseverwalters. Es können dabei die lohnpfändungsrechtlichen Beträge durchaus als Richtwerte herangezogen werden, was jedoch keinesfalls bedeutet, dass der Gemeinschuldner vom Masseverwalter immer den unpfändbaren Betrag bekommen muss.

Doch auch außerhalb des Insolvenzverfahrens kann das Existenzminimum bei der Berücksichtigung von Exekutionen durchaus von Bedeutung sein – was in der Folge noch näher beschrieben werden wird.

Bei einer **unselbständigen Tätigkeit** sind auf jeden Fall die lohnpfändungsrechtlichen Bestimmungen über den unpfändbaren Freibetrag zu berücksichtigen. Davon unbenommen kann natürlich der Schuldner freiwillig aus der Masse des unpfändbaren Betrages heraus Beträge an die Gläubiger leisten – was vor allem dann zielführend sein wird, damit die erforderliche Quote im Rahmen eines Privatkonkurses erzielt wird, um die erforderliche Genehmigung des Gerichtes für die Eröffnung des Privatkonkonkurses zu erreichen.

Wie kann nun ein Gläubiger ein Pfandrecht an einem Entgeltanspruch des Schuldners erwirken? Dazu gibt es zwei Möglichkeiten: Eine vertragliche Verpfändung oder die Erwirkung eines Gerichtsbeschlusses (im Abgaben- und Sozialversicherungsrecht ein Bescheid). Unabhängig davon, welcher der beiden Arten gewählt wurde, ist bei mehreren Gläubigern der Rang maßgeblich, welcher sich nach dem Einlangen der Verpfändungserklärung bzw des Gerichtsbeschlusses beim Arbeitgeber (= Drittschuldner) bestimmt.

- ***Beispiel:***
  Der Arbeitnehmer S hat bei der Bank B einen Kredit aufgenommen und dafür mittels Verpfändungserklärung im Kreditvertrag sein Gehalt am 1.4.2002 verpfändet. Aus Unachtsamkeit vergisst der Sachbearbeiter der Bank jedoch, den Arbeitgeber A zu verständigen. Ein weiterer Gläubiger G erwirkt ein Gerichtsurteil gegen S und stellt nach Rechtskraft dieses Urteils bei Gericht einen Antrag auf Gehaltsexekution. Der darauf folgende Exekutionsbeschluss wird dem Arbeitgeber A am 1.6.2002 zugestellt. Die Erklärung der Bank B, dass das Gehalt von S verpfändet wurde, langt erst am 1.8.2002 beim Arbeitgeber A ein.

  Lösung: Obwohl die Verpfändungserklärung vor dem Exekutionsbeschluss abgegeben wurde, ist für den Rang der Pfandrechte das Einlangen beim Drittschuldner maßgeblich: Daher geht der Gläubiger G der Bank B im Rang vor und ist zuerst zu befriedigen.

Bei der vertraglichen Verpfändung einer Lohn- oder Gehaltsforderung ist noch auf eine konsumentenrechtliche Bestimmung hinzuweisen: Nach § 12 KSchG darf eine Lohn- oder Gehaltsforderung nicht zur Befriedigung oder Sicherung einer noch nicht fälligen Forderung **abgetreten** werden. Hiervon ist allerdings eben nur die Abtretung (= Zession), jedoch nicht die Verpfändung erfasst.[161] Ein Verstoß gegen dieses Verbot zieht nicht Nichtigkeit der Vereinbarung nach sich, sondern führt allenfalls zu einer Verwaltungsstrafe und zu einer Umkehr der Beweislast zu Gunsten des Konsumenten, was die Gültigkeit der Forderung des Gläubigers betrifft.

In der Praxis wird bei der Verpfändung eines Entgeltanspruches dabei oft auf folgende legale[162] Art vorgegangen: Bei der Gewährung zB eines Kredites verpfändet der Dienstnehmer seine Einkünfte und gibt auch noch eine „Verwertungserklärung" ab: In letzterer Erklärung verpflichtet sich der Dienstnehmer vorweg, der Verwertung seiner pfändbaren Bezüge bei Fälligkeit zuzustimmen, wenn er nicht binnen bestimmter Frist (meist 2 Wochen) nach Zugang der Erklärung des Gläubigers, dass er nun die Verwertung vornehmen wird, Widerspruch erhebt. Bei Nicht-Zahlen der Schuld muss der Gläubiger also nochmals ein Schreiben an den Dienstnehmer richten. Wenn der Dienstnehmer dann nicht binnen der gesetzten Frist Widerspruch erhebt, muss der Arbeitgeber den pfändbaren Betrag der Einkünfte an den Gläubiger abführen (soferne nicht andere Gläubiger einen besseren Rang erwirkt haben).

In der Insolvenz einer natürlichen Person bleiben vertraglich verpfändete Gehaltsbestandteile zwei Jahre nach Eröffnung des Insolvenzverfahrens aufrecht. Dagegen erlöschen gerichtliche Pfandrechte bereits binnen eines Monats ab Konkurseröffnung bzw mit Ablauf des Folgemonates, wenn die Eröffnung der Insolvenz nach dem 15. eines Monates erfolgte.

PRAXISTIPP: Aus Gläubigersicht bietet die vertragliche Verpfändung des Arbeitseinkommens – die natürlich der Zustimmung des Arbeitnehmers bedarf – insoferne bessere Sicherheiten, als im Insolvenzfall das diesbezügliche Pfandrecht länger (2 Jahre) aufrecht bleibt als bei einer gerichtlichen Pfändung. Im Falle eines „Privatkonkurses" (☞ siehe im Kap 6.4.2) des Dienstnehmers muss die Forderung spätestens bis zur Abstimmung über den Zahlungsplan geltend gemacht werden, ansonsten das Pfandrecht erlischt!

[161] OGH 26.1.1994, 9 Ob A 361/93, ecolex 1994, 415; aA *Martina Mohr*, Der Arbeitnehmer als Verbraucher, ecolex 1994, 415.
[162] OGH 26.1.1994, 9 Ob A 361/93, ecolex 1994, 415.

7.2 Das Existenzmimum – der unpfändbare Betrag

Allgemeines

Der unpfändbare Betrag richtet sich grundsätzlich nach dem „Ausgleichszulagenrichtsatz" des ASVG (§ 293 Abs 1 lit a ASVG). Die unpfändbaren Beträge werden dabei üblicherweise jedes Jahr durch Verordnung festgelegt, wobei auch Tabellen zur Berechnung ausgegeben werden. Für das Jahr 2002 etwa wurden diese Tabellen und Werte im BGBl II 2002/22 („Existenzminimum-Verordnung 2002) bzw für Unterhaltsexekutionen im BGBl II 2002/108 („Unterhaltsexistenzminimum-Verordnung 2002) verlautbart.

PRAXISTIPP: Die aktuellen Werte-Tabellen und eine sehr praxisbezogene Broschüre mit Berechnungsbeispielen finden Sie auch auf der Homepage des Justizministeriums unter www.bmj.gv.at/broschueren (Broschüre *„Der Arbeitgeber als Drittschuldner"*). Mitglieder der Wirtschaftskammern finden auch auf der Homepage der Wirtschaftskammer unter www.wko.at *„Rechtsservice"* – *„Grundsatzfragen der Lohnpfändung"* eine gute Kurzübersicht. Eine Möglichkeit, rasch – quasi auf „Knopfdruck" – die Berechnung des Existenzminimums durchzuführen, findet sich auf der *Website der Schuldnerberatungsstellen* www.schuldnerberatung.at (nur anzuraten, wenn man etwa als Schuldner einen kurzen Überblick über das Existenzminimum bekommen möchte, nicht jedoch bei komplizierten Berechnungen).

Berechnungsgrundlage

Berechnungsgrundlage ist stets das Nettoentgelt – also das Bruttoentgelt abzüglich der Lohnsteuer, Sozialversicherungsbeiträge und Beiträge an Interessenvertretungen des Dienstnehmers. Aufwandsentschädigungen (zB Kilometergeld) sind unpfändbar, soweit dadurch nur der tatsächlich erwachsene Aufwand abgegolten wird.

Diese Berechnungsgrundlage ist zunächst zu runden und zwar auf einen durch 20 teilbaren Wert bei monatlicher Auszahlung, auf einen durch 5 teilbaren Wert bei wöchentlicher Auszahlung und auf volle Euro bei täglicher Auszahlung.

Bis Ende Februar des laufenden Jahres darf – muss jedoch nicht – der Drittschuldner mit schuldbefreiender Wirkung die Werte des Vorjahres verwenden (für das Jahr 2001 veröffentlicht in BGBl II 2001/419).

Die Ermittlung des (un-)pfändbaren Betrages

Das – für einen durchschnittlichen Rechtsanwender relativ kompliziert zu ermittelnde – Existenzminimum wird dabei wie folgt ermittelt:

Zunächst gibt es zwei verschiedene Arten von „Grundbeträgen" – einen „allgemeinen Grundbetrag", wenn der Verpflichtete Sonderzahlungen erhält, und einen „erhöhten Grundbetrag", wenn keine Sonderzahlungen anfallen (zB bei Bezug eines Arbeitslosengeldes).

Für jede Person, für die der Verpflichtete zum Unterhalt verpflichtet ist, steht ihm ein – ebenfalls in absoluten Beträgen bemessener – „Unterhaltsgrundbetrag" zu, wobei jedoch maximal 5 Unterhaltspflichten zu berücksichtigen sind.

Derjenige Betrag, der den 4-fachen Ausgleichszulagenrichtsatz überschreitet, ist zur Gänze pfändbar (absolute Obergrenze).

Die Höhe dieser Beträge für das Jahr 2002 ist im BGBl II 2002/22 verlautbart. Diese Werte dürfen noch bis Ende Februar 2003 verwendet werden, wobei aber ab Jänner 2003 wahlweise natürlich auch die dann erhöhten Werte in Anspruch genommen werden können. Ab März 2003 sind dann die – voraussichtlich gegen Ende des Jahres 2002 veröffentlichten Werte – obligatorisch:

Werte der Grundbeträge für das Jahr 2002

Allgemeiner Grundbetrag	€ 630 monatlich
	€ 147 wöchentlich
	€ 21 täglich
Erhöhter allgemeiner Grundbetrag	€ 736 monatlich
	€ 171 wöchentlich
	€ 24 täglich
Unterhaltsgrundbetrag	€ 126 monatlich
	€ 29 wöchentlich
	€ 4 täglich

Obergrenze: Ab folgenden Beträgen ist alles pfändbar:

	€ 2520 monatlich
	€ 585 wöchentlich
	€ 84 täglich

Zusätzlich zu diesen Absolutbeträgen steht dem Verpflichteten der allgemeine Steigerungsbetrag von 30 % aus der Differenz zur Berechnungsgrundlage und dem Grund- und allfälligen Steigerungsbeträgen zu. Für jede unterhaltspflichtige Person gebührt außerdem ein Unterhaltssteigerungsbetrag von 10 %, wobei hier wieder maximal 5 Unterhaltspflichten berücksichtigt werden dürfen (insgesamt können daher maximal 80 % an Steigerungsbeträgen gewährt werden).

Sonderregelung für Unterhaltsgläubiger

Eine Sonderregelung gibt es für Unterhaltsgläubiger: Diese gehen den anderen Gläubigern zwar im Rang nicht automatisch vor (für den Rang ist für alle Gläubiger das Einlangen der Verpfändungserklärung/Pfändungsbeschlusses beim Drittschuldner maßgeblich); doch steht diesen Gläubigern eine zusätzliche Sondermasse von 25 % aus dem unpfändbaren Betrag zu. Allerdings darf dabei

bei der Berechnung dieser Sondermasse für jene Person, die Unterhaltsexekution führt, kein Unterhaltsgrund- und -steigerungsbetrag gewährt werden.

> **Wichtig:** Nach der Rechtsprechung[163] kann ein Unterhaltsgläubiger auch im Konkurs des Dienstnehmers auf diese „Unterhaltssondermasse“ (25 % des „normalen“ Existenzminimums) Exekution führen, da diese Sondermasse zum „konkursfreien Vermögen“, also nicht zur Konkursmasse gehört und insoferne nicht die sonst im Konkurs geltende Exekutionssperre gilt. Nach rechtskräftiger Bestätigung eines Zwangsausgleiches oder Zahlungsplanes (☞ siehe im Kap 6.4.1 und 6.4.2) ist aber der Schuldner zur Zahlung der bis zur Konkurseröffnung aufgelaufenen Unterhaltsrückstände nicht verpflichtet, soweit diese über die Quote hinausgehen.[164]

Fallen mehrere Unterhaltsgläubiger zusammen, so gilt Folgendes: Für den laufenden Anspruch des Unterhaltspflichtigen kommt es zu einer Aliquotierung nach dem Verhältnis der Höhe der Ansprüche auf diese laufende Zahlung. Für den Unterhaltsrückstand ist der Rang – also der Zeitpunkt des Einlangens des Gerichtsbeschlusses beim Drittschuldners – maßgeblich.

Sachbezug

Bekommt der Dienstnehmer neben dem Arbeitseinkommen in Geld auch noch Sachleistungen, so sind diese bei der Pfändung zu berücksichtigen. Die Sachleistungen sind – soferne sie nicht unpfändbar sind (zB Aufwandsentschädigungen) zu bewerten und dem Wert der Geldleistung dazuzurechnen. Es muss dem Dienstnehmer aber auf jeden Fall in bar der halbe unpfändbare Grundbetrag – somit für das Jahr 2002 € 315 (bzw € 368, wenn kein Anspruch auf Sonderzahlung besteht) verbleiben. Bei Exekutionen wegen Unterhaltsforderungen reduzieren sich diese Beträge jeweils um 25 %.

Vorschuss und Nachzahlung

Beim Gewähren von Vorschüssen und Darlehen kann sich der Arbeitgeber (= in diesem Fall auch Gläubiger des Dienstnehmers) bis zum halben Grundbetrag (siehe oben) auch aus dem Existenzminimum befriedigen. Dieser halbe Grundbetrag hat aber dem Dienstnehmer auf jeden Fall zu verbleiben. Wenn es keine vorrangigen andere Gläubiger gibt, kann sich der Arbeitgeber auch aus dem pfändbaren Betrag befriedigen.

Nachzahlungen sind der Periode dazuzurechnen, für die sie gewährt wurden und dementsprechend zu behandeln.

Zusammenrechnung

Hat ein Dienstnehmer mehrere Arbeitsverhältnisse bei verschiedenen Arbeitgebern, so kann ein betreibender Gläubiger – nicht jedoch ein Drittschuldner –

[163] OGH 26.2.2001, 3 Ob 205/00v in ZIK 2001, 263.
[164] OGH 26.2.2001, 3 Ob 205/00v in ZIK 2001, 161.

die Zusammenrechnung beantragen. Das Gericht bestimmt dann, welcher Drittschuldner – im Regelfall derjenige, welcher den höchsten Bezug gewährt – die unpfändbaren Grundbeträge gewähren muss.

Sonderzahlungen/Kündigungsentschädigungen

Sonderzahlungen werden nicht dem laufenden Monat dazugerechnet, sondern sind wie eine separate Monatszahlung zu pfänden. Werden die Sonderzahlungen bei aufrechtem Dienstverhältnis anteilsmäßig ausbezahlt (zB 4-mal eine halbe Sonderzahlung pro Jahr), so ist auch das Existenzminimum zu aliqotieren.

Dagegen ist bei aliquoten Sonderzahlungen auf Grund eines Ein- oder Austritts stets der Monatswert heranzuziehen, es ist also keine Aliquotierung vorzunehmen. Das selbe gilt für die Kündigungsentschädigung.

7.3 Sonderregelungen bei der Beendigung des Dienstverhältnisses

Verständigungspflicht

Binnen einer Woche nach Ende des Monats, der dem Monat folgt, in dem das Dienstverhältnis beendet wurde, muss der Arbeitgeber den betreibenden Gläubiger von der Beendigung verständigen. Ein entsprechendes Formular liegt der Drittschuldnererklärung bei.

Wiederaufleben des Pfandrechts bei Wiedereintritt

Wenn der Dienstnehmer innerhalb von 6 Monaten nach der Beendigung des Dienstverhältnisses wieder beim selben Dienstgeber eintritt, bleibt das Pfandrecht aufrecht. Bei späterem Wiedereintritt erlischt es.[165]

Pfändungsrechtliche Behandlung von Urlaubsersatzleistung und Abfertigung

Die Kündigungsentschädigung und Sonderzahlungsanteile anlässlich der Beendigung des Dienstverhältnisses sind wie laufende Bezüge pfändbar, wobei hier auch bei aliquoter Auszahlung jeweils der Monatswert heranzuziehen ist.

Für die pfändungsrechtliche Behandlung von Abfertigungen und Urlaubsersatzleistungen gilt folgende Sonderregelung: Nach Ausscheiden des Dienstnehmers ist diesem zunächst der unpfändbare Teil des Beendigungsanspruches auszubezahlen. Der pfändbare Teil ist 4 Wochen nach Ausscheiden einzubehalten. Der ausgeschiedene Dienstnehmer kann nämlich innerhalb dieser Frist einen Antrag bei Gericht auf Erhöhung des unpfändbaren Betrages stellen, wenn eine Voraussetzung für eine Zusammenrechnung nicht vorliegt – er also nach dem Ausscheiden keinen Anspruch auf neue Bezüge hat. Wenn innerhalb dieser 4-Wochenfrist ein Beschluss des Gerichtes beim Drittschuldner einlangt, ist diesem zu entnehmen, wie die Berechnung vorzunehmen ist. In der Literatur[166]

[165] Siehe dazu etwa *Resch*, Lohnpfändung und Karenzierung des Arbeitsvertrages, ecolex 2000, 185.
[166] *Mohr*, Die Pfändbarkeit der Abfertigung ab 2002, ecolex 2001, 925.

wird dabei die Auffassung vertreten, dass bei einem Beendigungsanspruch für bloß ein Monatsentgelt an Abfertigungszahlung oder für eine Urlaubsersatzleistung unter einem Monat das 4-wöchige Zuwarten nicht geboten ist; denn der Dienstnehmer bei diesen Konstellationen gar keinen ihn günstiger stellenden Beschluss des Gerichtes erwirken könnte.

Der für die sofortige Auszahlung maßgebliche unpfändbare Betrag ist dabei wie folgt zu ermitteln: Grundsätzlich ist der Beendigungsanspruch wie ein laufender Bezug zu behandeln – es stehen also nur ein Mal der Grundbetrag zu. Dabei ist aber immer der erhöhte Grundbetrag heranzuziehen. Im Gegensatz dazu standen nach der alten Rechtslage dem Verpflichteten Grundbeträge in der Anzahl der Monate, für die ein Abfertigungsanspruch bestand, zu.

In einem weiteren Schritt ist zu ermitteln, für wie viele Monate die Beendigungsleistung zusteht. In der Literatur[167]wird dabei die Meinung vertreten, dass für die Anzahl der Monate das vertragliche und nicht das gesetzliche Ausmaß heranzuziehen ist. Für jeden Monat, welcher durch einen Beendigungsanspruch „abgedeckt" ist, ist der Höchstbetrag, ab dem alles pfändbar ist (für das Jahr 2002 € 2520 monatlich), heranzuziehen und mit der Zahl der „abdeckenden" Monate zu multiplizieren. Alles was über diesen so ermittelten Betrag hinausgeht, ist voll pfändbar. Fallen Urlaubsersatzleistung und Abfertigung zusammen, so ist der Höchstbetrag für die Zahl der abgedeckten Monate maßgeblich.

Folgende Beispiele mögen die nicht gerade einfache Regelung näher darstellen:

- ***Beispiel 1 (Werte für das Jahr 2002):***
  Es steht eine Urlaubsersatzleistung für 10 Werktage und eine Abfertigung im Ausmaß von 2 Monatsentgelten zu. Die Anzahl der „abgedeckten" Monate beträgt 2, somit ist als Höchstbetrag, ab dem alles pfändbar ist, 2 × 2520 = €5040 heranzuziehen.
- ***Beispiel 2:***
  Es steht eine Urlaubsersatzleistung für 35 Werktage und eine Abfertigung im Ausmaß von einem Monatsentgelt zu. Auch hier ist der Höchstbetrag für 2 Monatsentgelte heranzuziehen, weil die Urlaubsersatzleistung mehr als ein Monat abdeckt.

Hingewiesen sei noch darauf, dass nach dem Entwurf einer EO-Novelle 2003 bei einer Beendigungsleistung für einen Arbeitnehmer als absolut pfändbarer Höchstbetrag stets der 20-fache Ausgleichszulagenrichtsatz herangezogen werden soll – und zwar unabhängig von der Anzahl der Monate, für die die Leistung zusteht. Aufgrund der politischen Ereignisse im Herbst 2002[168] dürfte der Entwurf jedoch in der Gesetzgebungsperiode der alten Regierung nicht mehr Gesetzeskraft erlangen. Ob die neue Regierung das Gesetzesvorhaben wieder aufgreift, kann nicht vorhergesagt werden.

[167] *Mohr* ebenda.
[168] Auflösung des Nationalrates und Neuwahlen im November 2002.

Rechte und Pflichten des Drittschuldners im Besonderen

Die „Drittschuldnererklärung“

Der „Drittschuldner“ – meist ident mit dem Arbeitgeber – ist jene Person, die für das korrekte Abführen der pfändbaren Beträge (an den betreibenden Gläubiger) und an den unpfändbaren Teil (an den Dienstnehmer) verantwortlich ist. Bei einer gerichtlichen Lohnpfändung wird dem Drittschuldner mit Beschluss aufgetragen, die „Drittschuldnererklärung“ auszufüllen. Je eine Ausfertigung dieses ausgefüllten Formulars ist an das Gericht und an den betreibenden Gläubiger innerhalb von 4 Wochen zu schicken.

Achtung: Beschluss des Gerichts genau lesen!

Das Gericht ordnet zunächst ein Zahlungsverbot an, dass heißt, dass der pfändbare Betrag nicht an den Dienstnehmer ausgezahlt werden darf. Weiters wird angeordnet, dass der pfändbare Teil des Arbeitseinkommens **entweder sofort an den Gläubiger auszuzahlen oder aber erst nach 4 Wochen an diesen zu überweisen ist**.

Vertragliche Pfändung

Grundsätzlich ist eine vertragliche Pfändung nicht „schwächer“ als eine gerichtliche. Entscheidend für den Rang ist immer das Einlangen beim Drittschuldner. Als Drittschuldner sollten Sie daher intern protokollieren, wann welche (gerichtliche oder vertragliche) Pfändung bei Ihnen eingelangt ist.

Mitteilungen des Arbeitgebers an den Gläubiger

In der Praxis verlangt ein Gläubiger bei einer außergerichtlichen Verpfändung oder Zession vom Arbeitgeber oft Angaben, die den Arbeitnehmer betreffen. Der Drittschuldner ist vom Gesetz lediglich verpflichtet, den Pfandrang anzumerken.

Ob der Arbeitgeber dem Gläubiger bei einer vertraglichen Verpfändung eine Art Drittschuldnererklärung zukommen lässt oder ob er sich einverstanden erklärt, dem Gläubiger wesentliche Änderungen im Arbeitsverhältnis des gepfändeten Arbeitnehmers oder die Beendigung des Arbeitsverhältnisses mitzuteilen, liegt in seinem Ermessen.

Haftung des Drittschuldners

Der Drittschuldner haftet bei grober Fahrlässigkeit für Schäden, die durch seine falsche Berechnung oder Mängel beim Ausfüllen des Formulars entstanden sind!

Anspruch auf Kostenersatz

Der Drittschuldner hat für seine Mühewaltung folgenden Anspruch auf Kostenersatz: € 25 für die Abgabe der Drittschuldnererklärung bei aufrechtem

Dienstverhältnis, sonst € 15. Fallen höhere Kosten an und können diese nachgewiesen werden, so darf auch mehr verrechnet werden.

Für die Berechnung darf er bei der erstmaligen Berechnung 2 % von dem Betrag, der an den betreibenden Gläubiger abgeführt wird, höchstens aber € 8 einbehalten. Für jede weitere Berechnung dürfen 1 %, maximal aber € 4 einbehalten werden.

Der Arbeitgeber darf sich diese Kosten direkt von dem dem betreibenden Gläubiger zustehenden pfändbaren Betrag abführen. Nur wenn – was in der Praxis selten vorkommen wird – nach Berücksichtigung des betreibenden Gläubigers noch etwas pfändbar wäre, müsste der Arbeitgeber auf diese Masse zugreifen.

Bagatellüberschreitungen

Von Bagatellüberschreitungen wird gesprochen, wenn nur ein sehr geringer Betrag pfändbar wäre. Bei Bagatellüberschreitungen kann – muss aber nicht – der Gesamtbetrag der Forderung als pfändungsfrei behandelt werden, wenn die nicht gerundete Berechnungsgrundlage um folgende Beträge nicht überschritten wird: € 10 monatlich; € 2,5 wöchentlich und € 0,5 täglich (§ 292j Abs 5 EO).

Aufstellung über die offenen Forderungen

Dem Drittschuldner kann es nicht zugemutet werden, dass er selbst die Berechnung darüber vornimmt, in welcher Höhe der Anspruch des betreibenden Gläubigers (inklusive Zinsen und Kosten) beträgt. Deshalb ist er bei Gehaltsforderungen oder anderen laufenden Bezügen berechtigt, vom betreibenden Gläubiger nach Tilgung der in der Exekutionsbewilligung genannten festen Beträge das Zahlungsverbot so lange nicht zu berücksichtigen, bis er vom betreibenden Gläubiger eine Aufstellung über die offene Forderung erhält. Diese Aufstellung muss auch dem Verpflichteten zugestellt werden. Der Drittschuldner muss allerdings mindestens 4 Wochen vorher schriftlich ankündigen, dass er von diesem Recht Gebrauch machen wird. Diese Pflicht zur Aufstellung der offenen Forderungen gilt allerdings nicht bei Exekutionen wegen des laufenden Unterhalts[169] oder sonstiger wiederkehrender Forderungen.

[169] Der Unterhaltsrückstand ist aber von der Aufstellungspflicht erfasst; *Mohr*, Die neue Lohnpfändung (1991) Anmerkung 3 zu § 292l EO.

7.4 Berechnungsbeispiele für die Ermittlung des unpfändbaren Betrages

PRAXISTIPP: Bei folgenden Internetadressen der Schuldnerberatungsstellen besteht die Möglichkeit, sich durch einfache Eingabe – quasi auf „Knopfdruck" – das Existenzminimum berechnen zu lassen: www.schuldnerberatung.at oder www.schuldnerberatung-wien.at/sb.wien/. Dies ist dann sehr nützlich, wenn sich etwa der Schuldner einen schnellen Überblick über den ihm zu verbleibenden unpfändbaren Betrag verschaffen will. Der Drittschuldner sollte jedoch bei Berechnungen wohl besser auf die offiziellen Tabellen (zB auf der Website des Justizministeriums www.bmj.gv.at) zurückgreifen, um kein Haftungsrisiko einzugehen.

Folgende Beispiele mögen die Regelung näher verdeutlichen, wobei bei allen Beispielen mit Ausnahme des Sonderfalles des Zusammentreffens von mehreren Unterhaltsgläubigern im Beispiel 2 von der – realistischen – Annahme ausgegangen wurde, dass die einzelnen Ansprüche der Gläubiger so hoch sind, dass der im Rang nachgehende Gläubiger keine Befriedigung mehr aus dem – ausgeschöpften – pfändbaren Betrag erlangen kann.

- ***Beispiel 1 (Werte für das Jahr 2002):***
  Der Dienstnehmer bezieht ein Nettoentgelt von € 1004 monatlich. Er hat Anspruch auf Sonderzahlungen und keine Unterhaltspflichten. Ein „sonstiger Gläubiger" (also kein Unterhaltsgläubiger) führt Gehaltsexekution.

Lösung: Zunächst ist die Berechnungsgrundlage durch Abrundung auf einen durch 20 teilbaren Betrag zu ermitteln (= 1000). Es steht ihm der allgemeine Grundbetrag (weil er Anspruch auf Sonderzahlungen hat) und der allgemeine Steigerungsbetrag von 30 % zu: 630 + 111 (= 30 % von 270) = 741. Somit sind € 263 an den Gläubiger abzuführen; € 741 sind unpfändbar. Eine Kontrolle durch einen Blick in die Tabelle 1am (Spalte für „0 Unterhaltspflichten") der Existenzminimumverordnung BGBl II 2002/22 bestätigt die Richtigkeit der Berechnung.

☞ **Siehe auch die optische Darstellung dieses Beispiels im Anhang „Beispiel 1", Kap 13.13**

- ***Beispiel 2 (Werte für das Jahr 2002):***
  Der Dienstnehmer B bezieht ein Nettoentgelt von € 1217 und hat Anspruch auf Sonderzahlungen. Er ist für seine Ehegattin und 2 Kinder unterhaltspflichtig. Das jüngere Kind A hat einen Anspruch auf laufenden Unterhalt von € 200 und das ältere Kind B einen Anspruch auf laufenden Unterhalt von € 300 (die Unterhaltsrückstände beider Kinder betragen einige tausend €). Diese beiden Kinder führen nun Unterhaltsexekution, wobei der Exekutionsbeschluss das Kind B betreffend dem Drittschuldner früher zugegangen ist als der Beschluss das Kind A betreffend.

Lösung: Bei diesem Fall handelt es sich um den Sonderfall von Unterhaltsgläubigern, welche noch einen Anspruch auf 25% des sonst unpfändbaren Betrages haben, wobei dem Verpflichteten aber für die Personen, die Unterhaltsexekution führen, weder ein Unterhaltsgrund- noch ein Unterhaltssteigerungsbetrag zusteht. Die Berechnung ist dabei wie folgt vorzunehmen:

A. **Ermittlung des Unterhaltsexistenzminimums:** Berechnungsgrundlage sind € 1200 (Abrundung auf einen durch 20 teilbaren Betrag). Der allgemeine Grundbetrag von € 630 und ein Unterhaltsgrundbetrag für die Ehegattin von € 126 (für die exekutionsführenden Kinder stehen keine Unterhaltsgrund- und -steigerungsbeträge zu!) ergeben die Zwischensumme von € 756. Aus der Differenz zwischen der Berechnungsgrundlage und dieser Zwischensumme werden noch die 40% an Steigerungsbeträgen (30% allgemeiner Steigerungsbetrag und 10% für die Ehegattin) ermittelt. Dies ergibt eine zweite Zwischensumme von € 177,6 (= [1200 – 756] × 0,4). Aus der Summe dieser beiden Zwischensummen verbleiben dem Dienstnehmer aber – da es sich um Unterhaltsforderungen handelt – nur 75%, somit € 700,2 (= [756 + 177,6] × 0,75). Ein Blick in die Tabelle 2 am (Spalte für eine Unterhaltspflicht) der Existenzminimum-Verordnung oder in dieselbe Tabelle für die Unterhaltsexistenzminimum-Verordnung bestätigt die Richtigkeit der Berechnung. **Somit stehen den Unterhaltsgläubigern grundsätzlich € 516,8** (= 1217 – 700,2) **zur Verfügung.**

B. **Aufteilung auf die Unterhaltsgläubiger:** Die Aufteilung dieser Masse erfolgt so, dass zunächst – unabhängig vom Rang! – der laufende Unterhalt zu berücksichtigen ist. In der Summe macht dies in diesem Fall € 500 aus, sodass hinsichtlich des laufenden Unterhalts eine volle Deckung besteht (516,8 ist größer als 500): Kind A erhält € 200 und Kind B € 300. Wäre diese Deckung aus dem pfändbaren Betrag nicht gegeben gewesen, hätte ein Aliquotierung hinsichtlich des Verhältnisses der Ansprüche auf laufenden Unterhalt vorgenommen werden müssen. In diesem – hier nicht gegebenen – Fall hätte daher bei Nicht-Deckung der Summe der laufenden Unterhaltsansprüche Kind A 2/5 und Kind B 3/5 aus dem pfändbaren Betrag bekommen.

Da in diesem Beispiel aber nach Abzug der laufenden Unterhaltszahlungen (€ 500 = 200 für Kind A und 300 für Kind B) noch ein zu verteilender Differenzbetrag von € 16,8 (= 516,8 – 500) verbleibt, ist dieser auf den Unterhaltsrückstand zu verteilen, wobei hierfür der Rang maßgeblich ist. Somit erhält das im Rang vorgehende Kind B diesen Betrag von € 16,8 zusätzlich zu den € 300, somit gesamt € 316,8.

Als Endergebnis ist festzuhalten, dass dem Dienstnehmer € 700,2 verbleiben, Kind A bekommt € 200 und Kind B € 316,8.

☞ **Siehe auch die optische Darstellung dieses Beispiels im Anhang „Beispiel 2“, Kap 13.14**

- ***Beispiel 3 (Werte für das Jahr 2002):***
  Der Dienstnehmer B bezieht ein Nettoentgelt von € 1508 monatlich und hat Anspruch auf Sonderzahlungen. Er ist für seine Gattin und für zwei Kinder (davon eines aus erster Ehe) – somit insgesamt für 3 Personen – unterhaltspflichtig. Es führt ein „sonstiger Gläubiger" A und das Kind B aus erster Ehe Unterhaltsexekution, wobei aber das Kind den Rang erst nach dem „sonstigen Gläubiger" A erwirkt hat, weil der diesbezügliche Exekutionsbeschluss später als der den „sonstigen Gläubiger" betreffende Beschluss beim Drittschuldner eingelangt ist.

Lösung: Hier wird es bei der Berechnung komplizierter: Berechnungsgrundlage sind € 1500 (Abrundung auf einen durch 20 teilbaren Betrag).

A. **Zunächst soll der pfändbare Betrag für den „sonstigen Gläubiger" – der im Rang vorgeht – ermittelt werden:** Es steht ihm der „allgemeine Grundbetrag" von € 630 und 3 Unterhaltsgrundbeträge von je € 126 zu: 630 + 126 × 3 = 1008. Von der Differenz zu dieser Zwischensumme und der Berechnungsgrundlage stehen ihm noch 60% an Steigerungsbeträgen (30% allgemeiner Steigerungsbetrag und 3 × 10% Steigerungsbetrag für jede unterhaltsberechtigte Person) zu, somit € 295,2 (= [1500 – 1008] × 0,6). Hinsichtlich dieses „sonstigen Gläubigers" hat der Verpflichtete daher Anspruch auf einen unpfändbaren Betrag von € 1303,2. Ein Blick in die Tabelle 1 am (Spalte für 3 Unterhaltspflichten) bestätigt die Richtigkeit der Berechnung. **Der Gläubiger A bekommt € 204,8.**

B. **Nun soll die „Sondermasse" für den Unterhaltsgläubiger B berechnet werden:** Diesem stehen 25% aus dem sonst unpfändbaren Existenzminimum zu. Da jedoch der Unterhaltsgläubiger, der Exekution führt, bei der Berechnung nicht berücksichtigt werden darf, muss dieses Existenzminimum für den Unterhaltsgläubiger neu berechnet werden:

Allgemeiner Grundbetrag	630
2 (!) x Steigerungsbetrag von	2 × 126 = 152
Zwischensumme	882

50% (30% allgemeiner Steigerungsbetrag und 2 (!) × 10% Unterhaltssteigerungsbetrag) aus der Differenz der Berechnungsgrundlage zur Zwischensumme = 309 (= [1500 – 882] × 0,5).

Das Existenzminimum für den Verpflichteten hinsichtlich des Unterhaltsgläubigers beträgt nun 75% dieser beiden Zwischensummen, somit **893,25** (= [932 + 284] × 0,75). Ein Blick in die Tabelle 2 am (Spalte für 2 Unterhaltspflichten) der Existenminimumverordnung 2002 bzw auch in dieselbe Tabelle der Unterhaltsexistenzminimum-Verordnung 2002 bestätigt die Berechnung. Der Unterhaltsgläubiger bekommt nun die Differenz aus dem Existenzminimum gegenüber dem Gläubiger A und diesem soeben berechneten Existenzminimum – somit sind **€ 409,95** (= 1303,2 – 893,25) **an den Unterhaltsgläubiger abzuführen.**

Das Endergebnis stellt sich wie folgt dar: € 893,35 (= das Unterhaltsexistenzminimum) verbleiben dem Dienstnehmer, € 409,95 bekommt der nachrangige Unterhaltsgläubiger B und € 204,8 der sonstige Gläubiger A.

PRAXISTIPP: Dieser relativ komplizierte Berechnungsvorgang beim Zusammenfallen eines im Rang vorgehenden „sonstigen Gläubigers" mit einem Unterhaltsgläubiger lässt sich mit folgendem „Trick" stark vereinfachen: Zunächst wird der unpfändbare Betrag des sonstigen Gläubigers durch Aufsuchen des entsprechenden Wertes in der Tabelle ermittelt. Der unpfändbare Betrag für den Unterhaltsgläubiger wird dann aus der Differenz des aus der Tabelle ersichtlichen Wertes für Unterhaltsgläubiger und dem unpfändbaren Betrag für den „sonstigen Gläubiger" ermittelt. In dem obigen Beispiel würde die Ermittlung des pfändbaren Betrages für den Unterhaltsgläubiger dann so vor sich gehen: Der pfändbare Betrag für den „sonstigen Gläubiger" ergibt sich aus der Tabelle 1 am (Spalte für 3 Unterhaltspflichten = 1303,2) aus der Existenzminimum-Verordnung 2002. Als nächsten Schritt wird der unpfändbare Betrag für 2 (!) Unterhaltsgläubiger aus der Tabelle 2 am aus der Existenzminimum-Verordnung 2002 (oder aus der Unterhaltsexistenzminimum-Verordnung 2002) ermittelt = 893,25. Die Sondermasse für den Unterhaltsgläubiger ergibt sich nun aus der Differenz dieser beiden Beträge = 409,95 – somit konnte der richtige Wert ohne aufwendige Rechenvorgänge ermittelt werden.

☞ **Siehe auch die optische Darstellung dieses Beispiels im Anhang „Beispiel 3", Kap 13.14**

- ***Beispiel 4 (Werte für das Jahr 2002) (Behandlung von Beendigungsansprüchen):***
  Der Dienstnehmer, welcher für 2 Personen unterhaltspflichtig ist, bekommt eine Abfertigung von 2 Monatsentgelten im Ausmaß von € 5000 netto und eine Urlaubsersatzleistung für 10 Werktage im Ausmaß von € 1000 netto. Die Forderung, wegen der Exekution geführt wird, ist eine „sonstige Forderung", also keine Unterhaltsforderung.

Lösung: Die Zahl der „abgedeckten Monate" ist zwei. Es ist also zwei Mal der Höchstbetrag von 2520, somit € 5040 heranzuziehen. Alles was über diesen Betrag hinausgeht – somit € 960 (6000 minus 5040) ist voll pfändbar. Der unpfändbare Restbetrag von € 5040 ist wie ein laufender Bezug zu berechnen, wobei immer der erhöhte allgemeine Grundbetrag heranzuziehen ist:

Erhöhter allgemeiner Grundbetrag:	*€ 736*
Unterhaltsgrundbetrag für 2 Unterhaltspflichten:	*€ 252 (zwei Mal 126)*
Zwischensumme:	***€ 988***
Mehrbetrag im Ausmaß von 50% (30% allgemeiner Mehrbetrag und je 10% für die Unterhaltsberechtigten) aus 4052 (5040 minus 988) =	***2026***

Es ist somit ein Betrag von €3014 (988 plus 2026) unpfändbar.

Diesen Berechnungsvorgang kann man sich ersparen, indem man in die Tabelle 1 cm der Existenzminimumverordnung („einmalige Leistungen für sonstige Forderungen“) beim Wert 5040 in der Spalte für 2 Unterhaltsberechtigte nachschaut.

Dieser Betrag ist ab Fälligkeit an den Dienstnehmer auszubezahlen. Der pfändbare Betrag von € 2986 ist vier Wochen nach Ausscheiden des Dienstnehmers einzubehalten. Wird innerhalb dieser Frist kein Beschluss des Gerichtes zugestellt, so ist dieser Betrag an den betreibenden Gläubiger auszubezahlen. Wenn innerhalb dieser Frist ein Beschluss des Gerichtes zugestellt wird, in dem festgelegt wird, dass dem Verpflichteten jenes Vielfache des unpfändbaren Freibetrages zu verbleiben hat, für das diese Leistung nach dem Gesetz zusteht, hat der Drittschuldner die Berechnung entsprechend diesem Beschluss zu veranlassen und dementsprechend die Verteilung an den Gläubiger und an den ehemaligen Dienstnehmer vorzunehmen.

Hingewiesen sei noch darauf, dass nach dem Entwurf einer EO-Novelle 2003 bei einer Beendigungsleistung für einen Arbeitnehmer als absolut pfändbarer Höchstbetrag stets der 20-fache Ausgleichszulagenrichtsatz herangezogen werden soll – und zwar unabhängig von der Anzahl der Monate, für die die Leistung zusteht. Aufgrund der politischen Ereignisse im Herbst 2002[170] dürfte der Entwurf jedoch in der Gesetzgebungsperiode der alten Regierung nicht mehr Gesetzeskraft erlangen. Ob die neue Regierung das Gesetzesvorhaben wieder aufgreift, kann nicht vorhergesagt werden.

7.5 Die Rechtsstellung der Gläubiger im Konkurs eines Dienstnehmers

Geht der Dienstnehmer in Konkurs, ist die Sonderregelung des § 12 a KO zu beachten: Nach dieser Vorschrift erlöschen exekutiv erworbene Ab- oder Aussonderungsrechte auf einen Einkommensbezug bereits mit Ablauf des Monats der Konkurseröffnung bzw mit Ablauf des Folgemonats, wenn die Konkurseröffnung nach einem 15. eines Monats erfolgte.

Viel länger bleibt aber ein Ab- oder Aussonderungsrecht an einem Einkommensbezug bestehen, wenn dies vertraglich begründet wurde: Für diesen Fall erlischt es erst 2 Jahre nach Konkurseröffnung. So lange könnte also der Gläubiger den pfändbaren Betrag abschöpfen – soferne nicht andere Gläubiger im Rang vorgehen.

[170] Auflösung des Nationalrates und Neuwahlen im November 2002.

Achtung: Voraussetzung für den Weiterbestand dieses Ab- oder Aussonderungsrechtes an einem Einkommensbezug im „Privatkonkurs" ist allerdings, dass es spätestens bei der Tagsatzung für die Abstimmung über den Zahlungsplan geltend gemacht wird, ansonsten es erlischt! (§ 113 a Abs 2 KO)

- Solange der Ausfall bei einem Aus- oder Absonderungsrecht auf zukünftig fällig werdende Forderungen nicht feststeht, hat der Konkursgläubiger dem Treuhänder auch 14 Tage vor Ende des Kalenderjahres eine Aufstellung über die offene Forderung zu übersenden, widrigenfalls er bei der Verteilung nicht berücksichtigt wird (§ 209 Abs 1 KO)
- Doch auch andere Gläubiger sollten auf jeden Fall ihre Forderung im Konkurs anmelden, da im Privatkonkurs jene Gläubiger, die ihre Forderung nicht angemeldet haben, beim Zahlungsplan einen Anspruch auf die Bezahlung der Quote nur haben, wenn dies der Einkommens- und Vermögenslage des Schuldners entspricht (§ 197 KO). Ausgenommen davon sind Forderungen, die nur aus Verschulden des Gemeinschuldners unberücksichtigt geblieben sind (§ 156 Abs 6 KO).

Wie bereits oben erwähnt, können Unterhaltsgläubiger auch während des Konkurses des Dienstnehmers Exekution auf die ihnen zustehende Sondermasse (25% des „normalen" Existenzminimums) führen. Wird jedoch der Zahlungsplan oder Zwangsausgleich rechtskräftig bestätigt, ist der Schuldner zur Zahlung des bis zur Konkurseröffnung aufgelaufenen Rückstandes nur im Ausmaß der Quote verpflichtet.[171]

Zu beachten ist auch noch, dass nach der Judikatur[172] vertragliche Pfandrechte auf eine Forderung des Schuldners, die erst nach Konkurseröffnung vom Gemeinschuldner begründet wurden, durch einen Zwangsausgleich nicht geschmälert werden. Dies ergibt sich daraus, dass Rechtshandlungen des Schuldners nach Konkurseröffnung gegenüber den Konkursgläubigern nur relativ unwirksam sind (§ 3 KO ☞ siehe Kap 2.4.2). Verständigt der Gemeinschuldner während des Konkursverfahrens den Drittschuldner von der Verpfändung oder Abtretung seiner Lohnforderung, entfaltet diese daher mit dem Zeitpunkt der Rechtskraft des Konkursaufhebungsbeschlusses Wirksamkeit.

Näheres zum Privatkonkurs ☞ siehe auch im Kap 6.

7.6 Pfändungsschutz für Einkünfte aus selbständiger Tätigkeit

Auch Einkünfte aus einer selbständigen Tätigkeit können unter den Pfändungsschutz fallen: Nach § 290a Abs 1 Z 2 EO sind „sonstige **wiederkehrende** Vergütungen für Arbeitsleistungen, die die Erwerbstätigkeit des Verpflichteten vollständig oder zu einem wesentlichen Teil in Anspruch nehmen" nur be-

[171] OGH 26.2.2001, 3 Ob 205/00v, ZIK 2001, 263.
[172] OGH 19.9.2001, 3 Ob 121/01t, ÖBA 2002/1034.

schränkt pfändbar. Trotz der etwas irreführenden Formulierung „Arbeitsleistungen“ ist hier nicht an Ansprüche aus einem Arbeitsvertrag gedacht (diese sind von der Ziffer 1 des § 290a Abs 1 EO erfasst). Vielmehr soll es sich um einen Auffangtatbestand für laufende, wiederkehrende Leistungen, die nicht auf einem Rechtsverhältnis persönlicher oder wirtschaftlicher Abhängigkeit beruhen, handeln.[173] Voraussetzung dafür ist weiters, dass diese Leistungen die Erwerbstätigkeit des Verpflichteten zumindest zu einem wesentlichen Teil in Anspruch nehmen.

Hat der Schuldner einen Anspruch auf eine **einmalige** Vergütung aus selbständiger Arbeit, so kann er – soweit diese Arbeit seine Erwerbstätigkeit zumindest zu einem wesentlichen Teil in Anspruch nimmt – einen Antrag auf Pfändungsschutz stellen (§ 291e EO). Der Unterschied zu den laufenden Zahlungen ist also der, dass Letztere von Amts wegen zu berücksichtigen sind, während bei den einmaligen Vergütungen der Schuldner selbst den Antrag auf Pfändungsschutz stellen muss. Es ist ihm dabei so viel zu belassen, wie er während eines angemessenen Zeitraumes für seinen notwendigen Unterhalt sowie den Unterhalt der unterhaltsberechtigten Personen bedarf. Unter Umständen könnte das Gericht dann auch entscheiden, dass der gesamte Betrag unpfändbar ist. Besteht allerdings die Gefahr, dass der betreibende Gläubiger dadurch schwer geschädigt würde, ist der Antrag abzuweisen.

7.7 Exekutionsschutz für bewegliche Sachen von Unternehmern und Privaten

Nach Konkurs- und Ausgleichseröffnung gibt es einen Vollstreckungsschutz – es dürfen keine neuen exekutiven Pfand- oder Befriedigungsrechte erworben werden. In den letzten 60 Tagen vor Konkurs- oder Ausgleichseröffnung erworbene exekutive Pfand- oder Befriedigungsrechte – mit Ausnahme solcher für Abgabenforderungen – erlöschen im Zuge des Konkurses oder Ausgleiches.

Die Frage eines Exekutionsschutzes für bewegliche Sachen stellt sich jedoch nicht nur innerhalb der Insolvenz, da – wie bereits im Kap 2.4.2 dargestellt – grundsätzlich alle Vermögensgegenstände, für die Exekutionsschutz besteht, nicht in die Konkursmasse fallen (§ 1 Abs 1 KO). Doch auch außerhalb der Insolvenz kann der Exekutionsschutz vor allem für Personen, die das Unternehmen weiterführen wollen, von großer praktischer Bedeutung sein. Hier sind folgende Konstellationen denkbar:

1. Der Schuldner hat zwar Zahlungsschwierigkeiten, aber es wird – aus welchen Gründen immer – kein Insolvenzantrag gestellt.
2. Ein Konkursantrag wurde zwar gestellt, aber mangels kostendeckenden Vermögens abgewiesen. Ist der Schuldner Unternehmer, ist dies zwar ein Gewerbeentziehungsgrund (☞ siehe im Kap 11.1), doch kann es erfahrungsgemäß von der Konkursabweisung an einige Zeit dauern, bis der Gewerbeschein ent-

[173] *Mohr*, Die neue Lohnpfändung, ecolex spezial, Rz 4 zu § 290a EO.

zogen wird. Außerdem hat der Schuldner die Möglichkeit, einen Nachsichtsantrag zu stellen bzw kann die Gewerbebehörde von der Entziehung des Gewerbescheines absehen, wenn dies im vorwiegend im Interesse der Gläubiger ist. ☞ Siehe im Kap 11.1.

3. Ein eröffnetes Konkursverfahren wurde – ohne dass Restschuldbefreiung (zB wegen eines erfüllten Zwangsausgleiches) eingetreten ist – nach Verfahrensbeendigung aufgehoben. Da ein eröffneter Konkurs seit der Gewerbeordnungsnovelle 2002 kein Gewerbeausschluss- und -entziehungsgrund mehr ist, kann der Schuldner, der ja nach Konkursaufhebung wieder seine volle Verfügungsfreiheit erlangt, durchaus das Unternehmen weiter fortführen.

In all diesen Fällen kann es für den Schuldner durchaus von Interesse sein, zu erfahren, welche beweglichen Sachen nicht der Exekution unterliegen. Für Unternehmer ist dafür vor allem der § 250 Abs 1 Z 2 EO relevant. Demnach sind *„bei Personen, die aus persönlicher Leistung ihren Erwerb ziehen, sowie bei Kleingewerbetreibenden und Kleinlandwirten die zur Berufsausübung bzw persönlichen Fortsetzung der Erwerbstätigkeit erforderlichen Gegenstände sowie nach Wahl des Verpflichteten bis zum Wert von 750 € der zur Aufarbeitung bestimmten Rohmaterialien unpfändbar“*.

Der Exekutionsschutz gilt auch für Sachen, die nicht im Eigentum des Verpflichteten stehen, die der Verpflichtete aber benützt.[174]

Der Berufsschutz wird nicht auf bestimmte Berufsgruppen beschränkt, allerdings kommt der Pfändungsschutz nur natürlichen, nicht auch juristischen Personen oder Personenhandels- und Erwerbsgesellschaften zu.[175] Diese Regelung erscheint uE nicht sachgerecht, da ja durchaus auch zB eine Erwerbsgesellschaft oder GmbH vom wirtschaftlichen Standpunkt aus den Charakter eines „Kleingewerbebetriebes“ aufweisen kann. Fraglich erscheint daher, ob diese Regelung im Lichte des Gleichheitsgrundsatzes verfassungskonform ist, weil es hier zu einer unsachlichen Ungleichbehandlung von gleichen Sachverhalten kommt.

Bei der Frage, ob ein Kleingewerbebetrieb vorliegt, ist auf den Umfang der Produktion oder des Umsatzes, die maschinelle Einrichtung und Anzahl und Größe der Betriebsräume abzustellen.[176]

Nachfolgend Beispiele von Gegenständen, die nach der Judikatur für Gewerbetreibende zur Fortsetzung der Erwerbstätigkeit erforderlich und daher unpfändbar sind:[177]

- Ein Kopiergerät bei einem Installationsbetrieb
- Eine Computeranlage bei einem Spenglerbetrieb
- Eine Eismaschine in einem Café und Konditoreibetrieb
- Der Billardtisch samt Zubehör in einem Gasthaus

[174] *Angst*, Kommentar zur EO (2000) Rn 2 zu § 250 EO.
[175] *Angst*, Kommentar zur EO (2000) Rn 19 zu § 250 EO.
[176] *Angst*, Kommentar zur EO (2000) Rn 21 zu § 250 EO.
[177] Aus *Angst*, Kommentar zur EO (2000) Rn 24 ff zu § 250 EO.

- Die Einrichtung für ein Büro bei einem Immobilienmakler oder Rechtsanwalt
- Die für die Berufsausübung erforderliche „anständige“ Kleidung
- Ein Fahrzeug kann unpfändbar sein, wenn es zur Bewältigung des Wegs zur Arbeitsstätte unentbehrlich ist – daher nicht, wenn Massenbeförderungsmittel zur Verfügung stehen

Gesellschaftsanteile sind pfändbar: Bei einer Gesellschaft nach bürgerlichem Recht wird Exekution auf den Miteigentumsanteil des einzelnen Gesellschafters geführt.[178] Bei Personenhandels- und Erwerbsgesellschaften kann nach § 135 HGB der Privatgläubiger eines Gesellschafters, der innerhalb der letzten 6 Monate erfolglos eine Zwangsvollstreckung auf das bewegliche Vermögen durchzuführen versuchte, die Pfändung des Auseinandersetzungsguthabens des Gesellschafters beantragen und danach die Gesellschaft mit sechsmonatiger Frist zum Ende des Kalenderjahres kündigen.[179] Bei einer Zwangsvollstreckung in GmbH-Anteile ist nach herrschender Lehre[180] die Verwertung nur durch Verkauf, nicht aber etwa durch Zwangsverwaltung zulässig.

Bestimmte[181] Unternehmen können auch – was in der Praxis allerdings selten vorkommt – zwangsverwaltet oder zwangsverpachtet werden (§§ 340 ff EO). Wegen der relativ geringen praktischen Bedeutung sei hier bloß auf die einschlägige Literatur verwiesen.[182]

Dagegen kann die Gewerbeberechtigung als höchstpersönliches Recht nicht gepfändet werden.[183] Tatsächlich kommen in der Praxis zeitweise derartige unzulässige Exekutionen auf die Gewerbeberechtigung vor. Sinn dieser Exekution soll sein, dass der Gewerbeinhaber bei einem derartig (unzulässigerweise) „gepfändeten Gewerbeschein“ diesen nicht zurücklegen kann. Das dadurch erreichte Druckmittel lag früher vor allem darin, dass die Zurücklegung des Gewerbescheines Voraussetzung für den Pensionsantritt war. Da dies nunmehr aber nicht mehr für den Anspruch auf Pensionsbezug Voraussetzung ist, bringt diese Vorgangsweise auch aus Sicht des Gläubigers kaum Vorteile – sieht man davon ab, dass bei Nicht-Zurücklegung des Gewerbescheines der Gewerbeinhaber weiter Wirtschaftskammerumlage zu entrichten hätte (die Wirtschaftskammer aber wohl in diesem Fall aus Kulanzgründen von der Einforderung der Umlage absehen wird).

---

178 *Angst*, Kommentar zur EO (2000) Rn 22 zu § 331 EO.

179 *Angst*, Kommentar zur EO (2000) Rn 23 f zu § 331 EO.

180 Die gegenteilige Ansicht vertritt *Angst*, Kommentar zur EO (2000) Rn 34 zu § 331 EO.

181 Von der Zwangsverwaltung und -verpachtung ausgenommen sind nach § 341 Abs 1 EO *„handwerksmäßige und solche Gewerbe, zu deren Antritt eine besondere Befähigung erforderlich ist, wenn das Gewerbe vom Gewerbeinhaber allein oder mit höchstens 4 Hilfsarbeitern ausgeübt wird.“* Dazu ausführlich bei *Angst*, Kommentar zur EO (2000) Rn 16 ff zu § 341 EO.

182 *Angst*, Kommentar zur EO (2000) § 340 EO ff und *Schreiber/Stocker*, Leitfaden für Zwangsverwalter (1993).

183 *Angst*, Kommentar zur EO (2000) Rn 7 zu § 341 EO und VwGH 96/04/0111.

Auf jeden Fall müsste ein Antrag auf Einstellung einer Exekution in diesem Fall Aussicht auf Erfolg haben.

☞ ⊠ **Im Anhang („Formular 11“, Kap 13.12) finden Sie auch ein Muster für einen Antrag auf Einstellung der Exekution, falls Ihr Gewerbeschein – rechtswidrigerweise – „gepfändet“ wurde.**

Folgende Sachen sind – bei Nicht-Unternehmern und Unternehmern – unpfändbar (§ 250 EO):

- Die dem persönlichen Gebrauch oder dem Haushalt dienenden Gegenstände, soferne sie für den Verpflichteten oder mit ihm im gemeinsamen Haushalt lebenden Familienmitgliedern einer bescheidenen Lebensführung dienen oder bei ihrer Verwertung nur ein Erlös erzielt wird, der zum Wert außer Verhältnis steht. Als unpfändbar nach dieser Bestimmung wurden nach der Judikatur demnach angesehen[184]
  - ein Radio,
  - eine Waschmaschine,
  - ein Staubsauger,
  - ein Kühlschrank,
  - ein Elektroherd.
- Als pfändbar angesehen wurden dagegen
  - ein wertvolles Fernsehgerät,[185]
  - eine Stereokompaktanlage,
  - eine Geschirrspülmaschine,
  - ein Tiefkühlgerät,
  - ein Bügelautomat.
- Unpfändbar sind weiters nach § 250 EO:
  - für den Verpflichteten und mit ihm im gemeinsamen Haushalt lebenden Familienmitglieder für vier Wochen erforderliche Nahrungsmittel und Heizstoffe,
  - nicht zur Veräußerung bestimmte Haustiere bis zu einem Wert von € 750, zu denen eine gefühlsmäßige Bindung besteht und bestimmte Nutztiere,
  - das Teil des vorgefundenen Bargeldes, der dem unpfändbaren Geldbetrag bis zum nächsten Zahlungstermin entspricht (bei Personen mit Einkommensbezügen, die beschränkt oder gar nicht pfändbar sind ☞ siehe in Kap 7.1 f),
  - zur Vorbereitung eines Berufes erforderlichen Gegenstände und Lernbehelfe für den Verpflichteten und seiner im gemeinsamen Haushalt lebenden Familienmitglieder,
  - die zum Betrieb einer Apotheke unentbehrlichen Geräte, Gefäße und Warenvorräte,
  - medizinisch notwendige Hilfs- und Arzneimittel,

[184] Aus *Angst*, Kommentar zur EO (2000) Rn 15 zu § 250 EO.
[185] *Eder*, ZIK 1996, 52.

  - Familienbilder mit Ausnahme der Rahmen, Briefe und andere Schriften sowie der Ehering des Verpflichteten.
- Unpfändbar sind auch zur Ausübung des Gottesdienstes einer anerkannten Religionsgesellschaft oder Kirche verwendeten Gegenstände und Kreuzpartikel und Reliquien mit Ausnahme ihrer Fassung (§ 251 EO).

An sich unpfändbare Gegenstände können aber vertraglich verpfändet werden – dann könnte Exekution auf die verpfändete Sache geführt werden.[186]

Die Unpfändbarkeit kann sich auch aus anderen Sonderbestimmungen, wie etwa § 25 UrhG, ergeben.

Bei an sich pfändbaren Sachen von geringem Wert hat der Gerichtsvollzieher Gegenstände nicht zu pfänden, wenn offenkundig die Kosten der Fortsetzung oder Durchführung der Exekution höher sind als der daraus erzielte Ertrag (§ 250 Abs 2 EO).

[186] *Angst*, Kommentar zur EO (2000) Rn 4 zu § 250 EO.

8 Das zivil- und abgabenrechtliche Haftungsrisiko von Vertretern/Aufsichtsräten, faktischen Geschäftsführern und Gesellschaftern

8.1 Allgemeine Erläuterungen/Begriffsbestimmungen

Das vertretungsbefugte Organ einer GmbH ist (bzw sind) der (bzw die) handelsrechtliche(-n) Geschäftsführer, bei einer AG sind dies die Vorstandsmitglieder und bei einem Verein die Mitglieder des Vereinsvorstandes.

Der **handelsrechtliche Geschäftsführer** einer GmbH kann mit einer 14-tägigen Frist – aus wichtigem Grund mit sofortiger Wirkung – gegenüber den Gesellschaftern seinen Rücktritt erklären. Für die Wirksamkeit des Rücktritts ist die Löschung im Firmenbuch nicht erforderlich – diese hat bloß deklarative Wirkung. Zu beachten ist jedoch, dass ein Rücktritt zur Unzeit – also in einer für die Gesellschaft besonders ungünstigen Situation – unter Umständen den handelsrechtlichen Geschäftsführer schadenersatzpflichtig machen kann. Ist der handelsrechtliche Geschäftsführer Dienstnehmer, müssten außerdem die arbeitsrechtliche Kündigungsfrist und der Kündigungstermin eingehalten werden, wobei aber die Einhaltung dieser arbeitsrechtlichen Vorgaben für die handelsrechtliche Wirksamkeit der Rücktrittserklärung ohne Belang ist.

Hinsichtlich der Form des Rücktritts des handelsrechtlichen Geschäftsführers bestimmt § 16 a Abs 2 GmbH-Gesetz, dass dieser gegenüber der Generalversammlung, wenn dies in der Tagesordnung angekündigt wurde, oder gegenüber allen Gesellschaftern zu erklären ist. Auch allfällige Mitgeschäftsführer und ein allenfalls bestehender Aufsichtsrat sind zu verständigen. Der Geschäftsführer kann dann selbst beim Firmenbuch die Löschung seiner Funktion unter Bescheinigung des Zugangs der Rücktrittserklärung beantragen, wobei – wie bereits oben dargestellt – die Löschung als solche bloß deklarative Wirkung hat. Auch im Falle einer Abberufung des Geschäftsführers durch die Generalversammlung könnte der Geschäftsführer selbst die Löschung unter Bescheinigung der Abberufung beantragen.

Der Geschäftsführer bleibt für die Dauer von 5 Jahren nach dem Rücktritt verpflichtet, der Gesellschaft Informationen über Geschäfte und Vermögenswerte zu geben (§ 24 a GmbH-Gesetz).

Der so genannte **„gewerberechtliche Geschäftsführer"** haftet der Gewerbebehörde (verwaltungsstrafrechtlich) in dieser Funktion nur für Einhaltung der gewerberechtlichen Vorschriften. Beispielsweise kämen dafür die Einhaltung der Öffnungszeiten, richtige Preisauszeichnung und die Einhaltung der Auflagen nach dem Betriebsanlagenbescheid in Betracht. Verwaltungsstrafrechtlich nicht verantwortlich ist der gewerberechtliche Geschäftsführer etwa für die Einhaltung des Lebensmittelgesetzes oder für die Einhaltung der Arbeitnehmerschutzvorschriften. Dem Gewerbeinhaber gegenüber haftet er für die einwandfreie Ausführung des Gewerbes, zu dem er als gewerberechtlicher Geschäftsführer bestellt wurde, wobei es in der Praxis äußerst selten zu einer Haftung wegen dieser Bestimmung kommt. Es ist jedoch denkbar, dass der gewerberechtliche Geschäftsführer gleichzeitig handelsrechtlicher Geschäftsführer einer GmbH oder persönlich haftender Gesellschafter einer Personenhandels- oder Erwerbsgesellschaft ist.[187] Die (eventuelle) Haftung für Verbindlichkeiten der Gesellschaft würde sich dann aber aus dieser zusätzlichen Funktion und nicht aus der Stellung als gewerberechtlicher Geschäftsführer ergeben.

Dass Einzelunternehmer und persönlich haftende Gesellschafter von Personenhandels- und Erwerbsgesellschaften voll und unbeschränkt mit dem gesamten Vermögen haften ist wohl klar und bedarf keiner näheren Erläuterungen.

Doch auch vertretungsbefugte Personen von juristischen Personen und unter Umständen auch Gesellschafter und Aufsichtsräte trifft ein gewisses Haftungsrisiko, welches allerdings im Regelfall im Gegensatz zu den im obigen Absatz aufgezählten Personen von einem Verschulden abhängig ist.

Somit trifft die im allgemeinen Wirtschaftsleben weit verbreitete Ansicht, dass es bei der GmbH kein Haftungsrisiko für natürliche Personen besteht, die eine Funktion in der Gesellschaft ausüben, nicht zu. Unter welchen Voraussetzungen und mit welcher Höhe dieses Risiko besteht, soll im Folgenden dargestellt werden.

8.2 Das Haftungsrisiko von vertretungsbefugten Organen von juristischen Personen im Insolvenzfall

8.2.1 Haftung für den Kostenvorschuss des Insolvenzantrages bis zu € 4000

Zunächst sei auf die bereits im Kap ☞ 2.3.3 dargestellte Haftung für die Anlaufkosten des Konkursverfahrens hingewiesen: Das Gericht hat die organschaftlichen Vertreter aufzufordern, binnen 14 Tagen einen Kostenvorschuss bis zu € 4000 zu hinterlegen und ein Vermögensverzeichnis zu erstellen. Die Haftung ist betragsbeschränkt und von einem Verschulden unabhängig. Voraussetzung für diesen Beschluss ist auch nicht, dass zuvor das Gericht prüft, ob kostendeckendes Vermögen bei der Gesellschaft vorhanden ist.[188] Gegen diese Re-

[187] Nach der Gewerbeordnung muss der gewerberechtliche Geschäftsführer bei reglementierten Gewerben bei juristischen Personen entweder ein vertretungsbefugtes Organ (handelsrechtlicher Geschäftsführer der GmbH oder Vorstandsmitglied bei einer AG oder bei einem Verein) oder ein mindestens zur Hälfte der wöchentlichen Arbeitszeit beschäftigter Dienstnehmer sein. Bei einer Personenhandels- oder Erwerbsgesellschaft müsste er ein zur Vertretung nach außen befugter persönlich haftender Gesellschafter oder ein zur Hälfte der wöchentlichen Arbeitszeit beschäftigter Dienstnehmer sein. Bei einer Gesellschaft nach bürgerlichem Recht muss jeder Gesellschafter selbst einen Gewerbeschein lösen. Keine zusätzliche Funktion in der Gesellschaft müsste der gewerberechtliche Geschäftsführer bei „freien Gewerben" – also bei solchen, bei denen kein Befähigungsnachweis erforderlich ist – innehaben. Bei dieser Gewerbeart würde es genügen, dass der gewerberechtliche Geschäftsführer „in der Lage ist, sich im Betrieb entsprechend zu betätigen."

[188] Erläuterungen der Regierungsvorlage zum § 72 b KO, eingefügt durch die Insolvenzrechtsnovelle 1997, BGBl I 1997/106.

gelung wurden wegen der dadurch „*sachlich nicht gerechtfertigten Verschiebung des unternehmerischen Risikos auf das vertretungsbefugte Organ*" verfassungsrechtliche Bedenken angemeldet.[189] Es haften auch die vertretungsbefugten Organe (ausgenommen die Notgeschäftsführer), welche innerhalb von 3 Monaten vor Insolvenzeröffnung diese Funktion in der Gesellschaft innehatten. Dadurch soll verhindert werden, dass sich diese Personen kurz vor Insolvenzeröffnung noch schnell absetzen, um der Haftung zu entkommen. Der organschaftliche Vertreter kann den als Kostenvorschuss bezahlten Betrag als Masseforderung geltend machen (§ 72 c KO).

8.2.2 Haftung wegen verspäteter Konkursanmeldung oder Erfüllung eines Kridastraftatbestandes gegenüber den Gläubigern der Gesellschaft

Wie bereits im Kapitel 2.2.1 dargestellt, muss das vertretungsbefugte Organ einer juristischen Person ohne Verzögerung, spätestens aber innerhalb von 60 Tagen nach Eintritt der Zahlungsunfähigkeit bzw der Überschuldung mit negativer Fortbestehensprognose den Insolvenzantrag stellen. Diese 60-Tagesfrist ist eine Maximalfrist, die nur ausgenutzt werden darf, wenn es noch ernsthafte Sanierungsbemühungen gibt.

Zwar ist die Nicht-Einhaltung dieser Frist für sich alleine seit der letzten Kridastrafnovelle (☞ dazu später im Kap 10) kein Straftatbestand mehr, doch kann dieses Fehlverhalten sehr wohl haftungsrechtliche Konsequenzen haben: Denn die Bestimmung des § 69 KO, welche die Antragspflicht innerhalb der 60-Tagesfrist regelt, wird als „Schutzgesetz" nach § 1311 ABGB angesehen. Eine Verletzung eines Schutzgesetzes bedeutet, das dieses Verhalten rechtswidrig war, und auch das Verschulden wird impliziert. Beide sind – neben Kausalität und Eintritt eines Schadens – Voraussetzungen für einen Schadenersatzanspruch.

Als Verschuldensform genügt bereits leichte Fahrlässigkeit. Auf subjektive Unfähigkeit wird sich der Belangte im Regelfall schwer „ausreden" können, denn bereits bei der Übernahme dieser Position hätte der Geschäftsführer/Vorstand prüfen müssen, ob er dieser Aufgabe gewachsen wäre (Übernahmefahrlässigkeit).[190]

Wenn die eingetretene Zahlungsunfähigkeit/Überschuldung (mit negativer Fortbestehensprognose) dem vertretungsbefugten Organ aus nicht vorwerfbaren Gründen nicht erkennbar sein konnte – zB weil über das Bestehen von Verbindlichkeiten oder über die Bewertung von Aktiva noch Unklarheit herrschte – und nur deshalb der Insolvenzantrag verspätet gestellt wurde, wird kein Verschulden vorliegen. Hierbei wird aber ein besonderes Augenmerk auf ein ordnungsgemäßes Rechnungswesen zu legen sein (§ 22 GmbH-Gesetz[191]).

---

[189] *Reich-Rohrwig/Zehetner*, Das neue Insolvenzrecht (1997) 25 f.

[190] *Chalupsky/Schmidsberger* in Bertl, Insolvenz, Sanierung, Liquidation 58.

[191] In einer bereits vor dem In-Kraft-Treten dieser Bestimmung ergangenen Entscheidung vom 22.10. 1997, SZ 70/215 in ecolex 1998, 327 stellte der OGH fest, dass eine mangelhafte Buchführung das Verschulden an der Überschuldung oder Zahlungsunfähigkeit indiziere.

Hinsichtlich der **Beweislast** gilt Folgendes:[193]

Vom **Gläubiger zu beweisen** ist

- die nicht rechtzeitige Insolvenz-Antragstellung,
- die Verursachung (Kausalität) der Konkursverschleppung für den eingetretenen Schaden,
- der bei ihm eingetretene Schaden.

Das **belangte vertretungsbefugte Organ muss den Gegenbeweis** dafür antreten, dass

- ihn kein Verschulden trifft und
- der Schaden auch ohne Verletzung der Antragspflicht eingetreten wäre.

Die Ansprüche der Gläubiger **verjähren** innerhalb von 3 Jahren ab Kenntnis von Schaden **und** Schädiger, auf jeden Fall aber innerhalb von 30 Jahren.[194]

Was den Umfang der Schadenersatzpflicht betrifft, wird zwischen „*Altgläubigern*" und „*Neugläubigern*" differenziert: Altgläubiger sind jene Personen, deren Erwerb des Gläubigerstatus vor dem Zeitpunkt liegt, zu dem der Insolvenzantrag gestellt hätte werden müssen, während die Neugläubiger diese Position danach erlangt haben.

Bezüglich des zu ersetzenden Schadens wird zwischen dem „*Quotenschaden*" und dem „*Vertrauensschaden*" unterschieden:

Der „Quotenschaden" ergibt sich aus der Differenz zwischen der Quote, die der Gläubiger tatsächlich erhalten hat und der Quote, die er bei fristgerechtem Antrag bekommen hätte. Einigkeit herrscht darin, dass den Altgläubigern dieser Quotenschaden zu ersetzen ist.

- ***Beispiel:***
  Die X-GmbH wird im Mai 2002 zahlungsunfähig. Der Geschäftsführer G der GmbH stellt jedoch erst im August 2002 den Konkursantrag. Der Konkurs wird eröffnet und eine Quote von 3% ausgeschüttet. Der Gläubiger A, welcher seine Forderung in der Höhe von € 100 000 bereits vor dem Zeitpunkt der Zahlungsunfähigkeit erworben hat, behauptet, dass die Quote bei rechtzeitiger Antragstellung um 5% höher gewesen wäre und fordert diesen Betrag – somit € 5000 – zunächst mit einem Rechtsanwaltsbrief, später mittels Klage von G ein. Hinsichtlich der Beweislast siehe oben.

Möglich wäre es auch, dass der Altgläubiger sein **Aussonderungsrecht** an der Sache – etwa als Eigentumsvorbehaltsverkäufer (☞ siehe im Kap 2.4.11) – durch den verspäteten Konkursantrag verliert, zB, weil die Sache weiterverkauft wurde und daher der Eigentumsvorbehalt unterging. Die Judikatur[195] spricht diesfalls dem Altgläubiger den Anspruch auf Ersatz des **Verkehrswertes**, den die Sache im Zeitpunkt der rechtzeitigen Konkurseröffnung gehabt hätte, zu.

---

193 *Chalupsky/Schmidsberger* in Bertl ua, Insolvenz, Sanierung, Liquidation 58 f.

194 *Chalupsky/Schmidsberger* in Bertl ua, Insolvenz, Sanierung, Liquidation 60.

195 OGH vom 29.3.1990, ecolex 1990, 476.

Hinsichtlich der Neugläubiger geht die jüngere Judikatur[196] dazu über, den Vertrauensschaden zuzuerkennen. Dies war strittig, da unterschiedliche Auffassungen darüber herrschten, ob der Schutzzweck des § 69 KO nur der Erhaltung der Konkursmasse dienen sollte oder aber auch bezwecke, konkursreife Schuldner vom Geschäftsverkehr fernzuhalten. Der OGH vertrat in der Entscheidung vom 22.10.1997, 7 Ob 2339/96p letztere Auffassung, was in der Konsequenz bedeutet, dass dem Neugläubiger der Vertrauensschaden zu ersetzen ist: Da Neugläubiger aber bei rechtzeitiger Insolvenzantragstellung das Rechtsgeschäft mit dem Schuldner gar nicht abgeschlossen hätten, sind sie so zu stellen, als wäre das Geschäft mit ihnen gar nicht zustande gekommen.

Dies bedeutet, dass die Neugläubiger die gesamte aus dem Kauf resultierende Forderung abzüglich einer Gewinnspanne ersetzt bekommen. Denn die Gewinnspanne hätten die Neugläubiger mit dem Schuldner wegen des fiktiven Nicht-Zustandekommens des Geschäftes nicht lukriert. Der entgangene Gewinn aus vereitelten Ersatzgeschäften wird nur bei grobem Verschulden zugesprochen.[197] Die Fixkosten sind jedoch nach der Judikatur des OGH[198] bei der Berechnung des Vertrauensschadens nicht abzuziehen.

- ***Beispiel** (Grundsachverhalt wie im obigen Beispiel):*
  Die X-GmbH wird im Mai 2002 zahlungsunfähig. Der Geschäftsführer G der GmbH stellt jedoch erst im August 2002 den Konkursantrag. Der Konkurs wird eröffnet und eine Quote von 3% ausgeschüttet. Der Gläubiger B hat im Vertrauen auf die noch bestehende Liquidität der X-GmbH im Juni 2002 mit dieser ein Geschäft abgeschlossen und Waren zu einem Kaufpreis von € 10 000 geliefert, welche nicht bezahlt wurden. B fordert nun von G den nicht bezahlten Kaufpreis abzüglich der erhaltenen Quote von 3% und der Gewinnspanne, welche mit 20% veranschlagt wurde – somit € 7700. Dieser Anspruch wird dem Grunde und der Höhe nach grundsätzlich zu Recht bestehen. Nach der Judikatur hat der Neugläubiger keinen Anspruch auf Ersatz der in der Rechnung enthaltenen Umsatzsteuer.[199] Hinsichtlich der Beweislast siehe oben.

Achtung: All die oben aufgezeigten möglichen Haftungsrisiken zeigen, dass ein vertretungsbefugtes Organ einer juristischen Person unbedingt den Insolvenzantrag rechtzeitig stellen sollte. ☞ Siehe im Kap 2.2. So kann das Risiko einer persönlichen Haftung reduziert werden.

[196] OGH 22.10.1997, 7 Ob 2339/ 96p.
[197] OGH 6.12.1988, RdW 1989, 131.
[198] OGH 10.12.1992 SZ 65/155 in ecolex 1993, 168; dagegen sprechen sich *Chalupsky/Schmidsberger* in Bertl ua, Insolvenz/Sanierung/Liquidation 52 aus. Sie argumentieren damit, dass bei einem Nicht-Zustandekommen des Geschäftes die Fixkosten ja unabhängig vom Geschäft entstanden sind. Deshalb seien entgegen dieser OGH-Entscheidung im Regelfall nur die variablen Kosten zu ersetzen.
[199] OGH 6.12.1989, RdW 1989, 131.

Haftungsbegründend kann auch die Erfüllung des gerichtlichen Straftatbestandes der Verletzung der „grob fahrlässigen Gläubigerbeeinträchtigung“, ☞ siehe im Kap 10.2 (vormals: „fahrlässige Krida“) und der Gläubigerbegünstigung sein, wobei dafür nicht unbedingt eine strafrechtliche Verurteilung erforderlich ist. Wenn allerdings keine strafrechtliche Verurteilung erfolgte, muss der Gläubiger beweisen, dass der tatbildbegründende Sachverhalt eingetreten ist.[200]

Zu erwähnen ist auch noch, dass der Geschäftsführer den Gläubigern haftet[201] für

- falsche Nachweise der Erklärungen anlässlich der Herabsetzung des Stammkapitals (§ 56 Abs 3 GmbH-Gesetz),
- unrichtige Anmeldungen von Einforderungen ausständigen Stammkapitals (§ 64 GmbH-Gesetz) und
- bei deliktischer Schädigung. Dazu gehört etwa die Verletzung absolut geschützer Güter wie Eigentum (Veruntreuung, Betrug), aber auch die Verletzung von Gläubigerschutzbestimmungen, die gerichtlich strafbar sind (☞ siehe oben und im Kap 10).

8.2.3 Haftung der vertretungsbefugten Organe gegenüber der Gesellschaft

Das Haftungsrisiko nach dem Unternehmensreorganisationsgesetz wird im nachfolgenden Kapitel „Exkurs: Das Reorganisationsverfahren nach dem Unternehmensreorganisationsgesetz“ separat behandelt! ☞ Siehe im Kap 9.3.

Der Geschäftsführer einer GmbH muss nach § 25 GmbH-Gesetz die Geschäfte mit der „*Sorgfalt eines ordentlichen Geschäftsmannes*“ führen. Ähnliches normiert § 84 AktG[202] für den Vorstand einer AG. Bei Verletzung dieser Pflicht kann es zu einer Haftung dieser Personen gegenüber der Gesellschaft kommen.[203] § 25 GmbH-Gesetz normiert aber nach der neueren Judikatur[204] – im Gegensatz zum § 84 Abs 2 AktG – keine Beweislastumkehr zu Lasten des Geschäftsführers. Im Konkursfall kann bei einer Verletzung dieser Pflicht[205] der Anspruch vom Masseverwalter als Vertreter der Gesellschaft geltend gemacht werden.

Achtung: Besonderes Augenmerk wird bei der Beurteilung der Frage, ob eine Pflichtverletzung vorliegt, auf die Ordnungsmäßigkeit des Rechnungswesens gelegt: Nach § 22 Abs 1 GmbHG und § 82 AktG trifft Organe von Kapitalgesellschaften ausdrücklich die Pflicht, ein über den Jahresabschluss hinausgehendes Rechenwerk, insbesondere eine Kostenrechnung, zu führen.

---

[200] OGH 16.12.1996, ZIK 1998, 36.

[201] Näheres siehe bei *Reich-Rohrwig*, GmbH-Recht I, 2. Auflage Rn 2/425 ff.

[202] Der Sorgfaltsmaßstab ist dabei der eines „ordentlichen und gewissenhaften Geschäftsleiters“.

[203] Für die AG siehe in den §§ 100 ff AktG.

[204] OGH 20.3.2001, 10 Ob 26/01y, ecolex 2001, 531.

[205] Nach der Judikatur kann sich der Masseverwalter allerdings nicht auf die Verletzung eines Kridadeliktes oder die Verletzung der Konkursantragspflicht nach § 69 KO berufen, da es sich um eine reine Gläubigerschutzbestimmung handelt – OGH 29.4.1998, ecolex 1998, 772.

Bei Verlust des halben Stammkapitals muss der handelsrechtliche Geschäftsführer eine Generalversammlung einberufen und dabei gefasste Beschlüsse zum Firmenbuch einreichen (§ 36 Abs 2 GmbH-Gesetz).

Der handelsrechtliche Geschäftsführer, welcher gleichzeitig Dienstnehmer ist, kann sich hinsichtlich der Tätigkeiten, die in einem Zusammenhang mit seiner Unternehmensleitung stehen, **nicht** auf das Dienstnehmerhaftpflichtgesetz – welches Haftungserleicherungen vorsieht – berufen.[206]

Haftungsbegründend kann auch der verspätete Insolvenzantrag sein.[207]

8.2.4 Das Haftungsrisiko beim Bestehen von mehreren Geschäftsführern

Oft werden bei einer GmbH mehrere Geschäftsführer bestellt, wobei jedem verschiedene Agenden zugeteilt werden (zB soll eine Person für den Einkauf, eine andere für das Marketing etc zuständig sein).

Achtung: Auch wenn mehrere Geschäftsführer bestellt sind, geht die Lehre[208] davon aus, dass die Ressortverteilung alleine den ressortfremden Geschäftsführer nicht automatisch entlastet: Der „Kernbereich" fällt in die Gesamtverantwortung der Geschäftsführer. In diesen Kernbereich fallen vor allem die Pflicht zur Erstellung des Jahresabschlusses, die Führung der Bücher, die Einberufung der Generalversammlung und die Anmeldung des Konkurses. Eine Entschuldigung für eine mangelhafte Buchführung wird von der Judikatur[209] nur in Ausnahmefällen anerkannt, wenn sich der Geschäftsführer auf die ordnungsgemäße Buchführung des dafür zuständigen Organes nach den Umständen des Einzelfalles verlassen durfte. Auch bei Auslagerung der Buchführung an dritte Personen besteht eine Überwachungspflicht.

PRAXISTIPP: Regeln Sie aus Beweisgründen die Ressortverteilung schriftlich und möglichst klar. Der (die) andere(-n) Geschäftsführer sollte(-n) im Auge behalten und bei Vorliegen von Verdachtsmomenten unverzüglich notwendige Maßnahmen eingeleitet werden.

206 OGH 26.1.2000, 9 Ob A 326/99b, JBl 2000, 530.

207 OGH 29.9.1987, wbl 1988, 29 und OGH 29.4.1998, 9 Ob A 416/97k, ASoK 1998, 427.

208 Sehr kritisch zu dieser Lehrmeinung *Luschin*, Zur Geschäftsführerhaftung bei Ressortverteilung, RdW 2000/2.

209 *Reich-Rohrwig*, GmbH-Recht I, 2. Auflage Rn 2/267.

8.2.5 Das Haftungsrisiko der vertretungsbefugten Organe für nicht abgeführte Sozialversicherungsbeiträge

Die vertretungsbefugten Organe haften gemäß § 67 Abs 10 ASVG für die nicht abgeführten Sozialversicherungsbeiträge unter folgenden Voraussetzungen: Zum einen muss ein **Verschulden** vorliegen, zum anderen muss der Betrag bei der Gesellschaft nicht mehr einbringlich sein (**Subsidiarität**). Der Gesetzestext dazu lautet wie folgt:

„*Die zur Vertretung juristischer Personen oder Personenhandelsgesellschaften (offene Handelsgesellschaft, offene Erwerbsgesellschaft, Kommanditgesellschaft, Kommandit-Erwerbsgesellschaft) berufenen Personen und die gesetzlichen Vertreter natürlicher Personen haften im Rahmen ihrer Vertretungsmacht neben den durch sie vertretenen Beitragsschuldnern für die von diesen zu entrichtenden Beiträge insoweit, als die Beiträge infolge* ***schuldhafter Verletzung*** [leichte Fahrlässigkeit genügt] *der den Vertretern auferlegten Pflichten* ***nicht eingebracht werden können*** [z.B. erfolglose Exekution oder Abweisung eines Konkursantrages mangels Masse] (...).

Grundsätzlich besteht das **Gebot der Gleichbehandlung** – alle Forderungen sind bei Zahlungsschwierigkeiten anteilsmäßig zu befriedigen. Dies führt in der Praxis oft zu Schwierigkeiten, denn der Schuldner wird eher dazu neigen, diejenigen Gläubiger vorzugsweise zu befriedigen, die andrängen oder die – wie zB die Sozialversicherungsträger – relativ rasch einen Insolvenzantrag stellen.

Die Gläubigerbegünstigung stellt auch einen Straftatbestand nach § 158 StGB dar (☞ siehe Kap 10.3). Allerdings stellt auch § 114 Abs 3 ASVG die Nichtabfuhr von Dienstnehmerbeiträgen unter gerichtliche Strafe (☞ siehe Kap 10.3). Diese beiden Straftatbestände stehen scheinbar in einem Widerspruch: Wenn die Dienstnehmerbeiträge voll abgeführt, aber andere Gläubiger nur teilweise oder gar nicht befriedigt werden, macht sich der Schuldner der Gläubigerbegünstigung schuldig. Werden dagegen die Dienstnehmerbeiträge nur teilweise beglichen, so tritt Strafbarkeit nach der ASVG-Bestimmung ein. Zu dieser unhaltbaren Situation wird zu Recht die Meinung vertreten, dass wegen dieser nicht zu lösenden Interessenkollision Straffreiheit eintreten solle[210] (☞ dazu näher im Kap 10.3).

In einer neueren Entscheidung[211] entschärfte der Verwaltungsgerichtshof das Haftungsrisiko für **Sozialversicherungsbeiträge** des vertretungsbefugten Organes insoferne, als dieses Höchstgericht aussprach, dass „*es eines Gleichbehandlungsnachweises nicht mehr bedarf. Die Haftung ist nun auf nicht abgeführte Dienstnehmeranteile und Beitragsausfälle zufolge schuldhafter Meldepflichtverletzung beschränkt.*“

Diese Entscheidung bezieht sich allerdings nur auf die Haftung nach den sozialversicherungsrechtlichen Vorschriften – davon unbenommen bleibt die Möglichkeit der Sozialversicherung, im Zivilrechtsweg, also mittels Klage, zu versu-

---

210 *Kosch*, Kollision zwischen § 114 ASVG und § 158 StGB?, ZIK 1995, 33.

211 VwGH 12.12.2000, 98/08/0191, siehe bei *Wukoschitz*, Entlastung für Geschäftsführer – VwGH schränkt Haftung für SV-Beiträge ein, RdW 2001, 460.

chen, sich auf einen anderen Tatbestand, etwa die Schutzgesetzverletzung wegen verspäteter Konkursanmeldung zu stützen.

Die Haftung gegen den Geschäftsführer wird **mittels Bescheid** (Einspruchsfrist von einem Monat ab Zustellung!) geltend gemacht. Wenn sich die Sozialversicherung allerdings nicht auf § 67 ASVG, sondern auf eine andere Rechtsgrundlage – zB wegen Verletzung der Pflicht der rechtzeitigen Konkursanmeldung ☞ siehe im Kap 10.3 beruft –, so müsste sie mittels gerichtlicher Klage vorgehen.

Die Haftung nach den sozialversicherungsrechtlichen Vorschriften verjährt binnen 3 Jahren bzw bei unzureichenden Angaben binnen 5 Jahren (§ 68 Abs 1 ASVG).

PRAXISTIPP: Halten Sie unbedingt die Meldepflichten nach den §§ 33 ff ASVG (der diesbezügliche Gesetzestext findet sich gleich unten) ein und sorgen Sie dafür, dass die Dienstnehmeranteile abgeführt werden bzw widmen Sie bei Zahlungen an die Gebietskrankenkasse diese Beträge ausdrücklich auf die Dienstnehmeranteile. Beheben Sie rechtzeitig alle allenfalls hinterlegten behördlichen Schriftstücke (Haftungsbescheid!) und erheben Sie rechtzeitig Einspruch. Im Einspruch könnte zB mangelndes Verschulden eingewendet bzw kann versucht werden, die Betragshöhe zu bekämpfen.

Nach der – kritisierten[212] – Judikatur des Verwaltungsgerichtshofes wirkt der Schuldennachlass eines Zwangsausgleiches oder gerichtlichen Ausgleiches hinsichtlich der Sozialversicherungsverbindlichkeiten nicht für das vertretungsbefugte Organ – ja nicht einmal zu Gunsten eines vertretungsbefugten persönlich haftenden Gesellschafters einer Personengesellschaft.[213]

8.2.6 Auszüge aus dem ASVG

Nachfolgend die für die vertretungsbefugten Organe maßgeblichen Bestimmungen des § 67 Abs 10 und 33ff ASVG im Wortlaut:

Haftung für Beitragsschuldigkeiten

§ 67. (…)

(10) Die zur Vertretung juristischer Personen oder Personenhandelsgesellschaften (offene Handelsgesellschaft, offene Erwerbsgesellschaft, Kommanditgesellschaft, Kommandit-Erwerbsgesellschaft) berufenen Personen und die gesetzlichen Vertreter natürlicher Personen haften im Rahmen ihrer Vertretungsmacht neben den durch sie vertretenen Beitragsschuldnern für die von diesen zu entrichtenden Beiträge insoweit, als die Beiträge infolge schuldhafter Verletzung der den Vertretern auferlegten Pflichten nicht eingebracht werden können. Vermögensverwalter haften, soweit ihre Verwaltung reicht,entsprechend.

[212] *Arnold*, Aktuelles zur Vertreterhaftung nach § 67 Abs 10 ASVG, ASoK 2001, 202.

[213] VwGH 4.5.1999, 96/08/0385 und VwGH 21.9.1999, 99/08/0127 in *Arnold*, Aktuelles zur Vertreterhaftung nach § 67 Abs 10 ASVG, ASoK 2001, 202.

Meldungen und Auskunftspflicht
An- und Abmeldung der Pflichtversicherten

*§ **33.** (1) Die Dienstgeber haben jeden von ihnen beschäftigten, nach diesem Bundesgesetz in der Krankenversicherung Pflichtversicherten (Vollversicherte und Teilversicherte) bei Beginn der Pflichtversicherung (§ 10) unverzüglich beim zuständigen Krankenversicherungsträger anzumelden und binnen sieben Tagen nach dem Ende der Pflichtversicherung abzumelden. Die An- sowie die Abmeldung des Dienstgebers wirkt auch für den Bereich der Unfall-und Pensionsversicherung, soweit der Beschäftigte in diesen Versicherungen pflichtversichert ist. Durch die Satzung des Trägers der Krankenversicherung kann die Meldefrist im allgemeinen bis zu sieben Tagen oder für einzelne Gruppen von Pflichtversicherten bis zu einem Monat erstreckt werden.*

(2) Abs. 1 gilt für die nur in der Unfall- und Pensionsversicherung sowie für die nur in der Unfallversicherung nach § 7 Z 3 lit. a Pflichtversicherten mit der Maßgabe, daß die Meldungen beim Träger der Krankenversicherung, der beim Bestehen einer Krankenversicherung nach diesem Bundesgesetz für sie sachlich und örtlich zuständig wäre, zu erstatten sind.

Meldung von Änderungen

*§ **34.** (1) Die Dienstgeber haben während des Bestandes der Pflichtversicherung jede für diese Versicherung bedeutsame Änderung, insbesondere jede Änderung im Beschäftigungsverhältnis, wie Änderung der Beitragsgrundlage, Unterbrechung und Wiedereintritt des Entgeltanspruches, Wechsel in das neue Abfertigungssystem nach § 47 des Betrieblichen Mitarbeitervorsorgegesetzes (BMVG), BGBl. I Nr. 100/2002, oder nach vergleichbaren österreichischen Rechtsvorschriften, innerhalb von sieben Tagen dem zuständigen Krankenversicherungsträger zu melden.*

(2) Erfolgt die Abrechnung der Beiträge nach dem Lohnsummenverfahren (§ 58 Abs. 4), so hat der Dienstgeber nach Ablauf eines jeden Beitragszeitraumes mittels elektronischer Datenfernübertragung (§ 41 Abs. 1 und 4) die Gesamtsumme der in diesem Zeitraum gebührenden und darüber hinaus gezahlten Entgelte zu melden (Beitragsnachweisung). Die Frist für die Vorlage der Beitragsnachweisung endet mit dem 15. des Folgemonats. Der beim zuständigen Krankenversicherungsträger oder beim Finanzamt der Betriebsstätte (§ 81 EStG 1988) einzubringende Lohnzettel (§ 84 EStG 1988) hat auch die Summe der allgemeinen Beitragsgrundlagen sowie der Sonderzahlungen zu enthalten. Die Übermittlung der Lohnzettel hat elektronisch bis Ende Februar des folgenden Kalenderjahres zu erfolgen. Ist dem Dienstgeber bzw. der auszahlenden Stelle die elektronische Übermittlung der Lohnzettel mangels technischer Voraussetzungen unzumutbar, so hat die Übermittlung der Lohnzettel auf dem amtlichen Vordruck bis Ende Jänner des folgenden Kalenderjahres zu erfolgen. Wird das Dienstverhältnis beendet, so hat die Übermittlung des Lohnzettels bis zum 15. des Folgemonats zu erfolgen.

Meldungen zur Durchführung eines Jahresausgleiches

*§ **34a.** Zur Durchführung des im § 58a geregelten Jahresausgleiches haben die Dienstgeber (§ 35) der dort bezeichneten Gruppen von Versicherten dem zuständigen Versicherungsträger Meldungen über die Höhe des in den Beitragszeiträumen des abgelaufenen Kalenderjahres von diesen Personen tatsächlich erzielten Arbeitsverdienstes einschließlich der fällig gewordenen Sonderzahlungen bis längstens 31. Jänner des folgenden Kalenderjahres zu erstatten. In den nach § 41 Abs. 3 vom Hauptverband zu erlassenden verbindlichen Richtlinien über Form und Inhalt der Meldungen (Anzeigen, Listen) sind auch Bestimmungen über die vorstehenden Meldungen aufzunehmen.*

Meldungen zum Aufbau einer Evidenz für die Zugehörigkeit zu einer MV-Kasse

*§ **34b.** (1) Der Dienstgeber hat dem Krankenversicherungsträger bei erstmaliger Anmeldung eines Dienstnehmers, für den das BMVG oder vergleichbare österreichische Rechtsvorschriften gelten, die zur jeweiligen Dienstgeberkontonummer gehörende MVK-Nummer (§ 18 Abs. 3 BMVG) zu melden.*

(2) Der Dienstgeber hat dem Krankenversicherungsträger jede Änderung der MVK-Nummer, bezogen auf die jeweilige Dienstgeberkontonummer, unverzüglich zu melden.

8.2.7 Das Haftungsrisiko der vertretungsbefugten Organe für Abgabenverbindlichkeiten[214]

Die Haftungsbestimmung des § 9 BAO[215] ist ähnlich der des ASVG: Das vertretungsbefugte Organ haftet bei **Verschulden** (leichte Fahrlässigkeit genügt[216]), wenn die Steuerschuld bei der Gesellschaft **nicht mehr einbringlich ist** (Subsidiarität). Uneinbringlichkeit ist bereits dann gegeben, wenn feststeht, dass die Abgabenschuld im Insolvenzverfahren nicht befriedigt werden wird. Es muss nicht abgewartet werden, bis der Konkurs vollständig abgewickelt wird.[217]Auch diese Haftung wird mittels **Bescheid** geltend gemacht, gegen den rechtzeitig (ein Monat nach Zustellung) Berufung einzubringen ist.

Zu den abgabenrechtlichen Pflichten des Geschäftsführers gehört es vor allem, die Abgabenverbindlichkeiten nicht schlechter zu behandeln als andere Schulden **(Gleichbehandlungsgebot)** und die Pflicht zur ordnungsgemäßen Buchführung, sowie die Einhaltung der finanzrechtlichen **Meldepflichten**. Zu

---

[214] Siehe dazu auch ausführlich bei *Reich-Rohrwig*, GmbH-Recht I Rn 2/516 ff; *Ritz*, Kommentar zur BAO; *Fritz*, Grundsatzfragen der Geschäftsführerhaftung, SWK 1998, W 43 und *Gertraude Langheinrich/Wolfgang Ryda*, Die Haftung der Vertreter für Abgabenschuldigkeiten, FJ 2000, 79.

[215] Strenger ist etwa die Haftung für Landesabgaben nach § 7 der der Wiener Abgabenordnung (WAO): Nach dieser Bestimmung ist die Subsidiarität insoferne eingeschränkt, als die Abgabe beim Abgabepflichtigen (= die Gesellschaft) bloß „nicht ohne Schwierigkeiten" eingebracht werden kann. Der VfGH hat mit Entscheidung vom 4.12.1995, B 1404/95 ausgesprochen, dass diese Regelungen nicht verfassungswidrig seien (der Antragsteller machte erfolglos eine Verletzung gegen den Gleichheitsgrundsatz geltend). Außerdem haftet neben dem vertretungsbefugten Organ auch der „sonstige Verpflichtete.") – aus *Ritz*, Kommentar zur BAO, Rn 8 zu § 9 BAO.

[216] VwGH 18.10.1995, 91/13/0037, 91/13/0038 in *Ritz*, Kommentar zur BAO Rn 18 zu § 9 BAO.

[217] VwGH 26.6.1996 JUS 4/1048, in *Mohr*, Die Konkurs-, Ausgleichs- und Anfechtungsordnung (2000) E 94 zu § 69.

erwähnen ist auch noch die Pflicht nach § 22 GmbH-Gesetz, ein ordnungsgemäßes internes Kontrollsystem zu führen.

Es gibt aber **keine Pflicht, Abgaben bevorzugt** vor anderen Verbindlichkeiten **zu behandeln** – mit folgender **Ausnahme:** Die im **Abzugsweg einbehaltenen Steuern (va die Lohnsteuer** und die Kapitalertragsteuer) müssen **voll an das Finanzamt abgeführt** werden. Wenn daher nicht ausreichend Mittel zur Abfuhr der Lohnsteuer vorhanden sind, müsste weniger Nettoentgelt ausbezahlt werden, um die Lohnsteuer und die Dienstnehmerbeiträge an die Sozialversicherung (siehe im vorherigen Kapitel) abführen zu können.[218] Dies birgt freilich das Risiko, dass der Dienstnehmer dies als Anlass nimmt, seinen berechtigten vorzeitigen Austritt zu erklären.

Werden die steuerlichen Agenden einem Dritten übertragen, so befreit dies nach der – sehr strengen Judikatur[219] – den Geschäftsführer keineswegs von der Haftung. Denn es trifft diesfalls den Geschäftsführer nicht nur die Pflicht zu einer sorgfältigen Auswahl der Person, sondern auch zu einer Überwachung der Tätigkeit des Dritten. Das Verschulden wird nicht einmal dann automatisch ausgeschlossen, wenn die steuerlichen Angelegenheiten einem Steuerberater übertragen werden – auch hier besteht eine Überwachungspflicht.

Die **Beweislast** für mangelndes Verschulden trifft nach der Judikatur des Verwaltungsgerichtshofes den **Geschäftsführer**.[220]

Es können sowohl der **Haftungsbescheid** – der die Haftung des Geschäftsführers festlegt – als auch der **Abgabenbescheid** – der die Höhe der Abgabenschuld festsetzt – mittels Berufung bekämpft werden. Es muss sowohl Berufung gegen den Abgabenbescheid als auch gegen den Haftungsbescheid eingebracht werden.[221]

Folgende Berufungsgründe könnten beispielsweise unter Umständen mit Erfolg gegen den Haftungsbescheid vorgebracht werden:[222]

- Das Finanzamt wurde gleich behandelt wie die anderen Gläubiger (dieses Argument hilft nicht bei Abzugssteuern).
- Bei der Gesellschaft hätte mit Erfolg Exekution geführt werden können.
- Ein anderer Geschäftsführer war für das Abgabenressort zuständig und dieser wurde auch regelmäßig überwacht.
- Es liegt Verjährung vor.

Keine Aussicht auf Erfolg wird man aber im Regelfall mit der Argumentation haben, dass man nur als „Strohmann-Geschäftsführer" eingesetzt war, die Firmenbucheintragung noch nicht erfolgt war oder dass keine steuerlichen oder buchhalterischen Kenntnisse vorgelegen seien.

Behauptet der Vertreter an der Ausübung seiner Verpflichtungen gehindert worden zu sein, so schließt dies ein Verschulden nicht automatisch aus. Denn

218 *Reich-Rohrwig*, GmbH-Recht I Rn 2/559.
219 Siehe bei *Reich-Rohrwig*, GmbH-Recht I Rn 2/550 ff.
220 ZB VwGH 9.7.1997, 94/13/0282 in *Ritz*, Kommentar zur BAO, Rn 22 zu § 9 BAO.
221 *Fritz*, Grundsatzfragen der Geschäftsführerhaftung, SWK 1998, W 43.
222 Aus *Fritz*, Grundsatzfragen der Geschäftsführerhaftung, SWK 1998, W 43.

der Geschäftsführer müsste entweder die Ausübung seiner Funktion im Rechtsweg erzwingen oder seine Funktion rechtzeitig zurücklegen.[223] Zur Frage, in welcher Form und unter Einhaltung welcher Fristen der handelsrechtliche Geschäftsführer einer GesmbH seine Funktion zurücklegen kann, siehe ☞ im Kap 8.1.

Nach einem Kommentar zur Bundesabgabenordnung[224] ist für eine Haftung nach § 9 BAO die tatsächliche Geschäftsführung nicht ausreichend. Dagegen sieht die Wiener Abgabenordnung (§ 7 Abs 1 WAO) auch eine Haftung der „sonstigen Verpflichteten“ vor.[225]

Wie bei der Haftung für Sozialversicherungsbeiträge (☞ siehe im Kap 8.2.5) geht der Verwaltungsgerichtshof in seiner jüngeren Judikatur[226] davon aus, dass die Restschuldbefreiung eines Ausgleiches oder Zwangsausgleiches für die Haftung des handelsrechtlichen Geschäftsführerers nicht beachtlich ist.

8.2.8 Auszüge aus der BAO

Im Abschluss zu diesem Kapitel die §§ 9 und 80 ff BAO im Wortlaut:

*§ **9.** (1) Die in den §§ 80 ff. bezeichneten Vertreter haften neben den durch sie vertretenen Abgabepflichtigen für die diese treffenden Abgaben insoweit, als die Abgaben infolge schuldhafter Verletzung der den Vertretern auferlegten Pflichten nicht eingebracht werden können.*

(2) Notare, Rechtsanwälte und Wirtschaftstreuhänder haften wegen Handlungen, die sie in Ausübung ihres Berufes bei der Beratung in Abgabensachen vorgenommen haben, gemäß Abs. 1 nur dann, wenn diese Handlungen eine Verletzung ihrer Berufspflichten enthalten. Ob eine solche Verletzung der Berufspflichten vorliegt, ist auf Anzeige der Abgabenbehörde im Disziplinarverfahren zu entscheiden.

*§ **80.** (1) Die zur Vertretung juristischer Personen berufenen Personen und die gesetzlichen Vertreter natürlicher Personen haben alle Pflichten zu erfüllen, die den von ihnen Vertretenen obliegen, und sind befugt, die diesen zustehenden Rechte wahrzunehmen. Sie haben insbesondere dafür zu sorgen, daß die Abgaben aus den Mitteln, die sie verwalten, entrichtet werden.*

(2) Steht eine Vermögensverwaltung anderen Personen als den Eigentümern des Vermögens oder deren gesetzlichen Vertretern zu, so haben die Vermögensverwalter, soweit ihre Verwaltung reicht, die im Abs. 1 bezeichneten Pflichten und Befugnisse.

---

[223] *Ritz*, Kommentar zur BAO Rn 17 zu § 9 BAO.

[224] *Ritz*, Kommentar zur BAO Rn 2 zu § 9 BAO; aA anscheinend *Gertraud Langheinrich/Wolfgang Ryda*, Die Haftung der Vertreter für Abgabenschuldigkeiten, FJ 2000, 79, nach denen „*sich aus dem in den §§ 80 ff BAO bezeichneten Personenkreis entnehmen lässt, dass nicht nur gesetzliche, sondern auch gewillkürte Vertreter als Adressaten einer abgabenrechtlichen Haftung in Betracht kommen ...*“.

[225] *Ritz*, Kommentar zur BAO Rn 2 zu § 9 BAO.

[226] VwGH 22.9.1999, 96/15/0049 – sehr kritsch dazu *Arnold*, Aktuelles zu Vertreterhaftung nach § 67 Abs 10 ASVG, ASoK 2001, 202.

*§ **81**. (1) Abgabenrechtliche Pflichten einer Personenvereinigung (Personengemeinschaft) ohne eigene Rechtspersönlichkeit sind von den zur Führung der Geschäfte bestellten Personen und, wenn solche nicht vorhanden sind, von den Gesellschaftern (Mitgliedern) zu erfüllen.*

(2) Kommen zur Erfüllung der im Abs. 1 umschriebenen Pflichten mehrere Personen in Betracht, so haben diese hiefür eine Person aus ihrer Mitte oder einen gemeinsamen Bevollmächtigten der Abgabenbehörde gegenüber als vertretungsbefugte Person namhaft zu machen; diese Person gilt solange als zur Empfangnahme von Schriftstücken der Abgabenbehörde ermächtigt, als nicht eine andere Person als Zustellungsbevollmächtigter namhaft gemacht wird. Solange und soweit eine Namhaftmachung im Sinn des ersten Satzes nicht erfolgt, kann die Abgabenbehörde eine der zur Erfüllung der im Abs. 1 umschriebenen Pflichten in Betracht kommenden mehreren Personen als Vertreter mit Wirkung für die Gesamtheit bestellen. Die übrigen Personen, die im Inland Wohnsitz, Geschäftsleitung oder Sitz haben,sind hievon zu verständigen.

(3) Sobald und soweit die Voraussetzungen für die Bestellung eines Vertreters durch die Abgabenbehörde nachträglich weggefallen sind, ist die Bestellung zu widerrufen. Ein Widerruf hat auch dann zu erfolgen, wenn aus wichtigen Gründen eine andere in Betracht kommende Person von der Abgabenbehörde als Vertreter bestellt werden soll.

(4) Für Personen, denen gemäß Abs. 1 oder 2 die Erfüllung abgabenrechtlicher Pflichten von Personenvereinigungen (Personengemeinschaften) ohne eigene Rechtspersönlichkeit obliegt, gilt § 80 Abs. 1 sinngemäß.

(5) Die sich auf Grund der Abs. 1, 2 oder 4 ergebenden Pflichten und Befugnisse werden durch den Eintritt eines neuen Gesellschafters (Mitglieds) in die Personenvereinigung (Personengemeinschaft) nicht berührt.

(6) In den Fällen des § 19 Abs. 2 sind die Abs. 1, 2 und 4 auf die zuletzt beteiligt gewesenen Gesellschafter (Mitglieder) sinngemäß anzuwenden. Die bei Beendigung der Personenvereinigung (Personengemeinschaft) bestehende Vertretungsbefugnis bleibt, sofern dem nicht andere Rechtsvorschriften entgegenstehen, insoweit und solange aufrecht, als nicht von einem der zuletzt beteiligt gewesenen Gesellschafter (Mitglieder) oder der vertretungsbefugten Person dagegen Widerspruch erhoben wird.

(7) Werden an alle Gesellschafter (Mitglieder) einer Personenvereinigung (Personengemeinschaft) ohne eigene Rechtspersönlichkeit in dieser ihrer Eigenschaft schriftliche Ausfertigungen einer Abgabenbehörde gerichtet, so gilt der nach Abs. 1 bis 5 für die Personenvereinigung (Personengemeinschaft) Zustellungsbevollmächtigte auch als gemeinsamer Zustellungsbevollmächtigter der Gesellschafter (Mitglieder). Ergehen solche schriftliche Ausfertigungen nach Beendigung einer Personenvereinigung (Personengemeinschaft) ohne eigene Rechtspersönlichkeit, so gilt die nach Abs. 6 vertretungsbefugte Person auch als Zustellungsbevollmächtigter der ehemaligen Gesellschafter (Mitglieder), sofern ein solcher nicht eigens namhaft gemacht wurde. Die Bestimmung des Abs. 6 über die Erhebung eines Widerspruches gilt sinngemäß.

(8) Vertretungsbefugnisse nach den vorstehenden Absätzen bleiben auch für ausgeschiedene Gesellschafter (Mitglieder) von Personenvereinigungen (Personengemeinschaften) ohne eigene Rechtspersönlichkeit hinsichtlich der vor dem Ausscheiden gelegene Zeiträume und Zeitpunkte betreffenden Maßnahmen bestehen, solange dem nicht von Seiten des ausgeschiedenen Gesellschafters (Mitglieds) oder der vertretungsbefugten Person widersprochen wird.

(9) Die Abs. 1 bis 4 gelten sinngemäß für Vermögensmassen, die als solche der Besteuerung unterliegen.

8.3 Das Haftungsrisiko des „faktischen Geschäftsführers" und sonstiger gewillkürter Vertreter

Von einem „faktischen Geschäftsführer" wird dann gesprochen, wenn die betreffende Person faktisch die Geschäftsführung innehat, ohne formell als Geschäftsführer bestellt worden zu sein. Dieser Fall kann etwa dann eintreten, wenn der formell bestellte Geschäftsführer längere Zeit nicht anwesend ist oder sich aus welchen Gründen immer nicht um die Geschäftsführung kümmert und deshalb jemand anderer – der faktische Geschäftsführer – dessen Aufgaben übernimmt.

Der faktische Geschäftsführer kann nun kraft Gesetzes keinen Konkursantrag stellen – dies ist Aufgabe des formellen Geschäftsführers. Deshalb kann es – abgesehen von dem Fall, dass eine Spezialvollmacht zum Konkursantrag erteilt wurde[227] – nicht zu einer Haftung wegen der Verletzung der Antragspflicht nach § 69 KO kommen. Trotzdem sollte die Geschäftsleitung (formeller Geschäftsführer, Gesellschafter, Aufsichtsrat) – am besten schriftlich und unverzüglich – über die Situation informiert werden.

PRAXISTIPP: Sollten Sie „faktischer Geschäftsführer" sein und wirtschaftliche Schwierigkeiten auftreten, so dokumentieren Sie diesen Umstand schriftlich und fordern Sie den formellen Geschäftsführer auf, bei Zahlungsunfähigkeit respektive Überschuldung mit negativer Fortbestehensprognose den Insolvenzantrag zu stellen. Leiten Sie diese Berichte auch an die Gesellschafter und – soferne vorhanden – den Aufsichtsrat weiter.

Zu einer sonstigen Haftung des faktischen Geschäftsführers gegenüber den Gläubigern kann es kommen, wenn dieser einen Kridastraftatbestand (jetzt: „grob fahrlässige Beeinträchtigung von Gläubigerinteressen", ☞ siehe im Kap 10.2) erfüllt. Denkbar wäre auch eine Haftung wegen mangelhafter Aufklärung bei vorvertraglichen Beziehungen.[228]

Ein **Prokurist**, der den Tatbestand der fahrlässigen Krida (jetzt: „*grob fahrlässige Beeinträchtigung von Gläubigerinteressen*") schuldhaft erfüllt hat, haftet

[227] *Chalupsky/Schmidsberger* in Bertl ua, Insolvenz, Sanierung, Liquidation 67.
[228] *Chalupsky/Schmidsberger* in Bertl ua, Insolvenz, Sanierung, Liquidation 68.

gegenüber der Konkursmasse.[229] Allerdings trifft den Prokuristen nicht die Pflicht, den Insolvenzantrag zu stellen.

Hinsichtlich der **Abgabenverbindlichkeiten** (☞ siehe dazu auch das vorhergehende Kapitel) genügt nach einem Kommentar zur Bundesabgabenordnung[230] die tatsächliche Geschäftsführung nicht. Dagegen sieht die Wiener Abgabenordnung (§ 7 Abs 1 WAO) auch eine Haftung der „sonstigen Verpflichteten" vor.[231]

8.4 Das zivilrechtliche Haftungsrisiko von Aufsichtsratsmitgliedern

Das Haftungsrisiko nach dem Unternehmensreorganisationsgesetz wird im Kapitel 9.3 behandelt.

Zwar trifft die Aufsichtsratsmitglieder ebenso wenig wie den faktischen Geschäftsführer eine Pflicht, den Insolvenzantrag zu stellen. Jedoch besteht gerade in der Krise eine besondere Pflicht zur Überwachung der vertretungsbefugten Organe, zur Einberufung der Generalversammlung und darauf, den Geschäftsführer darauf zu drängen, den Insolvenzantrag zu stellen. Diese Pflichten des Aufsichtsrates hat der OGH erst in einer aktuellen Entscheidung[232] dargelegt: Das Aufgabengebiet des Aufsichtsrates beschränke sich im Wesentlichen auf die vergangenheitsbezogene und vorausschauende Überwachung der Geschäftsführung, der Wahrnehmung der Pflichten in der Krise des Unternehmens, die Veranlassung der Geschäftsführer, bei zutreffenden Voraussetzungen die Eröffnung des Insolvenzverfahrens zu beantragen, sowie die Prüfung des Jahresabschlusses. Dabei wird nicht unterschieden, ob es sich um einen gesetzlich verpflichtend eingerichteten Aufsichtsrat oder um einen bloß freiwillig bestellten handelt. Eine Niederlegung des Mandates zur Unzeit kann erst recht haftungsbegründend sein. Es werde auch von den Aufsichtsratsmitgliedern eine überdurchschnittliche Intelligenz erwartet.

Zwar ist bereits leichte Fahrlässigkeit haftungsbegründend, doch trifft nach dieser Entscheidung die Aufsichtsratsmitglieder keine reine Erfolgshaftung: *„Der Fehlschlag unternehmerischer Entscheidung ist nicht schon an sich pflichtwidrig. Nur die Verletzung der Pflicht zu branchen-, größen-, oder situationsadäquaten Bemühungen kann dem Organ als Pflichtverletzung vorgeworfen werden."*

Eine Haftung kann sich auch bei Erfüllung des strafrechtlichen Tatbestandes der grob fahrlässigen Beeinträchtigung von Gläubigerinteressen ergeben, ☞ siehe im Kap 10.2.

---

[229] OGH 2.12.1986 in *Mohr*, Die Konkurs-, Ausgleichs- und Anfechtungsordnung (2000) E 54 zu § 69.

[230] *Ritz*, Kommentar zur BAO Rn 2 zu § 9 BAO; aA anscheinend *Gertraud Langheinrich/Wolfgang Ryda*, Die Haftung der Vertreter für Abgabenschuldigkeiten, FJ 2000, 79, nach denen *„sich aus dem in den §§ 80 ff BAO bezeichneten Personenkreis entnehmen lässt, dass nicht nur gesetzliche, sondern auch als gewillkürte Vertreter als Adressaten einer abgabenrechtlichen Haftung in Betracht kommen ..."*

[231] *Ritz*, Kommentar zur BAO Rn 2 zu § 9 BAO.

[232] OGH 26.2.2002, 1 Ob 144/01k; vgl auch *Vogt*, Manager haften nicht für den Erfolg, im Rechtspanorama der „Presse" vom 29.4.2002.

8.5 Das Haftungsrisiko der Gesellschafter

Das Haftungsrisiko nach dem Unternehmensreorganisationsgesetz wird im Kapitel 9.3 behandelt.

Ebenso wenig wie die Aufsichtsratsmitglieder oder den faktischen Geschäftsführer trifft die Gesellschafter eine Pflicht, den Insolvenzantrag zu stellen.

Eine Haftung kann sich aber dann ergeben, wenn die Gesellschafter etwa den Geschäftsführer die Weisung erteilen, keinen Insolvenzantrag zu stellen, obwohl dies notwendig wäre.[233] Der Umfang der Haftung ist dann derselbe wie beim handelsrechtlichen Geschäftsführer: Gegenüber den Altgläubigern für den Quotenschaden und gegenüber den Neugläubigern mit dem Vertrauensschaden (☞ siehe im Kap 8.2.2).

Ein Gesellschafter einer Kapitalgesellschaft haftet dann wie ein vertretungsbefugtes Organ, wenn er auf die Leitung der Gesellschaft maßgebenden Einfluss nimmt und dabei die Gesellschaft oder die Gesellschaftsgläubiger schädigt. Wenn die Muttergesellschaft in einem Konzern durch ihre Einflussnahme auf die Tochtergesellschaft die Sorgfaltspflichten bei Verwaltung fremden Vermögens verletzt, kann auch auf diese durchgegriffen werden.[234]

Was in der Praxis auch oft übersehen wird, ist der Umstand, dass die Gesellschafter einer GmbH **verschuldensunabhängig** für den nicht einbezahlten Teil der Stammeinlage haften.

- ***Beispiel:***
  Die X-GmbH wird vom Gesellschafter A mit einer Beteiligung von 99% und vom Gesellschafter B, welcher 1% der Anteile innehat, gehalten. Das Stammkapital von € 35 000 wurde nur zur Hälfte einbezahlt. Die Gesellschaft gerät in Zahlungsschwierigkeiten. Gesellschafter A ist mittellos, während Gesellschafter B vermögend ist. Ein Gläubiger der Gesellschaft kann nun von B ***die gesamte nicht einbezahlte Stammeinlage – somit € 17 500*** *und nicht bloß den 1%-Anteil! – fordern. Voraussetzung dafür ist bloß, dass der Gläubiger den Gesellschafter A unter Androhung des Ausschlusses aus der Gesellschaft (unter Setzung einer Nachfrist von mindestens einem Monat ab Empfang des eingeschrieben zu sendenden Schreibens) auffordert, die ausstehende Stammeinlage zu leisten. Die Einforderung des Betrages ist auch im Firmenbuch einzutragen. Leistet der Gesellschafter die ausstehende Stammeinlage nicht, ist ebenfalls mittels eingeschriebenem Brief der Ausschluss aus der Gesellschaft zu erklären („Kaduzierungsverfahren“ – § 66 GmbH-Gesetz). Nun muss B die ausstehende Einlage leisten. Auch Vorgesellschafter des ausgeschlossenen Gesellschafters, die innerhalb der letzten 5 Jahre vor Erlass der Einzahlungsaufforderung als Gesellschafter im Firmenbuch eingetragen waren, haften für die nicht einbezahlte Stammeinlage samt Verzugszinsen (§ 67 Abs 1 GmbH-Gesetz).*

---

233 Näher siehe bei *Chalupsky/Schmidsberger* in Bertl ua, Insolvenz, Sanierung, Liquidation 71 f.
234 OGH 12.4.2002, 8 Ob A 98/00w, RdW 2002, 505.

Im Falle einer Insolvenz der GmbH könnte der Masseverwalter nach der Judikatur[235] sogar ohne Durchführung eines derartigen Kaduzierungsverfahrens die nicht einbezahlte Stammeinlage vom anderen Gesellschafter B einfordern. Er müsste nur den Nachweis erbringen, dass die nicht eingezahlte Stammeinlage beim zahlungspflichtigen Gesellschafter A nicht einbringlich ist. Nur für die Geltendmachung der Vormännerhaftung müsste auch der Masseverwalter das Kaduzierungsverfahren einleiten.[236]

PRAXISTIPP: Achten Sie daher insbesondere als Minderheitsgesellschafter einer GmbH, dass bei der Gründung einer GmbH das Stammkapital voll einbezahlt wird.

Ein besonderes – und in der Praxis auch weitgehend unbekanntes – spezifisches Haftungsrisiko für die Abfuhr einer öffentlichen Abgabe trifft die Kommanditisten von Erwerbs- bzw Personenhandelsgesellschaften (KEG und KG):

Achtung: Nach der – verfassungsrechtlich bedenklichen[237] – Bestimmung des § 6 Kommunalsteuergesetz haften die **Kommanditisten betragsmäßig unbeschränkt (!)** für die Abfuhr der **Kommunalsteuer**. Sind Sie also Kommanditist, achten Sie besonders darauf, dass diese Abgabe ordnungsgemäß abgeführt wird.

[235] OGH 23.4.1996, 1 Ob 2085/95, WBl 1996, 370.
[236] OGH 21.12.2000, 8 Ob 277/00v, ZIK 2001, 218.
[237] *Walzel*, Verfassungsrechtliche Bedenken gegen die Haftung des Kommanditisten für die Kommunalsteuer nach § 6 KommStG, SWK 2000, S 468.

9 Exkurs: Das Reorganisationsverfahren nach dem Unternehmensreorganisationsgesetz

Durch das „Unternehmensreorganisationsgesetz" (im Folgenden kurz: „URG"), BGBl I 1997/114 soll dem sich in wirtschaftlichen Schwierigkeiten befindlichen Unternehmer eine zusätzliche Möglichkeit und ein Anreiz zur rechtzeitigen positiven Bereinigung der **Situation vor Eintritt der Insolvenz** gegeben werden. Zusätzlich wurden **Haftungsbestimmungen** für vertretungsbefugte Organe eingeführt. In der Praxis wird dieses Verfahren jedoch sehr selten in Anspruch genommen. Gegen das seit 1997 in Kraft stehende neue Gesetz wurde teilweise sehr heftige Kritik geäußert, die sich vor allem gegen die angebliche Unpraktikabilität des Verfahrens und gegen die neuen Haftungsbestimmungen richtete.[238] Außerdem wurden gegen einige Bestimmungen auch verfassungsrechtliche Bedenken angemeldet. Über eines der ersten durchgeführten Verfahren wurde jedoch in der Fachliteratur positiv berichtet.[239] Wenn es tatsächlich in Anspruch genommen wird, wird es aber vor allem wegen der zu erwartenden hohen Kosten eher für größere Unternehmen sinnvoll sein.

9.1 Der Ablauf des Reorganisationsverfahrens

☞ *Siehe auch das nachfolgende Ablaufschema.*

Zuständig ist in Wien das Handelsgericht Wien, Riemergasse 7, 1010 Wien, Tel. 51528-0 (für Wiener Unternehmer), in den Bundesländern das zuständige Landesgericht. Der Richter hat jedoch dabei eher eine bloße Aufsichtsfunktion, während dem Reorganisationsprüfer eine entscheidende Funktion zukommt. Als Reorganisationsprüfer, welcher vom Gericht bestellt wird, kommt ein Wirtschaftsfachmann – also zB ein Wirtschaftstreuhänder, Rechtsanwalt oder Unternehmensberater in Betracht.

Voraussetzung für die Inanspruchnahme des Reorganisationsverfahrens ist, dass der Unternehmer **wirtschaftliche Probleme** (es besteht ein **„Reorganisationsbedarf") hat, aber nicht insolvent ist**. Deshalb muss der Unternehmer beim Antrag erklären, dass er nicht insolvent ist. Die Insolvenz wird vom Richter – außer im Fall der „Offenkundigkeit" zunächst nicht geprüft. **Reorganisation** wird definiert als *„eine nach betriebswirtschaftlichen Grundsätzen durchgeführte Maßnahme zur Verbesserung der Vermögens-, Finanz- und Ertragslage eines im Bestand gefährdeten Unternehmens, die dessen nachhaltige Weiterführung ermöglicht* (§ 1 Abs 2 URG)." Ein **„Reorganisationsbedarf"** wird insbesondere vermutet, wenn sich die Eigenkapitalquote (zur Definition siehe im

---

[238] *Wagner*, Geschäftsführerhaftung und URG (1999); *Reich-Rohrwig*, Das URG, Vorständen und Geschäftsführern drohen neue Haftungen, SWK 1997, W 103 und *Dellinger*, Vorstands- und Geschäftsführerhaftung nach dem URG, ZIK 1997, 207.

[239] *Reckenzaun/Handl*, Erste (positive) Erfahrungen mit dem Unternehmensreorganisationsverfahren, ZIK 2001, 90.

nachfolgenden Kapitel über das Haftungsrisiko) nachhaltig verschlechtert. Der **Reorganisationsbedarf** muss in geeigneter Weise (zB Vorlage der Jahresabschlüsse der letzten 3 Jahre oder durch das Gutachten eines Wirtschaftsfachmannes) glaubhaft gemacht werden.

Es muss ein **„Reorganisationsplan"** vorgelegt werden. Die **Frist für die Vorlage** beträgt **60 Tage** und kann vom Gericht **auf maximal 90 Tage** verlängert werden.

Was muss der Reorganisationsplan beinhalten?

Im Reorganisationsplan sind die Ursachen des Reorganisationsbedarfes sowie jene Maßnahmen, die zur Verbesserung der Vermögens-, Finanz- und Ertragslage geplant sind, die Auswirkungen der geplanten Maßnahmen auf die Arbeitnehmer sowie ein allenfalls aufzunehmender Kredit darzustellen. Der Zeitraum für die geplanten Reorganisationsmaßnahmen **soll tunlichst 2 Jahre nicht übersteigen**. Dieser Reorganisationsplan muss vom Reorganisationsprüfer geprüft werden.

Es muss ein **Kostenvorschuss** zur Deckung der Kosten des vom Gericht zu bestellenden **Reorganisationsprüfers** hinterlegt werden. Die Kosten für das Verfahren werden im Regelfall eher hoch sein – alleine der Kostenvorschuss wird sich auf ca 7000 € belaufen.[240]

Das Verfahren ist grundsätzlich freiwillig! *Nur bei prüfpflichtigen juristischen Personen* besteht für die vertretungsbefugten Organe unter bestimmten Voraussetzungen eine Pflicht zur Einleitung des Verfahrens, ansonsten diese Organe unter Umständen eine Haftung (dazu gleich im nächsten Kapitel) riskieren.

Das Verfahren wird **nicht öffentlich bekannt gemacht.** Allerdings werden die am Verfahren Beteiligten verständigt, da deren Zustimmung zu den Maßnahmen des Reorganisationsplanes bei Vorlage desselben nachgewiesen werden muss (§ 7 URG). Dies löste in der Fachliteratur[241] die Befürchtung aus, dass das Verfahren praktisch nicht geheim gehalten werden könne. Jedoch wurde bei dem Fall eines in der juristischen Fachwelt bekannten Reorganisationsverfahrens[242] darüber berichtet, dass die Geheimhaltung sehr wohl eingehalten werden konnte.

Vom Gericht wird ein Wirtschaftsfachmann (**„Reorganisationsprüfer"**) bestellt. Der Reorganisationsprüfer **hat den Reorganisationsplan innerhalb von 30 Tagen ab seiner Bestellung zu beurteilen** und auch darüber zu berichten, ob das Unternehmen insolvent geworden ist (worüber auch eine Berichtspflicht an das Gericht besteht). Beurteilt der Reorganisationsprüfer die Erfolgsaussichten für den Reorganisationsplan positiv, wird das Verfahren aufgehoben. Allenfalls wird danach das Unternehmen während des Reorganisationszeitraumes noch vom Reorganisationsprüfer überprüft. Während des Reorganisationszeitraumes

240 *Wagner*, Geschäftsführerhaftung und URG (1999) Rn 107.

241 *Hochegger* in JBl 1997, 361 ff und *Wagner*, Geschäftsführerhaftung und URG (1999) Rn 79 ff.

242 *Reckenzaun/Handl*, Erste (positive) Erfahrungen mit dem Unternehmensreorganisationsverfahren, ZIK 2001, 90.

ist vom Unternehmer bzw vom Reorganisationsprüfer **halbjährlich ein Bericht** über die Lage des Unternehmens an die im Verfahren eingebundenen Personen abzugeben. Der Unternehmer ist verpflichtet, dem Reorganisationsprüfer **Auskunft** über alle für die Durchführung des Verfahrens maßgeblichen Umstände zu geben.

Eine **negative Beendigung („Einstellung“)** mit einem allfälligen folgenden Konkurs oder Ausgleich erfolgt, wenn

- das Unternehmen insolvent wird,
- der Unternehmer den Reorganisationsplan nicht rechtzeitig (60 bis maximal 90 Tage) vorlegt,
- der Unternehmer seine Mitwirkungspflichten (zB die Auskunftpflichten) verletzt oder
- der Reorganisationsprüfer zu dem Ergebnis kommt, dass der Reorganisationsplan nicht zweckmäßig ist.

Die **Vorteile** für den Unternehmer liegen in folgenden Punkten:

- Während des Verfahrens gewährte Kredite und Überbrückungsmaßnahmen sind nur unter erschwerten Bedingungen anfechtbar. Damit ist es für die Banken leichter, Kredite während des Verfahrens zu gewähren.
- Rücktrittsklauseln von Verträgen für den Fall einer gerichtlichen Reorganisation wären unwirksam.
- Ein Wirtschaftsfachmann überprüft die Situation.
- Das Verfahren ist nicht öffentlich.
- Das Haftungsrisiko für vertretungsbefugte Organe einer juristischen Person wird bei rechtzeitiger Einleitung reduziert (zum Haftungsrisiko siehe näher im folgenden Kapitel).

Dagegen können die **Nachteile** folgender Natur sein:

- Das Verfahren wird im Regelfall teuer sein. Deshalb wird es wohl eher nur für größere Unternehmer sinnvoll sein.
- Obwohl das Verfahren nicht öffentlich bekannt gemacht wird, besteht das Risiko, dass die Öffentlichkeit trotzdem davon Kenntnis bekommt. In dem in der Fachliteratur bekannten Fall eines in der Praxis durchgeführten Reorganisationsverfahrens[243] wurde allerdings davon berichtet, dass die Nichtöffentlichkeit des Verfahrens eingehalten werden konnte.

[243] *Reckenzaun/Handl*, Erste (positive) Erfahrungen mit dem Unternehmensreorganisationsverfahren, ZIK 2001, 90.

9.2 Ablaufschema Reorganisationsverfahren[244]

- **Glaubhaftmachung des Reorganisationsbedarfs durch Unternehmer und keine offenkundige Insolvenz**
- **Bestellung eines Reorganisationsprüfers durch das Gericht**
- **Auftrag zum Erlag eines Kostenvorschusses (ca 7000 € – Ermessensentscheidung des Gerichts)**

Auftrag zur Vorlage eines Reorganisationsplanes (wenn noch nicht vorhanden) Erstellung und Vorlage des Reorganisationsplans binnen 60 (90) Tagen

Prüfung des Planes durch Reorganisationsprüfer über Zweckmäßigkeit und Erfolgsaussichten binnen 30 Tagen nach Erhalt

Positives Gutachten

▼

Aufhebung des Reorganisationsverfahrens

Mit allfälliger Überwachung durch den Reorganisationsprüfer und

mit halbjährlicher Berichtspflicht des Reorganisationsprüfers (bei Überwachung) bzw des Unternehmers

Durchführung der Reorganisation binnen tunlichst 2 Jahren

verspätete Vorlage des Reorganisationsplanes
verspätete Vorlage des Kostenvorschusses
Verletzung der Mitwirkungspflicht
negatives Gutachten
Eintritt der Insolvenz

▼

Einstellung des Verfahrens – allenfalls Konkurs- oder Ausgleichseröffnung

9.3 Das Haftungsrisiko nach dem URG

Das Haftungsrisiko nach dem URG besteht für **vertretungsbefugte Organe** (Geschäftsführer, Vorstände) von **prüfpflichtigen juristischen Personen.**

Prüfpflichtig sind nach § 268 HGB

- Aktiengesellschaften,
- große und mittelgroße GmbHs,
- kleine GmbHs, die auf Grund von gesetzlichen Vorschriften einen Aufsichtsrat haben müssen,
- Aktiengesellschaften und Co-Personengesellschaften,

[244] Aus „Zahlungsschwierigkeiten für Unternehmer“, Broschüre der Wirtschaftskammer Wien.

- große und mittelgroße Personengesellschaften, bei denen kein persönlich haftender Gesellschafter mit Vertretungsbefugnis eine natürliche Person ist,
- große und mittelgroße Genossenschaften sowie Genossenschaften mit gesetzlich vorgeschriebenem Aufsichtsrat. In der Literatur wird die Meinung vertreten[245], dass auch kleine Genossenschaften ohne gesetzlich verpflichtenden Aufsichtsrat unter den Begriff „prüfpflichtige Personen" nach dem URG fallen sollen.

Juristische Personen sind nach § 221 HGB dann „mittelgroß" bzw allenfalls „groß"[246] und damit prüfpflichtig, wenn mindestens zwei der folgenden Kriterien an den Abschlussstichtagen von zwei aufeinander folgenden Geschäftsjahren überschritten werden: Bilanzsumme über € 3,125 Mio, Umsatzerlöse 12 Monate vor dem Abschlussstichtag über € 6,25 Mio und im Jahresdurchschnitt über 50 Arbeitnehmer. Letztere Wertgrenzen gelten auch für Personengesellschaften, bei denen kein persönlich haftender Gesellschafter mit Vertretungsbefugnis eine natürliche Person ist. Auch bestimmte Genossenschaften fallen unter die Prüfpflicht.

Die Haftung nach dem URG kann eintreten, wenn über die **Gesellschaft der Konkurs oder Anschlusskonkurs** eröffnet wird. Die Schadenshöhe ist betragsmäßig **beschränkt mit € 100 000 je Person, soferne die Verbindlichkeiten nicht von der Konkursmasse gedeckt sind.** Davon erfasst ist **nur der Schaden der Gesellschaft**, welcher wieder **nur vom Masseverwalter** geltend gemacht werden kann. Die Gesellschaft kann auf ihre Ansprüche nicht verzichten und der nach dem URG in Anspruch Genommene darf nicht mit Forderungen gegen die Gesellschaft aufrechnen. Darüber hinausgehende Schadenersatzansprüche nach anderen Rechtsvorschriften bleiben aber unberührt.

Von weiterer Bedeutung für die mögliche Haftung ist der Begriff „*Eigenmittelquote*" und „*fiktive Schuldentilgungsdauer*". Diese beiden Begriffe werden in den §§ 23, 24 URG wie folgt definiert:[247]

Eigenmittelquote

§ 23. Eigenmittelquote im Sinne dieses Gesetzes ist der Prozentsatz, der sich aus dem Verhältnis zwischen dem Eigenkapital (§ 224 Abs. 3 A HGB) und den unversteuerten Rücklagen (§ 224 Abs. 3 B HGB) einerseits sowie den Posten des Gesamtkapitals (§ 224 Abs. 3 HGB), vermindert um die nach § 225 Abs. 6 HGB von den Vorräten absetzbaren Anzahlungen andererseits, ergibt.

---

245 *Reich-Rohrwig/Zehetner*, Das neue Insolvenzrecht (1997) 54; aA *Dellinger*, Vorstands- und Geschäftsführerhaftung nach dem URG, ZIK 1997, 209.

246 Die Größenkriterien für eine „große juristische Person" sollen an dieser Stelle ausgespart bleiben, weil für die Haftung nach URG nur maßgeblich ist, ob die Kriterien einer „mittelgroßen juristischen Person" erreicht wurden. Wenn dies der Fall ist, braucht für die hier interessierende Frage der möglichen Haftungsvoraussetzung nach dem URG nicht näher geprüft werden, ob auch allenfalls die Kriterien für eine „große juristische Person" erreicht wurden.

247 Näheres zur Berechnung siehe bei *Kleinbauer* in Feuchtinger/Kleinbauer, Höhere Sensibilität für wirtschaftliche Probleme durch die Haftungstatbestände des URG, SWK 1998, W 55.

Fiktive Schuldentilgungsdauer

*§ **24.** (1) Zur Errechnung der fiktiven Schuldentilgungsdauer sind die in der Bilanz ausgewiesenen Rückstellungen (§ 224 Abs. 3 C HGB) und Verbindlichkeiten (§ 224 Abs. 3 D HGB), vermindert um die im Unternehmen verfügbaren Aktiva nach § 224 Abs. 2 B III Z 2 und B IV HGB und die nach § 225 Abs. 6 HGB von den Vorräten absetzbaren Anzahlungen, durch den Mittelüberschuß aus der gewöhnlichen Geschäftstätigkeit zu dividieren.*

(2) Zur Ermittlung des Mittelüberschusses aus der gewöhnlichen Geschäftstätigkeit sind vom Ergebnis der gewöhnlichen Geschäftstätigkeit
1. die auf die gewöhnliche Geschäftstätigkeit entfallenden Steuern vom Einkommen abzuziehen,
2. die Abschreibungen auf das Anlagevermögen und Verluste aus dem Abgang von Anlagevermögen hinzuzuzählen und die Zuschreibungen zum Anlagevermögen und Gewinne aus dem Abgang von Anlagevermögen abzuziehen und
3. die Veränderung der langfristigen Rückstellungen zu berücksichtigen.

Der **erste Haftungstatbestand** liegt vor, wenn die Mitglieder des vertretungsbefugten Organes einen Bericht des Abschlussprüfers erhalten haben, wonach
- die Eigenmittelquote unter 8% **und**
- die fiktive Schuldentilgungsdauer mehr als 15 Jahre beträgt,

so kann es nach dem URG zu einer Haftung **bis zu € 100 000 pro Person** kommen, wenn **nicht unverzüglich ein Reorganisationsverfahren** eingeleitet wird und die Mitglieder diese Information **innerhalb von 2 Jahren vor dem Konkursantrag erhalten haben** (§ 22 Abs 1 URG).

Der **zweite Haftungstatbestand** besteht, wenn ein **Jahresabschluss nicht oder nicht rechtzeitig aufgestellt oder** nicht unverzüglich ein **Abschlussprüfer** mit dessen Prüfung beauftragt und innerhalb von 2 Jahren ein Konkurs oder Anschlusskonkurs beantragt wurde (§ 22 Abs 2 URG). Der Jahresabschluss ist binnen 5 Monaten nach Ende des Geschäftsjahres von den gesetzlichen Vertretern der Kapitalgesellschaft aufzustellen (der Gesellschaftsvertrag kann eine kürzere Frist vorsehen). Obwohl hier vom Wortlaut des Gesetzes nicht auf ein Reorganisationsverfahren Bezug genommen wird, wird die – uE berechtigte – Meinung[248] vertreten, dass hiervon nur jene Fälle erfasst sein sollen, bei denen der Reorganisationsbedarf wegen verspäteter Rechnungslegung unerkannt geblieben ist.[249]

Es gibt dabei jedoch eine **Reihe von Ausnahmetatbeständen:**

a. Es wurde unverzüglich nach Erhalt der oben dargestellten Kennzahlen ein Gutachten eines Wirtschaftsprüfers eingeholt, dass ein Reorganisationsbedarf doch nicht besteht (§ 26 Abs 1 und 2 URG).

[248] *Dellinger*, Vorstands- und Geschäftsführerhaftung nach dem URG, ZIK 1997, 212.

[249] *Dellinger*, Vorstands- und Geschäftsführerhaftung nach dem URG, ZIK 1997, 212 und *Kleinbauer* in Feuchtinger/Kleinbauer, Höhere Sensibilität für wirtschaftliche Probleme durch die Haftungstatbestände des URG, SWK 1998, W 55.

b. Der Abschlussprüfer hat innerhalb der 2-Jahresfrist keinen weiteren Bericht über das Vorliegen eines vermuteten Reorganisationsbedarfes erstattet (§ 26 Abs 3 URG).
c. Wenn ein Mitglied des vertretungsbefugten Organes die Einleitung des Reorganisationsverfahrens vorgeschlagen hat, jedoch nicht die notwendige Zustimmung des Aufsichtsrates oder der Generalversammlung erhalten hat bzw ihm die Weisung erteilt wurde, das Reorganisationsverfahren nicht zu beantragen, so haftet diese Person nicht. Es haften diesfalls die Personen, die die entsprechende Weisung erteilt bzw dagegen gestimmt haben bis zu € 100 000.
d. Keine Haftung nach dem URG besteht auch dann, wenn innerhalb der 2-Jahresfrist der für die Prüfung des Jahrersabschlusses berechtigte Abschlussprüfer keinen weiteren Bericht über das Vorliegen eines Reorganisationsbedarfes erstattet.
e. Die Haftung nach dem URG besteht auch nicht, wenn bewiesen wird, dass die Insolvenz aus einem anderen Grund als wegen Unterlassung der Reorganisation eingetreten ist.

Beim letzten Punkt ist strittig, ob unbedingt ein „Reorganisationsverfahren“ nach dem URG oder ob auch ein anderes – außergerichtliches – Reorganisationsverfahren angestrebt werden kann, um der Haftung zu entgehen. Denn wie oben dargestellt, bestimmt § 27 URG, dass – unter anderem – die Haftung entfällt, *„wenn bewiesen wird, daß eine Insolvenz aus einem anderen Grund als wegen Entfalles der* ***Reorganisation*** *eingetreten sei.“* Weil nicht ausdrücklich das Wort „Reorganisationsverfahren“, sondern eben das Wort „Reorganisation“ verwendet wurde, wird die – strittige – Meinung[250] vertreten, dass bei verfassungskonformer Interpretation jegliche Art der – versuchten – Reorganisation haftungsbefreiend nach dem URG sei. *„Der Unternehmer muss, um seine Haftung abzuwenden bloß beweisen, dass er nach Erhalt des Prüfberichtes, der den Reorganisationsbedarf erkennen ließ, eine nach betriebswirtschaftlichen Grundsätzen durchgeführte Maßnahme zur Verbesserung der Vermögens-, Finanz- und Ertragslage des Unternehmens, die dessen nachhaltige Weiterführung ermöglicht, gesetzt hat.“*[251] Von *Wagner*[252] wird die Auffassung vertreten, dass, wenn ex ante eine außergerichtliche Sanierung bzw Reorganisation weniger riskant sei, als das Reorganisationsverfahren nach dem URG, das Mitglied des vertretungsbefugten Organes sogar eine außergerichtliche Reorganisation versuchen müsse, um einer Haftung zu entgehen. Wäre im umgekehrten Fall das gerichtliche Reorganisationsverfahren günstiger als eine außergerichtliche Reorganisation, müsste umgekehrt das gerichtliche Verfahren gewählt werden.[253]

---

[250] *Wagner*, Geschäftsführerhaftung und URG (1999) Rn 269 ff und *Dellinger*, Zur geplanten Haftung der Organmitglieder gemäß § 24 Unternehmensreorganisationsgesetz, ZIK 1997, 14; aA *Mohr*, Unternehmensreorganisationsgesetz, Anmerkungen zu § 27 URG.
[251] *Wagner*, Geschäftsführerhaftung und URG (1999) Rn 201.
[252] *Wagner*, Geschäftsführerhaftung und URG (1999) Rn 270.
[253] *Wagner*, Geschäftsführerhaftung und URG (1999) Rn 273.

Das Mitglied des vertretungsbefugten Organes steht bei Erhalt eines Prüfberichtes über einen vorliegenden Reorganisationsbedarf wegen dieser divergenten Rechtsauffassungen vor einer schwierigen Situation. Entschärft würde die Problematik dadurch, wenn vom prüfberechtigten Abschlussprüfer unverzüglich ein Gutachten eingeholt wird, dass bestätigt, dass trotz Vorliegens dieser Kennzahlen kein Reorganisationsbedarf besteht (§ 26 URG).

Wird allerdings kein derartiges positives Gutachten erstellt – und naturgemäß wird ein Wirtschaftsprüfer auf Grund seines eigenen Haftungsrisikos als Berater damit sehr vorsichtig sein – stellt sich für das vertretungsbefugte Organ die Frage, wie nun weiter vorzugehen ist, um eine persönliche Haftung auszuschließen. Folgt man der oben dargestellten Meinung von *Wagner*, müsste ex ante abgewogen wären, welches Reorganisationsverfahren – gerichtlich oder außergerichtlich – weniger riskant sei. Nach der Gegenmeinung müsste auf jeden Fall ein gerichtliches Reorganisationsverfahren eingeleitet werden.

Wenn auch mangels vorliegender Gerichtsentscheidungen zu der Problematik keine endgültige Aussage getroffen werden kann, neigen wir eher dazu, der Ansicht von Wagner den Vorzug zu geben, dass auch ein ex ante Erfolg versprechender außergerichtlicher Reorganisations- oder uE auch ein Sanierungsversuch haftungsbefreiend wirken kann. Doch ist auch diese Ansicht nicht ohne Tücken – denn wie kann man in der Praxis mangels Vorliegens von größeren Erfahrungswerten mit dem gerichtlichen Reorganisationsverfahren im Vorhinein beurteilen, ob die gerichtliche oder die außergerichtliche Reorganisation zwecktauglicher ist? Dieser Umstand müsste uE zumindest von den Gerichten zum Anlass genommen werden, den Maßstab für einen erfolgreichen Freibeweis nach § 27 URG nicht zu hoch anzusetzen.

Zusammenfassung für die Praxis: Die haftungsrechtliche Regelung des URG ist reichlich kompliziert. Als Unternehmer im Allgemeinen und als vertretungsbefugtes Organ einer prüfpflichtigen juristischen Person im Besonderen müssen Sie besonders darauf achten, dass der Jahresabschluss rechtzeitig erstellt bzw der Abschlussprüfer mit dessen Prüfung beauftragt wird. Bekommen Sie vom Abschlussprüfer die Information, dass wegen des Vorliegens der oben beschriebenen Bilanzkennzahlen Reorganisationsbedarf besteht, sind unverzüglich Schritte einzuleiten: ZB unverzügliche Einholung eines „Gegengutachtens" des Abschlussprüfers, dass doch kein Reorganisationsbedarf besteht. Wenn dieses Gutachten negativ ist, sollten andere Schritte, wie zB die Einleitung eines Reorganisationsverfahrens betrieben werden. Es wird die – uE berechtigte – Auffassung vertreten, dass auch andere ex ante vernünftige Reorganisationsmaßnahmen haftungsbefreiend sind. Bekommen Sie vom Aufsichtsrat oder von der Generalversammlung die Weisung, kein Reorganisationsverfahren zu betreiben, lassen Sie sich diese Anordnung unbedingt schriftlich geben! Selbstverständlich ist bei Vorliegen der Zahlungsunfähigkeit oder Überschuldung mit negativer Fortbestehensprognose binnen spätestens 60 Tagen der Insolvenzantrag zu stellen! ☞ Siehe im Kap 2.3.

10 Das Risiko einer strafrechtlichen Verurteilung wegen eines Kridadeliktes

10.1 Allgemeines

Seit August 2000 ist ein neues Kridastrafrecht in Kraft (BGBl I 2000/58). Ziel dieser Novelle ist die Entkriminalisierung unternehmerischen Misserfolges. Denn unter der alten Rechtslage war die Verurteilung wegen „fahrlässiger Krida" das siebent-häufigste Delikt von insgesamt 200 Strafdelikten und auch die Verurteilungen in absoluten Zahlen stiegen jährlich kontinuierlich an.[254] Trotz dieser Reform wurden allerdings Stimmen laut[255], die befürchten, dass die Strafgerichte statt der – schwerer zu erreichenden Verurteilung – nach dem Tatbestand der „grob fahrlässigen Gläubigerbeeinträchtigung" nunmehr vermehrt wegen betrügerischer Krida urteilen werden und somit das Ziel der Novelle konterkariert wird. Inwieweit die Novelle tatsächlich zu einem Rückgang der Verurteilungen wegen Kridadelikten führen wird, wird die Praxis der nächsten Jahre zeigen.

Als unmittelbare Täter für Kridadelikte kommen dabei in Betracht

- der Schuldner,
- Geschäftsführer, Mitglieder des Vorstandes oder Aufsichtsrates und Prokuristen,
- sonstige leitende Angestellte (§ 309 StGB), denen ein maßgeblicher Einfluss auf die Geschäftsführung zusteht,
- bei Bestechungshandlungen könnten auch Organe des Insolvenzverfahrens theoretisch Täter sein.

Mögliche Beteiligte am Delikt könnten bei maßgebenden Einfluss am Unternehmen und bei Interesse am schuldnerischen Unternehmen sein

- Gesellschafter,
- rechtsberatende Berufe,
- Kreditgeber.

Nachfolgend eine Statistik[256] über die strafrechtlichen Verurteilungen im Jahr 2001 im gesamten Bundesgebiet wegen strafrechtlicher Delikte im Zusammenhang mit Insolvenzen bzw Zahlungsschwierigkeiten:

---

[254] *Manquet* in Fuchs/Keppert, Grundfragen des Kridastrafrechts (2001) 13.

[255] ZB *Fuchs* in Fuchs/Keppert, Grundfragen des Kridastrafrechts (2001) 10 f.

[256] Die Daten wurden freundlicherweise von der Statistik Austria (Kriminialstatistik) zur Verfügung gestellt.

Strafrechtliche Verurteilungen wegen einiger typischer Delikte im Zusammenhang mit einer Insolvenz bzw Zahlungsschwierigkeiten im Jahr 2001

Delikt	**§**	**Anzahl der Verurteilungen**
Nicht-Abführen von Dienstgeberbeiträgen	114 ASVG	473
Grob fahrlässige Gläubigerbeeinträchtigung	159 StGB	181[257]
Vollstreckungsvereitelung (zu Gunsten eines anderen)	162 und 163 StGB	47
Betrügerische Krida	156 StGB	69
Schädigung fremder Gläubiger und Begünstigung eines Gläubigers[258]	157 und 158 StGB	16

10.2 Die „grob fahrlässige Beeinträchtigung von Gläubigerinteressen" nach § 159 StGB

Diese Nachfolgebestimmung der „fahrlässigen Krida" sieht einen Strafrahmen von einer Freiheitsstrafe **bis zu einem Jahr**, bei besonders schwer wiegenden Umständen (Befriedigungsausfall bis zu € 800 000 oder Schädigung der wirtschaftlichen Existenz vieler Menschen) **bis zu zwei Jahren Freiheitsstrafe** vor.

Die verspätete Anmeldung der Insolvenz als solche ist (siehe aber zum zivilrechtlichen Haftungsrisiko ☞ im Kap 8.2.2) kein Straftatbestand mehr. Auch mangelndes Eigenkapital bzw unverhältnismäßige Kreditaufnahme, welche zur Zahlungsunfähigkeit geführt haben, sind für sich kein Straftatbestand mehr – allerdings können diese Handlungen unter Umständen – wie noch zu zeigen sein wird – über die „Hintertür" der „kridaträchtigen Handlungen" für die Strafbarkeit Bedeutung haben.

Der neue § 159 StGB umfasst zwei Grundtatbestände:

a. Die grob fahrlässige Herbeiführung der Zahlungsunfähigkeit wegen kridaträchtiger Handlungen (§ 159 Abs 1 StGB).
b. Die grob fahrlässige Vereitelung der Befriedigung der Gläubiger in Kenntnis oder fahrlässiger Unkenntnis der Zahlungsunfähigkeit wegen kridaträchtiger Handlungen (§ 159 Abs 2 StGB).

Während beim ersten Tatbild als „Erfolg" der Eintritt der Zahlungsunfähigkeit herbeigeführt wird, ist beim zweiten Tatbild die Vereitelung oder Schmäle-

[257] Zum alten Tatbestand der „fahrlässigen Krida" ergingen im Jahr 2001 noch 9 Verurteilungen.
[258] Die Anzahl der Verurteilungen nach diesen beiden Straftatbeständen wurde nach den von der Statistik Austria zur Verfügung gestellten Daten nicht getrennt ausgewiesen.

rung der Befriedigung wenigstens eines Gläubigers nach Eintritt der Zahlungsunfähigkeit (☞ siehe im Kap 2.2.1) Voraussetzung für die Strafbarkeit.

c. Zu erwähnen ist noch, dass nach § 159 Abs 3 ebenso zu bestrafen ist, wenn die Zahlungsunfähigkeit nur deshalb nicht eingetreten ist, weil die öffentliche Hand helfend eingegriffen hat und diese wirtschaftliche Misslage grob fahrlässig durch kridaträchtiges Verhalten herbeigeführt wurde.

Zunächst muss die Zahlungsunfähigkeit bzw die Vereitelung der Befriedigung der Gläubiger „grob fahrlässig" herbeigeführt werden. Dieser an sich dem Strafrecht neue Begriff liegt nach den Erläuterungen zur Regierungsvorlage dann vor, wenn dem Täter *„eine **ungewöhnliche, auffallende Sorglosigkeit zur Last liegt**[259] und für ihn der Eintritt einer Tatbildverwirklichung nicht nur entfernt möglich, sondern als wahrscheinlich vorhersehbar war.*" Inwieweit dieser Grad des Sorgfaltsverstoßes vorliegt, wird im Einzelfall beurteilt werden müssen.

Als weitere Voraussetzung muss die Zahlungsunfähigkeit durch ein *„kridaträchtiges Handeln*" herbeigeführt worden sein. All diesen kridaträchtigen Handlungen ist gemein, dass sie *„entgegen Grundsätzen ordentlichen Wirtschaftens*" herbeigeführt werden. Was derartige kridaträchtige Handlungsformen sind, wird im § 159 Abs 5 StGB taxativ – also abschließend – aufgezählt. Es handelt sich dabei um folgende, großteils unbestimmte Gesetzesbegriffe, welche durchaus interpretationsbedürftig sind:[260]

a. Es wird ein **bedeutender** Bestandteil des Schuldnervermögens zerstört, beschädigt, unbrauchbar gemacht, verschleudert oder verschenkt.

Zunächst muss es sich um einen *„bedeutenden*" Bestandteil des Schuldnervermögens handeln. Die Bedeutung wird dabei im Verhältnis zum gesamten, für die Gläubigerbefriedigung zur Verfügung stehenden Vermögen zu bestimmen sein.[261] Dazu wird die Auffassung[262] vertreten, dass unter „Verschleudern" *nicht* der Verkauf verderblicher Ware, der Verkauf zur Gewinnung eines neuen Marktes oder um einen Preissturz zuvorzukommen oder der Verkauf von Lockangeboten fällt. Eine Vermögensübertragung auf eine Auffanggesellschaft sei dann keine Verschleuderung, wenn die Gesellschaft auch Verbindlichkeiten in entsprechender Höhe übernehme.[263]

b. Es werden durch ein **außergewöhnlich gewagtes Geschäft,** das **nicht zu seinem gewöhnlichen Geschäftsbetrieb gehört**, durch Spiel oder Wette **übermäßig hohe Beträge** ausgegeben.

Darunter sollen jene Geschäfte fallen, die in der konkreten Situation äußerst riskant sind und denen daher spekulativer Charakter innewohnt. Dabei wird es

---

259 92 BlgNR XXI. GP
260 Dazu etwa detailliert bei *Fuchs/Keppert*, Grundfragen des Kridastrafrechts (2001).
261 *Breiter*, Die grob fahrlässige Beeinträchtigung von Gläubigerinteressen, AnwBl 2000/11, 659.
262 *Breiter*, Die grob fahrlässige Beeinträchtigung von Gläubigerinteressen, AnwBl 2000/11, 660.
263 Ebenda.

jedoch auch auf die Usancen des einzelnen Wirtschaftszweiges ankommen – daher sind etwa die üblichen Risiken eines Exportgeschäftes oder durch Einführungspreise verursachte Verluste nicht erfasst.[264]

Andererseits wird ein risikoreiches Geschäft alleine nicht den Tatbestand erfüllen, wenn dadurch keine „übermäßig hohen Beträge“ ausgegeben werden. In diesem Zusammenhang wird wohl auch dem **Eigenkapital** als Risikofonds eine wesentliche Rolle zukommen.

Als Beispiel[265] für ein „außergewöhnlich gewagtes Geschäft“ wird etwa der Kauf eines LKWs in der Größenordnung von ca 70 000 € durch eine kleine Tischlerei (GmbH mit Mindeststammkapital von € 35 000) für die Zustellung ihrer Erzeugnisse genannt.

Als weiteres Beispiel[266], welches diesen Tatbestand erfüllt, wird der – theoretische – Fall eines *Produktionsbetriebes*, welcher mit *Warentermingeschäften* in der Hoffnung spekuliert, damit seine schlechte Liquiditätslage zu verbessern, genannt.

Dagegen sei die Strafbarkeit bei der *Aufnahme von Fremdwährungskrediten* nur dann zu bejahen, wenn [267]die erkennbaren Risiken dieser Kreditform für den Fall, dass sie eintreffen würden, die finanziellen Möglichkeiten des Unternehmens zum Zeitpunkt der Kreditaufnahme überfordert hätten.

c. Es wird **übermäßiger,** mit den Vermögensverhältnissen oder seiner wirtschaftlichen Leistungsfähigkeit in **auffallendem** Widerspruch stehender **Aufwand getrieben**.

Strafwürdig soll nach dieser Bestimmung also jener sein, „*der auf großem Fuß lebt, obwohl er nach den Vermögensverhältnissen eigentlich den Gürtel enger schnallen sollte.*“[268]

Die Frage, ob ein Aufwand „übermäßig“ ist oder nicht, ist an den Vermögensverhältnissen und an der wirtschaftlichen Leistungsfähigkeit zu messen, wobei auch hier die Eigenkapitalausstattung eine Rolle spielen wird.

Unter „Aufwand“ werden dabei sowohl Ausgaben im privaten wie auch im Firmeninteresse verstanden.

Es wird dabei die – strittige – Meinung vertreten,[269] dass nicht jede Fehlinvestition bei schlechter Vermögenslage erfasst sein soll, sondern nur krasse Fälle (beispielsweise genannt wurden hier der Porsche als Dienstauto oder Flüge in der teueren Business-Class). Die Gegenmeinung[270] vertritt die Auffassung, dass

[264] ErlRV, 92 BlgNR XXI. GP.
[265] *Dellinger* in Fuchs/Keppert, Grundfragen des Kridastrafrechts (2001) 55 f.
[266] *Brandstetter* in Fuchs/Keppert, Grundfragen des Kridastrafrechts (2001) 40.
[267] *Brandstetter* ebenda.
[268] *Dellinger* in Fuchs/Keppert, Grundfragen des Kridastrafrechts (2001) 56.
[269] *Dellinger* in Fuchs/Keppert, Grundfragen des Kridastrafrechts (2001) 56,
[270] *Zagler*, Strafrecht, § 159 Rz 16 und 27 zitiert von *Dellinger* in Fuchs/Keppert, Grundfragen des Kridastrafrechts (2001) 57.

jegliche Ausgabe, die im Verhältnis zu den Einkommens- und Vermögensverhältnissen in einem unverhältnismäßigen Aufwand stehe, strafbar sei.

Auch hinsichtlich der Frage der unwirtschaftlichen Kreditaufnahme und des Eingehens neuer Schulden im Zustand der Zahlungsunfähigkeit gehen die Meinungen auseinander: Während etwa *Dellinger*[271] die Strafbarkeit nach § 159 StGB verneint, wird dies von *Nemec*[272] bejaht.

Nach dem Eintritt der Zahlungsunfähigkeit wird ein Aufwand bereits dann übermäßig sein, wenn er über das „Allernotwendigste" hinausgeht[273] (§ 159 Abs 2 StGB).

Ein überzogener privater Aufwand kann sogar zu einer Verurteilung nach dem Tatbestand der betrügerischen Krida führen, wenn der dafür notwendige Vorsatz für die Herbeiführung der Zahlungsunfähigkeit gegeben ist.

d. Es wird die **Führung von Geschäftsbüchern** oder **geschäftlichen Aufzeichnungen unterlassen,** oder diese Bücher werden so geführt, dass ein **zeitnaher Überblick** über die wahre Vermögens-, Finanz- und Ertragslage **erheblich erschwert wird**, oder es werden sonstige geeignete und erforderliche **Kontrollmaßnahmen unterlassen**, die einen solchen Überblick verschaffen (Z 4).
e. Es wird die **Erstellung von Jahresabschlüssen**, zu deren Erstellung der Schuldner **verpflichtet ist**, **unterlassen** oder auf eine solche Weise oder **so spät erstellt**, dass ein zeitnaher Überblick über seine wahre Vermögens-, Finanz- und Ertragslage erheblich erschwert wird (Z 5).

Hervorzuheben ist, dass – wie bei allen „kridaträchtigen Handlungen" – die Strafbarkeit nur eintritt, wenn das Unterlassen des Führens von Geschäftsbüchern (bzw die mangelhafte Führung derselben) bzw das Unterlassen des Erstellens von Jahresabschlüsssen, soweit diese gesetzlich verpflichtend sind, **kausal** ist, dass also jenes Handeln bzw Unterlassen zur Zahlungsunfähigkeit bzw Gläubigerbeeinträchtigung geführt hat.

Abgesehen von der Pflicht zur Erstellung von Jahresabschlüssen kraft gesetzlicher Anordnung sollen auch kleinere Unternehmer interne Maßnahmen vornehmen, die eine ähnliche Kontrolle ermöglichen. Die Anforderungen an einen zeitnahen Überblick orientieren sich dabei an der Unternehmensgröße, den Umfang des Geschäftsbetriebes und dem Geschäftsrisiko.[274]

Strittig ist, ob die Pflicht zur Führung von Geschäftsbüchern auch die Pflicht zur Führung einer **zukunftsbezogenen Planrechnung** beinhaltet. Von *Dellinger*[275] wird das mit der Begründung verneint, dass der Gesetzgeber nur auf das

[271] *Dellinger* in Fuchs/Keppert, Grundfragen des Kridastrafrechts (2001) 57.
[272] *Nemec* in Fuchs/Keppert, Grundfragen des Kridastrafrechts (2001) 99 f.
[273] *Dellinger* in Fuchs/Keppert, Grundfragen des Kridastrafrechts (2001) 57.
[274] *Rosbaud/Manquet*, Die „fahrlässige Krida" geht – was bleibt?, wbl 2001, 97.
[275] *Dellinger* in Fuchs/Keppert, Grundfragen des Kridastrafrechts (2001) 58 ff; aA *Lendl*, Die Reform der „fahrlässigen Krida" – eine erste Analyse, RZ 2001, 30.

Erfordernis eines *zeitnahen* Überblickes über die Vermögens- und Ertragslage abstelle. Es solle der Unternehmer, der nicht kraft gesetzlichen Vorschriften zur doppelten Buchführung verpflichtet ist, Ersatzhandlungen treffen, die dasselbe Ergebnis erzielen wie eine doppelte Buchführung – und diese ist eben nicht zukunftsbezogen.

Allerdings ist bei der Frage der Führung eines internen Kontrollsystems nicht nur das straf- oder zivilrechtliche (☞ zur zivilrechtlichen Haftungspflicht siehe im Kap 8) Risiko zu beachten, vielmehr sollte bei jeder unternehmerischen Handlung ein – von der unternehmerischen Größe und Tätigkeit abhängiges – Kontrollsystem nicht fehlen, um einen Misserfolg zu vermeiden. Alleine aus diesem Grund raten wir zu einem – auch – zukunftsbezogenen Kontrollsystem.[276]

Obwohl wegen der relativen Neuartigkeit dieses Straftatbestandes kaum Gerichtsurteile existieren, geben wir folgendes – auch im Zusammenhalt mit den zivilrechtlichen Haftungsrisiken (☞ siehe im Kap 8) zu sehendes – Resumee:

PRAXISTIPP: Führen Sie in eigenem Interesse ein auf die Bedürfnisse Ihres Unternehmens eingerichtetes Kontrollsystem (vergangenheits-, gegenwarts- und zukunftsbezogen). Natürlich sind auch die gesetzlichen Buchführungsvorschriften nach §§ 189 ff HGB und die sonstigen Spezialvorschriften zB nach § 22 GmbHG und § 82 AktG zu beachten. Vermeiden Sie in Zeiten wirtschaftlicher Schwierigkeiten unverhältnismäßigen Aufwand und überlegen Sie besonders in diesen Krisenzeiten genau die Folgen riskanter kaufmännischer Entscheidungen.

10.3 Die Strafbarkeit der Nichtabfuhr von einbehaltenen Dienstnehmerbeiträgen nach § 114 ASVG und die Gläubigerbegünstigung nach § 158 StGB

Wie bereits im Kapitel 8.2.5 dargestellt, befindet der Schuldner bei Eintritt der Zahlungsunfähigkeit in folgendem Dilemma: Einerseits steht das Nicht-Abführen von Dienstnehmerbeiträgen unter gerichtlicher Strafdrohung von bis zu zwei Jahren Freiheitsstrafe nach § 114 ASVG, während § 158 StGB dieselbe Strafhöhe für die Bevorzugung eines Gläubigers nach Eintritt der Zahlungsunfähigkeit vorsieht.

Es entsteht hier also folgendes Problem: Werden alle Gläubiger gleichmäßig befriedigt, so ist das Tatbild des § 114 ASVG („*Verstöße gegen die Vorschriften über die Einbehaltung und Einzahlung der Beiträge eines Dienstnehmers durch den Dienstgeber*“) erfüllt, während bei voller Befriedigung der Gebietskrankenkasse das Tatbild des § 158 StGB („*Begünstigung eines Gläubigers*“) vorliegt.

---

[276] Für die GmbH und die AG ist die Pflicht zum Führen eines internen Kontrollsystems ausdrücklich gesetzlich verankert.

Der Verwaltungsgerichtshof hat zwar das zivilrechtliche Haftungsrisiko nach § 114 ASVG, wie bereits im Kapitel 8.2.5 dargestellt, entschärft. Fraglich ist dabei, ob dies auch auf die strafrechtliche Seite Auswirkung hat. UE wird man aber daher – wie in einem juristischen Aufsatz dargestellt[277] – zu der Meinung kommen können, dass bei Vorliegen dieser Interessenkollision mit gutem Grund für Straffreiheit plädiert werden kann.

Abgesehen von dieser Problematik ist bei isolierter Betrachtung der beiden Tatbestände noch Folgendes anzumerken: Zunächst ist es kritikwürdig, dass beide Straftatbestände noch einen Höchststrafrahmen von 2 Jahren Freiheitsstrafe vorsehen, während der Strafrahmen für „grob fahrlässige Gläubigerbeeinträchtigung" – abgesehen von qualifizierten Formen – nur ein Jahr beträgt.

Die Strafe des § 114 ASVG kann den Dienstgeber, bei juristischen Personen die vertretungsbefugten Organe treffen, wobei die Strafe bei Delegierung der Pflicht zur Abführung der Beträge auf einzelne oder mehrere Organmitglieder nur diese trifft. Die Strafe kann außerdem abgewendet werden, wenn bis zum Schluss der Verhandlung die ausstehenden Beträge zur Gänze eingezahlt werden oder gegenüber dem Sozialversicherungsträger eine vertragliche Pflicht zur Nachentrichtung dieser Beträge vereinbart wurde. Dazu der § 114 ASVG im Wortlaut:

Verstöße gegen die Vorschriften über die Einbehaltung und Einzahlung der Beiträge eines Dienstnehmers durch den Dienstgeber*

__§ 114.__ (1) Ein Dienstgeber, der Beiträge eines Dienstnehmers zur Sozialversicherung einbehalten oder von ihm übernommen und dem berechtigten Versicherungsträger vorenthalten hat, ist vom Gericht __mit Freiheitsstrafe bis zu zwei Jahren__ zu bestrafen; neben der Freiheitsstrafe kann eine Geldstrafe bis zu 360 Tagessätzen verhängt werden.

(2) Trifft die Pflicht zur Einzahlung der Beiträge eines Dienstnehmers zur Sozialversicherung eine juristische Person, eine Personengesellschaft des Handelsrechtes oder eine Erwerbsgesellschaft, so ist Abs. 1 auf alle natürlichen Personen anzuwenden, die __dem zur Vertretung befugten Organ__ angehören. Dieses Organ ist berechtigt, die Verantwortung für die Einzahlung dieser Beiträge einzelnen oder mehreren Organmitgliedern aufzuerlegen; ist dies der Fall, findet Abs. 1 nur auf sie Anwendung.

(3) Der nach Abs. 1 oder 2 Verantwortliche ist __nicht zu bestrafen__, wenn er bis zum Schluß der Verhandlung
1. *die ausstehenden Beiträge zur Gänze einzahlt oder*
2. *sich dem berechtigten Sozialversicherungsträger gegenüber vertraglich zur Nachentrichtung der ausstehenden Beiträge binnen einer bestimmten Zeit verpflichtet.*

(4) Die Strafbarkeit lebt wieder auf, wenn der Zahlungsverpflichtete seine nach Abs. 3 Z 2 eingegangene Verpflichtung nicht einhält.

---

[277] *Kosch*, Kollision zwischen § 114 ASVG und § 158 StGB? in ZIK 1995, 33.

* Hervorhebungen durch die Verfasser.

Der Straftatbestand der Gläubigerbegünstigung tritt ein, wenn nach Eintritt der Zahlungsunfähigkeit ein Gläubiger (teilweise) befriedigt und dadurch zumindest ein Gläubiger benachteiligt wird. Der Gläubiger selber, der zu der Begünstigung anleitet, ist nicht wegen dieses Tatbestandes strafbar.[278]

Das Dilemma des Schuldners bei Eintritt der Zahlungsunfähigkeit ist aber in der Praxis aus rechtstheoretischer Sicht oft schwierig zu lösen: Wenn mehrere Gläubiger vorhanden sind, wird der Schuldner naturgemäß eher dazu neigen, die Gläubiger zu befriedigen, die bereits mit einem Konkursantrag drohen oder die sonstige das Unternehmen schädigende Maßnahmen treffen können (zB Absperren des Stroms und/oder Telefons durch diese Vertragspartner). Das Risiko einer Verurteilung nach § 158 StGB besteht in jenen Fällen, wenn es auch nach Statistiken im Vergleich zu sonstigen Kridadelikten eher selten zu Verurteilungen nach diesem Delikt kommt.[279] Wie bereits oben dargestellt, sollte aber bei der Kollision von Dienstgeberbeitragsforderungen der Sozialversicherung mit anderen Forderungen darauf geachtet werden, die Dienstgeberbeiträge voll und nicht bloß aliquot abzuführen.

PRAXISTIPP: Wenn Sie mehrere Gläubiger haben und bereits Zahlungsunfähigkeit eingetreten ist, dürften die Gläubiger nur mehr anteilsmäßig befriedigt werden (§ 158 StGB). Beschäftigen Sie Dienstnehmer, so sollte der Dienstnehmerbeitrag – auch wenn Sie nur einen geringeren Nettolohn ausbezahlen – an die Sozialversicherung jedoch voll abgeführt werden (§ 114 ASVG). Denn auch wenn nur ein geringeres Nettoentgelt ausbezahlt wird, berechnet sich der an die Sozialversicherung abzuführende Dienstgeberbeitrag grundsätzlich trotzdem nach dem laut Kollektivvertrag bzw Individualvertrag zustehenden Entgelt.

Die Wahrscheinlichkeit einer Strafbarkeit wegen Gläubigerbegünstigung der Sozialversicherung (die ja den ihr zustehenden Dienstgeberbeitrag nach unserem Beispiel voll bekommt und daher vom Wortlaut des § 158 StGB gegenüber anderen Gläubigern bevorzugt würde) nach § 158 StGB ist aus den oben angeführten Gründen eher gering. Wenn dagegen der Dienstgeberbeitrag nicht oder nicht zur Gänze ausbezahlt wird, ist in der Praxis wohl auch mit einer Strafanzeige durch die Sozialversicherung zu rechnen.

---

[278] Vgl jedoch die Möglichkeit der Verurteilung des Gläubigers wegen betrügerischer Krida wegen Vermögensverschiebungen bei *Hochmayr*, Betrügerische Krida durch Verschiebung von Schulden zwischen Privat- und Geschäftskonten, ÖJZ 2000, 674.

[279] Im Jahr 2001 wurden etwa – wie bereits im Kapitel 10.1 dargestellt – in Österreich 473 Personen wegen des Nicht-Abführens von Dienstgeberbeiträgen (§ 114 ASVG) und 181 Personen wegen „grob fahrlässiger Beeinträchtigung von Gläubigerinteressen" (§ 159 StGB) verurteilt. Dagegen kam es in diesem Jahr nur zu insgesamt 16 Verurteilungen wegen Begünstigung eines Gläubigers (§ 158 StGB) bzw Schädigung fremder Gläubiger (§ 157 StGB). Quelle: Statistik Austria.

10.4 Sonstige Kridadelikte (Betrügerische Krida/Schädigung fremder Gläubiger/Vollstreckungsvereitelung/Umtriebe während der Geschäftsaufsicht)

Die **betrügerische Krida** nach § 156 StGB steht unter Strafdrohung von einer **Freiheitsstrafe von 6 Monaten bis 5 Jahren** und bei Schadensverursachung über € 40 000 **sogar bis zu 10 Jahren**. Wesentlich dabei ist, dass **vorsätzlich** das *„Vermögen verheimlicht, beiseite geschafft, veräußert oder beschädigt, oder eine nicht bestehende Verbindlichkeit vorschützt oder anerkennt oder sonst sein Vermögen wirklich oder zum Schein verringert* ***und dadurch*** *die* ***Befriedigung seiner Gläubiger oder wenigstens eines von ihnen vereitelt oder schmälert.***"

Während bei der betrügerischen Krida mindestens zwei Gläubiger vorhanden sein müssen (arg: „... Befriedigung seiner Gläubiger" ...), genügt bei der **Vollstreckungsvereitelung** (§ 162 StGB) das Vorliegen der Gläubigerschädigung eines Gläubigers in Ansehen einer Zwangvollstreckung.[280]

Beim Straftatbestand der „**Schädigung fremder Gläubiger**" (§ 157 StGB – selber Strafrahmen wie bei der betrügerischen Krida) wird ein **Dritter** bestraft, der *„ohne Einverständnis des Schuldners einen Bestandteil des Vermögens des Schuldners verheimlicht, beiseite schafft, veräußert oder beschädigt oder ein nicht bestehendes Recht gegen das Vermögen des Schuldners geltend macht und dadurch die Befriedigung der Gläubiger oder wenigstens eines von ihnen vereitelt oder schmälert."* Bei Einverständnis des Schuldners machen sich beide der betrügerischen Krida schuldig.[281] Auch hier ist – im Gegensatz zur Vollstreckungsvereitelung – Gläubigermehrheit erforderlich.

Eine **Freiheitsstrafe bis zu einem Jahr** sieht das Delikt der „**Umtriebe während der Geschäftsaufsicht, im Ausgleichsverfahren oder im Konkursverfahren**" nach § 160 StGB vor: Dieses Delikt stellt bestimmte Handlungen während eines Insolvenzverfahrens oder während einer Geschäftsaufsicht unter Strafe: Als Straftatbestände kommen hierbei drei Straftatbestände in Betracht:

Die **Erschleichung des Stimmrechts** beinhaltet jene Fälle, bei denen **ein Außenstehender oder Gläubiger** im Insolvenzverfahren durch falsche Angaben von tatsächlich nicht bestehenden bzw nicht in dem behaupteten Rang oder Umfang bestehenden Forderungen ein Stimmrecht widerrechtlich erlangt.

Der zweite und dritte Tatbestand beinhalten **Bestechungshandlungen für den Stimmenkauf** (zB für die Zustimmung zu einem Ausgleich) in einem Insolvenzverfahren oder bei einer Geschäftsaufsicht.

Auch die Bestechung von Organen im Insolvenzverfahren bzw bei einer Geschäftsaufsicht zur Erlangung eines Vermögensvorteils steht unter Strafdrohung bis zu einem Jahr (§ 160 Abs 2 StGB).

---

280 *Foregger/Fabrizy*, Kommentar zum StGB^7 (1999) Rn 6 zu § 156 StGB.
281 *Foregger/Fabrizy*, Kommentar zum StGB^7 (1999) Rn 1 zu § 157 StGB.

10.5 Der Wortlaut der Gesetzestexte der wesentlichen Kridastraftatbestände*

Betrügerische Krida

§ 156 StGB. *(1) Wer einen Bestandteil seines Vermögens verheimlicht, beiseite schafft, veräußert oder beschädigt, eine nicht bestehende Verbindlichkeit vorschützt oder anerkennt oder sonst sein Vermögen wirklich oder zum Schein verringert und dadurch die Befriedigung seiner Gläubiger oder wenigstens eines von ihnen vereitelt oder schmälert, ist mit* ***Freiheitsstrafe von sechs Monaten bis zu fünf Jahren zu bestrafen.***

(2) Wer durch die Tat ***einen 40 000*** *Euro übersteigenden Schaden herbeiführt, ist mit* ***Freiheitsstrafe von einem bis zu zehn Jahren zu*** *bestrafen.*

Schädigung fremder Gläubiger

§ 157 StGB. Ebenso ist zu bestrafen, *wer ohne Einverständnis mit dem Schuldner einen Bestandteil des Vermögens des Schuldners verheimlicht, beiseite schafft, veräußert oder beschädigt oder ein nicht bestehendes Recht gegen das Vermögen des Schuldners geltend macht und dadurch die Befriedigung der Gläubiger oder wenigstens eines von ihnen vereitelt oder schmälert.*

Begünstigung eines Gläubigers

§ 158 StGB. *(1) Wer* ***nach Eintritt seiner Zahlungsunfähigkeit*** *einen Gläubiger begünstigt und dadurch die anderen Gläubiger oder wenigstens einen von ihnen benachteiligt, ist mit* ***Freiheitsstrafe bis zu zwei Jahren zu bestrafen.***

(2) Der Gläubiger, der den Schuldner zur Sicherstellung oder Zahlung einer ihm zustehenden Forderung verleitet oder die Sicherstellung oder Zahlung annimmt, ist nach Abs. 1 nicht zubestrafen.

Grob fahrlässige Beeinträchtigung von Gläubigerinteressen

§ 159 StGB. *(1) Wer grob fahrlässig seine* ***Zahlungsunfähigkeit dadurch herbeiführt****, dass er kridaträchtig handelt (Abs. 5), ist mit* ***Freiheitsstrafe bis zu einem Jahr zu bestrafen.***

(2) ***Ebenso ist zu bestrafen****, wer in Kenntnis oder fahrlässiger Unkenntnis seiner Zahlungsunfähigkeit* ***grob fahrlässig die Befriedigung wenigstens eines seiner Gläubiger dadurch vereitelt oder schmälert,*** *dass er nach Abs. 5 kridaträchtig handelt.*

(3) ***Ebenso ist zu bestrafen****, wer grob fahrlässig seine wirtschaftliche Lage durch kridaträchtiges Handeln (Abs. 5) derart beeinträchtigt, dass Zahlungsunfähigkeit eingetreten wäre,* ***wenn nicht*** *von einer oder mehreren Gebietskörperschaften ohne Verpflichtung hiezu unmittelbar oder mittelbar Zuwendungen erbracht, vergleichbare Maßnahmen getroffen oder Zuwendungen oder vergleichbare Maßnahmen anderer veranlasst worden wären.*

* Hervorhebungen durch die Verfasser.

*(4) **Mit Freiheitsstrafe bis zu zwei Jahren ist zu bestrafen**, wer*
1. *im Fall des Abs. 1 einen 800 000 Euro übersteigenden Befriedigungsausfall seiner Gläubiger oder wenigstens eines von ihnen bewirkt,*
2. *im Fall des Abs. 2 einen 800 000 Euro übersteigenden zusätzlichen Befriedigungsausfall seiner Gläubiger oder wenigstens eines von ihnen bewirkt oder*
3. *durch eine der in den Abs. 1 oder 2 mit Strafe bedrohten Handlungen die wirtschaftliche Existenz vieler Menschen schädigt oder im Fall des Abs. 3 geschädigt hätte.*

*(5) **Kridaträchtig handelt, wer entgegen Grundsätzen ordentlichen Wirtschaftens***
1. *einen bedeutenden Bestandteil seines Vermögens zerstört, beschädigt, unbrauchbar macht, verschleudert oder verschenkt,*
2. *durch ein außergewöhnlich gewagtes Geschäft, das nicht zu seinem gewöhnlichen Wirtschaftsbetrieb gehört, durch Spiel oder Wette übermäßig hohe Beträge ausgibt,*
3. *übermäßigen, mit seinen Vermögensverhältnissen oder seiner wirtschaftlichen Leistungsfähigkeit in auffallendem Widerspruch stehenden Aufwand treibt,*
4. *Geschäftsbücher oder geschäftliche Aufzeichnungen zu führen unterlässt oder so führt, dass ein zeitnaher Überblick über seine wahre Vermögens-, Finanz- und Ertragslage erheblich erschwert wird, oder sonstige geeignete und erforderliche Kontrollmaßnahmen, die ihm einen solchen Überblick verschaffen, unterlässt oder*
5. *Jahresabschlüsse, zu deren Erstellung er verpflichtet ist, zu erstellen unterlässt oder auf eine solche Weise oder so spät erstellt, dass ein zeitnaher Überblick über seine wahre Vermögens-, Finanz- und Ertragslage erheblich erschwert wird.*

Umtriebe während einer Geschäftsaufsicht, im Ausgleichsverfahren oder im Konkursverfahren

§ 160 StGB. Mit Freiheitsstrafe bis zu einem Jahr ist zu bestrafen:
1. *wer eine nicht zu Recht bestehende Forderung oder eine Forderung in einem nicht zu Recht bestehenden Umfang oder Rang geltend macht, um dadurch einen ihm nicht zustehenden Einfluß im Konkurs- oder Ausgleichsverfahren zu erlangen;*
2. *ein Gläubiger, der für die Ausübung seines Stimmrechts in einem bestimmten Sinn oder für das Unterlassen der Ausübung seines Stimmrechts für sich oder einen Dritten einen Vermögensvorteil annimmt oder sich versprechen läßt, und auch wer einem Gläubiger zu diesem Zweck einen Vermögensvorteil gewährt oder verspricht;*
3. *ein Gläubiger, der für die Zustimmung zu einem Ausgleich im Ausgleichsverfahren oder zu einem Zwangsausgleich ohne Zustimmung der übrigen Gläubiger für sich oder einen Dritten einen Sondervorteil annimmt oder sich versprechen läßt, und auch wer einem Gläubiger zu diesem Zweck einen Sondervorteil gewährt oder verspricht.*

(2) Ebenso sind eine zur Geschäftsaufsicht bestellte Person, der Ausgleichsverwalter, ein Mitglied des Beirats im Ausgleichsverfahren, der Masseverwalter und ein Mitglied des Gläubigerausschusses im Konkurs zu bestrafen, die für sich oder einen Dritten zum Nachteil der Gläubiger einen ihnen nicht gebührenden Vermögensvorteil annehmen oder sich versprechen lassen.

Gemeinsame Bestimmungen über die Verantwortlichkeit leitender Angestellter

***§ 161 StGB.** (1) Nach den §§ 156, 158, 159 und 162 ist gleich einem Schuldner, nach § 160 gleich einem Gläubiger zu bestrafen, wer eine der dort genannten Handlungen als leitender Angestellter (§ 309) einer juristischen Person oder einer Personengemeinschaft ohne Rechtspersönlichkeit begeht. Ebenso ist nach den genannten Bestimmungen zu bestrafen, wer zwar ohne Einverständnis mit dem Schuldner oder Gläubiger, aber als dessen leitender Angestellter (§ 309) handelt.*

(2) Nach § 160 Abs. 2 ist auch zu bestrafen, wer eine der dort genannten Handlungen als leitender Angestellter (§ 309) einer juristischen Person oder einer Personengemeinschaft ohne Rechtspersönlichkeit begeht, der eine der dort bezeichneten Aufgaben übertragen worden ist.

Vollstreckungsvereitelung

***§ 162 StGB.** (1) Ein Schuldner, der einen Bestandteil seines Vermögens verheimlicht, beiseite schafft, veräußert oder beschädigt, eine nicht bestehende Verbindlichkeit vorschützt oder anerkennt oder sonst sein Vermögen wirklich oder zum Schein verringert und dadurch die Befriedigung eines Gläubigers durch Zwangsvollstreckung oder in einem anhängigen Zwangsvollstreckungsverfahren vereitelt oder schmälert, ist mit **Freiheitsstrafe bis zu sechs Monaten oder mit Geldstrafe bis zu 360 Tagessätzen zu bestrafen**.*

*(2) Wer durch die **Tat einen 2 000 Euro** übersteigenden Schaden herbeiführt, ist mit **Freiheitsstrafe bis zu drei Jahren zu bestrafen.***

Vollstreckungsvereitelung zugunsten eines anderen

***§ 163 StGB. Ebenso ist zu bestrafen**, wer ohne Einverständnis mit dem Schuldner einen Bestandteil des Vermögens des Schuldners verheimlicht, beiseite schafft, veräußert oder beschädigt oder ein nicht bestehendes Recht gegen das Vermögen des Schuldners geltend macht und dadurch die Befriedigung eines Gläubigers durch Zwangsvollstreckung oder in einem anhängigen Zwangsvollstreckungsverfahren vereitelt oder schmälert.*

Verstöße gegen die Vorschriften über die Einbehaltung und Einzahlung der Beiträge eines Dienstnehmers durch den Dienstgeber

***§ 114 ASVG.** (1) Ein Dienstgeber, der Beiträge eines Dienstnehmers zur Sozialversicherung einbehalten oder von ihm übernommen und dem berechtigten Versicherungsträger vorenthalten hat, ist vom Gericht **mit Freiheitsstrafe bis zu zwei Jahren** zu bestrafen**; neben der Freiheitsstrafe kann eine Geldstrafe bis zu 360 Tagessätzen verhängt werden**.*

(2) Trifft die Pflicht zur Einzahlung der Beiträge eines Dienstnehmers zur Sozialversicherung eine juristische Person, eine Personengesellschaft des Handelsrechtes oder eine Erwerbsgesellschaft, so ist Abs. 1 auf alle natürlichen Personen anzuwenden, die ***dem zur Vertretung befugten Organ*** *angehören. Dieses Organ ist berechtigt, die Verantwortung für die Einzahlung dieser Beiträge einzelnen oder mehreren Organmitgliedern aufzuerlegen; ist dies der Fall, findet Abs. 1 nur auf sie Anwendung.*

(3) Der nach Abs. 1 oder 2 Verantwortliche ist ***nicht zu bestrafen****, wenn er bis zum Schluß der Verhandlung*

1. *die ausstehenden Beiträge zur Gänze einzahlt oder*
2. *sich dem berechtigten Sozialversicherungsträger gegenüber vertraglich zur Nachentrichtung der ausstehenden Beiträge binnen einer bestimmten Zeit verpflichtet.*

(4) Die Strafbarkeit lebt wieder auf, wenn der Zahlungsverpflichtete seine nach Abs. 3 Z 2 eingegangene Verpflichtung nicht einhält.

11 Insolvenz und Gewerberecht

11.1 Gewerbeauschluss und -entziehung/Nachsichtsmöglichkeit

Durch die Gewerbeordnungsnovelle 2002, BGBl I 2002/111[282], welche mit den wesentlichen Bestimmungen mit 1.8.2002 in Kraft getreten ist, sind im Zusammenhang mit einer Insolvenz[283] nur mehr folgende Tatbestände Gewerbeausschlussgründe (§ 13 Abs 1 GewO):

1. Eine strafrechtliche Verurteilung wegen bestimmter noch nicht getilgter Kridadelikte (§§ 156 bis 159 StGB, siehe Kapitel 13) und
2. eine rechtskräftige Abweisung des Konkursantrages mangels kostendeckenden Vermögens

– und Letzteres bloß für 3 Jahre ab Eintragung dieses Umstandes in die Insolvenzdatei.[284]

Dagegen ist vom Gesetzeswortlaut her der Fall nicht erfasst, dass es sich erst im Laufe des Konkursverfahrens herausstellt, dass Vermögen zur Deckung der Kosten des Konkursverfahrens nicht ausreichend vorhanden ist (Aufhebung nach § 166 KO). Dies ist uE eine unsachliche verfassungswidrige (Verstoß gegen den Gleichheitsgrundsatz) Differenzierung, da es ja von der Wertigkeit her keinen Unterschied machen dürfte, ob der Konkurs mangels kostendeckenden Vermögens her gar nicht eröffnet wurde oder es sich erst im Laufe des Konkursverfahrens herausstellt, dass die Kosten des Verfahrens nicht bezahlt werden können.

Die Ausschlusstatbestände gelten auch, wenn ein vergleichbarer Tatbestand im Ausland verwirklicht wurde.

Aus diesen obigen Gründen kann auch das Gewerbe entzogen werden, wobei bei Verwirklichung eines Straftatbestandes zusätzlich Voraussetzung ist, dass bei Ausübung dieses Gewerbes die Begehung dieser oder einer ähnlichen Straftat zu befürchten ist (§ 87 Abs 1 Z 1 GewO). Der Gewerbeentzug kann auch befristet (§ 87 Abs 3 GewO) oder nur einen Teil der gewerblichen Tätigkeit betreffend (§ 87 Abs 6 GewO) ausgesprochen werden.

---

[282] Dazu näher bei *Wallner*, Die Gewerbeordnungsnovelle 2002, SWK 2002, W 71.

[283] Weitere Gewerbeausschlussgründe sind bestimmte nicht mehr als 5 Jahre zurückliegende Finanzvergehen (§ 13 Abs 2 GewO), die strafrechtliche Verurteilung wegen einer nicht getilgten 3 Monaten übersteigenden Freiheitsstrafe oder einer wegen einer Straftat verhängten, noch nicht getilgten Geldstrafe über 180 Tagessätzen. Seit der Gewerbeordnungsnovelle 2002 ist beim Gastgewerbe auch eine nicht getilgte Übertretung gegen die §§ 28 bis 31 des Suchtmittelgesetzes (§ 13 Abs 1 GewO) ein Gewerbeausschlussgrund. Das Gewerbe kann weiters entzogen werden bei Verlust der Zuverlässigkeit (§ 87 Abs 1 Z 3 GewO), bei Bestrafung wegen Beihilfe zur unbefugten Gewerbeausübung mit Wiederholungsgefahr (§ 87 Abs 1 Z 4 GewO). Auch bei nicht mehr rechtsgültigem Aufenthalt in Österreich muss das Gewerbe entzogen werden (§ 88 Abs 1 GewO).

[284] § 13 Abs 3 idF der GewO-Novelle 2002 regelt, dass Gewerbetreibende von der Gewerbeausübung wegen der Konkursabweisung mangels Masse ausgeschlossen sind, wenn „der Zeitraum, in dem in der Insolvenzdatei Einsicht in den genannten Insolvenzfall gewährt wird, noch nicht abgelaufen ist.“ § 14 Abs 3 des Insolvenzrechtseinführungsgesetzes sieht dafür einen Zeitraum von 3 Jahren vor.

Der Gewerbeausschlussgrund der Konkursabweisung mangels kostendeckenden Vermögens hindert jedoch nur an der Gewerbeausübung als Selbständiger oder als Person mit maßgebendem Einfluss an einer gewerberechtlich tätigen Gesellschaft, nicht jedoch als gewerberechtlicher Geschäftsführer in der bloßen Funktion einese zur Hälfte der wöchentlichen Normalarbeitszeit beschäftigten Dienstnehmers (argum Formulierung im § 13 Abs 3 GewO: „... *von der Ausübung* ***als Gewerbetreibende*** *ausgeschlossen ...“).*

- ***Beispiel:***
  Herr S betreibt eine Schlosserei als Einzelunternehmer. Er hat selbst den Befähigungsnachweis (Meisterprüfung) für dieses Gewerbe. Herr S kommt in finanzielle Probleme. Ein Gläubiger stellt einen Konkursantrag, welcher mangels kostendeckenden Vermögens abgewiesen wird. Herr S stellt seine gewerbliche Tätigkeit ein. Ein ehemaliger Mitbewerber M ist Mehrheitsgesellschafter einer GmbH, deren gewerberechtlicher Geschäftsführer ausgeschieden ist. Er benötigt daher eine neue Person mit Meisterprüfung im Schlossergewerbe für diese Funktion. Herr S kann nun ohne weiteres – trotz der Konkursabweisung – diese Funktion bei der GmbH seines ehemaligen Mitbewerbers als mindestens zur Hälfte der wöchentlichen Normalarbeitszeit beschäftigter Dienstnehmer ausüben. Er darf nur in der Gesellschaft des M keinen maßgebenden Einfluss (zB als handelsrechtlicher Geschäftsführer oder Mehrheitsgesellschafter) ausüben. Zu beachten ist auch, dass die wöchentliche Normalarbeitszeit von 40 Wochenstunden nicht überschritten werden darf. Herr S könnte diese Tätigkeit daher nicht ausüben, wenn er woanders bereits 40 Wochenstunden als Dienstnehmer beschäftigt wäre. Sonst spräche nichts gegen diese Tätigkeit. Denkbar wäre dann auch, dass Herr S versucht, im Rahmen eines Privatkonkurses (☞ siehe im Kap 6) mit diesen Einkünften die erforderlichen Quoten für eine Restschuldbefreiung zu erwirtschaften.

Jedes eröffnete Konkursverfahren ist nun – unabhängig davon, ob die Restverbindlichkeiten erlöschen (zB wegen eines erfüllten Zwangsausgleiches) oder nicht, kein Gewerbeausschluss- und -entziehungsgrund mehr. Bereits nach der alten Rechtslage war und bleibt nun weiterhin ein Ausgleich kein Gewerbeausschluss- und -entziehungsgrund.

Diese Bestimmungen gelten auch, wenn die Ausschlussgründe im Ausland verwirklicht wurden (§ 13 GewO).

Auch eine natürliche Person ist von der Gewerbeausübung ausgeschlossen, wenn ihr ein „maßgebender Einfluss“ auf den Betrieb der Geschäfte eines anderen Rechtsträgers als einer natürlichen Person, der den Gewerbeausschlussgrund verwirklicht hat, zugestanden hat.

Im Zuge einer Gewerbeanmeldung muss daher der Anmelder bzw jede an einer Gesellschaft maßgeblich beteiligte Person die so genannte „§ 13-Erklärung“ abgeben, in der erklärt wird, dass kein derartiger Gewerbeausschlussgrund vorliegt.

Was ein derartiger „maßgebender Einfluss" ist, wird im Einzelfall von den Behörden unterschiedlich gehandhabt. Desto größer die Einflussmöglichkeit einer derartigen natürlichen Person – etwa wegen der Höhe der Beteiligung oder durch Sonderrechte wie Sperrminioritäten – ist, umso eher wird dies zutreffen. Auf jeden Fall wird nach der Judikatur[285] ein handelsrechtlicher Geschäftsführer als eine Person mit maßgebendem Einfluss angesehen.

Es kommt auf den maßgebenden Einfluss an, der zur Konkursabweisung mangels Masse geführt hat. Auch wenn daher ein handelsrechtlicher Geschäftsführer kurz vor dem Abweisungsbeschluss der Konkurseröffnung abberufen wurde, trifft auf ihn daher in sinngemäßer Anwendung der Judikatur zur alten Rechtslage[286] (für den Fall einer Konkurseröffnung) im Regelfall trotzdem der Gewerbeausschlussgrund zu.

Auch muss die Behörde von der Gewerbeentziehung bei Konkursabweisung mangels kostendeckenden Vermögens Abstand nehmen, wenn dies vorwiegend im Interesse der Gläubiger gelegen ist (§ 87 Abs 2 GewO). Dies wird nach ständiger Rechtsprechung dann der Fall sein, wenn aufgrund der nunmehrigen wirtschaftlichen Lage des Gewerbetreibenden erwartet werden kann, dass *„er neben den bisher abgelaufenen Zahlungspflichten auch den mit der Ausübung des den Gegenstand der ausgesprochenen Entziehung bildenden Gewerbes verbundenen Zahlungspflichten nachkommen wird, was jedenfalls voraussetzt, dass die erforderlichen liquiden Mittel zur Abdeckung der diesbezüglichen Verbindlichkeit vorhanden sind. Voraussetzung dafür ist allerdings* ***nicht****, dass auch fremde Schulden – nämlich die der in Konkurs verfangen gewesenen Gesellschaft, auf die der Gewerbetreibende einen maßgebenden Einfluss gehabt hatte – befriedigt werden."*[287] Zu dieser Entscheidung ist anzumerken, dass sie sich auf einen eröffneten Konkurs bezog, welcher ja nach der neuen ab 1.8.2002 geltenden Gewerbeordnungsnovelle 2002 kein Gewerbeentziehungs- und -ausschlussgrund mehr ist. Der Grundtenor der Entscheidung, nach welchen Maßstäben von einer Gewerbeentziehung Abstand zu nehmen ist, kann jedoch auch für den auch jetzt noch weiterhin geltenden Gewerbeausschlussgrund der Konkursabweisung mangels kostendeckenden Vermögens herangezogen werden. In der Praxis wird sich dies jedoch wohl nur auf wenige Fälle beschränken, da in den meisten Fällen kaum eine Gläubigerbefriedigung zu erwarten sein wird, wenn nicht einmal genug Geld für die Konkurseröffnung vorhanden war. Eine Rolle spielen kann aber vor allem auch jetzt noch der letzte Satz der obzitierten Entscheidung, wenn etwa jemand maßgebend beteiligter Gesellschafter an einer GmbH war, bei welcher ein Konkursantrag mangels kostendeckenden Vermögens abgewiesen wurde und dieser Gesellschafter zusätzlich etwa ein anderes Unternehmen mit einem eigenen Rechtsträger (zB eine zweite GmbH, ein Einzelunternehmen etc) betreibt. Wenn diese Person im Rahmen dieses anderen Rechtsträgers noch li-

[285] VwGH 6.11.1995, 92/04/0260 und VwGH 28.11.1995, 93/04/0032 in ZfVB 1997, 232.
[286] VwGH 6.11.1995, 92/04/0260 und VwGH 28.11.1995, 93/04/0032 in ZfVB 1997, 232.
[287] VwGH 18.3.1997, 96/04/0292, ZfVB 1998, 317 und VwGH 28.10.1998, 96/03/0302, ZfVB 2000/1076

quide ist, müsste uE die Behörde im Lichte dieser Entscheidung von der Gewerbeentziehung bei diesem anderen Rechtsträger Abstand nehmen. Dies wohl allerdings unter der Voraussetzung, dass keine Haftung für die Verbindlichkeiten der GmbH, bei der der Konkurs mangels kostendeckenden Vermögens abgewiesen wurde, besteht, und diese Haftung auch nicht auf die andere Gesellschaft durchschlägt und dadurch die Gläubigerbefriedigung vereitelt wird.

Eine bloße Verbesserung der wirtschaftlichen Situation verbunden mit einer lediglich teilweisen Abzahlung von Rückständen reicht nicht dafür aus, dass die Behörde von der Gewerbeentziehung absieht.[288]

Auch genügt es nicht, wenn bloß neue aus der laufenden Gewerbeausübung entstehenden Verbindlichkeiten gedeckt, die fälligen Altverbindlichkeiten jedoch nicht oder nur teilweise befriedigt werden.[289]

Bei der Frage, ob vom Entzug der Gewerbeberechtigung abgesehen werden soll, ist auch zu beurteilen, ob *„nicht etwa durch eine Exekution eines Altgläubigers in das Vermögen des Gewerbetreibenden andere Gläubiger dadurch zum Schaden kommen, weil damit dem Gewerbetreibenden jenes Vermögen entzogen wird, das er nach seiner Disposition zur Befriedigung dieser Gläubiger bestimmt hat. Diese Gefahr besteht unabhängig davon, ob diese Forderung des „Altgläubigers" in einem Zusammenhang mit der Ausübung des ausgeübten Gewerbes steht oder nicht."*[290]

Wenn eine natürliche Person mit maßgebendem Einfluss auf den Betrieb einer juristischen Person oder Personenhandels- bzw Erwerbsgesellschaft[291] einen Gewerbeausschlussgrund verwirklicht, muss diese Person von der Gesellschaft binnen einer von der Behörde festgesetzten Frist entfernt werden („Entfernungsauftrag"), widrigenfalls die Behörde der Gesellschaft die Gewerbeberechtigung entziehen muss (§ 91 Abs 2 GewO).

Ein mangelndes subjektives Verschulden der Person mit maßgebendem Einfluss an der Herbeiführung der Insolvenz (jetzt: Konkursabweisung mangels Masse) kann nach der Judikatur nicht mit Erfolg gegen die Gewerbeentziehung gegen die Gesellschaft geltend gemacht werden, doch kann diese Person dies im Wege einer Nachsicht vorbringen.[292]

Im Falle der strafrechtlichen Verurteilung wegen eines Kridadeliktes und bestimmter anderer strafrechtlicher Verurteilungen (siehe im § 13 GewO) ist die Gewerbeberechtigung zu entziehen, wenn nach der Eigenart der strafbaren Handlung und nach der Persönlichkeit des Verurteilten die Begehung einer glei-

[288] VwGH 24.9.1997, 97/03/0212, ZfVB 1998/2072.
[289] VwGH 9.5.2002, 2001/04/0066, ecolex 2001, 950.
[290] VwGH 11.11.1998, 98/04/0151, ÖJZ 1999/154A.
[291] Der Wortlaut des § 91 Abs 2 GewO erfasst nur juristische Personen und Personenhandelsgesellschaften. Dass auch Erwerbsgesellschaften unter diese Bestimmung fallen, ergibt sich jedoch aus § 9 Abs 1 zweiter Satz GewO, nach dem alle Bestimmungen in der GewO über Personenhandelsgesellschaften auch für eingetragene Erwerbsgesellschaften gelten.
[292] VwGH 2.6.1999, 99/04/0085, ZfVB 2000/1824.

chen oder einer ähnlichen Straftat bei der Ausübung des Gewerbes zu befürchten ist (§ 87 Abs 1 GewO). Die Behörde hat, bevor sie die Entziehung verfügt, dabei zu prüfen: Das Verhalten des Bestraften, das der Bestrafte seit seiner Verurteilung an den Tag gelegt hat, wobei ein einwandfreies Verhalten über einen längeren Zeitraum geeignet sein kann, die Befürchtung eines weiteren vorschriftswidrigen Verhaltens auszuschließen.[293]

Verwirklicht eine Person einen Gewerbeausschlussgrund, kann sie um **Nachsicht** davon ansuchen (§ 26 GewO).

Nachsichtsbehörde ist die Bezirksverwaltungsbehörde (Bezirkshauptmannschaft. In Wien wird derzeit (Stand 12/2002) in der Praxis der Nachsichtsantrag einheitlich von der MA 63 erledigt, was wegen der Behördeneinheit des Magistrates der Stadt Wien möglich ist. Die Behörde kann – muss jedoch nicht – ein Gutachten der zuständigen Gliederung der Wirtschaftskammer einholen.

Die Nachsicht darf nicht erteilt werden, wenn andere Ausschlussgründe gemäß § 13 GewO vorliegen als jene, für die die Nachsicht erteilt werden soll (§ 26 Abs 4 GewO). Hat jemand zB den Nachsichtsantrag für den Ausschlussgrund der Konkursabweisung mangels kostendeckenden Vermögens gestellt, so wäre die Nachsicht nicht zu erteilen, wenn etwa auch der Ausschlussgrund wegen einer rechtskräftigen und noch nicht getilgten strafrechtlichen Verurteilung wegen des Straftatbestandes der „grob fahrlässigen Gläubigerbeeinträchtigung“ vorliegt.

Die Nachsicht ist bei einem Ausschlussgrund wegen einer strafrechtlichen Verurteilung zu erteilen, wenn nach der Eigenart der strafbaren Handlung und der Persönlichkeit des Verurteilten die Begehung der gleichen oder einer ähnlichen Straftat nicht zu befürchten ist. Dabei ist auch zu berücksichtigen, welches Gewerbe ausgeübt werden soll.[294] Die Nachsichtserteilung kann sich dann auf ein bestimmtes Gewerbe oder aber unter Umständen auch auf die Ausübung aller Gewerbe beziehen.[295]

Bei der Beurteilung der Nachsichtserteilung ist dabei auf die Eigenart der strafbaren Handlung als auch auf die Persönlichkeit des Verurteilten Bedacht zu nehmen. Siehe dazu auch oben (Absehen vom Entzug der Gewerbeberechtigung).

Bei der Nachsicht wegen eines Gewerbeausschlussgrundes der Konkursabweisung mangels Masse ist zu beurteilen, ob auf Grund der nunmehrigen wirtschaftlichen Lage des Rechtsträgers von diesem erwartet werden kann, dass er den mit der Gewerbeausübung verbundenen Pflichten nachkommen kann (§ 26 Abs 2 KO). Bei einer natürlichen Person ist die Nachsicht zu erteilen, wenn auf Grund der Umstände, die zur Konkursabweisung geführt haben und nach der Persönlichkeit der natürlichen Person erwartet werden kann, dass sie den mit der

[293] VwGHSlg 17 407 A (1962), zitiert in *Kinscher/Sedlak*, Die Gewerbeordnung (1996) Rn 27 zu § 87 GewO.

[294] *Kinscher/Sedlak*, Die Gewerbeordnung (1996) Rn 3 zu § 26 GewO.

[295] *Kinscher/Sedlak* ebenda.

Gewerbeausübung verbundenen Zahlungsverpflichtungen wieder nachkommen kann.

Auch bei der Nachsichtserteilung für den Gewerbeausschlussgrund eines abgewiesenen Konkurses ist zu prüfen, ob die Nachsichtsvoraussetzungen in Bezug auf das beabsichtigte auszuübende Gewerbe vorliegen.[296] Hinsichtlich der Anforderungen, die die Judikatur an die Nachsichtsvoraussetzung der *„voraussichtlichen Erfüllung der Zahlungspflichten"* stellt, siehe oben (Absehen von der Gewerbeentziehung).

Wenn eine natürliche Person mit maßgebendem Einfluss an einem anderen Rechtsträger als einer natürlichen Person einen Gewerbeausschlussgrund verwirklicht, hat diese Person eine Nachsicht zu erwirken, damit der Rechtsträger das Gewerbe ausüben darf.

- ***Beispiel Gewerberecht:***
  Herr Z betreibt ein Einzelunternehmen (Gastgewerbe) und ist auch bei der X-Handels-GmbH (Handelsgewerbe) mit 75% als Gesellschafter beteiligt. Herr Z kommt mit seinem Einzelunternehmen in Zahlungsschwierigkeiten. Die Sozialversicherung stellt daraufhin einen Konkursantrag, welcher „mangels Masse" abgewiesen wurde, weil das Geld für den Kostenvorschuss (€ 4000) nicht vorhanden war. Die Behörde muss nunmehr nicht nur den auf Herrn Z persönlich lautenden Gewerbeschein diesem entziehen, sondern auch die Entfernung des Herrn Z aus der X-GmbH fordern – und zwar unabhängig von der wirtschaftlichen Situation der GmbH. Wenn die Gesellschaft dieser Aufforderung der Behörde in der von ihr gesetzten Frist nicht nachkommt, wird auch der X-GmbH die Gewerbeberechtigung entzogen.

Lösung:

1. Gewerberecht des Einzelunternehmens: Herr Z hat zwar die Möglichkeit, gegen den Gewerbeentziehungsbescheid zu berufen, doch werden die Erfolgsaussichten gering sein. Denn bei seiner finanziellen Lage wird er wohl kaum argumentieren können, dass die Gewerbeausübung vorwiegend im Interesse der Gläubiger gelegen ist (§ 87 Abs 2 GewO). Anders wäre der Fall zu beurteilen, wenn sich die finanzielle Situation des Herrn Z verbessert. Wenn Herr Z glaubhaft argumentieren kann, dass wegen der nun verbesserten finanziellen Verhältnisse eine weitere Gewerbeausübung vorwiegend im Interesse der Gläubiger gelegen ist, könnte er unter Umständen die Behörde dazu bringen, von der Entziehung Abstand zu nehmen bzw wäre unter Umständen eine Berufung erfolgreich. Auch nach der Entziehung besteht die Möglichkeit, eine Nachsicht zu erwirken. Der Antrag muss bei der Bezirksverwaltungsbehörde (Bezirkshauptmannschaft, in Wien beim Magistratischen Bezirksamt oder am besten gleich direkt bei der MA 63) gestellt werden. Sinnvoll ist es auch, sich mit der zuständigen Fachgruppe (bei einem Handelsgewerbe bei der Sparte Handel) der regional

---

[296] *Kinscher/Sedlak*, Die Gewerbeordnung (1996) Rn 17 unter Zitierung VwGH 19.6.1990, 90/04/0020 und VwGH 28.1.1993, 92/04/0207.

zuständigen Wirtschaftskammer in Verbindung zu setzen, da diese im Regelfall im Entscheidungsprozess der Behörde im Rahmen eines abzugebenden Gutachtens eingebunden wird. 3 Jahre nach Veröffentlichung der Konkursabweisung in der Insolvenzdatei www.edikte.justiz.gv.at erlischt dieser Gewerbeausschlussgrund kraft Gesetz.

2. Gewerberecht der GmbH: Was die GmbH betrifft, bestehen realistischerweise auch kaum Möglichkeiten, etwas gegen den Entfernungsauftrag und den darauf folgenden Gewerbeentziehungsbescheid (bei Nicht-Befolgung des Entfernungsauftrages) mit Erfolg vorzubringen, solange Herr Z den Gewerbeausschlussgrund verwirklicht. Mit einer Berufung könnte allenfalls versucht werden, die Rechtskraft so lange hinauszuzögern, bis Herr Z – etwa auf Grund einer erteilten Nachsicht oder nach Ablauf der 3-Jahresfrist ab Eintragung der Abweisung des Konkurses in der Insolvenzdatei – den Gewerbeausschlussgrund nicht mehr verwirklicht.

11.2 Gewerberecht im Konkurs[297]

Nach der Gewerbeordnung steht dem Masseverwalter für Rechnung der Konkursmasse ein Fortbetriebsrecht, welches sich von der Gewerbeberechtigung des Gemeinschuldners ex lege ableitet, zu (§ 41 Abs 1 GewO). Dieses Recht besteht neben dem Gewerberecht des Gemeinschuldners. Für gewerbliche Tätigkeiten, die nicht vom Fortbetriebsrecht gedeckt sind, benötigt der Masseverwalter ein eigenes Gewerberecht. Das Fortbetriebsrecht kommt nur zum Tragen, wenn eine gewerbliche Tätigkeit weiter ausgeübt wird, nicht aber bei bloßen Liquidationshandlungen.[298] Es muss allerdings beachtet werden, dass nach § 1 Abs 4 GewO auch eine einmalige Tätigkeit als gewerblich angesehen wird, wenn sie längere Zeit erfordert oder Wiederholungsabsicht besteht. Ob eine Tätigkeit eine gewerbliche ist, ist vor allem auch an Hand des Ausschlusskataloges des § 2 GewO zu prüfen.[299] Im Zweifel ist es empfehlenswert, bei der Gewerbebehörde oder bei der Wirtschaftskammer nachzufragen. Das Fortbetriebsrecht entsteht mit der Eröffnung des Konkurses bis zur Aufhebung des Konkurses, und ist vom Masseverwalter unverzüglich der Bezirksverwaltungsbehörde anzuzeigen (§ 44 GewO).

Der Gewerbeinhaber behält weiterhin sein Gewerberecht, er darf es jedoch während des Konkurses nicht ausüben oder verpachten.[300] Er kann es zurücklegen[301], wovon das Fortbetriebsrecht des Masseverwalters allerdings unberührt

[297] Dazu siehe insbesondere auch (allerdings zur Rechtslage vor der Gewerbeordnungs- und Insolvenzrechtsnovelle 2002) *Beirer*, Checkliste Gewerbeordnung – Konkurs in 3 Teilen in ZIK 2000, 53 (Teil I), ZIK 2000, 100 (Teil II) und ZIK 2000, 139 (Teil III).

[298] VwGHSlg 9318 A (1977) zitiert in *Kinscher/Sedlak*, Die Gewerbeordnung (1996) Rn 24 zu § 41.

[299] Ausgenommen nach § 2 GewO sind zB der Selbstverlag des Urhebers, Vortragstätigkeiten („Privatunterricht"), der Kleinverkauf von periodischen Druckschriften, landwirtschaftliche Tätigkeiten, häusliche Nebenbeschäftigungen etc. Weitere Ausnahmen können sich etwa nach der verfassungsrechtlichen „Versteinerungstheorie" ergeben, nach der etwa die Raumvermietung ausgenommen ist.

[300] *Kinscher/Sedlak*, Die Gewerbeordnung (1996) Rn 1 zu § 44 GewO.

[301] *Kinscher/Sedlak*, Die Gewerbeordnung (1996) Rn 2 zu § 44 GewO.

bleibt. Umgekehrt führt auch die Zurücklegung des Fortbetriebes durch den Masseverwalter nicht zum Ende der Gewerbeberechtigung des Gemeinschuldners.[302] Die lange strittige Frage, ob der Masseverwalter das Gewerberecht des Gewerbeinhabers zurücklegen darf, wurde zuletzt von VwGH und VfGH verneint.[303]

Der Masseverwalter tritt seit der Gewerbeordnungsnovelle 2002 nach § 41 Abs 5 GewO mit der Anzeige des Fortbetriebes in die Funktion des gewerberechtlichen Geschäftsführes ein. Der Masseverwalter benötigt dabei auch nicht die für ein reglementiertes Gewerbe erforderlichen besonderen Voraussetzungen (Befähigungsnachweis) – mit folgender Ausnahme: Wenn mit der Gewerbeausübung Gefahr für Leben und Gesundheit verbunden wäre, müsste ein gewerberechtlicher Geschäftsführer mit entsprechender Qualifikation bestellt werden. Selbstverständlich wird der Masseverwalter jedoch die allgemeinen Voraussetzungen (§§ 8 ff GewO) benötigen[304], was jedoch wohl so gut wie immer gegeben sein wird.

UE muss dieser gewerberechtliche Geschäftsführer allerdings nicht die in der GewO für juristische Personen und Handels- und Erwerbsgesellschaften bzw für Einzelunternehmer vorgesehene Funktion (mindestens zur Hälfte der wöchentlichen Normalarbeitszeit beschäftigter Dienstnehmer) innehaben, da es sich bei den Vorschriften nach den §§ 41 ff GewO über die Fortbetriebsrechte um eine lex specialis zum § 39 GewO handelt.[305] Sehr wohl aber müsste der gewerberechtliche Geschäftsführer uE in der Lage sein, sich im Betrieb entsprechend zu betätigen, da sonst die Einhaltung des Schutzzweckes (Hintanhaltung der Gefährdung von Leben und Gesundheit) nicht gewährleistet wäre. Auch der Gemeinschuldner, welcher den Befähigungsnachweis erbringt, wird seit der Gewerbeordnungsnovelle 2002 im Regelfall (soferne er keinen Gewerbeausschlussgrund – zB wegen der Verurteilung wegen eines Kridadeliktes – verwirklicht) als gewerberechtlicher Geschäftsführer für die Masse bestellt werden können, da die Konkurseröffnung ja nunmehr kein Gewerbeausschlussgrund mehr ist. Diese Bestellungen wären vom Masseverwalter der Gewerbebehörde gegenüber anzuzeigen.[306] Dabei wird die Auffassung vertreten[307], dass auch bei den Gewerben, bei denen sonst erst nach Rechtskraft des Bescheides die Tätigkeit aufgenommen werden kann (Genehmigungsverfahren für reglementierte Gewerbe nach den §§ 341 iVm 95 GewO[308]), der Genehmigungsbescheid nicht abzuwarten ist, sondern sofort mit der Anzeige der Geschäftsführerbestellung die Tätigkeit aufgenommen werden kann.

[302] *Kinscher/Sedlak*, Die Gewerbeordnung (1996) Rn 3 zu § 44 GewO.
[303] *Kinscher/Sedlak*, Die Gewerbeordnung (1996) Rn 4 zu § 44 GewO.
[304] *Kinscher/Sedlak*, Die Gewerbeordnung (1996) Rn 33 zu § 41 GewO.
[305] Andere Ansicht *Beirer*, Checkliste Gewerbeordnung – Konkurs (Teil II) ZIK 2000, 100.
[306] *Beirer*, Checkliste Gewerbeordnung – Konkurs – (Teil I I), ZIK 2000, 100 und *Kinscher/Sedlak*, Die Gewerbeordnung (1996) Rn 34 zu § 41 GewO.
[307] *Beirer*, Checkliste Gewerbeordnung – Konkurs (Teil II), ZIK 2000, 100.
[308] Diese Gewerbe sind zu einem großen Teil ident mit den vormals „bewilligungspflichtigen gebundenen Gewerben“ vor der Gewerbeordnungsnovelle 2002.

Da das Fortbetriebsrecht einer natürlichen Person zusteht,[309] stellt sich die Frage, was gilt, wenn als Masseverwalter eine juristische Person (§ 80 Abs 5 KO) bestellt wurde. Dazu wird uE folgerichtig die Auffassung[310] vertreten, dass es sich hier um eine ungewollte Reglungslücke handelt, die dahin gehend zu schließen ist, dass das vertretungsbefugte Organ dieser juristischen Person das Fortbetriebsrecht wahrnimmt. In konsequenter Fortsetzung dieser Analogie müsste uE das vertretungsbefugte Organ berechtigt sein, als gewerberechtlicher Geschäftsführer nach § 41 Abs 5 GewO einzutreten.

Die Betriebsanlagen gehen grundsätzlich auf den Masseverwalter über. In Verfahren betreffend eine Betriebsanlage tritt der Masseverwalter an Stelle des Gemeinschuldners, wenn er durch ausdrückliche Erklärung dem Verfahren beitritt.[311] Die Anzeige- und Überprüfungspflichten (insbesondere nach den §§ 82a ff GewO) gehen auf den Masseverwalter über.[312] Auch die entsprechenden Maßnahmen bei Auflassung der Betriebsanlage nach § 83 GewO sind vom Masseverwalter vorzunehmen, wobei auch für eine bereits vor der Konkurseröffnung stillgelegte Betriebsanlage der Masseverwalter Zustandsverantwortlicher ist.[313]

Bei der Firmenfortführung ist ein Hinweis auf den Fortbetrieb („*Fortbetrieb im Konkurs ...*“) aufzunehmen (§ 65 GewO).

309 *Kinscher/Sedlak*, Die Gewerbeordnung (1996) Rn 34 zu § 41 GewO.

310 *Beirer*, Checkliste Gewerbeordnung – Konkurs (Teil II), ZIK 2000, 100.

311 *Beirer*, Checkliste Gewerbeordnung – Konkurs (Teil II), ZIK 2000, 100 unter Zitierung der unveröffentlichten Entscheidungen VwGH 30. 9.1997, 97/04/0082; VwGH 17.4.1998, 96/04/0087 und VwGH 25.11.1997, 97/04/0122.

312 *Beirer*, Checkliste Gewerbeordnung – Konkurs (Teil II), ZIK 2000, 100.

313 *Beirer*, Checkliste Gewerbeordnung – Konkurs (Teil II), ZIK 2000, 100.

12 Insolvenz und Steuern

12.1 Allgemeines

Zu steuerrechtlichen Fragen im Zusammenhang mit einem außergerichtlichen Ausgleich siehe auch im Kap 1; zu steuerrechtlichen Problemstellungen hinsichtlich der Körperschaftsteuer bei einem (abgewiesenen) Konkurs einer GmbH siehe auch im Kap 3 und zu steuerrechtlichen Fragen im Zusammenhang mit einem Privatkonkurs siehe auch im Kap 6.5.

Durch die Konkurseröffnung geht nach herrschender Lehre und Rechtsprechung die Eigenschaft des Gemeinschuldners als Vollkaufmann oder Formkaufmann nicht unter.[314] Das bedeutet, dass die **Rechnungslegungspflicht** nach § 189 HGB auch im Konkurs prinzipiell weiterbesteht. Nachdem nun das dem Konkurs unterworfene Vermögen mit der Konkurseröffnung dem Gemeinschuldner entzogen ist, geht die handelsrechtliche Rechnungslegungspflicht hinsichtlich des Massevermögens auf den Masseverwalter über. Ab Konkurseröffnung übernimmt er daher die Geschäfte und wickelt sie anstelle des Gemeinschuldners ab.

Aus abgabenrechtlicher Sicht gehört der Masseverwalter zum Personenkreis des § 80 BAO. Er gilt als ein zur Vertretung der Masse bestimmtes Organ. Der Masseverwalter hat daher jedenfalls die abgabenrechtlichen Rechte des Gemeinschuldners wahrzunehmen und dessen Pflichten zu erfüllen. Dazu gehören insbesondere die Offenlegungs- und Wahrheitspflicht gemäß § 119 BAO, die Anzeigepflicht und die damit verbundenen Berichtigungspflichten (§§ 120–123 BAO), die Führung von Büchern und Aufzeichnungen (§§ 124–132 BAO), die Erklärungslegung (§§ 133–140 BAO) und die Hilfeleistung bei Amtshandlungen im Sinne der §§ 141–142 BAO.

Erreicht jedoch der Geschäftsbetrieb des Gemeinschuldners nach Eröffnung des Konkurses einen Umfang, der seine Kaufmannseigenschaft entfallen lässt, so entfällt auch die handelsrechtliche Buchführungspflicht für den Masseverwalter.

Durch die Konkurseröffnung kommt es aber zu **keiner Änderung des Steuersubjektes**: Steuerschuldner bleibt der Gemeinschuldner. Der Masseverwalter tritt lediglich als Vertreter im Sinne des § 80 BAO auf.

Da den Masseverwalter aufgrund seiner Vertreterstellung eine besondere Haftung trifft, wird dieser einer Betriebsfortführung im Konkurs nur dann zustimmen, wenn den steuerlichen Buchführungs- und Bilanzierungspflichten entsprochen wird.

---

[314] OGH 12.7.1966, SZ 39/128 und OGH 27.6.1967, SZ 40/92.

Achtung: Plant der Gemeinschuldner die Betriebsfortführung und Sanierung des Unternehmens durch Abschluss eines Zwangsausgleiches, ist unbedingt ein geordnetes Buchhaltungswesen in Entsprechung der steuerlichen Buchführungs- und Bilanzierungspflichten erforderlich.

Im Ausgleichsverfahren bleibt der Ausgleichsschuldner über sein Vermögen grundsätzlich verfügungsberechtigt, seine Geschäfts- und Handlungsfähigkeit ist nicht beeinträchtigt, weswegen die Rechnungslegungspflicht auch nicht beim Ausgleichsverwalter liegt, sondern beim Ausgleichsschuldner selbst verbleibt.[315]

12.2 Verhältnis Steuerrecht – Insolvenzrecht

Das Steuerrecht bestimmt, aufgrund welchen Tatbestandes, in welcher Höhe und zu welchem Zeitpunkt ein Steueranspruch entsteht; das Insolvenzrecht regelt, in welcher Form, in welchem Rang und in welchem Umfang dieser Anspruch im Insolvenzverfahren geltend gemacht werden kann. Die Tatsache, dass die beiden Rechtsgebiete jedoch kaum aufeinander abgestimmt sind, führt zu Unsicherheiten, sodass in Literatur und Rechtsprechung für die auftretenden Probleme Lösungen gesucht werden müssen. Die Kernfrage lautet, inwieweit ein Vorrang im Rahmen des Insolvenzverfahrens der Steuerpflicht unterliegt und vor allem, ob es sich dann um eine Konkurs- oder Masseforderung der Finanzbehörde handelt.[316] Soweit es um die Durchsetzung und die Befriedigung von Abgabenforderungen im Konkursverfahren geht, genießt das Konkursrecht Vorrang vor den einschlägigen Normen des Abgabenrechtes.[317] Ob nun eine Forderung der Finanzbehörde als Masseforderung oder Konkursforderung zu behandeln ist, richtet sich demnach nach den Bestimmungen der Konkursordnung. Gemäß § 46 Abs 1 Z 2 Satz 1 KO werden die Steuern zu denjenigen Auslagen gezählt, die mit der Erhaltung, Verwaltung und Bewirtschaftung der Masse verbunden sind. Damit nun eine Steuerforderung eine Masseforderung darstellt, müssen zwei Voraussetzungen erfüllt sein:

1. die Abgabenforderung muss die Masse treffen,
2. der die Abgabepflicht auslösende Sachverhalt muss während des Konkursverfahrens verwirklicht werden.

Wurde also der unter einem steuerlichen Tatbestand zu subsumierende Sachverhalt vor Konkurseröffnung verwirklicht und ist ein vermögensrechtlicher Anspruch daher auch vor der Konkurseröffnung entstanden, wird die Forderung als Konkursforderung qualifiziert.[318]

[315] *Krejci*, Grundriß des Handelsrechtes (1995) 537.
[316] *Kofler/Kristen*, Insolvenz und Steuern (1994) 14.
[317] VwGH 22.4.1985, 84/15/0009.
[318] *Kofler/Kristen*, Insolvenz und Steuern (1994) 18.

- ***Beispiel:***
  Der Gemeinschuldner hatte als Einnahmen-Ausgaben-Rechner am 1.3. Einnahmen in Höhe von € 1.000,– zuzüglich 20 % USt, sohin € 1.200,–. Am 20.3. wird über sein Vermögen das Konkursverfahren eröffnet. Bei der Umsatzsteuer aus der Einnahme vom 1.3. handelt es sich um eine Konkursforderung, obwohl die Fälligkeit erst nach Konkurseröffnung eintritt. Der die Steuer verwirklichende Sachverhalt lag nämlich vor Konkurseröffnung.

Problematisch erscheint die Zuordnung von Steuervorauszahlungen. Der Abgabenanspruch für Vorauszahlung entsteht nach § 4 Abs 2 lit a Z 1 BAO mit Beginn des Kalendervierteljahres, für das die Vorauszahlungen zu entrichten sind, oder wenn die Abgabenpflicht erst im Laufe des Kalendervierteljahres begründet wird, mit der Begründung der Abgabenpflicht. Festgesetzte Vorauszahlungspflichten sind demgemäß auflösend bedingte Schulden.

Folgt man nun der Ansicht des VwGH[319], so sind Vorauszahlungsansprüche als insolvenzrechtlich eigenständig zu qualifizierende Forderungen zu betrachten. Daraus folgt schließlich, dass die Vorauszahlungen für die Quartale, die vor Eröffnung des Insolvenzverfahrens begonnen haben, Konkursforderungen sind, die Vorauszahlungsansprüche für die Quartale, die erst nach Insolvenzeröffnung beginnen, sind hingegen Masseforderungen. [320]

12.3 Ertragsteuern

12.3.1 Einkommensteuer / Körperschaftsteuer

Zu steuerrechtlichen Fragen im Zusammenhang mit einem außergerichtlichen Ausgleich siehe Kap 1; zu steuerrechtlichen Problemstellungen hinsichtlich der Körperschaftsteuer bei einem (abgewiesenen) Konkurs einer GmbH siehe auch im Kap 3 und zu steuerrechtlichen Fragen im Zusammenhang mit einem Privatkonkurs siehe im Kap 6.5.

Gemäß § 4 Abs 2 lit a Z 1 BAO entsteht der Abgabenanspruch bei der Einkommen- und Körperschaftsteuer für die Vorauszahlungen mit Beginn des Kalendervierteljahres, für das die Vorauszahlungen zu entrichten sind, oder mit der Begründung der Abgabepflicht, wenn diese erst im Laufe des Kalenderjahres begründet wird. Soweit der Abgabenanspruch nicht durch Vorauszahlung entstanden ist, entsteht er mit Ablauf des Kalenderjahres, für das die Veranlagung vorgenommen wird oder wenn die Abgabenpflicht im Laufe eines Veranlagungszeitraumes erlischt, mit dem Zeitpunkt des Erlöschens.

Gemäß § 24 Abs 4 KStG haben unbeschränkt steuerpflichtige Kapitalgesellschaften unabhängig davon, ob sie einen steuerlichen Gewinn erzielen, für jedes volle Kalendervierteljahr des Bestehens eine Mindeststeuer (Mindestkörper-

[319] VwGH 15.11.1995, 95/13/01, 0102 und 0103.
[320] *Kofler/Kristen*, Insolvenz und Steuern (1994) 27 f.

schaftsteuer) zu entrichten. Die Mindestkörperschaftsteuer ist auch von einer Kapitalgesellschaft zu entrichten, über die der Konkurs eröffnet worden ist und zwar unabhängig davon, ob die Gesellschaft eine Geschäftstätigkeit entfaltet oder nicht, denn eine GmbH erlischt nicht schon mit ihrer Auflösung, sondern erst mit ihrer Vollbeendigung (im Konkurs wird als Zeitraum der Vollbeendigung die Legung der Schlussrechnung durch den Masseverwalter angesehen).

Ob nun die Einkommensteuer bzw Körperschaftsteuer zu den Konkurs- oder Masseforderungen zuzuordnen ist, richtet sich nach dem Zeitpunkt der Entstehung des Abgabenanspruches. In der Lehre wird zu Recht die Ansicht vertreten, dass Gegenstand der Einkommensteuer immer eine auf Gewinn-/Überschusserzielung gerichtete Erwerbstätigkeit ist. Entscheidend ist also eine Tätigkeit, die eine „entgeltliche Verwertung von Leistungen am Markt" mit sich bringt, wobei das Einkommen bloß der zahlenmäßige Ausdruck des Steuergegenstandes ist.

Ausgehend von diesem Grundsatz ist das Einkommen und die darauf entfallende Steuer zeitraumbezogen zu betrachten und entsprechend aufzuteilen. Anderer Ansicht ist der VwGH, nach dessen Ansicht die konkursrechtliche Sachverhaltsverwirklichung der steuerlichen Entstehung der Abgabenschuld nach § 4 BAO vorgeht und die gesamte Jahressteuerschuld als Masseforderung einzustufen ist. Begründet wird dies damit, dass die Jahressteuerschuld immer erst am 31.12. des jeweiligen Jahres und somit immer nach Konkurseröffnung entsteht.[321] Nach Ansicht des VwGH ist das Einkommen eines Jahres als Saldo aller Geschäftsfälle zu erfassen, von denen einzelne ein positives, andere ein negatives Ergebnis aufweisen.

12.3.2 Lohnsteuer

Werden Dienstnehmer nach der Konkurseröffnung weiter beschäftigt oder neu eingestellt, gehen die Arbeitgeberpflichten auf den Masseverwalter über, der im Falle der Bezahlung der Löhne und Gehälter auch die Versteuerung vorzunehmen hat. Gemäß § 82 Einkommensteuergesetz hat der Arbeitgeber die Lohnsteuer zu berechnen und abzuführen, Steuerschuldner ist der Arbeitnehmer.

Neben den Pflichten, die Lohnsteuer zu berechnen und abzuführen, treffen den Masseverwalter auch die übrigen Pflichten eines Arbeitgebers, wie zB die Führung und Aufbewahrung der Lohnkonten, die Abgabe von Lohnsteueranmeldungen auf Verlangen der Abgabenbehörde, die Ausstellung von Lohnsteuerbescheinigungen und Lohnzettel.

Berechnung der Lohnsteuer:

Zunächst sind die Lohnsteuer und die anderen lohnabhängigen Abgaben entweder als Konkurs- oder Masseforderung einzuordnen. Gemäß § 46 Abs 1 Z 2 KO richtet sich die Einordnung der auf Arbeitnehmerforderungen entfallenden öffentlichen Abgaben im Konkurs nach der ihnen zugrunde liegenden Arbeit-

[321] VwGH 23.11.1994, 91/13/0259.

nehmerforderung. Anders gesagt: Handelt es sich bei der Arbeitnehmerforderung um eine Masseforderung (bzw bevorrechtete Forderung im Ausgleich), so stellt die auf diese Ansprüche entfallende Lohnsteuer samt allfälligen anderen lohnabhängigen Abgaben ebenso eine Masseforderung dar.

Zur Unterscheidung, ob eine Dienstnehmerforderung eine Konkurs- oder Masseforderung ist, ☞ siehe Kap 2.4.14.

Aufgrund des **Zuflussprinzipes** entsteht die Abgabenschuld bei der Lohnsteuer im Zeitpunkt der Zahlung der steuerabzugspflichtigen Beträge, also der Nettolöhne. Zahlt der Masseverwalter direkt die Löhne an die Dienstnehmer, so entsteht damit gleichzeitig die Steuerschuld gegenüber dem Finanzamt. Sofern der Masseverwalter Löhne infolge Übergangs an den Insolvenz-Ausfallsgeld-Fonds zahlt, löst diese Zahlung die Pflicht zur Einbehaltung und Abfuhr der Lohnsteuer aus, unabhängig davon, ob bzw wann durch den Fonds an die Dienstnehmer gezahlt wird.[322] Für laufende Bezüge, die vom Masseverwalter aus der Masse geleistet werden (Masseforderungen) erfolgt die Berechnung der Lohnabgaben nach den Richtlinien einer normalen Lohnzahlung im Sinne des § 78 EStG.

Liegen jedoch Nachzahlungen und nachträgliche Zahlungen von laufenden und sonstigen Bezügen für abgelaufene Kalenderjahre vor, die in einem Konkursverfahren geleistet werden, so fand bis zum 31.12.2000 der so genannte Belastungsprozentsatz Anwendung. Ab 1.1.2001 wurden die Nachzahlungen in einem Insolvenzverfahren neu geregelt. Die Neuregelung betrifft Nachzahlungen im Insolvenzverfahren unabhängig davon, ob sie vom Insolvenz-Ausfallgeld-Fonds geleistet werden oder nicht (zB nicht gesicherte Ansprüche).

Bei der Berechnung der Lohnsteuer ist wie folgt vorzugehen:

Vom Gesamtnachzahlungsbetrag sind zunächst bestimmte Bezüge auszuscheiden und mit dem festen Steuersatz zu versteuern (gesetzliche Abfertigungen iSd § 67 Abs 3 EStG; Bezüge anlässlich der Beendigung eines Dienstverhältnisses iSd § 67 Abs 3 EStG, zB freiwillige Abfertigungen, soweit ¼ der laufenden Bezüge der letzten 12 Monate nicht überschritten wird und Pensionsabfindungen iSd § 67 Abs 8 lit 3 EStG). Von den übrigen Nachzahlungen ist nach Abzug der Pflichtbeiträge zu gesetzlichen Interessenvertretungen iSd § 62 Z 3 EStG, der Beiträge zur Pflichtversicherung in der gesetzlichen Sozialversicherung iSd § 62 Z 4 EStG sowie der Wohnbauförderungsbeiträge iSd § 62 Z 5 EStG ein Fünftel pauschal steuerfrei zu belassen. Die verbleibenden vier Fünftel sind als laufender Bezug vorläufig mit 15 % zu versteuern.

Die fiktiv berechnete Lohnsteuer (sowohl jene mit festen Sätzen als auch die pauschale vorläufige Steuer von 15 %) ist im Insolvenzverfahren als Forderung hinsichtlich der durch den Fonds geleisteten Zahlungen (bedingt) anzumelden. Sollte zum Zeitpunkt der Anmeldung die genaue Ermittlung der Lohnsteuerfor-

[322] Erlass des BMF vom 24.5.1984 zu Z 280703/2-IV/3/83.

derung noch nicht möglich sein, bestehen keine Bedenken, die entsprechenden Lohnsteuerbeträge zu schätzen.

Der Insolvenz-Ausfallgeld-Fonds hat dem Finanzamt einen Lohnzettel zwecks endgültiger Besteuerung im Veranlagungsverfahren zu übermitteln.

Die Neuregelung ist auf alle Anträge auf Insolvenz-Ausfallgeld anzuwenden, die nach dem 31. Dezember 2000 gestellt werden.

Nachzahlungen in einem Ausgleichsverfahren sind wie Nachzahlungen in einem Konkursverfahren nach den selben (oben dargestellten) Regelungen zu behandeln.

12.3.3 Besteuerung des Sanierungsgewinnes

Infolge eines Ausgleiches und Zwangsausgleiches kommt es zu einem anteiligen Erlass der Verbindlichkeiten. Dadurch entsteht eine betriebliche Vermögensvermehrung, die als Betriebseinnahme in voller Höhe der Einkommen- bzw Körperschaftsteuer zu unterwerfen ist.[323]

Dieser Sanierungsgewinn war zur Zeit der Geltung des § 36 EStG in der Fassung vor BGBl 1996/201 steuerfrei, sofern bestimmte Kriterien erfüllt waren. § 36 EStG wurde ab 1.1.1998 ersatzlos gestrichen. Für die steuerliche Anerkennung eines Sanierungsgewinnes durch Schuldennachlass mussten damals folgende Voraussetzungen vorliegen:

a) Es muss sich um eine allgemeine Sanierungsmaßnahme handeln.
b) Objektive Sanierungsbedürftigkeit des Schuldners.
c) Sanierungsabsicht der Gläubiger.
d) Sanierungseignung des Schuldennachlasses (Sanierungserfolg).

Die nach dem Wegfall des § 36 EStG eingetretene Besteuerung des Sanierungsgewinnes führt dazu, dass etwa knapp die Hälfte des Sanierungsgewinnes der Finanz zufließt und faktisch eine Schuld gegenüber dem Gläubiger in eine halb so große Schuld gegenüber der Finanz umgewandelt wird. Berücksichtigt man dabei noch die unterschiedliche Qualität der Gläubiger, so bedeutet es die Umwandlung einer im Hinblick auf den Gläubiger eher flexiblen Verbindlichkeit in eine wegen des Gläubigers eher starre Verbindlichkeit gegenüber dem Staat.

Im Finanzministerium wurden die mit der Besteuerung eines Sanierungsgewinnes zusammenhängenden Probleme, insbesondere die Erschwerung von Sanierungsbestrebungen, erkannt. Im Erlass vom 16.7.1999 (GZ 140206/1-IV/14/99) werden die Finanzämter gemäß § 206 lit b BAO angewiesen, im Falle eines Zwangsausgleiches von der Festsetzung der Einkommen- bzw Körperschaftsteuer insoweit Abstand zu nehmen, als die Abgabenansprüche durch (sukzessive) Erfüllung der Ausgleichsquote nach Abschluss eines Zwangsausgleiches entstanden sind und die Ausgleichsquote übersteigen. Vorgesehen ist,

[323] VwGH 24.5.1993, 92/15/0041, ÖStZB 1993, 674.

dass dies nur in den Fällen eines Zwangsausgleiches und nur bei abstrakter Erfüllung der Voraussetzungen des § 36 EStG in der Fassung vor BGBl 1996/201 gelten soll. Unter den Anwendungsbereich sollen insbesondere nur fortbestehende Unternehmen fallen. Der Höhe nach soll die Ertragsteuer auf den Sanierungsgewinn de facto nur im Ausmaß der Quote erhoben werden, was wirtschaftlich gesehen im Ergebnis der Qualifikation der Steuerforderung als Konkursforderung entspricht.

Mit Erlass des Bundesministeriums für Finanzen vom 28.12.2001 wurden schließlich die Finanzämter gemäß § 206 lit b BAO angewiesen, ohne vorherige Berichterstattung von der Festsetzung von aus Sanierungsgewinnen entstehender Einkommen- oder Körperschaftsteuer insoweit Abstand zu nehmen, als die Abgabenansprüche durch (sukzessive) Erfüllung der Ausgleichsquote nach Abschluss eines gerichtlichen Ausgleiches im Sinne der Ausgleichsordnung oder eines Zwangsausgleiches gemäß §§ 140 ff KO entstanden sind und den der Ausgleichsquote entsprechenden Betrag übersteigen. Dies gilt aber nur, wenn ein gerichtlicher Ausgleich oder Zwangsausgleich abgewickelt wird und abstrakte Voraussetzungen für den Sanierungsgewinn im Sinne des früheren § 36 EStG 1988 bzw § 23 Z 1 KStG 1988, jeweils in der Fassung vor BGBl 1996/201 vorliegen, nämlich insbesondere die Sanierungsbedürftigkeit, die Sanierungsabsicht und zusätzlich die Sanierungsmöglichkeit vorliegen. Damit ist insbesondere Gewähr geleistet, dass nur fortbestehende Unternehmen unter den Anwendungsbereich des § 206 lit b BAO fallen.

- ***Beispiel:***
  Ein Zwangsausgleich im Konkurs über das Vermögen einer GmbH wird mit einer Quote von 20% bestätigt und noch im selben Jahr zur Gänze erfüllt. Dadurch erlangt die GmbH einen Schuldennachlass (Sanierungsgewinn) von € 50.000,–. Die Voraussetzungen für die Nichteinhebung liegen vor. Das Einkommen ohne Sanierungsgewinn beträgt € 20.000,–, jenes mit Sanierungsgewinn sohin € 70.000,–.
  Steuer mit Sanierungsgewinn (€ 70.000,– × 34%) € 23.800,–
  Steuer ohne Sanierungsgewinn (€ 20.000,– × 34%) € 6.800,–
  Differenz € 17.000,–
  Von dieser Differenz sind gemäß § 206 lit b BAO 80%, somit € 13.600,– nicht festzusetzen. Insgesamt ergibt sich somit eine Körperschaftsteuer von € 23.800,– abzüglich € 13.600,– = € 10.200,–.

Durch diesen Erlass ist zwar nicht gesetzlich, jedoch amtlich gewährleistet, dass im Ergebnis sowohl beim Zwangsausgleich als auch beim Ausgleich die Besteuerung des Sanierungsgewinns de facto nur im Ausmaß der Quote stattfindet.

Achtung: In den Genuss der begünstigten Festsetzung von aus Sanierungsgewinnen entstehender Einkommen- oder Körperschaftsteuer kommen nur Unternehmen, die sanierungsfähig sind, also deren Betrieb fortgeführt wird. Eine Betriebsveräußerung oder die Fortführung eines Unternehmens in einer Nachfolgegesellschaft oder Auffanggesellschaft sprechen nicht gegen die Sanierungsfähigkeit.

Steuerlich entsteht der Sanierungsgewinn nach Ansicht des VwGH[324] im Zeitpunkt des jeweiligen Schuldennachlasses. Erst wenn die Schulden durch Erfüllung der (Zwangs-)Ausgleichsquote endgültig zum Erlöschen gebracht werden, entsteht der Abgabenanspruch.

12.4 Umsatzsteuer

12.4.1 Allgemeines

Der Umsatzsteuer unterliegen Lieferungen oder sonstige Leistungen, die ein Unternehmer im Inland gegen Entgelt im Rahmen seines Unternehmens ausführt. Ebenso unterliegen der Umsatzsteuer der Eigenverbrauch sowie die Einfuhr von Gegenständen aus einem Drittland (Einfuhrumsatzsteuer).

Umsatzsteuerpflichtig ist jenes Steuersubjekt, welches die Unternehmereigenschaft trifft. Unternehmer ist, wer eine gewerbliche oder berufliche Tätigkeit selbständig ausübt.

Nun nimmt das Umsatzsteuerrecht auf insolvenzrechtliche Tatbestände nicht Bezug. Da der Masseverwalter nur gesetzlicher Vertreter des Gemeinschuldners wird, erbringt er mit den Umsätzen, die er aus und mit der Konkursmasse tätigt, Leistungen auf Rechnung und im Namen des Gemeinschuldners. Der Gemeinschuldner bleibt Eigentümer seines Vermögens, es wird ihm lediglich die Verfügungsmacht entzogen. Daraus folgt, dass der Gemeinschuldner als Unternehmer im Sinne des Umsatzsteuergesetzes anzusehen ist.[325]

Die Eröffnung des Insolvenzverfahrens führt weder zu einer Unterbrechung noch zu einer Beendigung des Voranmeldungs- bzw Veranlagungszeitraumes. Ein laufendes Veranlagungsverfahren wird ebenfalls nicht unterbrochen.

12.4.2 Einordnung der Umsatzsteuer als Masseforderung oder Konkursforderung

Im Umsatzsteuergesetz wird hinsichtlich der Entstehung der Steuerschuld zwischen zwei Besteuerungsarten unterschieden:

[324] VwGH 24.3.1993, 92/15/0041.
[325] *Ruppe*, UStG (1994) Rn 105.

a) Sollbesteuerung, das ist die Besteuerung nach vereinbarten Entgelten. Die Steuerschuld entsteht mit Ablauf des Kalendermonats, in dem die Lieferung oder Leistung ausgeführt wurde.
b) Istbesteuerung, das ist die Besteuerung nach vereinnahmten Entgelten. Für das Entstehen der Steuerschuld wird auf den Zeitpunkt der Vereinnahmung des Entgeltes abgestellt.

Beide Besteuerungsarten führen zum gleichen Besteuerungsergebnis. Aufgrund der Berichtigungsvorschrift des § 16 UStG bildet letztlich auch bei der Besteuerung nach vereinbarten Entgelten nur das tatsächlich vereinnahmte Entgelt die Besteuerungsgrundlage.

Die Konkurseröffnung würde nun dazu führen, dass das Besteuerungsergebnis keinesfalls gleich zu bleiben hat. Liegt nämlich die Leistungserbringung vor und die Vereinnahmung des Entgeltes nach Konkurseröffnung, so stellt im Falle der Sollbesteuerung die Umsatzsteuer eine Konkursforderung dar und kann der Masseverwalter das vereinnahmte Bruttoentgelt zur Gänze in die Masse vereinnahmen. Im Falle der Istbesteuerung wäre die Umsatzsteuer eine Masseforderung und fließt lediglich das Nettoentgelt in die Masse ein.

Insolvenzrechtlich wird daher die steuerschuldrechtliche Regelung der Istbesteuerung ausgeblendet. Konkursrechtlich zählen nur solche Steuern zu den Masseforderungen, die mit der Verwaltung und Bewirtschaftung der Masse zu tun haben. Da die Vereinnahmung des Entgeltes eine bloße Auswirkung bereits ausgeführter Leistungen ist, kann – insolvenzrechtlich betrachtet – nur die Ausführung einer entgeltlichen Leistung als für die Abgabenpflicht auslösend eingestuft werden.[326] Daher ist auch bei der Besteuerung nach vereinnahmten Entgelten davon auszugehen, dass eine Konkursforderung vorliegt, wenn die Lieferung oder Leistung vor Konkurseröffnung erbracht wird, auch wenn die Vereinnahmung erst nach Konkurseröffnung erfolgte.[327] Maßgeblich für die insolvenzrechtliche Beurteilung der Umsatzsteuer ist stets der Zeitpunkt der Leistung.[328] Dies führt für den Gemeinschuldner, der der Istbesteuerung unterliegt, zu folgenden Konsequenzen:

1.) Umsatzsteuer bei Istbesteuerung:

Wird die Leistung noch vor Insolvenzeröffnung erbracht und erfolgt die Vereinnahmung jedoch erst nach Insolvenzeröffnung, so stellt die sich aus dieser Leistung ergebende Umsatzsteuer eine Konkursforderung dar. Im umgekehrten Fall, wenn die Vereinnahmung bereits vor Insolvenzeröffnung erfolgt ist (und nicht versteuert wurde), die Leistung aber erst danach erbracht wurde, liegt im Rahmen der Umsatzsteuer eine Masseforderung vor.

Tritt der Masseverwalter vom Vertrag zurück und wird die Leistung demnach nicht erbracht, so fällt die Umsatzsteuerschuld im Nachhinein weg und eine

---

[326] OGH 22.12.1988, RdW 1989, 161.
[327] *Kofler/Kristen*, Insolvenzrecht und Steuern (1994) 86.
[328] Vgl Umsatzsteuerrichtlinien 2000, Rn 2416.

aufgrund einer allfälligen Vereinnahmung vor Insolvenzeröffnung bezahlte Umsatzsteuer ist entsprechend rückgängig zu machen. Die Rückgängigmachung hat in diesem Fall im Voranmeldungszeitraum der Änderung (Rücktritt vom Vertrag) zu erfolgen. Der Rückforderungsanspruch aus der Umsatzsteuerberichtigung ist mit den Konkursforderungen des Finanzamtes aufrechenbar.

2.) Vorsteuer bei Istbesteuerung (Anzahlungen):

Wird eine Leistung an den Gemeinschuldner nach Konkurseröffnung erbracht (Masseverwalter tritt nicht vom Vertrag zurück) und wurde bereits vor Konkurseröffnung eine Anzahlung geleistet, für die kein Vorsteuerabzug geltend gemacht wurde, so ist die Vorsteuer aus der Anzahlungsrechnung mit Konkursforderungen des Finanzamtes aufrechenbar. Die Vorsteuer aus der Schlussrechnung ist jedoch nur mit Masseforderungen verrechenbar.

Tritt der Masseverwalter vom Vertrag zurück, so ist ein aufgrund einer bereits erfolgten Anzahlung geltend gemachter Vorsteuerbetrag wieder rückgängig zu machen. Diese Vorsteuerrückforderung stellt für das Finanzamt eine Konkursforderung dar.

3.) Vorsteuerbeträge als Forderungen der Masse gegen die Finanzbehörde:

§ 12 UStG schreibt vor, welche Vorsteuerbeträge ein Unternehmer in Abzug bringen kann. Demnach muss eine Rechnung eines anderen Unternehmens vorliegen, in der die Steuer gesondert ausgewiesen ist und der Lieferungen oder sonstige Leistungen zugrunde liegen, die im Inland für das Unternehmen des Leistungsempfängers erbracht worden sind. Für den Konkurs von Relevanz ist, wann der Anspruch gegen das Finanzamt entstanden ist und ob gegen eine Konkurs- oder Masseforderung aufgerechnet werden kann. Auch bei der Vorsteuer ist darauf abzustellen, wann die Lieferung oder sonstige Leistung für den Empfänger ausgeführt worden ist, denn damit ist der vermögensrechtliche Anspruch bereits aufschiebend bedingt entstanden.[329]

Vorsteuern, die schon im Zeitpunkt der Konkurseröffnung (zumindest bedingt) entstanden sind, können sowohl von Konkurs- als auch von Masseforderungen des Finanzamtes für den betreffenden Vorauszahlungszeitraum abgezogen werden. Liegt jedoch eine Vorsteuer vor, die durch die Bewirtschaftung der Masse oder durch die Unternehmensfortführung entstanden ist, so ist diese auch der Masse zuzuordnen. Für diese Vorsteuer gilt das Aufrechnungsverbot gemäß § 20 Abs 1 KO. Sie dürfen nicht vom Finanzamt als Gläubiger mit Umsatzsteuerbeträgen, die den Zeitraum vor Konkurseröffnung betreffen, aufgerechnet werden.[330]

[329] *Körner*, ÖStZ 1991, 46 ff.
[330] *Kofler/Kristen*, Insolvenz und Steuern (1994) 92.

12.4.3 Umsatzsteuerrechtliche Probleme im Zuge des laufenden Konkursverfahrens

12.4.3.1 Konkurseröffnung und Umsatzsteuervoranmeldung

Durch die Konkurseröffnung bleibt der Gemeinschuldner zwar Steuersubjekt, dem die Lieferungen und Leistungen der Konkursmasse zuzurechnen sind, der Masseverwalter, als zum Personenkreis des § 80 BAO gehörend, hat die abgabenrechtlichen Pflichten zu erfüllen. Es trifft ihn daher die Verpflichtung, die Umsatzsteuervoranmeldungen und -jahreserklärungen für das Unternehmen des Gemeinschuldners abzugeben. Besonderes Augenmerk ist dabei auf die Berechnung der Vorauszahlung oder des Überschusses für den Kalendermonat zu legen, in dem das Verfahren eröffnet wurde. Für diesen Zeitraum ist zu berücksichtigen, dass ein Teil der Vorauszahlung Masseforderung und ein Teil Konkursforderung des Finanzamtes bzw dass ein Teil des Überschusses nicht aufrechenbar und ein Teil aufrechenbar ist. Für die Aufteilung in Masse- bzw Konkursforderungen gilt das oben gesagte (☞ Kap 12.4.2).

12.4.3.2 Vorsteuerberichtigung gemäß § 16 Abs 3 UStG in Verbindung mit § 16 Abs 1 UStG

Ist das Entgelt für die erbrachte Leistung uneinbringlich geworden, so haben Leistender und Leistungsempfänger die Umsatzsteuer bzw Vorsteuer zu korrigieren (§ 16 UStG). Für die Umsatzsteuer ist dann nicht das vereinbarte, sondern das tatsächlich erhaltene Entgelt maßgeblich.

- ***Beispiel:***
  Nach erbrachter Leistung stellt A an B eine Rechnung über € 5.000,00 zuzüglich 20 % USt, sohin gesamt € 6.000,00 aus. Von B wird aufgrund dieser Rechnung ein Betrag von € 1.000,00 als Vorsteuer geltend gemacht. Über das Vermögen von B wird sodann das Konkursverfahren eröffnet, bevor die Rechnung bezahlt ist. Die Quote im Konkurs beträgt 10 %. Der Gemeinschuldner B ist somit lediglich berechtigt, 10 % von € 1.000,00, also € 100,00 als Vorsteuer geltend zu machen. A kann seinerseits seinen Umsatzsteuerbetrag berichtigen lassen.

Voraussetzung für eine Berichtigung ist, dass der Forderungsausfall bereits gewiss ist. Mit Zahlungsunfähigkeit des Schuldners und somit bei Einleitung des Insolvenzverfahrens gilt nach Ansicht des VwGH (13.11.1978, 1636/77), dass die Forderung des Gläubigers dem Grunde nach uneinbringlich ist.

Der Vorsteuerberichtigungsanspruch ist als Konkursforderung des Finanzamtes zu werten.[331]

Die Ermittlung der Höhe des Vorsteuerberichtigungsanspruches stellt eine erhebliche Schwierigkeit dar. Erst anlässlich der Schlussverteilung steht in aller Regel die Höhe der Quote fest. Zur Ermittlung ist vorab notwendig, dass die

---

[331] *Petsch/Reckenzaun/Bertl/Isola*, Praxishandbuch Konkursabwicklung (1998) 344.

Forderungsanmeldung in Brutto-, Netto- und Vorsteuerbetrag gegliedert werden. Der Masseverwalter kann dann anhand folgender Formel[332] den Vorsteuerberichtigungsbetrag errechnen:

$$\text{Quote} = \frac{\sum\text{Ford} \pm \sqrt{(\sum\text{Ford})^2 - 4 \times \sum\text{Vst} \times \text{Mv}}}{2 \times \sum\text{Vst}}$$

Ford = Konkursforderungen
Vst = die in diesen Konkursforderungen enthaltene Vorsteuer
Mv = das vorhandene Massevermögen

Diese Formel scheint im ersten Augenblick äußerst kompliziert. In der Praxis wird daher überwiegend der Vorsteuerrückforderungsanspruch durch die Finanzämter zu 100 % angemeldet und dann erfolgt keine Einschränkung mehr. Begründet wird dies damit, dass eine Berichtigung sehr viel Aufwand verlangt, der letztlich nur eine geringfügige Quotenverbesserung für die Gläubiger bedeutet. Gerade dann – wie es sich in vielen Konkursen zeigt – wenn die Quote zwischen 0 und 5 % liegt, kann diesem Argument zugestimmt werden. Andererseits liegen bereits EDV-Programme vor, die diese Arbeit erheblich erleichtern.

12.4.3.3 Vorsteuer und Aus- und Absonderungsansprüche

Aussonderungsansprüche betreffen Sachen, die sich in der Konkursmasse befinden und dem Gemeinschuldner ganz oder zum Teil nicht gehören. Dazu gehören insbesondere Waren unter Eigentumsvorbehalt.

Begehrt der Eigentümer die Herausgabe seines Eigentums aus der Konkursmasse, so führt dies zu einer Berichtigung des seinerzeit vom Gemeinschuldner geltend gemachten Vorsteuerabzuges. Nachdem der die Abgabenpflicht auslösende Sachverhalt schon vor Konkurseröffnung verwirklicht wurde, stellt der Berichtigungsbetrag eine Konkursforderung des Finanzamtes dar.[333]

Absonderungsansprüche sind Ansprüche eines Gläubigers auf abgesonderte Befriedigung aus bestimmten Sachen des Gemeinschuldners. In aller Regel handelt es sich um Pfandrechte, kaufmännische Zurückbehaltungsrechte und Sicherungsübereignungen. Die bloße Geltendmachung eines Absonderungsrechtes hat keine umsatzsteuerrechtlichen Konsequenzen. Reicht jedoch der Verwertungserlös nicht aus, die zum Vorsteuerabzug berechtigte Verbindlichkeit abzudecken, ist hinsichtlich des nicht gedeckten Betrages eine Berichtigung vorzunehmen. Der Berichtigungsanspruch stellt eine Konkursforderung dar.[334] Wird Massevermögen durch den Masseverwalter veräußert, so führt dies zu steuerpflichtigen Umsätzen. Die daraus resultierende Umsatzsteuer stellt insolvenzrechtlich eine Masseforderung dar. Die im Rahmen der Veräußerung von Sicherungsgut anfallende Umsatzsteuer stellt Sondermassekosten dar und ist vor Befriedigung der Absonderungsgläubiger zu entrichten.

---

[332] *Kofler/Kristen*, Insolvenzrecht und Steuern (1994) 153.
[333] *Ruppe*, UStG 1994, Einführung Rn 132.
[334] *Werndl*, ÖStZ 1983, 98.

12.4.4 Umsatzsteuer bei Verwertung und Forderungseintreibungen

12.4.4.1 Veräußerung von Liegenschaften

Die zur Konkursmasse gehörenden Sachen sind durch den Masseverwalter freihändig zu veräußern; eine gerichtliche Veräußerung durch Zwangsversteigerung findet nur dann statt, wenn dies auf Antrag des Masseverwalters vom Konkursgericht beschlossen wird (§ 119 Abs 1 KO).

Die Verwertung von Liegenschaften samt den darauf befindlichen Bauten fällt umsatzsteuerlich unter § 6 Abs 1 Z 9 lit a UStG. Grundstücksumsätze sind unecht von der Umsatzsteuer befreit. Diese Steuerbefreiung erstreckt sich grundsätzlich auch auf Bestandteile und Nebensachen (Zugehör), sofern nicht grunderwerbsteuerlich Ausnahmen gemacht werden.

Die steuerfreie Veräußerung eines Grundstückes kann zu einer Vorsteuerberichtigung nach § 12 Abs 10 UStG führen.

Gemäß § 6 Abs 2 UStG kann der Unternehmer einen Umsatz, der an sich steuerfrei ist, als steuerpflichtig behandeln (Option zur Steuerpflicht), wobei die Vorsteuer in diesem Fall abzugsfähig bleibt. Die diesbezügliche Entscheidung bleibt für jeden einzelnen Umsatz unabhängig von der Behandlung der übrigen Grundstückumsätze. Die Ausübung der Option bedarf keiner besonderen Erklärung gegenüber dem Finanzamt, eine entsprechende Behandlung des Umsatzes in der Umsatzsteuervoranmeldung bzw. Umsatzsteuerjahreserklärung genügt.[335] Die Entscheidung zur Optionsausübung hängt davon ab, ob es anlässlich der Veräußerung zu einer betragsmäßig relevanten Berichtigung des Vorsteuerabzuges kommen kann und ob der potentielle Erwerber der Liegenschaft ein zum Vorsteuerabzug berechtigter Unternehmer ist. Es empfiehlt sich, vor Ausübung des Optionsrechtes einen Steuerberater beizuziehen.

12.4.4.2 Forderungseintreibung, uneinbringliche Forderungen

Zu den Aufgaben des Masseverwalters gehört es, im Zuge des Verwertungsverfahrens offene Forderungen einzutreiben bzw geltend zu machen. Im Falle von Forderungsausfällen ist die Umsatzsteuer zu korrigieren. Liegt Uneinbringlichkeit einer Forderung des Gemeinschuldners vor, so hat der Masseverwalter eine Berichtigung der Umsatzsteuer vorzunehmen und den Berichtigungsbetrag vom Finanzamt zurückzuverlangen. Diese Forderung ist eine Forderung der Masse, wenn der Zeitpunkt des Eintrittes der Uneinbringlichkeit nach Konkurseröffnung liegt.

---

[335] *Kofler/Kristen*, Insolvenz und Steuern (1994) 139.

13 Anhang: Formulare, Mustererklärungen, Grafiken und Adressen

13.1 Allgemeine Anmerkungen zum Anhang

Die Formulare Nr 5, 6, 7, 8 und 9 sind amtliche Vorlagen des Justizministeriums (Stand Anfang Oktober 2002) und im Internet auf der Website www.bmj.gv.at oder www.justiz.gv.at abrufbar; Stichwort „Formulare" im Suchfeld eingeben. Direkt gelangt man zu den Formularen unter der Internetadresse
www.justiz.gv.at/buergerservice/formulare.html

Auf dieser Website finden sich weiters insbesondere folgende nützliche Formulare, welche nicht in diesem Buch abgedruckt sind:

- Exekutionsantrag
- Antrag auf Bewilligung der Verfahrenshilfe/Vermögensbekenntnis zur Erlangung der Verfahrenshilfe
- Mahnklage
- Gerichtliche Aufkündigung

Auf dieser Internetadresse findet sich weiters

- eine Liste der Gerichte und Behörden,
- eine Broschüre für den „Arbeitgeber als Drittschuldner".

Für den **Eigenantrag eines Schuldners auf Konkurseröffnung** ist uE **kein eigenes Formular** nötig, weil dazu die formlose Anzeige der Zahlungsunfähigkeit beim zuständigen Gericht ausreichend sein müsste. Näheres dazu im Kap 2.3.

13.2 Formular 1 ✉ „Muster für eine Forderungsanmeldung im Konkurs“

An das

Landesgericht .....

Konkursverfahren über .... **Zahl** ....

Einschreiter: Herr/Frau/Firma ....

Forderungsanmeldung

2-fach

Beilagen

Die Gemeinschuldnerin hat mit Kaufvertrag vom .... folgende Waren geliefert bekommen: ....

Die dafür in Rechnung gestellte Kaufpreissumme von € .... ist seit .... zur Zahlung fällig. Als Verzugszinsen sind lt Kaufvertrag vom Käufer ...... % pa zu leisten.

Beweismittel: Kaufvertrag, Lieferschein, Faktura

Ich melde als Konkursgläubiger somit eine Kaufpreisforderung von

€ ....

zuzüglich Verzugszinsen von ... % für die Zeit

vom .... bis zum Tag der Konkurseröffnung

in Höhe von € ....

insgesamt somit € ....

im Konkursverfahren als Konkursforderung an.

..........................., am ....

(Unterschrift, firmenmäßige Fertigung)

13.3 Formular 2 ✉ „Muster für einen Antrag auf Konkurseröffnung durch einen Gläubiger"

An das

Landesgericht .....

(in Wien an das Handelsgericht Wien)

ANTRAG auf Eröffnung des Konkursverfahrens über das Vermögen der Antragsgegnerin

Antragstellerin: ....

Antragsgegnerin: ....

2-fach

Beilagen

Am .... wurden an die Antragsgegnerin .... Stk .... mit einer Kaufpreissumme von € .... geliefert, die seit .... fällig ist.

Meiner Klage auf Zahlung des Kaufpreises wurde durch das Gericht .... mit Urteil vom .... zu Geschäftszahl .... rechtskräftig stattgegeben. Gegen den Antragsgegner sind eine Vielzahl von Exekutionen anhängig, sodass von mir eingeleitete Exekutionsschritte gegen die Antragsgegnerin kein verwertbares Vermögen hervorbrachten. Daraus ist abzuleiten, dass die Antragsgegnerin zahlungsunfähig ist.

Somit wird

beantragt,

a) über das Vermögen der Antragsgegnerin den Konkurs zu eröffnen
b) den Schuldner zur Vorlage eines Vermögensverzeichnisses und Unterfertigung vor Gericht in eventu zu verhalten.

..........................., am ....

(Unterschrift, firmenmäßige Fertigung)

13.4 Formular 3 ✉ „Muster für die Geltendmachung einer Masseforderung beim Masseverwalter"

An den

Masseverwalter ....

im Konkurs über das Vermögen von ....

Sehr geehrte/-r Herr/Frau Masseverwalter!

Im Rahmen der Fortführung des Unternehmens habe ich an die Konkursmasse Waren im Gesamtausmaß von € .... geliefert.

oder:

Seit Konkurseröffnung sind Mietzinsforderungen in Höhe von € .... angefallen.

oder:

Aufgrund der Vereinbarung vom .... ist seit Konkurseröffnung eine Forderung in Höhe von € .... entstanden.

Obige Forderung ist fällig und es handelt sich hiebei um eine Masseforderung. Ich fordere dazu auf, den Betrag von € .... binnen einer Frist von .... Tagen zur Anweisung zu bringen bzw entgegenstehende Gründe bekannt zu geben.

Ich zeichne

mit freundlichen Grüßen

Eingeschriebene Briefsendung

13.5 Formular 4 ✉ „Muster für eine Aufrechnungserklärung gegenüber dem Masseverwalter"

An den

Masseverwalter ....

im Konkurs über das Vermögen von ....

Sehr geehrte/-r Herr/Frau Masseverwalter!

Im Konkurs über das Vermögen von .... steht mir eine Forderung aufgrund der Rechnung vom .... in Höhe von € .... zu. Dem gegenüber steht eine Forderung der Konkursmasse gegen mich aufgrund einer Lieferung / Schadenersatz / Rechnung vom ....

Diese Forderungen waren im Zeitpunkt der Konkurseröffnung bereits aufrechenbar. Ich erkläre sohin die Aufrechnung meiner Forderung mit der Forderung der Konkursmasse, sodass die Ansprüche ausgeglichen sind / eine Restforderung meinerseits in Höhe von € .... besteht, die im Konkursverfahren angemeldet wird / eine Restforderung der Konkursmasse von € .... besteht, welche ich zur Anweisung bringen werde.

Ich zeichne

mit freundlichen Grüßen

13.6 Formular 5 ✉ „Muster für einen außergerichtlichen Ausgleichsvorschlag“

Außergerichtlicher Ausgleich

Schuldner
Adresse

Betrifft: Ihr Zeichen ....

Vorschlag für einen außergerichtlichen Ausgleich (§ 183 Abs 2 KO)

Sehr geehrte Damen und Herren!

Kurzschilderung der Ursache der finanziellen Schwierigkeiten

Da ich aus diesen Gründen meinen Verpflichtungen nicht mehr nachkommen kann, biete ich folgenden außergerichtlichen Ausgleich an:

Gläubigerbezeichnung	Höhe der Forderung zum Stichtag	Monatlich angebotener Betrag	Anzahl der monatlichen Raten	Betrag über die gesamte Laufzeit	Angebotene Quote in %
1					
2					
3					
4					
5					
6					
7					
8					
9					
10					
11					
12					
Gesamt:					

Die Gläubiger Nr .... erhalten mehr als die übrigen Gläubiger, weil ....

Dieser Vorschlag für einen außergerichtlichen Ausgleich wird allen oben angeführten Gläubigern unterbreitet. Voraussetzung des Abschlusses des außergerichtlichen Ausgleiches ist die Zustimmung aller dieser Gläubiger. Ich ersuche Sie, sich zu meinem Anbot bis .... zu äußern. Bei Zustimmung erfolgt die Bezahlung der ersten Rate am .... Mit der fristgerechten Erfüllung erlöschen die restlichen Forderungen.

Datum, Unterschrift

Beilagen:
Vermögensverzeichnis
Rückantwort

13.7 Formular 6 ⊠ „Muster für einen Antrag auf Eröffnung des Schuldenregulierungsverfahrens im Privatkonkurs"

An das Bezirksgericht

....

Schuldner(-in):

Vor- und Familienname

Beruf oder Beschäftigung

Anschrift

Geburtsdatum

Versicherungsnummer

Vertreten durch:

Da ich nicht mehr in der Lage bin, meine laufende Verpflichtungen zu erfüllen, habe ich meine Zahlungen eingestellt. Ursache meiner Zahlungsunfähigkeit:

Ich betreibe kein Unternehmen; in Österreich habe ich den Mittelpunkt meiner hauptsächlichen Interessen und im Sprengel des oben genannten Gerichts meinen gewöhnlichen Aufenthalt.

Ein **außergerichtlicher Ausgleich** mit meinen Gläubigern ist gescheitert/wäre gescheitert, weil

Bescheinigungsmittel:

Dem Antrag ist ein **Vermögensverzeichnis** (Formular KO Form VV1) angeschlossen. Ich erkläre mich bereit, vor dem Konkursgericht zu unterfertigen, dass meine Angaben über den Aktiv- und Passivstand vollständig sind und dass ich von meinem Vermögen nichts verschwiegen habe.

Ich beantrage die Annahme des beiliegenden **Zahlungsplanes** (Formular KO ZPl 1).

Die Quote von .... entspricht (zumindest) meiner Einkommenslage in den folgenden 5 Jahren. Ich kann den Zahlungsplan erfüllen.

Bescheinigungsmittel: Vermögensverzeichnis, angeschlossene Belege, ...

Ich beantrage weiters die Einleitung eines **Abschöpfungsverfahrens mit Restschuldbefreiung.**[336] Ich trete hierzu den pfändbaren Teil meiner Forderung auf bestehende und zukünftige Einkünfte aus meinem Arbeitsverhältnis oder auf sonstige wiederkehrende Leistungen mit Einkommensersatzfunktion für die Zeit von sieben Jahren nach Eintritt der Rechtskraft des Beschlusses, mit dem das Abschöpfungsverfahren eingeleitet wird, an einen vom Gericht zu bestellenden Treuhänder ab.

Mein Einkommensbezug (Drittschuldner ist ....) wurde bereits abgetreten/verpfändet:

– ....
– ....
– ....
– ....
– ....

Meine Einkünfte, und zwar

werden die **Kosten des Verfahrens** voraussichtlich decken.

Bescheinigungsmittel:

Ich bewohne in einer – Eigentumswohnung (Eigenheim) – Genossenschaftswohnung – Mietwohnung – Dienstwohnung – in untergemieteten Räumen – folgende Wohnräume:

Die Wohnung enthält – nur – Wohnräume, die für mich und die mit mir im gemeinsamen Haushalt lebenden Familienangehörigen entbehrlich/unentbehrlich sind, weil

Ich beantrage die Eröffnung des Schuldenregulierungsverfahrens.

............................., am ....
Unterschrift

WICHTIGER HINWEIS

Der Antrag auf Einleitung eines Abschöpfungsverfahrens mit Restschuldbefreiung ist nicht Voraussetzung für die Eröffnung eines Schuldenregulierungsverfahrens. Ein solcher Antrag kann jedoch zu einem späteren Zeitpunkt gestellt werden.

---

[336] **Wichtiger Hinweis:** Der Antrag auf Restschuldbefreiung ist nicht Voraussetzung für die Eröffnung des Schuldenregulierungsverfahrens. Ein solcher Antrag kann jedoch zu einem späteren Zeitpunkt nicht mehr gestellt werden.

13.8 Formular 7 ✉ „Muster für den Antrag auf Annahme eines Zahlungsplanes im Privatkonkurs“

An das

Bezirksgericht

....

Schuldner(-in):

vertreten durch:

Ich beantrage die Annahme folgenden Zahlungsplanes:

Die Konkursgläubiger erhalten insgesamt ....% ihrer Forderungen, und zwar wie folgt:

- .... innerhalb von .... ab Annahme des Zahlungsplanes;
- in .... gleich großen Teilquoten zu je ....%; die erste Teilquote ist innerhalb von .... Monat(-en) ab Annahme des Zahlungsplanes fällig, die weiteren .... Teilquoten jeweils am .... der Folgemonate;

Bei Zahlungsverzug beträgt die Nachfrist ....

Die Rechte der Konkursgläubiger gegen Bürgen oder Mitschuldner des Schuldners sowie gegen Rückgriffsverpflichtete werden nicht beschränkt.

Beträge, die auf bestrittene Forderungen entfallen, sind in demselben Ausmaß und unter den gleichen Bedingungen, die für die Bezahlung unbestrittener Forderungen festgesetzt sind, sicherzustellen, wenn die Frist zur Anbringung der Klage noch offen ist oder wenn die Klage bis zur Tagsatzung zur Verhandlung und Beschlussfassung über den Zahlungsplan eingebracht worden ist.

Auch wenn die Forderung nur vom Schuldner, dem die Eigenverwaltung entzogen wurde, bestritten worden ist, kommt eine Sicherstellung in Betracht. Der sichergestellte Betrag wird frei, wenn der Gläubiger nicht innerhalb der vom Konkursgericht bestimmten Frist wegen der bestrittenen Forderung die Klage angebracht oder das bereits anhängige Verfahren wieder aufgenommen hat.

Bei Bezahlung der Quote/letzten Teilquote einer Wechselforderung ist das Akzept auszufolgen, es sei denn, es trägt die Unterschrift einer dritten, wechselrechtlich mithaftenden Person. In diesem Fall hat der Gläubiger die Unterschrift des Schuldners zu streichen und das Erlöschen seiner Haftung auf dem Wechsel zu vermerken.

Die Ansprüche der Aussonderungsberechtigten und der Absonderungsgläubiger werden nicht berührt.

Die Massegläubiger werden innerhalb von ....Jahren voll befriedigt, sofern das Gericht keine andere Frist festsetzt.

Dieser Zahlungsplan entspricht meiner Einkommenslage in den folgenden fünf Jahren, wie folgende Berechnungen zeigen:

Monatliches Einkommen	............EUR
Monatliche Ausgaben	............EUR
Monatlich angebotener Betrag	............EUR
Monatliche pfändbarer Betrag (Unterhaltspflichten)	...........EUR

Die sich aus dem Vermögensverzeichnis ergebende Summe der Verbindlichkeiten(ohne Masseforderungen) beträgt ...... EUR

Dies ergibt eine Quote von ....%

Bescheinigungsmittel: Vermögensverzeichnis

Einkommensbestätigung des/der

.........................., am ....

Unterschrift

Wichtige Hinweise

Die gesetzliche Nachfrist beträgt 14 Tage. Bei Zahlung der Ausgleichsquote in Raten, deren Laufzeit 1 Jahr übersteigt, ist Verzug erst dann anzunehmen, wenn eine seit mindestens 6 Wochen fällige Verbindlichkeit trotz Einräumung einer mindestens 14-tägigen Nachfrist nicht bezahlt wurde.

Aussonderungsberechtigt sind Gläubiger, die geltend machen können, dass eine Sache nicht dem Schuldner und deshalb auch nicht zur Konkursmasse gehört (zB der Eigentümer, der Vorbehaltseigentümer, der Leihgeber).

Absonderungsberechtigt sind jene Gläubiger, denen ein Recht auf abgesonderte Befriedigung aus einer bestimmten Sache des Schuldners zusteht (zB der Hypothekargläubiger; der Gläubiger, dem das Arbeitseinkommen zediert oder verpfändet wurde; der Vermieter zur Sicherung seiner Mietzinsforderung für das letzte Jahr vor der Eröffnung des Schuldenregulierungsverfahrens an den eingebrachten Einrichtungsgegenständen und Fahrnissen des Schuldners).

Masseschulden sind unter anderem Verbindlichkeiten, die während des Verfahrens durch die Verwaltung, Verwertung und Verteilung der Konkursmasse begründet wurden. Dazu gehören die Kosten des Verfahrens und die Verbindlichkeiten aus ungekündigten gegenseitigen Verträgen.

13.9 Formular 8 ✉ „Muster für den Antrag auf Abschluss eines Zwangsausgleiches“

An das
Bezirksgericht
....

Schuldner(-in):
vertreten durch:

Ich beantrage die Annahme folgenden Zwangsausgleichsvorschlages:

Die Konkursgläubiger erhalten insgesamt ....% ihrer Forderungen und zwar wie folgt:

- .... % innerhalb von .... ab Annahme des Ausgleichsvorschlages;
- in gleich großen Teilquoten zu je .... %; die erste Teilquote ist innerhalb von .... Monat(-en) ab Annahme des Ausgleichsvorschlages fällig, die weiteren .... Teilquoten jeweils am .... der Folgemonate.

Bei Zahlungsverzug beträgt die Nachfrist ....

Die Rechte der Konkursgläubiger gegen Bürgen oder Mitschuldner des Schuldners sowie gegen Rückgriffsverpflichtete werden durch den Zwangsausgleich nicht beschränkt.

Beträge, die auf bestrittene Forderungen entfallen, sind in demselben Ausmaß und unter den gleichen Bedingungen, die für die Bezahlung unbestrittener Forderungen festgesetzt sind, sicherzustellen, wenn die Frist zur Anbringung der Klage noch offen ist oder wenn die Klage bis zur Zwangsausgleichstagsatzung eingebracht worden ist.

Auch wenn die Forderung nur vom Schuldner, dem die Eigenverwaltung entzogen wurde, bestritten worden ist, kommt eine Sicherstellung in Betracht. Der sichergestellte Betrag wird frei, wenn der Gläubiger nicht innerhalb der vom Konkursgericht bestimmten Frist wegen der bestrittenen Forderung die Klage eingebracht oder das bereits anhängige Verfahren wieder aufgenommen hat.

Bei Bezahlung der Quote/letzten Teilquote einer Wechselforderung ist das Akzept auszufolgen, es sei denn, es trägt die Unterschrift einer dritten, wechselrechtlich mithaftenden Person. In diesem Fall hat der Gläubiger die Unterschrift des Schuldners zu streichen und das Erlöschen seiner Haftung auf dem Wechsel zu vermerken.

Die Ansprüche der Aussonderungsberechtigten und der Absonderungsgläubiger werden durch den Ausgleich nicht berührt.

Die Massegläubiger werden voll befriedigt. Ihre Forderungen sind, soweit sie festgestellt sind, zu bezahlen, andernfalls sicherzustellen.

Dieser Ausgleichsvorschlag entspricht meinen wirtschaftlichen Verhältnissen, wie folgende Berechnungen zeigen:

Monatliches Einkommen	..................EUR
Monatliche Ausgaben	..................EUR
MonatlichangebotenerBetrag	..................EUR
Monatlich pfändbarer Betrag (...Unterhaltspflichten)	..................EUR
Sonstiges	..................EUR
Insgesamt	..................EUR
Die sich aus dem Vermögensverzeichnis ergebende Summe der Verbindlichkeiten (ohne Masseforderungen) beträgt	..................EUR
Dies ergibt eine Quote von	..................EUR

.................................., am ....

Unterschrift

Wichtige Hinweise

Die gesetzliche Nachfrist beträgt 14 Tage. Bei Zahlung der Ausgleichsquote in Raten, deren Laufzeit 1 Jahr übersteigt, ist Verzug erst dann anzunehmen, wenn eine seit mindestens 6 Wochen fällige Verbindlichkeit trotz Einräumung einer mindestens 14-tägigen Nachfrist nicht bezahlt wurde.

Aussonderungsberechtigt sind Gläubiger, die geltend machen können, dass eine Sache nicht dem Schuldner und deshalb auch nicht zur Konkursmasse gehört (zB der Eigentümer, der Vorbehaltseigentümer, der Leihgeber).

Absonderungsberechtigt sind jene Gläubiger, denen ein Recht auf abgesonderte Befriedigung aus einer bestimmten Sache des Schuldners zusteht (zB der Hypothekargläubiger; der Gläubiger, dem das Arbeitseinkommen zediert oder verpfändet wurde; der Vermieter zur Sicherung seiner Mietzinsforderung für das letzte Jahr vor der Eröffnung des Schuldenregulierungsverfahrens an den eingebrachten Einrichtungsgegenständen und Fahrnissen des Schuldners).

Masseschulden sind unter anderem Verbindlichkeiten, die während des Verfahrens durch die Verwaltung, Verwertung und Verteilung der Konkursmasse begründet wurden. Dazu gehören die Kosten des Verfahrens und die Verbindlichkeiten aus ungekündigten gegenseitigen Verträgen.

Soweit die Beträge noch nicht feststehen, sind sie zu schätzen. Die voraussichtliche Höhe der Entlohnung des Masseverwalters und der sonstigen Verfahrenskosten können bei Gericht erfragt werden.

13.10 Formular 9 ✉ „Muster für ein Vermögensverzeichnis für den Privatkonkurs nach § 185 KO "

I.

Angaben zur Person

Vor- und Familienname
Beruf oder Beschäftigung
Anschrift
Geburtstag und -ort des Schuldners
Versicherungsnummer
Zahl der Unterhaltsverpflichteten
Gehaltskontoverbindungen

II.

Angaben zur Vermögenssituation

Arbeitseinkommen oder sonstige wiederkehrende Leistungen mit Einkommensersatzfunktion (zB Lohn, Gehalt, Arbeitslosengeld, Notstandshilfe, Pension usw):

Name und Anschrift der bezugauszahlenden Stelle(-n) (zB Arbeitgeber, Sozialversicherungsträger usw)

Höhe der Bezüge der letzten drei Monate:

Monat			
Bruttobetrag			
Abzüge: Lohnsteuer			
Sozialversicherung			
Gewerkschaftsbeitrag			
Sonstiges			
Nettobetrag			

Im Bezug sind enthalten Aufwandsentschädigung			
Sachleistungen			

Trinkgelder			
Mehrausgaben wegen Krankheit (Diätkosten)			
Anzahl und Höhe der Sonderzahlung im Jahr			

Ansprüche aus selbständiger Erwerbstätigkeit

Regelmäßig wiederkehrende Verpflichtungen (monatlich oder monatlicher Durchschnitt) Betrag	Betrag	Anteil des Schuldners
Unterhaltsverpflichtungen in Geld für .... Person(-en)		
Miete (inkl Betriebskosten)		
Eigenheim (zB Kanalgebühr, Müllabfuhr, Steuern und Abgaben)		
Strom/Gas		
Heizung		
Telefon		
ORF, Kabelfernsehen		
Kindergarten/Hort/Schule		
Öffentliche Verkehrsmittel (Netzkarte)		
Versicherungsprämien		
Haushaltsversicherung		
Lebensversicherung		
Sonstige		
Kraftfahrzeuge		
KFZ-Versicherung		
Benzin		
Autoabstellplatz (Miete)		
Lebensunterhalt (zB Essen, Kleidung, Haushalt, Zigaretten, Freizeit, Bildung, Kultur)		
Sonstiges		
GESAMT		

III.

Angaben zu Vermögen
Forderungen des Schuldners

Schuldner Name und Anschrift/Verwandtschaftsverhältnis	Rechtsgrund (zB Darlehen, Verkauf usw)	Höhe der Forderung Fälligkeit	Sicherheiten (vertragl, gerichtl Pfandrechte, Zession	Streitig?	Einbringlichkeit?

Grundstücke und Rechte an unbeweglichen Sachen
Grundstück, Eigentumswohnung, Haus, Baurecht
Ja nein

Bewegliche Sachen
Bargeld, Bausparverträge, Bankguthaben
Ja nein

Schmuck und sonstige Wertsachen
Ja nein

Einrichtungsgegenstände
Ja nein

Elektro- und Haushaltsgeräte (zB Fernseher, Mikrowellenherd ua)
Ja nein

Gebrauchsgegenstände (zB Fotoapparate, Sportgeräte, Musikinstrumente uÄ)
Ja nein

Kraftfahrzeuge (Auto, Fahrräder, Boote uä)
Ja nein

Bauten auf fremden Grundstücken, insb Häuser, Schrebergartenhütten und Kioske
Ja nein

Sonstige Sachen
Ja nein

Welche der oben angeführten Sachen stehen unter Eigentumsvorbehalt?

Andere Vermögensrechte
Sonstige Werte und Rechte, die bisher nicht erwähnt wurden (zB Beteiligungen an Gesellschaften, Mietrechte, Mitgliedschaften bei Genossenschaften, Fruchtgenussrechte usw)
Ja nein

Schenkungen, Vermögensauseinandersetzung

Welche unentgeltlichen Verfügungen (etwa Schenkung) haben Sie innerhalb der letzten 10 Jahre zugunsten Angehöriger getroffen? In welchem Verwandtschaftsverhältnis stehen Sie zu diesen?

Welche sonstige Verfügungen (etwa Verkauf, Vermietung) haben Sie innerhalb der letzten zwei Jahre zugunsten naher Angehöriger übernommen? In welchem Verwandtschaftsverhältnis stehen Sie zu diesen?

Hat innerhalb der letzten 10 Jahre eine Vermögensauseinandersetzung zwischen Ihnen und Angehörigen stattgefunden? In welchem Verwandtschaftsverhältnis stehen Sie zu diesen?

Verbindlichkeiten

Hier sind auch die Rückstände aus den regelmäßig wiederkehrenden Verpflichtungen anzugeben.

Gläubiger Name und Anschrift/Verwandtschaftsverhältnis	Rechtsgrund (inkl Rechnungs Nr Exekutionstitel	Höhe der Forderung mit Stichtag Fälligkeit	Bestellte Sicherheiten (vertragl Pfandrechte, bestehend/angemeldet/Zession	Streitig?	Vermutlicher Ausfall

Ich bestätige mit meiner Unterschrift, dass meine Angaben richtig und vollständig sind und dass ich von meinem Vermögen nichts verschwiegen habe, sowie bereit bin, dies auch vor dem Konkursgericht zu bestätigen.

.........................., den ....

Unterschrift

13.11 Formular 10 ⊠ „Muster für eine Forderungsanmeldung im Ausgleich“

Ich melde meine Forderung von EUR .... samt ...... % Zinsen, seit ...., bis zum Tag der Eröffnung des Ausgleichsverfahrens, ... somit EUR .... sowie die Prozess- und Exekutionskosten EUR ...., somit einen Gesamtbetrag von EUR .... an und beantrage die Anerkennung des Stimmrechtes für diesen Betrag.

Als Beweis für meine Forderung lege ich folgende Unterlagen bei: ....

Für den Fall, dass über das Vermögen des Ausgleichsschuldners der Anschlusskonkurs eröffnet werden sollte, beantrage ich die Feststellung der angemeldeten Forderung als Konkursforderung.

13.12 Formular 11 ⌧ „Muster für einen Antrag auf Einstellung der Exekution wegen der ‚Pfändung' eines Gewerbescheines"

An das
Bezirksgericht .... als Exekutionsgericht
Adresse

Antragsteller: Herr/Frau

Betreff: Antrag auf Einstellung der Exekution/Geschäftszahl ....

Mit Beschluss des BG ...., Geschäftszahl .... (Anlage) wurde mir meine Gewerbeberechtigung gepfändet.

Ich stelle den

ANTRAG

dass diese Exekution gemäß § 39 Abs 1 Z 8 EO eingestellt und *(Variante)* gemäß § 39 Abs 1 Z2 EO eingestellt wird.

BEGRÜNDUNG

Die Gewerbeberechtigung ist ein höchstpersönliches Recht, welches weder nach § 331 noch nach § 341 EO gepfändet werden kann. Der höchstpersönliche Charakter der Gewerbeberechtigung ergibt sich direkt aus § 38 Abs 1 GewO (vgl auch *Kinscher/Sedlak*, Die Gewerbeordnung, 6. Auflage, Wien 1996, Rz 1 bis 7 zu § 38). Die Exekution der bloßen Gewerbeberechtigung ist unzulässig (Einstellungsgrund nach § 39 Abs 1 Z 2 EO).

Diese Meinung wird auch von der Judikatur (VwGH 96/04/0111) und im Schrifttum (*Angst*, Kommentar zur Exekutionsordnung, Wien 2000, Rz 7 ff zu § 341 EO) vertreten.

Mein rechtliches Interesse an der Einstellung der Exekution liegt darin begründet, dass ich meinen Gewerbeschein wegen der aufrechten Exekution beim Magistratischen Bezirksamt /bei der Bezirkshauptmannschaft nicht zurücklegen kann.

Variante: Ich übe mein Gewerbe bereits seit ..... wegen Pensionierung nicht mehr aus (Anlage) und werde es auch mit Sicherheit nicht mehr ausüben.

Eine Exekutionsführung auf mein Unternehmen ist daher gar nicht möglich. Es ist also mit Sicherheit nicht zu erwarten, dass die Fortsetzung oder Durchführung der Exekution einen die Kosten dieser Exekution übersteigenden Betrag ergeben wird (Einstellungsgrund gemäß § 39 Abs 1 Z 8 EO).

Mit freundlichen Grüßen

Unterschrift und Datum

13.13 Beispiel 1 „Existenzminimum bei Lohnpfändung“

Lohnpfändungsbeispiel 1 im Kap 7.4

Bsp 1 Kap 7.4, Seite 171: Ein sonstiger Gläubiger pfändet

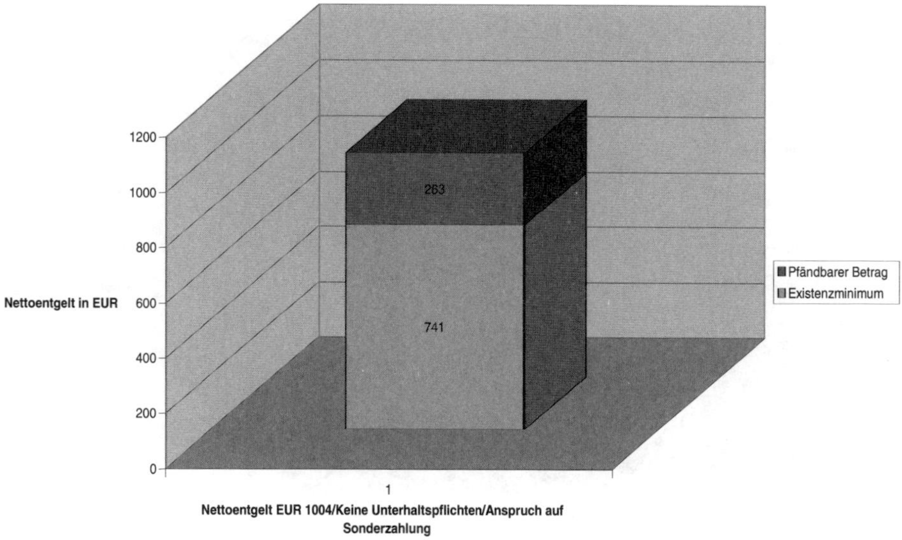

13.14 Beispiel 2 „Existenzminimum bei Lohnpfändung“

Lohnpfändungsbeispiel 2 im Kap 7.4

Bsp 2 Kap 7.4, Seite 171: 2 Kinder pfänden/Kind B geht vor

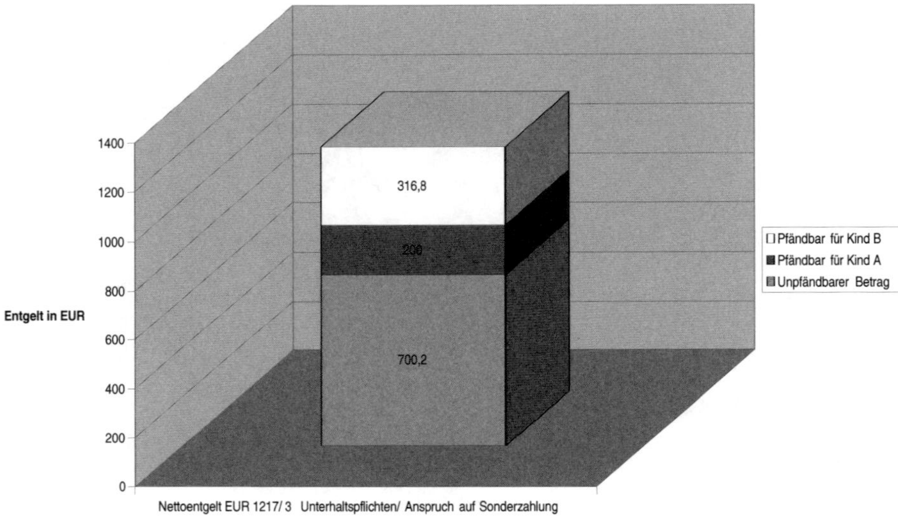

13.15 Beispiel 3 „Existenzminimum bei Lohnpfändung“

Lohnpfändungsbeispiel 3 im Kap 7.4

Beispiel 3 Kap 7.4, Seite 173: Zwei Gläubiger pfänden, wobei der sonstige Gläubiger dem Unterhaltsgläubiger im Rang vorgeht

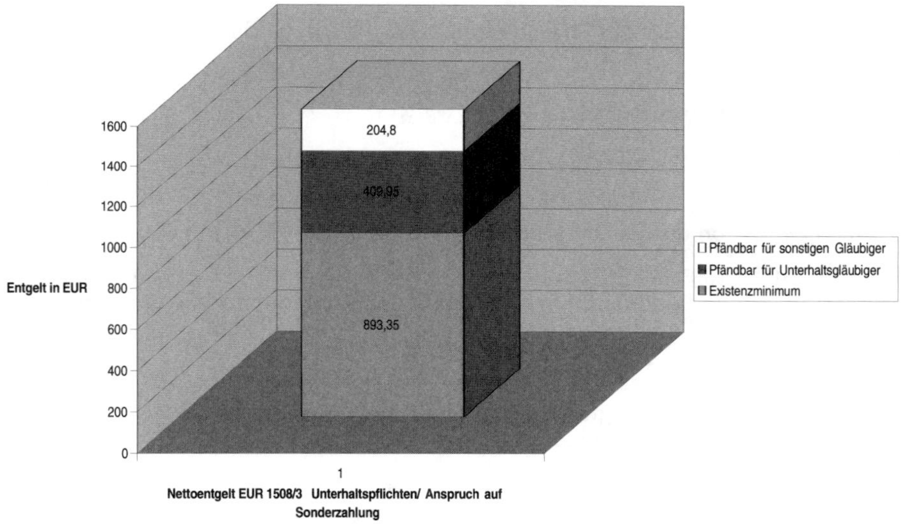

13.16 INTERNETADRESSEN und TELEFONNUMMERN

(ohne Anspruch auf Vollständigkeit)

Alpenländischer Kreditorenverband: www.akv.at

Bundesministerium für Justiz: www.bmj.gv.at oder www.justiz.gv.at

Insolvenzdatei: www.edikte.justiz.gv.at

Insolvenzschutzverband für Arbeitnehmer: Tel. 01/50165/342

Jusline: www.jusline.at

Kammer der Wirtschaftstreuhänder: www.kwt.or.at

Kreditschutzverband: www.ksv.at

Rechtsanwaltskammer: www.oerak.at

Rechtsinformation des Bundeskanzleramtes: www.bka.ris.gv.at

Schuldnerberatung: www.schuldnerberatung.at Zu den Adressen der Schuldnerberatungsstellen und deren voraussichtliche Wartezeiten siehe auch im Kapitel 6.6

Unternehmensberater, Fachverband der: www.ubi.at

Wiener ArbeitnehmerInnenförderungsfonds: www.waff.at

WIFI: www.wifi.at

Wirtschaftskammer: www.wko.at (Rubrik „Rechtsservice" und dann beispielsweise „Zahlungsschwierigkeiten" anklicken – für Mitglieder der Wirtschaftskammern)

Stichwortverzeichnis